[illegible]
Foi um livrinho que
foi feito com muito carinho
para reflexão sobre a realidade
urbana brasileira.
Com um abraço,
[illegible]

Para [illegible],
com um melhor voto,
[illegible]

Brasil urbano

Edesio Fernandes e Márcio Moraes Valença
Organizadores

Brasil urbano

Mauad X

2ª edição: 2011

Direitos desta edição reservados à
MAUAD Editora Ltda.
Rua Joaquim Silva, 98, 5º andar
Lapa — Rio de Janeiro — RJ — CEP: 20241-110
Tel.: (21) 3479.7422 — Fax: (21) 3479.7400
www.mauad.com.br

Projeto Gráfico:
Núcleo de Arte/Mauad Editora

Capa:
Janilson José da Costa Torres

Revisão:
Edileusa Gonçalves de Araújo
Sandra Pássaro

CIP-BRASIL. CATALOGAÇÃO-NA-FONTE
SINDICATO NACIONAL DOS EDITORES DE LIVROS, RJ

B83
Brasil urbano / Edesio Fernandes e Márcio Moraes Valença, organizadores. - Rio de Janeiro : Mauad, 2004

Tradução de: Urban Brazil
Inclui bibliografia
ISBN 85-7478-147-9

1. Urbanização - Brasil. 2. Planejamento urbano - Brasil. 3. Política urbana - Brasil. 4. Crescimento urbano - Brasil. 5. Desenvolvimento econômico - Brasil. I. Fernandes, Edesio. II. Valença, Márcio Moraes.

04-2722. CDD 711.40981
CDU 711.4(81)

Sumário

Os Autores

Ana Cristina Fernandes

Ana Cristina Fernandes é professora do Departamento de Geografia da Universidade Federal de Pernambuco. Até recentemente foi professora do Departamento de Engenharia Civil da Universidade Federal de São Carlos e do Instituto de Economia da Unicamp, Brasil. Doutorou-se pela University of Sussex. Coordenou o Núcleo de Extensão UFSCar-Município e a pesquisa em políticas públicas "Limites e possibilidades das empresas de base tecnológica no Brasil", com apoio da Fapesp. Publicou diversos artigos em revistas especializadas, no Brasil e no exterior, incluindo: Economic Developmentism and change within the Brazilian urban system (com Rovena Negreiros). *Geoforum* (v.32 n.4, 415-435, 2001); Da Reestruturação Corporativa à Competição entre Cidades: Lições Urbanas sobre os Ajustes de Interesses Globais e Locais no Capitalismo Contemporâneo. *Espaço e Debates* (n.41, 26-45, 2001); A Real Supremacia do Dinheiro – Do Plano Real Brasileiro (com Andreas Novy). *Revista Indicadores Econômicos FEE* (v.26 n.2, 285-307, 1998); A Course Through Economic Integration of a Peripheral Region: From State Developmentism to Globalisation in Northeast Brazil. *Journal für Entwicklungspolitik* (v.2/98, 193-212, 1998).

Andrés Rodríguez-Pose

Andrés Rodríguez-Pose é professor sênior (reader) de Geografia Econômica e bolsista de pesquisa do Royal Society-Wolfson no Departamento de Geografia do The London School of Economics and Political Science. Ele tem dois títulos de Ph.D: um em geografia, da Universidade de Madri, e outro em ciência política e social, do European University Institute (Florença). Suas preocupações principais de pesquisa se referem à análise dos fatores que influenciam o crescimento regional em todo o mundo e do impacto de políticas de desenvolvimento. É autor de diversos livros, incluindo: "Dynamics of Regional Growth in Europe" (Oxford: Oxford University Press, 1998); e "The European Union: Economy, Society, and Polity" (Oxford: Oxford University Press, 2002). Tem extensa produção científica publicada em revistas especializadas de geografia e estudos regionais.

Claudio Acioly Jr.

Claudio Acioly é arquiteto e planejador urbano com cerca de 20 anos de experiência. Desde 1993 ele está associado ao Institute for Housing and Urban Development Studies-IHS, Rotterdam, Holanda onde tem trabalhado com assistência técnica e consultoria bem como treinamento e cursos de aperfeiçoamento e capacitação profissional em nível de pós-graduação em diversos temas ligados à habitação, ao planejamento urbano e à gestão urbana. Ele é autor de três livros sobre urbanização de favelas e bairros populares, densidade urbana e gestão urbana, e tem artigos publicados em diversos países. Acioly possui reconhecida experiência internacional tendo já realizado trabalhos no Brasil, Holanda, Egito, Bolívia, Cuba, Guiné-Bissau, Moldova, Argentina, Albânia, Moçambique, Angola, Quênia e Portugal. Acioly foi consultor da Agência HABITAT das Nações Unidas, Banco Mundial e das Agências de Cooperação Internacional da Holanda (DGIS e SNV) e atuou como consultor da Agencia Habitat das Nações Unidas na II Conferência das Nacões Unidas para os Assentamentos Humanos (HABITAT II-Istambul). Recentemente foi consultor do Lincoln Institute of Land Policies, Cambridge, USA, para gestão e planejamento de projetos de regularização de assentamentos informais.

Elizabeth Riley

Elizabeth Riley é geógrafa, educada na Portsmouth Polytechnic, Inglaterra. Fez mestrado em estudos latino-americanos na Universidade de Londres e doutorado em planejamento no Development Planning Unit (DPU) do University College London. Trabalha atualmente como pesquisadora e editora free-lance. Até recentemente foi professora na DPU e diretora do programa de mestrado em International Housing Studies. Tem participado em vários projetos de pesquisa no DPU, com ênfase sobretudo em questões de comunicação e negociação entre governo local, ONGs e população de baixa renda. Trabalhou na Índia, Sri Lanka, Kenya e Brasil. Entre suas publicações recentes e artigos incluem-se: "Physical Upgrading and Social Integration in Rio de Janeiro" (em coautoria com Jorge Fiori e Ronaldo Ramirez), *DISP 147* (n.4, 48-61, 2001); "A portrait of 'illegality': the favela of Pavão--Pavãozinho and the perceptions of its residents", *N-Aerus/ESF conference paper*, 2001.

Flávio Antônio Miranda de Souza

Flávio Antônio Miranda de Souza é arquiteto e urbanista pela Universidade Federal de Pernambuco; mestre em Desenho Urbano e Ph.D em Planejamento Urbano pela Oxford Brookes University; e pós-doutor pelo Teresa Losano-Long Institute of Latin American Studies, University of Texas em Austin. É professor adjunto do Departamento de Arquitetura e Urbanismo da Universidade Federal de Alagoas (UFAL) e do Programa de Pós-Graduação em Desenvolvimento e Meio Ambiente (Prodema). É coordenador do Grupo de Estudos de Problemas Urbanos – GEPUR (UFAL); professor participante do Programa de Pós-Graduação em Desenvolvimento Urbano – UFPE; e membro eleito do Comitê Executivo do Research Committee 43, Housing and the Built-Environment da International Sociological Association (ISA). É autor de diversos trabalhos publicados no exterior relacionados a questões sobre habitação informal e posse da terra, obtendo em 2000 o segundo lugar no concurso internacional "Jorge Hardoy Memorial Prize for Best Paper by a Researcher from a Developing Country", com o trabalho intitulado *Perceived Security of Land Tenure in Recife, Brazil,* publicado na revista *Habitat International* (v.25, 175-190, 2001). Publicações recentes incluem: Land tenure security and housing improvements in Recife, Brazil, *Habitat International* (v.23 n.1, 19-33, 1999); Sfidare I paradigmi della regolariizzazione fondiaria a Recife, Brasile *Storia Urbana* (n.23, 119-145, 1999).

Jeroen Klink

Jeroen Johannes Klink é doutor em Arquitetura e Urbanismo pela Universidade de São Paulo, mestre em Economia Internacional e Economia Financeira pela Universidade Católica de Brabant, Tilburg – Holanda. É professor da disciplina Economia Regional no curso de mestrado em Administração na área de Regionalidade e Gestão e professor-membro do Laboratório de Gestão no IMES – Centro Universitário Municipal de São Caetano do Sul. Sua experiência profissional deu-se na Holanda, Alemanha, Índia e Brasil. É secretário de Desenvolvimento e Ação Regional da Prefeitura Municipal de Santo André e diretor-geral adjunto da Agência de Desenvolvimento Econômico do Grande ABC. É autor do livro *A cidade região: regionalismo e reestruturação no grande ABC paulista* (2001) e de diversas publicações nacionais e internacionais.

John Tomaney

John Tomaney é professor titular e pesquisador do Centre for Urban and Regional Development Studies da Newcastle University e ensina no Departamento de Geografia, Política e Sociologia. Obteve sua titulação no the London School of Economics, na University of Sussex e na Newcastle University. É Membro Sênior Honorário da Unidade Constitucional da University College London. Tem extensa produção científica e coorganizou os livros: *Behind the Myth of European Union* (Routledge, 1995); *The Region in Transition* (Ashgate, 2000); e *England: The State of the Regions* (Policy Press, 2002).

Jorge Fiori

Jorge Fiori é sociólogo e planejador urbano. É professor e diretor da Architectural Association Graduate School (AAGS), onde também dirige o programa de mestrado e doutorado em Housing & Urbanism. É professor do Development Planning Unit do University College London. É professor visitante de várias universidades europeias e latino-americanas e consultor de agências internacionais e nacionais em questões de desenvolvimento urbano e políticas de habitação. Pesquisa e publica sobretudo em temas de irregularidade urbana, habitação e políticas de combate à pobreza. Entre seus trabalhos mais recentes, vários fazem referência à pesquisa sobre o programa Favela-Bairro – que serviu de base para o artigo deste livro – e foram incluídos em diferentes publicações (*Cuadernos Urbanos*, N.3, Argentina, 2002; *DISP147*, N.4, Zurich, 2001; *Transforming Cities,* AA Publications, London, 2001; *Geoforum*, Vol.32, N.4, London, 2001; Isandla Institute Conference Paper, Johannesburg, 2001; e DPU/DFID Research Report, London, 2000).

José Júlio Ferreira Lima

José Júlio Ferreira Lima é arquiteto pela Universidade Federal do Pará (1986), mestre em Estruturas Ambientais Urbanas pela Universidade de Fukui, Japão (1991), mestre em Desenho Urbano (1994) e Ph.D em Arquitetura (2000) pela Oxford Brookes University. É professor adjunto desde 1994 no Curso de Arquitetura e Urbanismo da UFPA e no Programa de Pós-Graduação em Engenharia Civil. Presta consultoria nas áreas de gestão urbanística, políticas públicas e planos diretores. É autor de diversos trabalhos publicados sobre a regulação urbanística e políticas habitacionais, participa do Grupo de Belém das pesquisas ligadas ao "Observatório de Políticas Urbanas e Gestão Municipal", incluindo a "Rede Nacional de Avaliação e Disseminação de Experiências Alternativas em Habitação Popular e Metrópole, Desigualdades Socioespaciais e Governança" coordenadas nacionalmente pelo Instituto de Planejamento Urbano e Regional da Universidade Federal do Rio de Janeiro. Publicações recentes incluem o capítulo Property Taxation, Public Finance and Sustainable Development – The Case of Belem, Brazil no livro intitulado *Planning in Cities*, publicado pela ITDG Publishing, Grã-Bretanha, e a organização de uma coletânea sobre ordenamento territorial e políticas públicas de saneamento para o Núcleo de Meio Ambiente da UFPA.

Luciana de Lima Martins

Pesquisadora do Grupo de Geografia Social e Cultural de Royal Holloway, Universidade de Londres. Arquiteta graduada pela FAU/UFRJ, é mestre e doutora em Geografia pela UFRJ. É autora do livro *O Rio de Janeiro dos viajantes: O olhar britânico, 1800-1850* (Rio de Janeiro: Jorge Zahar Editor, 2001) e de vários artigos no Brasil e no exterior na área de cultura visual, iconografia da paisagem, cidade e modernidade. Atualmente organiza, juntamente com Felix Driver, o livro *Tropical views and visions*.

Marcelo Lopes de Souza

Marcelo Lopes de Souza é professor da Universidade Federal do Rio de Janeiro, onde coordena o Núcleo de Pesquisas sobre Desenvolvimento Socioespacial/NuPeD (vinculado ao Departamento de Geografia), e pesquisador do CNPq. Graduou-se e fez o mestrado em Geografia na UFRJ (1985 e 1988, respectivamente), especializou-se em Sociologia Urbana na UERJ (1987) e fez o doutorado em Geografia e Ciência Política na Universidade de Tübingen (Alemanha) (1993). Foi pesquisador visitante na Universidade de Londres (1999) e na Universidade de Tübingen (1996 e 2000/01). É autor de mais de quarenta artigos científicos e capítulos de livros, no Brasil e no exterior, e de cinco livros, dentre eles *O desafio metropolitano. Um estudo sobre a problemática socioespacial nas metrópoles brasileiras* (Rio de Janeiro, Betrand Brasil, 2000), ganhador do prêmio Jabuti 2001 na categoria Ciências Humanas e Educação, e *Mudar a cidade. Uma introdução crítica ao planejamento e à gestão urbanos* (Rio de Janeiro, Bertrand Brasil, 2002). É coeditor da revista *Território*, do Departamento de Geografia da UFRJ. Coordenou diversas pesquisas sobre problemas urbanos brasileiros e estratégias e instrumentos de planejamento e gestão urbanos, com apoio do CNPq e da Faperj. Vem, há vários anos, colaborando com prefeituras como consultor sobre planejamento e gestão urbanos.

Maurício de Almeida Abreu

Maurício de Almeida Abreu é geógrafo e professor titular do Departamento de Geografia da Universidade Federal do Rio de Janeiro. Obteve o mestrado (M.A., 1973) e o doutorado (Ph.D, 1976) na Ohio State University. Possui estágios de pós-doutoramento no Centre de Sociologie Urbaine (Iresco, CNRS, Paris) e na Universidade de Tübingen, Alemanha. Vem participando ultimamente de diversos comitês assessores do CNPq e da Capes. Tem ampla produção acadêmica nos campos da geografia urbana e da geografia histórica. Dedica-se há longo tempo ao estudo da geografia histórica do Rio de Janeiro, tendo já orientado inúmeras dissertações de mestrado e teses de doutorado. É autor, dentre outras obras, de *Evolução urbana do Rio de Janeiro* (Rio de Janeiro, Iplanrio, 3ª edição em 1998). Entre suas publicações mais recentes estão: *Construindo uma geografia do passado: Rio de Janeiro, cidade portuária, século XVII* (Geousp, São Paulo, 7, 13-25, 2000); *A cidade da geografia no Brasil: percursos, crises, superações*, *in* Lucia Lippi Oliveira (org.), *Cidade: História e Desafios* (Rio de Janeiro: Editora FGV, 42-59, 2002); e *O Rio de Janeiro quinhentista: debates e armadilhas* (Rio Urbano – Revista da Região Metropolitana do Rio de Janeiro, 1, 42-51, 2002).

Raquel Rolnik

Raquel Rolnik é secretária nacional de Programas Urbanos do Ministério das Cidades e professora do Programa de Pós-graduação em Urbanismo da Pontifícia Universidade Católica de Campinas. Doutorou-se pela New York University. Foi responsável por uma série de consultorias e assessorias para várias esferas de governos, organizações não-governamentais, agências bilaterais e multilaterais como Agência Habitat/ONU, BID e Banco Mundial, provendo assistência técnica, treinamento e pesquisas. Tem ampla produção acadêmica e publicou e organizou diversos livros e artigos, no Brasil e no exterior. Suas publicações mais recentes incluem a organização dos livros *Regularização da terra e moradia – O que é e como implementar* (São Paulo: Instituto Pólis – Caixa Econômica Federal, 2002), *Estatuto da Cidade – guia para implementação pelos municípios e cidadãos* (Brasília: Centro de Documentação e Informação – Câmara dos Deputados, 2001) além da elaboração do KIT DAS CIDADES, um conjunto de instrumentos para a implementação e disseminação do Estatuto da Cidade.

Ricardo Antunes

Professor livre-docente em Sociologia do Trabalho, na Universidade de Campinas (Unicamp). Foi "Visiting Research Fellow" junto à School of European Studies da Universidade de SUSSEX (1997/8). Autor de *Os Sentidos do trabalho: Ensaio sobre a afirmação e a negação do trabalho,* (São Paulo: Boitempo, 1999); *Adeus ao Trabalho? Ensaio sobre as metamorfoses e a centralidade do mundo do trabalho* (São Paulo: Cortez-Unicamp, 1995); *O novo sindicalismo no Brasil* (Campinas: Pontes, 1995); e organizador de *Neoliberalismo, trabalho e sindicatos (Reestruturação Produtiva no Brasil e na Inglaterra)* (São Paulo: Boitempo, 1997), entre outros livros. É editor participante da Revista *Latin American Perspectives* (EUA), dentre outras publicações.

Ronaldo Ramirez

Ronaldo Ramirez é arquiteto e sociólogo urbano. É professor e ex-diretor dos cursos de mestrado em International Housing Studies e em Urban Development Planning do Development Planning Unit do University College London. Realiza suas pesquisas no campo da habitação informal e social na Venezuela, Chile, Brasil, Costa Rica, Cuba, Índia e Senegal. É consultor de diferentes agências das Nações Unidas e para agências de cooperação internacional do governo Britânico, Sueco e Finlandês, na África, Ásia e América Latina. Entre suas publicações recentes incluem-se: "Urban Poverty Reduction and Urban Security Consolidation: a New Paradigm at Work?", UN-Habitat, *UMP*

Paper Series N.20, June 2002; "Cittá e Povertá: Il paradigma qualitativo della povertá urbana", *in* Marcello Balbo (ed): *"La Cittá Inclusiva"*, Franco Angeli, Milano, 2002; "Evaluación Social de Políticas y Programas de Vivienda: un análisis de la contribución de la vivienda a la reducción de la pobreza urbana", *INVI*, N.45. Santiago de Chile, 2002; "Notas Sobre Medio Siglo de Políticas de Vivienda", *Vivienda Popular*, Montevideo, 2001; e em coautoria com Jorge Fiori e Elizabeth Riley: "Physical Upgrading and Social Integration in Rio de Janeiro: the case of Favela Bairro", *DISP 147*, Zurich, 2001.

Rovena Maria Carvalho Negreiros

Rovena Maria Carvalho Negreiros é bacharel em Direito pelo Centro de Ciências Jurídicas e Econômicas da Universidade Federal do Espírito Santo (UFES), mestre em Direito – Instituições Jurídico-Políticas, pela Universidade Federal de Santa Catarina e doutoranda em Economia do Setor Público – Políticas Sociais, pelo Instituto de Economia da Universidade Estadual de Campinas-Unicamp. Pesquisadora autônoma do Núcleo de Estudo Social, Urbano e Regional, do Instituto de Economia da Unicamp. Consultora do PNUD junto ao Ministério do Planejamento/Seges. Consultora da Prefeitura Municipal de Campinas/ Secretaria de Planejamento e Meio Ambiente, na elaboração de legislação urbanística e de Planos Locais de Gestão Urbana. Membro do Conselho Municipal de Desenvolvimento Urbano de Campinas, como representante institucional da Unicamp. Publicações recentes: *Caracterização e tendências da rede urbana do Brasil*, IPEA/UNICAMP.IE/NESUR/IBGE, Campinas-SP:UNICAMP.IE,1999, Coleção Pesquisas, 3. Economic Developmentism and change whithin the Brazilian urban network (co autoria), *Geoforum*, Londres, october 2000; *Livro Verde: Desafios para a gestão da Região Metropolitana de Campinas* (org.), Campinas-SP, UNICAMP.IE, 2002.

Stefania Abakerli

Planejadora urbana e arquiteta, com mais de dez anos de experiência em desenvolvimento orientado às comunidades em contextos urbanos e em regiões biodiversificadas, tais como florestas tropicais e áreas costeiras. Mestre em planejamento participativo e desenvolvimento pela Development Planning Unit, Universidade de Londres, Inglaterra, e doutoranda em desenvolvimento sustentável pelo Institute of Social Studies, Holanda. Tem coordenado um portfólio de estratégias integradas de desenvolvimento econômico local, planejamento de ação e gestão ambiental para os setores público, privado, multilateral e da sociedade civil. Suas principais atividades focam a otimização de processos decisórios colaborativos, no estabelecimento de parcerias estratégicas, na promoção de capital social e no fortalecimento de capacidades humanas, organizacionais e institucionais. Trabalha atualmente no Banco Mundial em países na África, Ásia Central e América Latina.

Apresentação

A divulgação dos trabalhos publicados no exterior na edição especial da *Geoforum*, sobre o Brasil Urbano, junto ao público brasileiro, foi um esforço coletivo dos autores dos diversos artigos aqui apresentados. Entretanto, sem o apoio incondicional da Mauad Editora não teríamos viabilizado este projeto. O interesse da editora pelo tema motivou nossa iniciativa, que foi imediatamente endossada por Jennifer Robinson – que é a editora da revista – a quem coube intermediar junto à Pergamon/Elsevier a liberação dos direitos de publicação no Brasil.

Sem dúvida o resgate desses trabalhos permite ao público brasileiro conhecer algumas experiências e o resultado de algumas pesquisas em vários centros urbanos aqui retratados. Tal resgate ganha maior importância no atual momento histórico do Brasil, hoje tendo mais de 80% de sua população já vivendo em áreas urbanas e contando com uma série de novos instrumentos legais e institucionais para enfrentar a gestão do crescimento urbano e o funcionamento das cidades como, por exemplo, o Estatuto da Cidade e a Lei de Responsabilidade Fiscal. Não podemos ignorar também a recente criação do Ministério das Cidades, cuja missão é articular e integrar as políticas e programas públicos e estabelecer interfaces entre os vários níveis de governo e a sociedade civil num território onde vive hoje a maioria dos brasileiros. Tais elementos colocam o Brasil numa posição de vanguarda no cenário urbano internacional.

Semelhante ao que acontece no cenário global, as cidades brasileiras continuam crescendo, revelando outros problemas e outras dimensões sociais, econômicas e territoriais que vão sendo gradualmente incorporados às políticas públicas e respostas dos governos municipais. Refletir sobre estes problemas e as políticas públicas bem como sobre os instrumentos de gestão e planejamento ora sendo utilizados torna-se uma obrigação não só teórica. É uma necessidade prática. Os desafios são enormes em vista dos recursos e meios disponíveis. A variedade dos temas e questões tratadas nesta publicação como também a riqueza do conhecimento gerado demonstram a importância desta reflexão para o debate e aprendizado sobre a experiência urbana.

É com este espírito que todos os autores se esforçaram em traduzir seus textos e torná-los acessíveis a um público mais amplo no Brasil. Da mesma maneira como no projeto inicial, que tinha como um de seus objetivos divulgar a experiência brasileira no exterior. Sendo considerado um país que possui um dos municípios mais autônomos do mundo e com níveis de urbanização semelhantes aos países industrializados da Europa e América do Norte, o Brasil atrai grande interesse dos estudiosos e pesquisadores urbanos. Há uma riqueza e diversidade local considerável em termos de cidades, políticas, processos sociais e econômicos e esta publicação confirma este fato. Hoje já percebemos que existe uma maior divulgação de práticas bem-sucedidas e redes de pesquisas e de municípios, fomentando a troca e fertilização cruzada entre as experiências das cidades brasileiras. Esta publicação é mais uma que se soma a este esforço. Estamos convictos de que será apreciada por todos que trabalham com o desenvolvimento urbano.

Claudio Acioly Jr.

Prefácio da Edição Brasileira

Brasil Urbano
Do Estatuto da Cidade ao Governo Lula

Edesio Fernandes
Márcio Moraes Valença

O número especial sobre o *Brasil Urbano* da revista inglesa *Geoforum* foi publicado no final de 2001 (*Geoforum*, v.32, n.4, pp.415-566, novembro de 2001). A publicação foi o resultado de mais de dois anos de trabalho, partindo de chamadas abertas por e-mail (*call for papers*), seguidas do laborioso processo de análise (por pareceristas externos, por nós e pela editora da revista, Jennifer Robinson), revisão etc.

Desde o fechamento da edição da revista, ressurgiu com força o debate sobre a aprovação, implementação, os prós e – depois da fase de euforia – os contras do Estatuto da Cidade, lei federal aprovada em junho de 2001 que regulamenta os Arts. 182 e 183 da Constituição, instituindo novos instrumentos de política urbana e, mais importante, o princípio da função social (e ambiental) da propriedade e da cidade.

Não tinham ainda sido assassinados brutalmente o prefeito de Santo André, Celso Daniel, nem o jornalista Tim Lopes, embora outras atrocidades semelhantes de gente menos conhecida fossem fatos correntes da vida social de nosso país. Não tinha também o PT delineado a campanha vitoriosa que levaria, ao final de 2002, Luiz Inácio Lula da Silva à condição de presidente da República. Hoje, no momento em que fechamos esta edição, estamos apenas no início do governo Lula, em meio a uma crise econômica mundial, assistindo, via satélite, a uma "série" de eventos de marcante significação geopolítica, como a ação do terrorismo internacional, a "vingança" bushiana contra o Afeganistão, a guerra brutal, "liderada" pelos EUA, contra o governo ditatorial do Iraque, e suas consequências nefastas, o episódio Sérgio Vieira de Mello sendo uma delas.

Herdamos dos oito anos do governo FHC entraves burocráticos que deixam os novos governantes de mãos atadas. Herdamos, principalmente, uma mais profunda inserção ao sistema produtivo, econômico e financeiro "internacional", do qual passamos a depender de tal forma que o sistema de preços nacional, mesmo os "administrados" pelo governo, hoje sofrem forte influência das oscilações do câmbio e do sistema de preços regulados internacionalmente. Até certa medida – para evitar exageros desnecessários – o brasileiro hoje recebe em reais e paga em dólares, uma condição, no mínimo, humilhante. O mercado do dólar, o índice Bovespa, o risco Brasil são hoje tão importantes no cotidiano da mídia nacional quanto o tradicional noticiário esportivo.

No entanto, no esboço de um novo governo, há uma luz no fim do túnel para o que denominamos neste livro *Brasil Urbano.* Como resposta a anos de movimento pela "Reforma Urbana", é criado, logo no resplandecer do novo governo, o Ministério das Cidades. O novo ministério agrega Secretarias e funções preexistentes, como também institui outras novas. Em particular, deve-se destacar o esforço do governo na montagem de uma equipe de *experts* para estudar, analisar e propor soluções para os problemas do que se convencionou chamar de *cidade ilegal*. São vários os seus problemas, porém, deve-se destacar a questão da posse da terra, vital para qualquer projeto que vislumbre atender à massa da população de carentes urbanos no Brasil.

O livro que ora apresentamos ao público brasileiro traz contribuições já publicadas em inglês, traduzidas para o português e atualizadas. São onze capítulos ao todo, apresentados no *Prefácio da Edição Inglesa* (ver em seguida). A ideia desta edição em português surgiu do colega Claudio Acioly Jr., que contribuiu com um capítulo no projeto original. Claudio entrou em contato com a Editora Mauad, que concordou em publicar este volume. Após a concordância de todos os participantes em providenciar as respectivas traduções dos seus trabalhos, reiniciamos todo o processo de análise, revisão, formatação, contratação de capista etc. São quase infindáveis os pequenos detalhes que devem ser observados, analisados, corrigidos – e aqui todo cuidado é pouco.

Quem a vê pronta não imagina o trabalho que dá organizar uma coletânea como esta. Mas quem passou pela experiência – duas vezes! – de trabalhar com colegas tão capazes sabe da satisfação de ver concluída obra coletiva tão relevante que ora apresentamos à comunidade de acadêmicos, técnicos e demais interessados nos problemas do BRASIL URBANO.

Prefácio da Edição Inglesa

Brasil Urbano
Passado e Futuro[1]

Edesio Fernandes
Márcio Moraes Valença

Desde cedo, os brasileiros aprendem que "o Brasil é o país do futuro". Através deste e de outros pequenos "truques", eles se tornam orgulhosos de seu extenso território, enquanto, de fato, há no país uma grande variedade de regiões que diferem em todos os aspectos de suas vivências e naturezas. Embora, apenas para simplificar uma longa estória, haja no país gritantes desigualdades na distribuição de riquezas e renda, a maioria dos brasileiros cresce com esse senso de pertença a uma só nação, a um só povo. Esse processo de "construção" da nação é, em vários aspectos, prejudicial ao desenvolvimento mais harmônico e equilibrado do país, já que serve também como forte pilar ideológico na manutenção do *status quo*.

O que primeiro vem à mente quando se pensa em "Brasil Urbano" é, pois, o enorme contraste entre ricos e pobres. Esse é, antes de qualquer outra coisa, um fenômeno bastante visual e visível. "O Brasil Urbano" é, principalmente, uma paisagem de exclusão social, com sua geografia própria tendo sido estabelecida ao longo dos cinco séculos do passado colonial, imperial e republicano. Isso se refere aos processos de desigualdade regional e fragmentação urbana, quase sempre estruturados por mercados de terras excludentes e direitos de propriedade individualistas. Iniquidade é, assim, uma qualidade das grandes cidades brasileiras – e, a esse propósito, também das cidades menores – estejam elas nas regiões mais ricas do sul ou nas mais pobres do norte. Muitas têm sido as explicações para o rápido processo de crescimento urbano, ao longo das últimas décadas, o qual, entre outras consequências, tem exacerbado a segregação espacial e a exclusão social no país. No entanto estabelecer a autoria de tais processos constitui uma dificuldade, já que ninguém deseja assumir qualquer responsabilidade. A síndrome do "todos-menos-eu-são-os-culpados" ajuda muito pouco na compreensão do problema e atua como uma nuvem de fumaça para o estabelecimento de relações causais. Novamente, isso pode ser de utilidade para manter tudo exatamente como está.

Um montante considerável de literatura sobre o "Brasil Urbano" que se alimenta de pesquisa cuidadosa tem sido produzido ao longo das últimas décadas e nem sempre está disponível para a comunidade internacional. Há muitas razões para isso, mas a barreira linguística talvez seja a mais imediata. Um voo rápido sobre os debates mais comuns a respeito do "Brasil Urbano", abordados nos anos recentes, não poderia deixar de fora os seguintes.

[1] Tradução de Márcio Moraes Valença do original em inglês "Urban Brazil: Past and Future", editorial do número especial "Urban Brazil" da revista *Geoforum* (v.32, n.4, novembro de 2001).

Primeiro, há todo aquele debate sobre as cidades globais (e termos variantes). Aqui, a intenção é de melhor compreender como as grandes cidades brasileiras, particularmente São Paulo e Rio de Janeiro, se conectam ao mundo (e aos mercados globais), atuando como centros de comando e de difusão para outras cidades brasileiras e regiões. De grande importância para esse debate é a análise do desenvolvimento urbano à luz da reestruturação econômica, incluindo tanto as mudanças nos mercados de trabalho urbano como a redefinição dos papéis econômicos das cidades – a cidade como empreendimento – nesta nova fase de desenvolvimento capitalista, ou seja, à luz da globalização.

Após uma grave crise econômica – com uma inflação predatória e uma pesada dívida externa – e uma compreensiva reestruturação econômica, fez-se necessário desenvolver novas formas e experimentos em planejamento e gestão urbanos. Nesse debate, há referências ao "marketing da cidade" e seu embelezamento, entre outros projetos perseguidos pelos governos municipais e estaduais nos últimos anos, cujo exemplo mais notório, descontando-se um certo exagero, é o de Curitiba. Isso inclui projetos de regeneração urbana de centros históricos e o desenvolvimento de infraestrutura hoteleira, de transportes e outras, para fins de turismo, uma característica que, crescentemente, tem sido de importância particular também para as cidades costeiras nordestinas. Nos anos mais recentes, a "escola de Barcelona", de planejamento estratégico – o paradigma Borja-Castells –, tem sido muito influente, por exemplo, na formulação, entre outros, do plano estratégico da cidade do Rio de Janeiro. Financiado em grande medida por um consórcio de interesses privados, esse plano foi concebido para dirigir o desenvolvimento daquela cidade em anos vindouros.

Um outro debate que se relaciona ao acima mencionado diz respeito a outra importante preocupação de política pública, que se propõe a organizar os gastos do governo e ajudar na geração de emprego e renda. O pressuposto de que investimentos concentrados na cidade formal, com a provisão de infraestrutura e serviços para servir ao mundo dos negócios e dos visitantes, irão atrair uma massa de mais investimentos, promover o emprego e gerar renda como também receitas públicas tem sido a tônica do debate, embora sob pressão dos seus críticos. Para estes, na ausência de uma política mais compreensiva e inclusiva, essa abordagem de gestão da cidade irá apenas exacerbar os problemas de distribuição de renda e a exclusão social.

Propostas de desenvolvimento endógeno têm sido quase que totalmente abandonadas ou mesmo têm perdido visibilidade. A ideia de que a globalização é um estado de coisas do qual as cidades brasileiras não podem escapar tem levado à rejeição de propostas de formas alternativas de desenvolvimento local. A exceção mais significativa é a cada vez mais comum experiência de administração popular e do orçamento participativo, em que a comunidade, organizada em diferentes formas (com base geográfica e temática) e fóruns, é convidada a estabelecer – em parte ou totalmente – as prioridades de gastos e investimentos dos governos locais. Esta tem sido a prática em mais de cem municípios – na sua maioria geridos por governos ligados a partidos da esquerda, como o PT, sendo os dois casos mais comentados os de Porto Alegre e de Belo Horizonte.

É verdade que, mesmo antes das experiências levadas a cabo pelo PT, houve uma rodada de debates mais gerais sobre a participação na vida pública – em particular no processo de tomada de decisão – e as formas que esta poderia ter. Sendo estabelecido que a participação é uma atribuição, principalmente, do governo local, esse debate esteve muitas vezes associado com o da descentralização e data do processo de construção da nova Constituição Federal de 1988. A descentralização, definida como a transferência de poder econômico e político do governo central para os governos estaduais e municipais, foi discutida exaustivamente, por exemplo, em termos de sua relação com a estrutura de poder e com a democracia (é aqui onde entra o debate sobre a participação). É também necessário situar o debate sobre descentralização no contexto da crise fiscal do país e da necessidade de implementar medidas para resolver o problema. Com o final da ditadura militar, em meados dos anos 80, a chamada "crise federativa" exigia a redefinição de papéis, direitos e deveres entre os níveis de governo e a implementação de reformas que estabelecessem um sólido arranjo fiscal e financeiro.

O debate sobre a cidade global (e variações) se relaciona ao papel das cidades brasileiras nas "redes" globais. No entanto, para se integrar e competir no cenário global, como já foi visto, numa época de escassez de recursos financeiros, cidades particulares – ou seja, a conjunção de interesses públicos e privados – têm estado sob forte pressão para adaptarem-se e têm tido que empreender redobrado esforço para implementar projetos de reestruturação econômica e (re)qualificação urbanas. Um caso em pauta é o da recente administração progressista no município de Santo André, na região metropolitana de São Paulo.

Muito da literatura, nos anos recentes, tem também enfocado problemas mais específicos que afetam a realidade urbana brasileira. A ideia de que as cidades, de forma geral, têm se tornado mais fragmentadas e de que há agora, a um só tempo, uma divisão social e espacial mais nítida e dialética entre espaços legais e ilegais, formais e informais, regulares e irregulares, ricos e pobres, na cidade, é cada vez mais cabível. Mesmo originando-se de um mesmo processo social e econômico, o espaço social é segregado com o estabelecimento de mecanismos de inclusão/exclusão que são operados pelo mercado, em especial o mercado de terras. Da mesma forma, o acesso aos serviços e infraestrutura – para não mencionar cultura, diversão e esportes –, na cidade, tem sido mediado pelo mercado, de maneira que a proximidade é talvez uma condição valorizada, mas não suficiente para garantir acessibilidade. A degradação da vida urbana e das condições na cidade é, parece lógico, de interesse para todos os grupos na sociedade e afeta a todos, mas a maioria das pessoas pobres é certamente mais afetada do que os outros grupos – e por razões óbvias.

A falta de investimentos na "cidade ilegal" tem exacerbado a degradação do ambiente urbano. Considere o problema do saneamento como exemplo: ele não apenas causa problemas imediatos de saúde pública para as populações locais como também causa problemas, em longo prazo, para o meio ambiente, já que muitas vezes as áreas ocupadas irregularmente são também as ambientalmente mais frágeis e sensíveis. Ocupação de terra e loteamentos irregulares ocorrem com frequência ao longo de riachos, margens de rios, lagoas, vales, encostas, mangues etc., onde a terra é pública, menos disputada, ou ainda reservada, na legislação, como área *non-edificandi*. A poluição por efluentes domésticos e de indústrias é uma ameaça para água, solo e ar. Também o crescimento vertical da cidade "legal" pode criar condições microclimáticas adversas, sobrecarregar a infraestrutura instalada e perturbar os fluxos de tráfico etc. Na época de chuvas, o município de São Paulo, por exemplo, tem que lidar com um recorrente problema de inundações, enquanto as municipalidades do Rio de Janeiro, Salvador e Recife têm que lidar com graves problemas de deslizamentos de encostas, entre outros.

A violência, em especial a urbana, tem sido um tema de grande destaque, desde o princípio da década de 80, e ganha renovada atenção do público em geral sempre que acontece um evento "televisionado" ou outro com consequências drásticas. O massacre de Carandiru, em São Paulo, e a execução de crianças de rua, na Candelária, no Rio de Janeiro, têm ambos trazido o problema para a atenção da mídia internacional. A violência na cidade não é, de forma alguma, um tema de simples compreensão. Sob essa denominação, o debate se expande para outros temas, como o tráfico e o consumo de drogas, o crime organizado, a corrupção policial, os direitos humanos, a delinquência juvenil, o sistema penitenciário, o crime de rua, os acidentes de rua, o direito ao porte de armas, a violência doméstica, os "arrastões", as "guerras" de *gangues*, o racismo e a intolerância, os esquadrões da morte, a prostituição, só para mencionar alguns poucos. A violência urbana também se insere no debate mais amplo sobre a desigualdade e a exclusão social, embora não seja, de forma alguma, um problema afeto apenas aos despossuídos.

Apesar de os estudos sobre os movimentos sociais urbanos já estarem bem desenvolvidos nos anos 80, novos e emergentes movimentos sociais de base urbana e as ONGs são também temas comuns da recente literatura. Os movimentos incluem o MST (Movimento dos Trabalhadores Rurais Sem Terra), que é rural, em sua essência, mas localiza muitas de suas ações na cidade – por exemplo, passeatas, ocupações de edifícios públicos, protestos em espaços públicos etc. Também ligado ao MST, o movimento dos sem-teto tem também ganhado algum destaque nos anos recentes. Os direitos humanos, o meio ambiente como também problemas específicos da cidade, e a própria cidade, têm sido o foco da ação coletiva dos movimentos. Embora afetada negativamente pela reestruturação econômica em andamento, a continuada atividade dos sindicatos deve ser também mencionada.

Outra linha de pesquisa recente tem explorado a dimensão político-legal do processo de urbanização. O fato é que os processos entrelaçados de exclusão social e segregação espacial em áreas urbanas têm sido determinados não apenas pela dinâmica dos mercados de terras e pelo sistema político, mas também pelas provisões elitistas e obsoletas do sistema legal estabelecido no Brasil. Particular ênfase tem sido colocada nas implicações para o planejamento e gestão urbanos do já há algum tempo estabelecido arcabouço legal individualista que se aplica ao reconhecimento dos direitos de propriedade. Enquanto, *grosso modo*, o setor informal tem crescido consideravelmente, no que se refere também às condições de acesso à terra e habitação, a vasta maioria dos brasileiros tem operado fora da lei, vivendo em loteamentos clandestinos, favelas e cortiços precários. Esta combinação poderosa entre discriminação legal, vulnerabilidade política, incapacitação econômica, exclusão social e segregação espacial tem transformado milhões de pobres urbanos, no Brasil, em cidadãos de segunda classe, tanto em termos socioeconômicos como político-legais. Não obstante o seu impacto sobre muitos grupos sociais de baixa renda, o efeito desse processo sobre mulheres e crianças tem sido particularmente ressaltado por vários pesquisadores nos anos recentes.

Entre outras descobertas, as relações entre a lei, o planejamento e a segregação urbana na cidade têm sido tratadas com particular atenção. Muitos estudos têm se proposto avaliar as políticas de regularização fundiária – ainda bem deficientes –, que diversos municípios têm tentado implementar desde meados da década de 1980. Com o objetivo de prover a segurança da posse como também de promover a integração social e espacial, na ausência de metas sociopolíticas e instrumentos legais e institucionais coerentes, muitas dessas medidas podem acabar produzindo o efeito perverso de fomentar a segregação. Esse tem sido o caso em muitas cidades, com contornos particulares em áreas onde o tráfico organizado de drogas já deixou sua marca nas relações sociais e espaciais.

Atenção especial tem sido dedicada ao debate sobre as condições político-legais para a consolidação do novo paradigma proposto pela Constituição de 1988, aquele da "função social da propriedade e da cidade". A reforma do paradigma liberal é fundamental para prover apoio para estratégias de gestão participativa urbano-ambiental que também tenham compromisso com a promoção da justiça social e do desenvolvimento sustentável. A reforma da lei é a condição para a promoção de reformas urbanas no Brasil, objetivando democratizar o acesso à terra e à moradia, refazendo a distribuição desigual de equipamentos e serviços e revertendo a natureza de classe dos mecanismos fiscais de captura de valor sobre a terra.

Existe também um número expressivo de estudos mais específicos sobre áreas da cidade (favelas, conjuntos habitacionais, bairros etc.) bem como de estudos sobre cidades específicas, políticas governamentais, análise de planos diretores, desenvolvimentos culturais, entre outros. Embora essa breve revisão de áreas temáticas não seja nem conclusiva nem compreensiva, este número especial da revista *Geoforum* visa apresentar uma amostra do que um grupo de renomados acadêmicos brasileiros e brasilianistas tem a dizer acerca do *Brasil urbano* hoje.

Este é, pois, um número aberto e prospectivo – daí o seu título, *Brasil urbano* – e reúne contribuições de acadêmicos de várias disciplinas e instituições. O número especial reúne, assim, onze artigos, cada um tratando de um diferente aspecto do *Brasil urbano* em várias cidades e utilizando diferentes perspectivas.

Esta coletânea abre com o artigo de Ana Cristina Fernandes e Rovena Negreiros acerca da expansão da rede urbana no Brasil, em relação ao desenvolvimento econômico do país durante aproximadamente os últimos cinquenta anos. As autoras relacionam urbanização e industrialização, analisando o desenvolvimento da infraestrutura industrial no país e o crescimento extraordinário da população urbana. Enfatizando a dimensão integradora de economias regionais promovida por políticas governamentais, em especial durante os anos 50 até os anos 70, elas destacam o colapso do modelo de desenvolvimento que levou a um cenário de estagnação econômica durante os anos 80. Como resultado das reformas liberais, as autoras verificam uma mudança na tendência de urbanização e do sistema urbano que aconteceu na década de 1990, uma vez que, até certa medida, tem havido uma desconcentração regional da atividade industrial. Isso tem acontecido como resposta à maior integração a mercados internacionais e redes de produção, o que exigiu novos investimentos fora dos centros industriais tradicionais. Por conta dessa "interiorização" da urbanização, as metrópoles brasileiras têm crescido mais lentamente do que algumas cidades médias, tanto em termos populacionais quanto em relação à produção industrial.

Em seu artigo, Marcelo Lopes de Souza mostra um lado diferente da tendência recente de urbanização no país. Analisa os temas da suburbanização e da fragmentação espacial. A experiência brasileira recente mostra que o crescimento metropolitano não constitui um fenômeno permanente, como foi antecipado. Tem havido um declínio nos índices de crescimento demográfico nas metrópoles tradicionais, enquanto novas metrópoles têm emergido. Da mesma forma, as cidades médias têm crescido mais rapidamente. Isso se explica, em parte, pela melhoria da infraestrutura no interior *vis-à-vis* a deterioração da qualidade de vida e da infraestrutura nos centros tradicionais, o que os torna menos atrativos para os negócios e para as pessoas. Junto com a reestruturação econômica, surgiram também o desemprego e o mercado de trabalho informal. Aqui, um ponto relevante é o crescimento de estratégias de sobrevivência ilegais, especialmente nas favelas e loteamentos irregulares na periferia. Souza explica que tem havido um processo de "territorialização" do tráfico de drogas associado à logística das diferentes organizações ilegais e à rivalidade entre elas. O controle sobre o espaço é aqui um fator importante. Por exemplo, o crime comum não é permitido nas suas áreas de influência para evitar atrair a atenção da polícia, o que resulta em relativa segurança para a população local. Contrariamente, a cidade formal é uma área "neutra" – a terra de ninguém –, onde há apenas a proteção da polícia. É esse o território do crime comum. Em contraponto, buscando melhorar sua qualidade de vida com amenidades e segurança, as elites urbanas construíram condomínios fechados (como também *shopping centers* e outros espaços exclusivos), formando guetos de classe média, num claro processo de autossegregação. Ambos os tipos de "enclaves" territoriais ilegais têm proliferado, em detrimento da convivência pública nas áreas "neutras".

Observando também a reestruturação econômica, Ricardo Antunes avalia as consequências para o movimento dos trabalhadores e para outros movimentos sociais, comparando a situação da década de 1980 com a da década de 1990. Antunes analisa a acumulação flexível e também a desregulação neoliberal antissocial, que puseram a perigo os modelos social-democratas de provisão do Estado de bem-estar social. A natureza destrutiva da reestruturação econômica sob a globalização, em que o capital redesenhou os processos produtivos mais ou menos de acordo com o modelo japonês, tem feito crescer a competição intercapitalista, com drásticas consequências para o mundo do trabalho. No Brasil, uma certa reestruturação produtiva com elementos do modelo japonês vem ocorrendo desde os anos 80, processo esse que foi acelerado após o Plano Real, de 1994, quando a situação macroeconômica melhorou. À luz da competição internacional, a reestruturação econômica significou uma redução de postos de trabalho no setor de manufaturas. Por isso o movimento dos trabalhadores – que foi muito ativo durante os anos 80, quando houve uma expansão dos sindicatos e a criação de associações progressistas de sindicatos, como foi o caso da Central Única dos Trabalhadores (CUT), em 1983 – teve que assistir à sua regressão durante os anos 90. A Força Sindical, uma nova central de sindicatos, foi criada em 1991, inaugurando um tipo de sindicalismo neoliberal e pragmático. No entanto os anos 90 também assistiram ao fortalecimento de outros movimentos sociais, como o Movimento dos Trabalhadores Rurais Sem Terra (MST), com fortes ligações com setores sociais urbanos. O MST é o mais importante movimento social e político de oposição ao governo de Fernando Henrique Cardoso.

Andrés Rodriguez-Pose, John Tomaney e Jeroen Klink apresentam ainda outro aspecto do processo de reestruturação econômica. A crise, a internacionalização e a desregulação econômicas são a base de tal processo. Tendo como foco a região ampliada do ABC, parte da região metropolitana de São Paulo, os autores analisam o "empoderamento" local, ou seja, o efeito da descentralização como um resultado tanto da democratização do país como da reestruturação econômica. Essa combinação forçou os governos locais a terem que lidar com novos desafios, em busca de maior envolvimento na constituição de novos esquemas e condições para a promoção do desenvolvimento econômico. Uma tentativa tem sido a criação de um conselho de desenvolvimento econômico local, formado por sete municipalidades da região do ABC, junto com o governo do estado de São Paulo. Muito afetada pela crise, essa região é uma das mais ricas do país, tendo uma forte concentração de indústrias, em especial a automobilística e a de componentes, e tem sido o berço do movimento dos trabalhadores. O conselho visa estabelecer parcerias estratégicas e planos de ação para lidar com problemas comuns.

Raquel Rolnik explora a tensa dinâmica entre as ordens legal e ilegal que tem permeado o processo de exclusão social, negando empregos, oportunidades, crédito e direitos para a vasta maioria dos residentes urbanos. Analisando dados de vários municípios no estado de São Paulo, ela argumenta que o planejamento e as regulações urbanas têm aumentado a segregação espacial ao manter o pobre urbano longe das áreas dotadas com infraestrutura urbana, reservando as áreas mais bem localizadas, mais equipadas e servidas para o mercado formal e abrindo áreas de fronteira para o setor informal. Ao discutir a relação entre a lei, o planejamento e a segregação, Rolnik adiciona ainda um quarto elemento para a equação, o crescimento da violência.

Ao estudar a dinâmica de ocupações informais no Recife, Flávio A. Souza explora os benefícios das políticas de regularização fundiária, particularmente a relação entre a legalização da posse da terra e a capacidade das pessoas para competir e sustentar sua posse no mercado de terra urbana. Ao discutir os fatores que têm determinado a percepção dos residentes sobre a segurança da posse, Souza argumenta que, quando eles se sentem seguros sobre a ocupação, os residentes tendem a investir na consolidação de sua moradia, mesmo sem haver a segurança formal da posse. No entanto, segundo ele, políticas de legalização de terras no Recife podem ter gerado efeitos perversos, já que, ao produzirem uma escassez de áreas ilegais, reduzem também o estoque de terras acessível aos grupos mais pobres.

José Júlio Lima analisa a ideia de que a maneira como o espaço urbano está estruturado tem um papel na determinação do acesso a benefícios sociais, como serviços e infraestrutura. Proximidade, embora não apenas ela, faz diferença. A segregação é reflexo de uma dada medida de acessibilidade espacial e mobilidade urbana, permitida pela infraestrutura instalada. A forma urbana é, assim, um elemento determinante na explicação da segregação social e espacial. O autor argumenta que a segregação atua também sobre suas próprias causas socioeconômicas, exacerbando a desigualdade. Todas as esferas de governo – em especial, a local – e também forças espontâneas têm papel fundamental na determinação dos preços da terra (e, assim, do acesso à terra) como também do acesso aos serviços e à infraestrutura nas cidades brasileiras. Em Belém, sobre a qual é o seu estudo de caso, a forma urbana é vista por meio de uma análise espacial baseada na aplicação de técnicas de *space syntax*, que permite uma avaliação de como a geometria da estrutura urbana determina a acessibilidade e a integração das diferentes áreas da cidade.

Claudio Acioly Jr. discute as estratégias-chave de desenvolvimento urbano utilizadas pela municipalidade do Rio de Janeiro nos últimos anos, que têm resultado em visíveis melhoras na gestão urbana. Analisando três programas interarticulados, a saber: o Plano Estratégico, o Favela Bairro e o Programa de Revitalização Urbana, ele argumenta que tais estratégias têm combinado aumento de capacidade decisória, reestruturação organizacional, descentralização, melhor desempenho do governo municipal e melhor gestão financeira, consideráveis investimentos em favelas e o aumento no nível de participação popular tanto na formulação de projetos quanto na implementação destes. Embora tenham contribuído na redefinição de uma base para processos de revitalização urbana e planejamento de longo prazo do desenvolvimento da cidade, tais estratégias urbanas se beneficiariam com melhores condições de cooperação intergovernamental, que é fundamental na provisão de soluções efetivas para problemas supramunicipais como a poluição, o transporte e a violência.

Elizabeth Riley, Jorge Fiori e Ronaldo Ramirez discutem como a nova abordagem sobre a redução da pobreza em cidades em todo o mundo – combinando projetos e formulação de políticas multissetoriais, sensibilidade às necessidades dos mais vulneráveis, participação e parceria, a escala da cidade e reforma institucional – tem sido materializada na recente política habitacional no Rio de Janeiro. Os autores discutem, com certo detalhe, o programa Favela Bairro, que visa à urbanização de favelas, melhorar as condições de vida nelas e estimular a integração social na cidade.

Na tentativa de criar uma cultura de cidadania política, o programa tem enfatizado a arquitetura e o espaço público como mecanismos para mudança social. Os autores argumentam que, embora o programa em si seja um desenvolvimento desigual e incompleto da nova abordagem, ele demonstra as possibilidades e os problemas de se implementarem políticas multissetoriais de larga escala no município para a redução da pobreza.

Em um artigo sobre a história urbana da cidade do Rio de Janeiro, Luciana L. Martins e Maurício A. Abreu nos lembram que os processos de globalização e mudança urbana têm uma longa história no Brasil. Desenvolvendo uma análise baseada num entrelaçamento de redes de interações econômicas e políticas, no interior e além da fronteira do Rio de Janeiro, eles nos contam a estória das transformações que se seguiram na cidade após a chegada, em 1808, da família real portuguesa e a corte de Lisboa, em fuga de Napoleão. Um "reino unido" foi constituído, tendo o Rio, então um porto numa posição favorável, como sua capital, até 1821. Na nova cidade imperial, a corte teve que se confrontar com a vida naquela que até ali tinha sido uma de suas cidades coloniais. O movimento de pessoas e a nova estrutura de poder requeriam adaptações imediatas e urgentes à cidade, mas trouxeram também consequências duradouras. Mudanças econômicas de longo prazo, como, por exemplo, o fim das proibições sobre as manufaturas, o aumento do comércio exterior e a produção de café, são algumas dessas consequências. Os autores veem esse processo de transformação como resultado de três temporalidades diferentes: uma associada ao regime colonial brasileiro, outra à nobreza portuguesa e uma outra a um emergente capitalismo comercial, alavancado por interesses britânicos. Um processo contraditório que é de difícil compreensão – a escravidão –, no Rio de Janeiro, conviveu com o liberalismo. Mais do que uma transição de uma sociedade tradicional para uma moderna, como esse processo é correntemente percebido, a explicação se encontra na interseção dos processos globais: comércio global, escravidão e capitalismo industrial.

Embora seu objeto de estudo – o Parque Nacional dos Lençóis Maranhenses – não seja uma área urbana, a contribuição de Stefania Abakerli se encaixa nessa coletânea por várias razões. Não apenas os problemas específicos que ela discute a respeito das políticas de conservação ambiental se aplicam a áreas urbanas como também constituem um lembrança de que o processo de urbanização no Brasil não se restringe a áreas urbanas. Com a abertura de novas fronteiras econômicas na Amazônia e com atividades urbanas sendo realizadas no campo, a urbanização tem se tornado um processo cultural que penetra nas relações socioeconômicas além de limites espaciais. Abakerli propõe uma crítica ao paradigma conservacionista, que, sob a retórica da proteção da natureza e do desenvolvimento do turismo, não consegue promover a integração do desenvolvimento local e a conservação de áreas ambientalmente sensíveis, através de um planejamento do desenvolvimento que seja inclusivo, o que causa, ao contrário, exclusão social e problemas ao meio ambiente.

Concluindo esta breve introdução, para vislumbrar um futuro melhor, é imperativo que os acadêmicos continuem a pensar sobre múltiplas e novas maneiras de compreender e desafiar – daí o subtítulo deste editorial, "Passado e Futuro" – as crises urbanas no país. Por enquanto, se este número especial da revista *Geoforum* puder contribuir para melhorar a compreensão e gerar interesse sobre o "Brasil Urbano", os esforços empreendidos por nós terão valido a pena, sendo essa a nossa recompensa. Os editores agradecem a todos os que contribuíram. Em particular, gostaríamos de agradecer a Jenny Robinson, pela confiança e encorajamento e pela revisão detalhada que fez de todo o texto do original em inglês.

Capítulo 1

Desenvolvimento Econômico, Divisão de Trabalho e Mudanças na Rede Urbana Brasileira: Do *desenvolvimentismo* ao Plano Real * +

Ana Cristina Fernandes
Rovena Negreiros

1. Introdução

No presente artigo, tentamos reunir as conexões entre as principais transformações na divisão social de trabalho e as formas dominantes das atividades produtivas, de um lado, e a estrutura e configuração da rede urbana brasileira, de outro. Entendemos que, apesar dos bastante conhecidos desequilíbrios regionais e sociais presentes no país, nos quais o território sempre desempenhou um papel importante, como Tavares (1999) nos recorda, o processo de urbanização e a rede urbana brasileiros se expandiram vigorosamente durante a chamada era *desenvolvimentista*, certamente em decorrência da industrialização, mas também da intervenção governamental na economia e na organização do território. Industrialização e divisão de trabalho requeriam um mercado doméstico ampliado e integrado, para o que áreas urbanas são fundamentais. A política urbana foi, assim, preponderantemente orientada para expandir infraestruturas de comunicação e transporte, e promover em algum grau programas redistributivos que incentivassem a integração de mercados e urbanização necessária, estimulando a expansão das classes médias e a transferência inter-regional de rendas. Esse esforço não apenas implicou a modernização dos antigos centros urbanos coloniais localizados no litoral, como também o crescimento acelerado de centros médios no interior, o que propiciou maior equilíbrio na distribuição de cidades e população no território. Ao final do *desenvolvimentismo*, a participação da região metropolitana de São Paulo na indústria regional havia declinado, refletindo os fluxos demográficos e de capital industrial para o interior do estado de São Paulo e para as demais regiões do país.

---

* Este artigo decorreu da pesquisa "Caracterização e tendências da rede urbana do Brasil", desenvolvida pelo Nesur/IE/Unicamp e pelo DEGEO/IBGE (Instituto Brasileiro de Geografia e Estatística) e patrocinada pelo IPEA (Instituto de Pesquisas Econômicas Aplicadas do Ministério do Planejamento do Brasil). O principal objetivo da pesquisa foi identificar a atual situação da rede urbana brasileira. Para tal, deu-se ênfase a investigar o aparecimento de novas tendências na geografia econômica e os instrumentos analíticos apropriados à compreensão de novas espacialidades. Em vez de limitar-se a métodos clássicos para estudar a rede urbana, focalizando apenas os fluxos de bens e serviços entre lugares, o procedimento adotado incorporou também a compreensão do espaço como resultante de relações sociais, culturais e econômicas, portanto, uma análise detalhada dos desenvolvimentos recentes na economia brasileira, em suas regiões e centros urbanos.

+ As autoras querem reconhecer, com agradecimentos, a ajuda valiosa, no manuseio da base de dados, que proporcionaram as tabelas e os mapas do artigo de Marcelo Teixeira Carpintero, Marina Piason Teixeira e Thiago Fonseca Ribeiro. Queremos também agradecer os comentários ao manuscrito feitos por Flávio Pinto Bolliger e as apreciações dos pareceristas anônimos intermediados pelos editores da *Geoforum*.

Enquanto nas décadas de 1960, 1970 e mesmo 1980 foram priorizados esforços para construção do mercado nacional e de infraestrutura urbana, o cenário dos anos 1990 mostra um percurso distinto. Após trinta anos de intensa industrialização e urbanização, entendemos que o enfoque neoliberal aplicado à reestruturação da economia e da sociedade vem enfraquecendo essa tendência à integração e redução de desequilíbrios regionais e urbanos. A rápida abertura da economia, a taxa de câmbio sobrevalorizada praticada desde a implantação do real até o fim da década e a flexibilização da regulamentação de fluxos financeiros e relações de trabalho têm levado os agentes econômicos a enfatizar eficiência e centralização de capital em suas decisões estratégicas. Consistentemente, programas governamentais de caráter redistributivo foram extintos ou reduzidos drasticamente e nada além da austeridade fiscal e diversas modalidades de competição entre cidades e estados por investimento tem sido colocado em seu lugar.

Nós argumentamos que, nesse contexto, um esgarçamento das articulações dos espaços econômicos do país provavelmente virá substituir a tendência à integração desenvolvida nas décadas anteriores, com acentuação da polarização social. Além disso, uma vez que tem selecionado um punhado de assim chamadas *ilhas de produtividade* para concentrar novos investimentos em infraestrutura de transportes e comunicação, como apresentado no PPA (Plano Plurianual) de 2000-2004, o governo federal tem promovido mais a reversão do que a continuidade do processo de integração territorial, como defende em seus documentos oficiais (ver www.presidencia.gov.br).

Esse argumento está apresentado nas sessões a seguir. Na sessão 2, que foi organizada a partir do entendimento de que uma melhor compreensão do cenário atual requer observação de tendências passadas, são resumidas as relações entre industrialização e urbanização, que forneceram as bases mais antigas para as configurações recentes. Na sessão 3, tentaremos apontar a configuração urbana que resultou dos esforços de integração, os quais promoveram uma nova divisão territorial de trabalho no país, que funcionou como uma máquina de crescimento complementar e permanente, como nos termos propostos por Fiori (1999), para se referir às relações entre os países desenvolvidos e os demais durante a era do padrão-ouro. Na sessão 4, a análise finalmente se voltará para alguns indícios do esgarçamento territorial e social que, no nosso entender, é provável que se acentue à medida que a geografia da produção e do consumo se ajuste à ordem financeira determinada pelo mercado atualmente prevalecente no país. Na sessão final, argumentamos que a configuração urbana do início do século XXI já reflete escolhas políticas feitas nos anos 1990, em favor de um menor número de espaços econômicos, produtores e consumidores, porém mais eficientes, seletivos e competitivos, escolhas estas liberadas da construção de um "projeto civilizatório" para a sociedade brasileira como um todo, dentro das fronteiras territoriais do país. Sendo assim, é provável que o outro lado da moeda, que retrata a proliferação de disputas acirradas pelo comando e apropriação da produção de espaços competitivos em áreas dinâmicas, em sintonia com estratégias locacionais globais, seja o crescimento das parcelas do território e da população brasileiras que são deixadas de fora das oportunidades promovidas pela ordem do mercado.

2. Um breve panorama do processo de urbanização brasileiro

O processo de urbanização foi efetivamente desencadeado no Brasil em paralelo à consolidação da nação, como nos lembra Deák (1999), depois que movimentos separatistas ou republicanos que se verificaram em todo o país foram controlados, dos pampas gaúchos até os seringais paraenses, das Minas Gerais decadentes da mineração à economia açucareira em crise permanente de Pernambuco. No entanto, foi só depois da constituição de duas importantes condições materiais para o desenvolvimento do capitalismo industrial que a urbanização tomou impulso: a chamada Lei da Terra, de 1850, e a abolição efetiva da escravatura. A primeira estabeleceu a propriedade privada da terra, sem o que o trabalho livre não procuraria o mercado para assegurar sua reprodução. Não é coincidência o fato de que a mesma lei regulamentava a imigração estrangeira, que viria a oferecer outra condição decisiva para a urbanização brasileira, propiciando diferenciais poderosos em favor da rede urbana paulista. Por outro lado, a Lei da Terra normatiza a associação entre atraso e modernização, ao manter o caráter patrimonialista e elitista que vai prevalecer desde então na formação social brasileira. A abolição, por sua vez, viria a reduzir a competição entre trabalho escravo e trabalho livre, possibilitando a transição, para que relações salariais viessem a se tornar dominantes no país. Urbanização, enquanto fenômeno relevante para a consolidação de relações sociais capitalistas, só tem início quando a indústria substitui a produção agroexportadora como motor da acumulação, quando o antagonismo campo-cidade é minimizado e quando é desencadeada a efetiva integração do mercado nacional.

Antes disso, vilas e cidades funcionavam como meras locações de onde o capital comercial (e a coroa portuguesa no período colonial) controlava as atividades econômicas e o trabalho escravo da colônia. Como argumenta Oliveira (1982), cidades e vilas nesse momento podiam ser entendidas como lugares não-produtivos, articuladas aos diferentes sistemas regionais baseados em ciclos econômicos, aos quais elas ofereciam suporte administrativo e de controle necessários à operação do setor exportador. Ademais, esses sistemas agroexportadores segmentavam o país em economias regionais, estabelecendo articulações comerciais mais intensas com o exterior que entre cada uma delas, considerando tanto exportações quanto importações. Segmentação semelhante ocorria, inclusive, dentro de cada região, em vista da precariedade da integração entre o setor exportador e o de subsistência que se verificava então, lembra Singer (1974). Esse isolamento relativo a que estavam submetidas as economias regionais levou diversos autores – de Furtado (1958) a Cano (1977) e Guimarães Neto (1989) – a evocar a imagem de um *arquipélago de regiões* para caracterizar a economia brasileira daquele momento.

A urbanização que emergiu desse conjunto de sistemas regionais agroexportadores mostraria, no entanto, um baixo nível de primazia urbana, o que, pode-se dizer, resulta também das dimensões territoriais do país. Distintas especializações e padrões de renda e produtividade regionais levariam, algumas décadas mais tarde, aos desequilíbrios típicos de sistemas urbanos de ex-colônias (como se pode observar na Tabela 2). Caracteristicamente, a rede urbana estava concentrada em um pequeno número de cidades, embora de grande porte, ao longo da costa atlântica. Como mostra a Tabela 1, até 1890 existiam três cidades com mais de 100 mil habitantes: Rio de Janeiro (523 mil), Salvador (174 mil) e Recife (112 mil). Recife e Salvador, duas das mais importantes cidades do país nesse período, testemunhavam, junto com sua região, o declínio da economia do açúcar, já secular então. O Rio de Janeiro não apenas era a capital nacional, como também desempenhava o papel de cidade primaz, o que fez por um importante período durante a predominância do regime primário-exportador. A cidade sediava a mais importante indústria, o mercado financeiro e o maior mercado de consumo e de trabalho do país, até que São Paulo viesse a rivalizar essa posição nas primeiras décadas do século XX. De 65 mil habitantes em

1890, São Paulo crescia a uma taxa média de 14% ao ano nos dez anos seguintes, até atingir 240 mil habitantes em 1900 e 579 mil em 1920. Nesse momento, São Paulo havia começado a demonstrar sua importância crescente na rede urbana brasileira, na qual viria a substituir o Rio de Janeiro como cidade primaz já na segunda metade da década de 1920, apesar de estar localizada fora da faixa litorânea.

Tabela 1

POPULAÇÃO E CRESCIMENTO POPULACIONAL DE CIDADES SELECIONADAS

	População (em milhões)					Crescimento médio anual (%)			
	1872	1890	1900	1920	1940	1890-1900	1900-1920	1920-1940	1900-1940
Belém	62	50	97	236	206	6.85	4.55	-0.68	1.90
Recife	116	112	113	240	348	0.09	3.84	1.88	2.85
Salvador	129	174	206	280	290	1.70	1.55	0.18	0.86
Rio de Janeiro	275	523	811	1,158	1,764	4.48	1.80	2.13	1.96
Belo Horizonte	-	-	13	56	214	-	7.58	6.93	7.25
São Paulo	32	65	240	579	1,330	13.95	4.50	4.25	4.37
Porto Alegre	44	52	74	179	272	3.59	4.52	2.11	3.31

Fonte: Cano (1988); Singer (1974); Santos (1994).

Esse cenário dá início à mudança profunda que a rede urbana brasileira vai experimentar, em paralelo à evolução do estado nacional e da atenção que veio a receber a construção de um projeto nacional de desenvolvimento. Logo o antigo estado liberal e a política oligárquica regional bastante independente, como aponta Fiori (1994), vão ser substituídos por um aparelho de estado crescentemente sofisticado e centralizado, com grande capacidade de intervenção na economia e na sociedade. Nas fases iniciais da industrialização, medidas governamentais promovem a integração do mercado interno, o suporte à expansão da indústria, a redução do poder dos governadores e a abolição de tarifas interestaduais. Nesse momento, se observam os primeiros esforços para expansão nacional da infraestrutura de transportes[1] (o que estimulou não apenas o comércio inter-regional mas também a migração interna em direção às áreas urbanas mais dinâmicas do país, onde a demanda por trabalho assalariado era mais intensa) bem como a promulgação de leis trabalhistas, só que restritas aos trabalhadores urbanos. Dessa forma, promoviam-se as condições de reprodução destes últimos em comparação aos trabalhadores rurais, estimulando-se, portanto, a migração campo-cidade, necessária para ampliação do mercado de trabalho e expansão da indústria e da economia urbana como um todo.

[1] Como recorda Guimarães Neto (1989), as estradas de rodagem, que totalizavam 113,6 mil quilômetros em 1928, passam a 459,7 mil em 1955. Tratores em operação no país duplicaram, em 10 anos, para 109,2 mil em 1947 e para 210,2 mil em 1951.

Tabela 2

DISTRIBUIÇÃO REGIONAL DO PIB E ESTADOS SELECIONADOS – 1949/1994

Regiões e estados	1949	1959	1970	1975	1980	1985	1990	1995
Sudeste	67.5	65.0	65.2	64.5	62.2	59.4	58.4	57.2
São Paulo	36.4	37.8	39.5	40.2	37.8	35.5	36.3	35.8
Minas Gerais e Espírito Santo	11.6	8.7	9.6	9.8	11.1	11.6	11.0	11.0
Rio de Janeiro	19.5	18.5	16.1	14.5	13.2	12.4	11.1	10.5
Sul	15.2	16.2	17.0	18.1	17.3	17.1	16.0	17.4
Nordeste	13.9	14.4	11.9	11.3	12.2	13.8	14.0	13.7
Norte	1.7	2.0	2.2	2.2	3.3	4.2	5.0	4.9
Centro-Oeste	1.7	2.4	3.6	4.0	5.0	5.4	6.6	6.9
Total	100.0	100.0	100.0	100.0	100.0	100.0	100.0	100.0

Fonte: PIMES (1984, vol. 1, p. 42); FIBGE, Anuário Estatístico do Brasil, 1992; PIB de 1990 a 1995 segundo estimativas de IPEA: Considera, C. et al., 1996, mimeo, *apud* NESUR/UNICAMP, 1998.

Finalmente, lembra Singer (1974), a concentração necessária para a expansão e predominância do capital sobre as relações sociais no país estavam sendo viabilizadas, enquanto se ampliava o comércio e a migração inter-regional. Mas esses movimentos também significavam concentração da atividade econômica em São Paulo. Economias de escala e aglomeração começavam a operar junto com a construção da nova metrópole. Como mostra Cano (1990), a participação de São Paulo na indústria nacional cresceu de 15,9% para 31,5%, entre 1907 e 1919 (quando a produção industrial da cidade, enfim, superou a do Rio de Janeiro) e para 55% em 1950. A concentração cresceu ainda mais com o estabelecimento das indústrias de bens de capital e duráveis de consumo (atingindo 69,7%), confirmando a liderança de São Paulo na industrialização brasileira (Cano, 1977; Singer, 1974).

Sendo o outro lado da mesma moeda, os desequilíbrios regionais se aprofundam, como mostra a Tabela 2. O Sudeste respondia por mais de dois terços do PIB nacional em 1949 (67,5%), sendo São Paulo responsável por mais de metade dessa parcela (36,4%), enquanto o Nordeste contribuía com menos de 14%. Crescimento acelerado no Sudeste, especialmente no Rio de Janeiro e São Paulo, estimulava a emigração das regiões estagnadas e áreas rurais, impulsionando a urbanização e o processo de metropolização, sendo São Paulo o destino da maior parcela dessa migração. Enquanto a metrópole paulista mostrava um saldo migratório positivo de 6,1%, no período 1940-50, no Rio de Janeiro a população já declinava. Em 1950, pode-se afirmar que a região metropolitana de São Paulo já estava configurada, concentrando quase a metade (48,6%) de população urbana do estado (Singer, 1974). Como mostra a Figura 1, em 1960 São Paulo havia ultrapassado o Rio de Janeiro, tornando-se a maior cidade brasileira, com uma população de cerca de 3,8 milhões de habitantes (contra 3,3 milhões do Rio de Janeiro).

Figura 1

CRESCIMENTO POPULACIONAL DE CIDADES SELECIONADAS – 1872-1996
(MILHÕES DE HABITANTES)

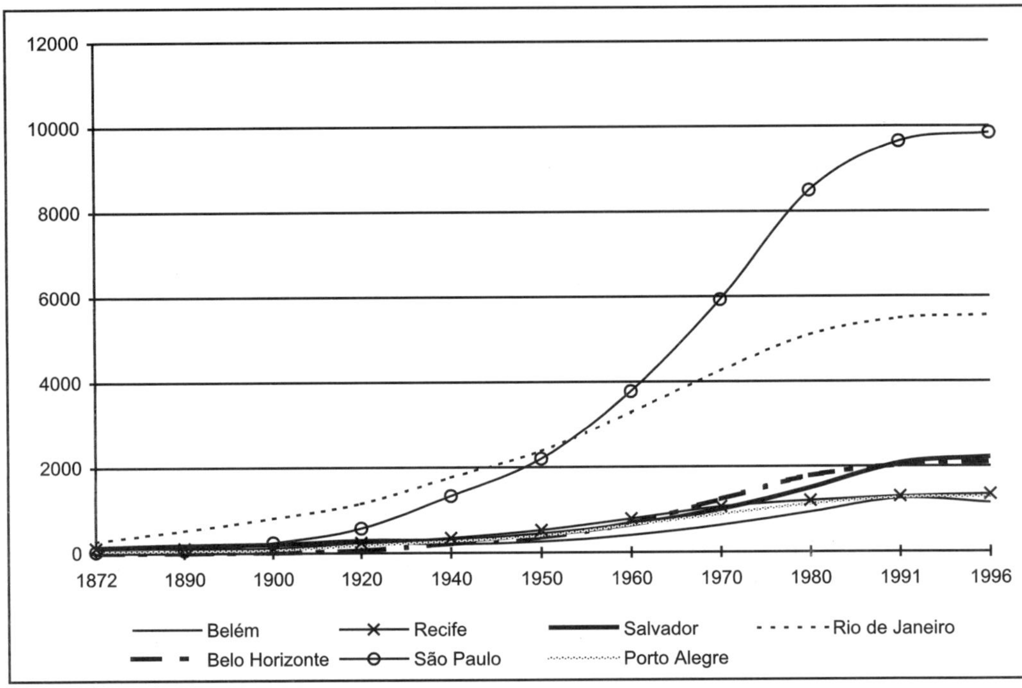

Fonte: Cano (1988); Singer (1974); Santos (1994); IPEA/IBGE/NESUR (1999).

Contudo, apesar dessa concentração considerável em São Paulo e no Rio, grande parte da indústria regional crescia, favorecendo alguma modernização e crescimento urbano nas principais cidades coloniais do litoral. Com exceção de Belém, que perdeu população após o colapso do ciclo da borracha (ver Tabela 1), todas as demais cidades apresentaram crescimento positivo no período 1920-40: Salvador (290 mil habitantes), Recife (348 mil), Porto Alegre (276 mil) e Belo Horizonte (214 mil)[2]. O crescimento mais acelerado das cidades da chamada região Centro-Sul (Sudeste, Sul e Centro-Oeste), apresentado na Tabela 1, reflete, assim, a decrescente importância da economia nordestina para a industrialização brasileira e a confirmação da reversão desta última para uma situação periférica, à medida que a dinâmica urbano-industrial passa a predominar sobre o processo de acumulação no país.

Nesse sentido, enquanto a indústria substituía a agricultura como o motor da acumulação, acelerando o passo da urbanização e aprofundando a divisão social de trabalho e a integração do mercado nacional, as cidades tornavam-se mais complexas e diversificadas. A urbanização foi particularmente estimulada quando o processo de substituição de importações orientou-se para

[2] Como já foi mencionado, Salvador e Recife eram duas das maiores cidades do período; Porto Alegre, centro econômico da região Sul, anteriormente baseado em atividades primárias (carne, trigo e fumo) para consumo interno; e Belo Horizonte, cidade planejada para ser a capital do estado de Minas Gerais a partir de 1897, no intuito de promover a integração e superar a instabilidade política e decadência em curso desde o fim do ciclo do ouro. Belo Horizonte foi também uma das primeiras empreitadas de porte, seguida mais tarde por Goiânia, a empurrar a urbanização em direção ao interior do país.

a produção de bens intermediários e duráveis de consumo, configurando-se a chamada industrialização pesada. A competição inter-regional aprofundou-se, o que levou à pesquisa também da concentração industrial em São Paulo. A posição central desta na divisão regional de trabalho acentuou-se junto com a expansão e diversificação da estrutura produtiva do estado, favorecendo ainda mais a aglomeração industrial na região metropolitana paulista.

Tabela 3

BRASIL – CRESCIMENTO POPULACIONAL E GRAU DE URBANIZAÇÃO (%)

	Taxa de crescimento médio anual da população*			
	Total	Urbana	Rural	Taxa de urbanização *
1940	-	-	-	31,2
1950	2,3	4,6	1,7	36,2
1960	3,1	6,2	1,8	44,7
1970	2,9	5,4	1,5	55,9
1980	2,5	4,4	-0,6	67,6
1991	1,9	2,8	-0,7	75,6
1996	1,4	2,1	-1,1	78,4

Nota: * Taxa de crescimento ao longo da década; grau de urbanização para cada ano mencionado

Fonte: Martine et al. (1990) para 1940-60, Censos Demográficos – IBGE, para 1970-91 e Contagem Populacional – IBGE, para 1996.

A preocupação com as disparidades regionais crescentes finalmente vem a inspirar a implementação de políticas regionais. Em que pese ter impulsionado a industrialização nas regiões periféricas, particularmente no Nordeste (Fernandes, 1998), as políticas regionais não deixaram também de dar suporte à expansão do capital industrial paulista, por meio dos subsídios à transferência de investimentos para aquelas regiões. Sob a determinação de São Paulo, novas relações industriais articularam as demais economias regionais à paulista, levando analistas a sugerir que a integração agora se dava em bases produtivas e não apenas comerciais (Guimarães Neto, 1989). Como mostra a Tabela 3, a concentração em São Paulo continuou até meados da década de 1970, quando a industrialização passou a uma nova fase, após o primeiro choque do petróleo, em 1974.

Efeitos dessa integração regional movida pela indústria estão estampados no crescimento urbano acelerado que o país experimentou por três décadas a partir dos anos 1950, como se pode verificar na Tabela 3. As áreas urbanas abrigavam 36,2% do total da população brasileira em 1950, participação que se elevou para 44,7% em 1960, após 10 anos de crescimento médio de 6,2% ao ano. A população urbana saltou de 18,8 milhões para 31,5 milhões de habitantes entre 1950 e 1960, enquanto chegava a 2.763 o número de centros urbanos existentes no país, comparado com o total de 1.887 em 1950, como mostra a Tabela 4.

Tabela 4

CLASSES DE CIDADE SEGUNDO TAMANHO DE POPULAÇÃO – 1950-1980

	1950	1960	1970	1980
Total	1.887	2.763	3.952	3.991
Menos de 20.000	1.791	2.591	3.649	3.495
20.001-100.000	85	141	245	401
100.001-500.000	8	25	49	81
500.001-1 milhão	1	4	5	7
Mais de 1 milhão	2	2	4	7
Mais de 20.000	96	172	303	496
População urbana	18.783	31.956	52.905	82.013
Porcentagem-distribução				
Total	100,0	100,0	100,0	100,0
Menos de 20.000	94,9	93,8	92,3	87,6
20.001-100.000	4,5	5,1	6,2	10,0
100.001-500.000	0,4	0,9	1,2	2,0
500.001-1 milhão	0,1	0,1	0,1	0,2
Mais de 1 milhão	0,1	0,1	0,1	0,2
Mais de 20.000	5,1	6,2	7,7	12,4

Fonte: IBGE (1988).

Vale salientar, contudo, que essa intensa urbanização não resultou em uma mera proliferação de pequenas vilas associada à expansão da fronteira agrícola. Embora os núcleos urbanos com população inferior a 20 mil habitantes respondessem por quase 95% da rede urbana em 1950 e por 94% em 1960, o crescimento dos maiores centros é notável (ver Tabela 4). Entre 1950 e 1960, estes últimos saltaram de 96 para 172, elevando sua parcela de 5,1% para 6,2% do total de cidades existentes então. Entre estas, em 1960, 31 tinham população superior a 100 mil habitantes, das quais 6 tinham 500 mil habitantes ou mais, e duas eram cidades com um milhão ou mais de pessoas (Tabela 4). Com relação a novas cidades, a criação de Brasília como a capital nacional, em 1960, em paralelo à implantação de extensa malha de infraestrutura de transporte, energia e comunicações no Centro-Oeste e mesmo oeste do Nordeste e na região Norte, foi responsável por significativo crescimento da urbanização no interior do país, como parte da estratégia urbana articulada à expansão da fronteira agrícola em direção ao interior, agora em bases capital-intensivas.

Em 1970, o sistema urbano brasileiro já refletia a integração regional e a influência de Brasília. De uma participação insignificante, dez anos depois o Centro-Oeste saltou para 4% (Tabela 5) do total de cidades da rede, a qual, por sua vez, havia crescido para abrigar um total de 303 centros de mais de 20 mil habitantes. Nesse momento, havia quatro cidades de um milhão ou mais de habitantes, nove centros de mais de 500 mil e 49 centros com população entre 100 e 500 mil habitantes no país

(Tabela 4). Entretanto, como mostra a Tabela 5, em 1970 o Sudeste era responsável por 62% da população urbana que vivia em centros com mais de 20 mil pessoas. O estado de São Paulo sozinho respondia por mais da metade da participação do Sudeste, bem acima da do Nordeste (19%) e da do Sul (13%)[3]. A correlação entre concentração industrial e concentração urbana começou a cair somente após meados da década de 1970, quando a intervenção do estado em seguida ao choque do petróleo induziu a alguma convergência e a uma visível interiorização da urbanização (ver Mapa 2).

Tabela 5

DISTRIBUIÇÃO RELATIVA E TAXAS DE CRESCIMENTO DA POPULAÇÃO URBANA POR REGIÃO – 1940-80 (CIDADES ACIMA DE 20 MIL HABITANTES)

	Distribuição regional da população urbana (%)					Taxa média de crescimento anual (%)			
	1940	1950	1960	1970	1980	1940-50	1950-60	1960-70	1970-80
Norte	3	3	3	3	4	2.7	5.8	6.2	7.4
Nordeste	21	20	19	19	19	4.3	5.2	5.5	4.7
Sudeste	64	64	64	62	59	4.7	6.1	5.1	4.3
Sul	12	12	13	12	13	4.5	7.1	5.2	5.7
Centro-Oeste	0	1	1	4	5	15.2	17.2	11.8	9.2
Brasil	100	100	100	100	100	4.6	6.2	5.4	4.4

Fonte: FIBGE, Censos Demográficos 1940-80. Baseado em Martine et al. (1990).

Nesse momento, existiam nove regiões metropolitanas[4] que, juntas, detinham mais da metade (54%) da população urbana total que residia em cidades com mais de 50 mil habitantes. O grau de urbanização havia atingido 55,9%, impulsionado por um crescimento da população urbana da ordem de 5,4% ao ano (ver Tabela 1), em contrapartida à taxa de 1,5% para a população rural, o que reflete a intensidade das transformações em andamento na estrutura econômica e social do país. Mais que isso, o crescimento vegetativo aumentou e os fluxos populacionais campo-cidade não só resultaram em um maior número de núcleos urbanos e maior população urbana, como também promoveram a importância de centros médios e grandes, como a Tabela 6 aponta, especialmente as regiões metropolitanas.

Essa tendência traduzia a capacidade do país de oferecer então novas ocupações relacionadas às mudanças estruturais em curso em sua economia, em vez de fenômenos do tipo "inflação urbana" (Potter e Lloyd-Evans, 1998), que têm caracterizado a urbanização de muitos países subde-

[3] Entre 1950 e 1980, São Paulo tornou-se o principal destino da migração no país. Enquanto o estado respondia por um saldo migratório de 6,1% nos anos 1950, o Nordeste (-6,0%), Minas Gerais (-13,8%) e o Rio Grande do Sul (-3,9%) experimentavam importantes perdas de população (Cano, 1990). Considerando apenas o período 1970-80, São Paulo recebeu mais de 2,7 milhões de migrantes, comparados aos 363 mil e 593 mil que se dirigiram ao Rio e à Amazônia, respectivamente. Enquanto isso, regiões até então tradicionais recebedoras de migrantes perderam população (Paraná, -1,3 milhão, Maranhão, -110 mil, e Goiás, -100 mil).

[4] Belém, no Norte, Salvador, Recife e Fortaleza, no Nordeste, São Paulo, Rio de Janeiro e Belo Horizonte, no Sudeste, e Porto Alegre e Curitiba, no Sul.

senvolvidos. Embora a urbanização tivesse se processado mais rapidamente que a industrialização, esta última havia sido vigorosa o suficiente para oferecer postos de trabalho, melhores salários e oportunidades, mesmo diante dos fluxos massivos de migrantes oriundos de áreas rurais e estagnadas. Dessa forma, indústria e cidades juntas promoveram o suporte necessário para intensificar a integração do mercado interno e da base produtiva, inspirando Cano (1990) a reconhecer nesse momento a manifestação de uma "urbanização suportável".

Tabela 6

DISTRIBUIÇÃO DA POPULAÇÃO BRASILEIRA RESIDENTE
EM MUNICIPALIDADES COM 50 MIL HABITANTES OU MAIS,
SEGUNDO CLASSES DE TAMANHO E REGIÕES METROPOLITANAS, 1970 – 1996

	1970 (%)	1980 (%)	1991 (%)	1996 (%)
50.001 a 100.000 hab.	20,2	18,1	17,6	17,5
100.001 a 200.000 hab.	11,0	10,5	10,6	10,7
200.001 a 500.000 hab.	11,9	12,3	13,0	13,1
500.001 a 800.000 hab.	2,2	2,6	3,1	3,2
800.001 a 1.200.000 hab.	0,6	0,9	1,1	1,1
Total	*45,9*	*44,4*	*45,4*	*45,6*
Áreas metropolitanas do Norte e Nordeste	10.1	10.1	10.6	10.6
Áreas metropolitanas do Sudeste	36.7	37.1	34.9	34.3
Áreas metropolitanas do Sul	4.9	5.2	5.4	5.6
Áreas metropolitanas do Centro-Oeste	2.3	3.2	3.6	3.9
Total	*54.0*	*55.6*	*54.5*	*54.4*

Fonte: FIBGE, Censos Demográficos de 1970, 1980, 1991; FIBGE, Contagem de População de 1996.

Todavia essa industrialização rápida não duraria muito, tendo começado a perder vigor na década seguinte, a tal ponto que viria a afetar o conjunto do crescimento urbano no país, como veremos na sequência.

3. Uma rede urbana resultante da integração nacional: a configuração dos anos 1980

Embora ainda reconhecido como o centro econômico nacional, São Paulo começa a experimentar uma redução de participação na economia brasileira, especialmente a partir da implementação do II Plano Nacional de Desenvolvimento (II PND), em 1974, após o primeiro choque do petróleo. Focado na necessidade de superar os efeitos desse choque e expandir o mercado interno, o II PND propunha uma visão integrada do crescimento econômico, em vez de uma ação de cunho microeconômico baseada no setor de atividade, como havia sido a experiência dos planos anteriores. Sendo assim, incluiu duas linhas principais de ação. Uma delas estava voltada para a substituição da importação de bens intermediários e derivados de petróleo e a expansão das exportações de produtos industrializados, na qual se destacava a criação de polos petroquímicos no Rio Grande do Sul, Bahia e interior de São Paulo e projetos de mineração e produção de grãos e produtos processados da soja nas regiões Norte e Centro-Oeste, próximos às bases dos recursos naturais necessários para tais atividades. A outra era orientada para promover a urbanização e distribuir o emprego pelo território nacional. Como mostra a Tabela 2, o nível de concentração econômica de fato declinou nesse período. A participação de São Paulo no PIB nacional caiu de 40,2% para 37,8%, entre 1975 e 1980, e para 35,5% em 1985, enquanto crescia a parcela das demais regiões, especialmente as menos dinâmicas (Norte, Nordeste e Centro-Oeste).

Ademais, os investimentos associados ao II PND não apenas moveram a fronteira agrícola para o oeste e o norte do país, requerendo infraestrutura econômica e urbana e, por consequência, produzindo emprego urbano; tais ações abriram oportunidades de investimento privado e acumulação de capital nas novas fronteiras regionais, permitindo alguma desconcentração da urbanização historicamente concentrada na costa atlântica do país. Em paralelo, os investimentos do II PND expandiram a capacidade exportadora da economia como um todo a ponto de viabilizar, mais tarde, o serviço da dívida e alternativas ao crescimento econômico, o que veio a se tornar uma importante estratégia de superação da crise externa, apesar da incapacidade de indicar uma solução para os problemas estruturais e assegurar um novo padrão de desenvolvimento ao país. Exportações cresceram em todas as economias regionais, trazendo a participação de São Paulo ainda mais para baixo e favorecendo a interiorização da urbanização[5]. As vendas internacionais cresceram especialmente no Centro-Oeste (*commodities* agrícolas); no Maranhão (minério de ferro, aço e celulose) e na Bahia (petroquímicos e celulose), no Nordeste; e em Minas Gerais (produtos metalúrgicos, *commodities* agrícolas e automóveis) e no Espírito Santo (celulose), no Sudeste (Fernandes, 1996).

Considerando a urbanização, lembra Cano (1990), o II PND propiciou estímulos aos mercados urbanos de trabalho: a ocupação nos setores industrial e de serviços cresceu a uma taxa média de 7,3% e 6,0% ao ano entre 1970 e 1980, bem acima da taxa de crescimento da população urbana (4,4%). O grau de urbanização, consequentemente, subiu para 67,6% em 1980 (e para 75,6% em 1991), enquanto a população rural diminuiu a uma taxa de –0,6% e –0,7% ao ano, respectivamente (Tabela 1).

Como parte das ações que visavam à integração, o governo estabeleceu nove regiões metropolitanas, alguma descentralização administrativa, em favor das capitais estaduais, um polo industrial no estado do Amazonas (a Zona Franca de Manaus), deu suporte ao estabelecimento de novos núcleos urbanos nas fronteiras agrícolas e criou um programa especial para desenvolver as cidades médias. Legislação, agências, planos e programas orientados para uma política urbana foram montados por iniciativa do governo federal nos anos 1970 e até meados dos anos 1980, com o objetivo de ajustar a rede urbana aos requerimentos da integração e da acumulação. Nesse sentido, o autor conclui que, assim como a ação do estado alicerça o crescimento industrial, a formação de novas estruturas

[5] É necessário lembrar que a desconcentração industrial também favoreceu o interior do estado de São Paulo. Enquanto a região metropolitana reduzia sua participação no PIB nacional, o interior via crescer a sua de 14,6%, em 1970, para 20,2%, em 1980.

espaciais, tais como grandes aglomerações urbanas, que evoluem desde os principais núcleos da rede urbana pregressa, e a criação de novas cidades no oeste podem ser entendidas como os três principais elementos que caracterizam as transformações na urbanização brasileira desse período.

Tabela 7

DISTRIBUIÇÃO DA POPULAÇÃO URBANA POR REGIÃO E ESTADOS SELECIONADOS — 1970 - 1996

	1970	1980	1991	1996
Brasil	*100.0*	*100.0*	*100.0*	*100.0*
Norte	*3.4*	*4.1*	*5.3*	*5.7*
Nordeste	*22.6*	*21.8*	*23.2*	*23.7*
Maranhão	1.4	1.6	1.8	2.2
Pernambuco	5.4	4.7	4.6	4.4
Bahia	5.9	5.8	6.3	6.4
Sudeste	*55.6*	*53.3*	*49.8*	*48.6*
Minas Gerais	11.6	11.2	10.6	10.6
Rio de Janeiro	15.2	12.9	11.0	10.4
São Paulo	27.4	27.6	26.4	25.8
Sul	*14.0*	*14.8*	*14.8*	*14.8*
Centro-Oeste	*4.4*	*6.0*	*7.1*	*8.8*

Fonte: Censos Demográficos - IBGE, para 1970-1991 e Contagem Populacional - IBGE, para 1996; Ipea/IBGE/Nesur/IE/Unicamp, 1998.

Essas transformações estão evidentes na Figura 2, que mostra o crescimento médio de cidades selecionadas entre 1890 e 1996. O crescimento urbano acelerado de São Paulo no primeiro período reflete o início da transição de sua economia de base agrícola para outra, industrial, muito além do crescimento de qualquer outra cidade, mesmo Belo Horizonte, que era então a recentemente estabelecida capital do estado de Minas Gerais. De 1940 para 1970, São Paulo ainda apresentava altas taxas de crescimento, acima de 4,0% ao ano. A Figura 2 também mostra que, entre 1900 e 1930, todas as cidades – com exceção de Belo Horizonte – mostraram uma queda na taxa de crescimento, inclusive São Paulo, o que vai se reverter com o início da atuação mais direta do estado na economia que se inaugura na década de 1930 e com a intensificação da industrialização. Na década de 1980, à exceção de Salvador e Belém, é visível a redução das taxas de crescimento das cidades (abaixo de 2,0% ao ano). Entre elas, o declínio de São Paulo é digno de nota (1,16% comparado aos 3,67% no período 1970-80), expressando a desconcentração regional dos investimentos realizados na década anterior, mas também as contradições do modelo de desenvolvimento que logo iria entrar em crise.

Figura 2

TAXA DE CRESCIMENTO DE CIDADES SELECIONADAS – 1872-1996

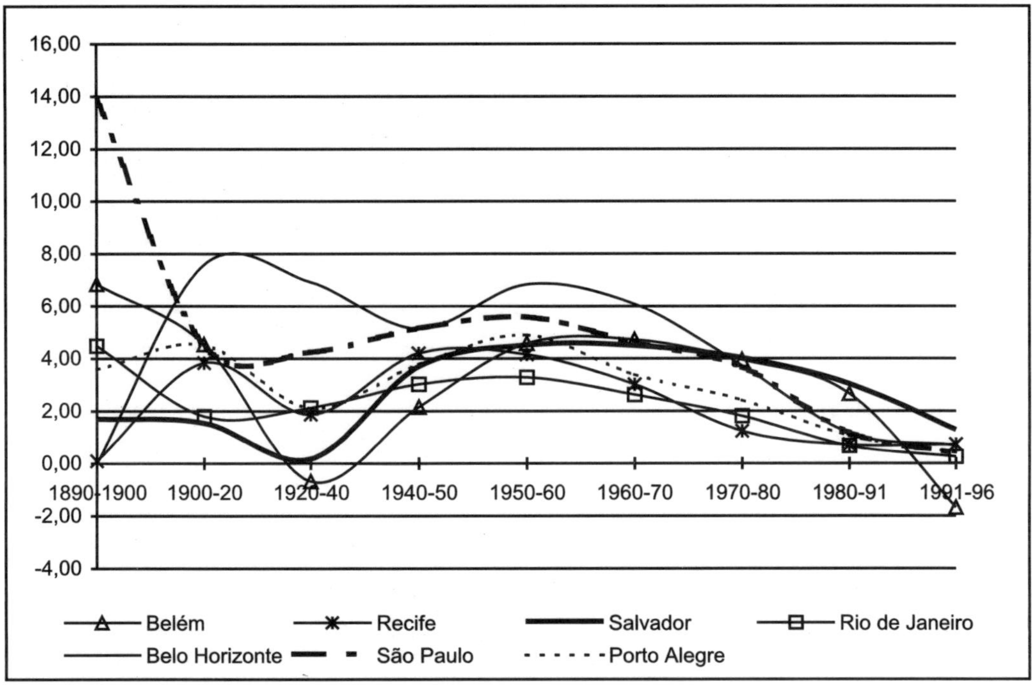

Fonte: Cano (1988); Singer (1974), Santos (1994); Ipea/IBGE/Nesur (1999).

Em que pese essa desconcentração de recursos econômicos e urbanos das regiões litorâneas e da região mais dinâmica, a rede urbana permaneceu bastante desequilibrada. O processo histórico que levou à concentração de recursos nas principais cidades coloniais, embora muito distante da distribuição primaz típica dos países subdesenvolvidos, certamente explica a hierarquia urbana mais densa das áreas de industrialização mais avançada, como o estado de São Paulo. Nesse estado, os centros urbanos mostram uma melhor distribuição no território e menores distâncias entre a metrópole e as cidades de níveis inferiores, em oposição às estruturas urbanas desequilibradas das regiões periféricas. Estas últimas carregam o legado da organização colonial do território, caracterizada pela primazia regional, ou seja, pela importância bastante acentuada do nível metropolitano sobre um conjunto de pequenos núcleos, e pela ausência ou ocorrência rarefeita de núcleos intermediários. Essa primazia regional (embora não seja o caso para o plano nacional) traduz ao mesmo tempo os desequilíbrios da rede urbana brasileira e as disparidades espaciais e sociais do desenvolvimento do país bem como o uso contínuo do território como um instrumento de adiamento – ou "fuga para frente", como sugere Fiori (1994) – das contradições da sociedade patrimonial que compõe a coalizão de poder estabelecida desde muito cedo no topo da vida política e econômica brasileira, como lembra Tavares (1999).

Entretanto esse desequilíbrio urbano foi um tanto reduzido nas décadas de 1970 e 1980, à medida que a população e a infraestrutura urbanas moveram-se em direção ao oeste do país. Novas demandas por produtos primários industrializados, insumos agrícolas e novos serviços à produção agroindustrial, tais como armazenagem, transporte de mercadorias, comércio internacional, transações financeiras e assistência técnica, enfim a incorporação de novas parcelas do território nacional à lógica capitalista, empurraram o crescimento econômico em direção ao interior[6]. O crescimento urbano registrado nessa década é fortemente determinado por esse processo. Até 1980, existiam 3.991 centros urbanos, 2.104 centros a mais que em 1950. Esse total compreendia 87,6% de núcleos com menos de 20 mil habitantes, 10,1% com entre 20 e 100 mil e apenas 2,4% (95 cidades) com mais de 100 mil habitantes (ver Tabela 4). O Norte e o Centro-Oeste tiveram sua participação no total da população urbana do país elevada para 4,1% e para 6,0% entre 1970 e 1980, respectivamente (ver Tabela 7).

Em 1980, 55,6% (comparados com 54,0% em 1970) da população brasileira que vivia em cidades com mais de 50 mil habitantes estavam concentrados nas regiões metropolitanas, como mostra a Tabela 6. A parcela das grandes cidades no total da população urbana cresceu, evidenciando uma tendência clara de metropolização e de constituição de aglomerações submetropolitanas, para a qual industrialização e a desconcentração desempenharam importante papel. Enquanto isso, a expansão da fronteira agrícola afetava as pequenas cidades. Estas começavam a aparecer em grande número, à medida que se expandia a infraestrutura de transportes e se acentuavam as transformações em curso nas áreas de fronteira agrícola, com destaque para a concentração fundiária. Pequenos núcleos urbanos tornavam-se, assim, abrigo para a reprodução dos novos sem-terra, trabalhadores rurais temporários que, de acordo com Davidovich e Fredrich (1988), contrabalançavam a concentração urbano-industrial das metrópoles.

Efeitos das políticas regionais e da integração do mercado interno continuaram até 1991, quando a população urbana de São Paulo caiu de 27,6% para 26,4% do total nacional (Tabela 7). Entretanto, como já foi mencionado, a desconcentração do PIB já havia começado um pouco antes, desde o início da década de 1980 (Tabela 1), expressando efeitos tardios do II PND, mas também as taxas de crescimento declinantes dos anos 1980 e o colapso da era desenvolvimentista. Contudo essa década experimentou algum desenvolvimento no interior, também resultante daqueles investimentos "desenvolvimentistas". Enquanto isso, algumas atividades industriais já haviam começado a se relocalizar em direção a cidades menores para fugir das deseconomias típicas das áreas metropolitanas, mesmo que, em muitos casos, essa relocalização nunca tenha alcançado grandes distâncias geográficas dos principais mercados. Juntas, essas tendências abriam novas oportunidades de investimento, mesmo após a crise da dívida em 1981, muitas das quais no interior do estado de São Paulo e regiões periféricas. Não coincidentemente, o impacto negativo da crise atingiu mais as regiões metropolitanas, especialmente São Paulo, onde o crescimento do emprego industrial havia começado a diminuir.

---

[6] Como Martine et al. (1990) mostram, alguns dos novos centros urbanos do interior do país já aparecem pela primeira vez no Censo de 1980 como grandes cidades: cinco cidades foram criadas já na faixa dos 50 a 100 mil habitantes.

Tabela 8

BRASIL – REDE URBANA
CIDADES COM 50 MIL E MAIS HABITANTES

	Número de cidades		Participação (%)	
	1991	1996	1991	1996
Norte	39	46	8.4	9.0
Nordeste	133	142	28.5	27.7
Sudeste	191	207	41.0	40.4
São Paulo	*96*	*108*	*20.6*	*21.1*
Sul	82	92	17.6	18.0
Centro-Oeste	21	25	4.5	4.9
Brasil	466	512	100.0	100.0

Fonte: IBGE, Censos Demográficos, para 1970-1991, e IBGE, Contagem Populacional para 1996; Ipea/IBGE/Nesur/IE/Unicamp, 1999.

Na virada da década, a configuração urbana refletia ainda as consequências das mudanças estruturais promovidas sob o nacional-desenvolvimentismo da década anterior. Muitas cidades pequenas e médias tiveram mais êxito no enfrentamento da crise que as metrópoles. A taxa de crescimento demográfico caiu para 2,1% ao ano, em 1991, enquanto a população rural declinava (-1,1%), elevando o grau de urbanização do país para 78,4% (Tabela 2). Movimentos populacionais ainda refletiam então os efeitos do desenvolvimento industrial das periferias metropolitanas ocorrido desde o período anterior, como mostra a grande participação das regiões metropolitanas na população total (Tabela 4). Contudo o principal destino dos fluxos migratórios nos anos 1990 passaram a ser os centros médios (de 200 para 800 mil pessoas), trazendo a participação das metrópoles um pouco para baixo (54,5%). Refletindo a dinâmica econômica do período, em 1991 a rede urbana brasileira compreendia 466 cidades com mais de 50 mil habitantes, 96 das quais se localizavam unicamente no estado São Paulo (20,6%), sendo que todos os nove estados do Nordeste juntos respondiam por 28,5% da população residente nessa categoria de cidades, como mostra a Tabela 8.

A rede urbana continuava a mostrar uma grande polarização centrada em São Paulo e Rio de Janeiro, mas a distribuição, por tamanho, de suas vinte maiores cidades agora mostrava uma progressão mais suave, mais próxima de uma configuração do tipo *rank size* ou log-normal, como apresenta a Figura 3[7]. Essa dupla primazia superimposta em distribuição *rank-size* só poderia tomar forma em decorrência da crescente interdependência entre centros urbanos que haviam sido beneficiados pelas mudanças estruturais ocorridas particularmente nas décadas de 1970 e 1980. Essas cidades são especialmente as capitais estaduais, que desempenham uma variedade de funções capazes de gerar uma distribuição *rank*-size compatível com as dimensões do território brasileiro.

[7] Da maior para a menor, essas cidades são: São Paulo, Rio de Janeiro, Salvador, Belo Horizonte, Fortaleza, Brasília, Curitiba, Recife, Porto Alegre, Belém, Goiânia, São Luís, Maceió, Natal, Teresina, João Pessoa, Cuiabá, Aracaju, Florianópolis e Vitória.

Figura 3

DISTRIBUIÇÃO POR TAMANHO DAS 20 MAIORES CIDADES BRASILEIRAS – 1996

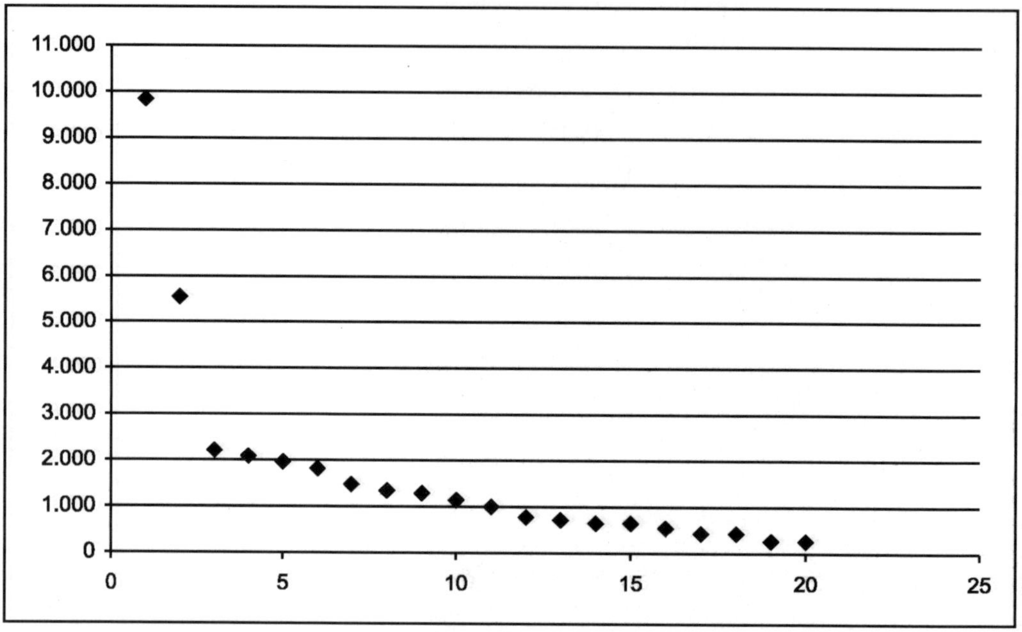

Fonte: IBGE, Contagem Populacional de 1996.

Ademais, à medida que a economia nacional distanciava-se da antiga orientação colonial primário-exportadora, cresciam a industrialização, a desconcentração regional e o desenvolvimento de suas economias urbanas, tornando-as mais especializadas e interdependentes, de forma que um conjunto de forças mais complexas e diversas ajudaram a elevar a distribuição *rank-size* da rede urbana. Essa transição também levou à intensificação da ocupação de partes do oeste brasileiro, reduzindo a importância relativa dos antigos núcleos coloniais do litoral entre as vinte maiores cidades, em 1996. Entre estas, encontram-se três cidades localizadas na região Centro-Oeste (Brasília, Goiânia e Cuiabá), e três – fora São Paulo – localizadas longe do litoral (Belo Horizonte, Curitiba e Teresina).

4. A evolução dos anos 1990: eficiência econômica e fragmentação espacial

Pode-se dizer que esse processo de urbanização amplo e acelerado foi a expressão espacial de uma trajetória de desenvolvimento que indubitavelmente transformou a sociedade e a economia brasileiras desde a virada do século XIX para o XX. Entretanto as disparidades social e espacial sobre as quais essa trajetória foi construída ao longo de décadas de intervenção do estado, em conexão com interesses privados, pavimentaram a crise que finalmente estourou nos anos 1980. As oportunidades que o extenso território brasileiro ofereceu para o crescimento econômico, empurrando a fronteira agrícola sempre mais à frente e mantendo o crescimento do mercado interno travado por meio de concentração de terra e renda, eventualmente minaram o desenvolvimento do país, jogando-o numa crise política de grandes proporções e na hiperinflação. Reverso da mesma moeda, foram o "modelo" de concentração, o elevado endividamento externo, a queda da taxa de investimento e os precários indicadores de educação e de P&D, o que apenas acrescenta mais inconsistências ao desenvolvimento do país.

Ironicamente, à medida que se aprofundava a crise dos anos 1980, crescia também a mobilização social em defesa da redemocratização das instituições e da vida política nacional como um todo, ao mesmo tempo que o regime militar chegava ao fim, em 1985. A cena política foi tomada por intenso debate em torno de direitos civis e justiça social, especialmente durante a vigência da Assembleia Constituinte, entre 1986 e 1988, quando, enfim, foi promulgada a chamada Constituição Cidadã. Não obstante seu conteúdo por demais detalhado, a Constituição sancionou, entre outros princípios, a extensão de direitos trabalhistas para o conjunto da sociedade, descentralização de atribuições administrativas para os níveis inferiores da federação, especialmente o município (que passou a ser um ente federativo), reduzindo a centralização na esfera federal, que havia caracterizado o período autoritário, e o conceito de função social da propriedade. Este último previa pela primeira vez no país o estabelecimento de limitações legais ao uso da propriedade, caso este ferisse a função social, isto é, caso implicasse algum tipo de dano à vida em coletividade, seja urbana ou rural. Dessa forma, abria-se a possibilidade de institucionalização de instrumentos legais para reforma fundiária no campo e na cidade.

Nesse momento, por outro lado, a crise se aprofundava e, junto com ela, a desestabilização da economia, fazendo a inflação atingir a casa dos 80% ao mês no final de 1989. A política adotada então, além de alguns planos de estabilização mal sucedidos, havia se restringido à elevação das taxas de juros, o que pressionava a dívida pública e a capacidade de investimento de todas as esferas governamentais, de um lado, e a intensificação de conflitos de interesses entre as frações de poder em torno dos custos de tal política, de outro. Outro efeito não menos importante da incapacidade de resolução política da crise foi o bloqueio das expectativas em termos de justiça social introduzidas pela nova Constituição, visto que torná-la viável requeria capacidade de investimento público. A participação deste na formação de capital total do país despencou ao longo da década.

A redemocratização do país acontecia, pois, em paralelo a uma profunda crise econômica, que duraria cerca de quinze anos e finalmente deu suporte à eleição de representantes da chamada "nova direita" no país. O nacional-desenvolvimentismo foi, enfim, substituído por políticas de filiação neoliberal, de modo que a nova Constituição foi submetida a alterações significativas poucos anos após sua promulgação, especialmente no tocante ao capítulo da ordem econômica e à distribuição da arrecadação fiscal entre os entes federativos (com a implantação do chamado fundo de estabilização fiscal e seus congêneres). Seguindo o exemplo dos vizinhos latino-americanos, com uma década de atraso, o Brasil passa então a pôr em andamento a chamada doutrina da globalização: redução significativa das tarifas de importação e liberalização de fluxos financeiros, estabilização monetária por meio do Plano Real, redução da ação do estado – especialmente o estado federal – voltada para políticas sociais, privatização de empresas e agências de serviços públicos, decentralização de atribuições administrativas para a esfera local de governo, promoção de parcerias público-privado e "flexibilização" da legislação trabalhista e da seguridade social.

Vale lembrar que o Plano Real constituía o passo inicial e indispensável para que as demais reformas pudessem ser implantadas. Primeiramente, a estabilização monetária constituía o requisito crucial para assegurar a eleição do candidato comprometido com as reformas, enquanto os efeitos dessa estabilização, em termos de déficit público, desequilíbrio do setor externo e aumento do desemprego, podiam ser adiados. Baseado na sobrevalorização da moeda para assegurar a capacidade de importação necessária para empurrar os preços internos para baixo, o plano mantém a política de juros elevados, que passa a ser o instrumento de atração de capitais especulativos para financiar essas importações. Ao mesmo tempo, estas últimas teriam a suposta vantagem de estimular a modernização, a produtividade e, consequentemente, a competitividade das empresas nacionais, aproximando-as aos padrões internacionais (Novy e Fernandes, 1998). O plano de fato promoveu elevação de produtividade e crescimento da economia, crescimento este, no entanto, mais concentrado no período em que durou o efeito redistributivo que se seguiu imediatamente após a queda da inflação, ao elevar o poder de compra dos mais pobres, à medida que o chamado imposto inflacionário deixava de incidir sobre suas rendas.

Figura 4

DESEQUILÍBRIOS REGIONAIS NO BRASIL EM RENDA *PER CAPITA*

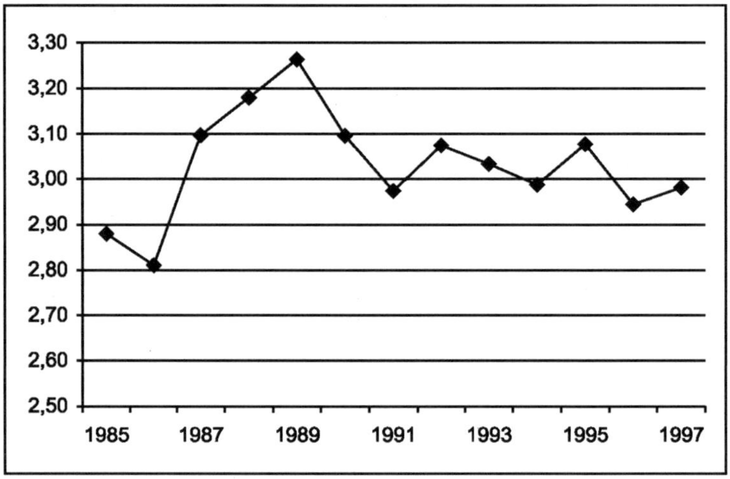

Fonte: IBGE, Contas Regionais, www.ibge.gov.br.

As repercussões dessas mudanças na rede urbana não estão obviamente manifestas ainda. Indícios de que disparidades regionais possam estar voltando a se aprofundar já têm sido apontados por estudiosos, segundo os quais a reversão da desconcentração da atividade econômica data já da segunda metade da década de 1980, especialmente devido à redução do investimento público nas regiões periféricas em reação à crise da dívida externa e à inflação (Campolina, 1993). Como se pode observar na Figura 4, a razão entre as regiões mais rica e mais pobre em PIB per capita apresenta uma inflexão em 1986, elevando-se acentuadamente até 1989. A trajetória das disparidades regionais só entra em queda nas breves fases expansivas posteriores aos planos de estabilização (1986, 1990, 1992 e 1995). Entretanto o período completo pode ser melhor caracterizado segundo dois aspectos principais: primeiro, sua instabilidade, e segundo, as taxas mais elevadas dos anos finais, quando comparadas às do início do período. Sendo assim, entendemos que o crescente diferencial de renda entre as regiões pode estar sublinhando uma divergência regional que estaria se seguindo às transformações recentes, aí incluídas a estagnação e a instabilidade da década de 1980. Na ausência de crescimento econômico e investimentos nas regiões periféricas, desequilíbrios regionais tendem a crescer, especialmente depois de 1997, quando as altas taxas de juros e incertezas relacionadas ao plano de estabilização podem estar bloqueando a dinâmica de crescimento da economia que havia sido favorecida brevemente nos anos iniciais do Plano Real.

Tabela 9

DISTRIBUIÇÃO REGIONAL DO PIB BRASILEIRO – 1985-97

	1985	1990	1991	1992	1993	1994	1995	1996	1997
Norte	3,8	4,9	4,7	4,3	5,2	5,1	4,6	4,6	4,4
Nordeste	14,1	12,9	13,4	12,9	12,8	12,9	12,8	13,2	13,1
Sudeste	60,2	58,8	58,7	58,8	57,7	57,3	58,7	58,1	58,6
São Paulo	36,1	37,0	35,3	35,5	34,9	34,1	35,5	34,9	35,5
Sul	17,1	18,2	17,1	18,3	18,4	18,7	17,9	18,0	17,7
Centro-Oeste	4,8	5,2	6,1	5,7	5,8	6,1	6,0	6,1	6,2

Fonte: IBGE, Contas Regionais, www.ibge.gov.br.

A respeito da distribuição regional do PIB, o cenário não é tão claro, como mostra a Tabela 9. A participação do Sudeste no PIB nacional continuou a cair até meados dos anos 90, tendo crescido um pouco após a implementação do Plano Real, mas permaneceu menor que o valor observado em 1985. Consequentemente, a periferia elevou sua participação. Entretanto qualquer desconcentração que tenha de fato ocorrido foi mais nas regiões Norte e Centro-Oeste, já que a participação do Nordeste ou declinou, considerando-se todo o período, ou estagnou, durante a década de 1990, enquanto o Sul estagnou durante o período, apesar de ter crescido na primeira metade da década de 1990. Se há alguma desconcentração do PIB que os dados da Tabela 9 possam estar expressando, pode-se dizer que se trata de acentuação da integração das regiões de "fronteira" à lógica de acumulação polarizada desde São Paulo (seja por capitais nacionais ou estrangeiros) e à perda de dinamismo das demais regiões, especialmente o Nordeste, o que inibiu sua participação no produto nacional. Embora os dados não sejam conclusivos, pode-se supor ainda que São Paulo retoma a trajetória de expansão a partir de 1994, embora chegando ao final do período com participação inferior à do início da década e mesmo à de 1985.

Sendo assim, São Paulo tende a acentuar sua liderança na economia nacional, visto que detém as condições objetivas para se beneficiar, como nenhuma outra região do país, não só da reestruturação que toda a economia brasileira vem implementando desde meados dos anos 80, como estratégia de enfrentamento da crise da dívida que se aprofunda com a abertura e mais tarde com o Plano Real, como também de suas economias de aglomeração. São Paulo, a metrópole, lidera a mais densa e rica rede urbana regional do país, isto é, a rede urbana de São Paulo, o estado. Ademais, a metrópole paulista abriga a maior concentração de trabalhadores qualificados do país, de população de elevado poder aquisitivo, instituições financeiras e consultorias profissionais, agências de publicidade, sedes de empresas e todo tipo de outras condições requeridas pelo ambiente econômico transnacionalizado em curso. Em poucas palavras, São Paulo pode certamente desempenhar o papel de nó articulador da economia nacional com a acumulação globalizada que inspirou Sassen (1991) a propor o conceito de cidade global. As desigualdades que estão na base desse papel, em termos intrametropolitano e inter-regional, não devem ser desprezadas, caso se deseje construir um cenário mais equilibrado e inclusivo para a rede urbana brasileira nos próximos anos.

Efeitos preliminares das reformas neoliberais

Antes de dar continuidade à análise do cenário futuro da rede urbana brasileira, devemos lembrar que as reformas dos anos 90 foram desencadeadas muito recentemente, de modo que ainda não houve tempo para seus efeitos virem à luz com clareza. Tendo dito isso, entendemos que essas são reformas que podem vir a afetar a coesão regional e a configuração urbana, suposição que tentaremos ilustrar por meio da revisão das tendências, nessa década, de quatro fatores econômicos: comércio exterior, indústria, emprego e características espaciais dos investimentos público e privado.

Comércio Exterior

Durante os anos 80, após os investimentos do II PND e do choque do petróleo de 1979, o comércio exterior no Brasil passou a operar como uma estratégia alternativa para as firmas compensarem a estagnação do mercado interno que se seguiu a esse choque e à declaração da moratória mexicana. Entretanto, ao invés de resultar do crescimento das exportações (e aguda redução das importações), como naquela década, o crescimento do comércio exterior a partir de 1990 está baseado fundamentalmente no crescimento das importações. Enquanto na década anterior o crescimento industrial propiciou a integração do mercado interno, ocupação do interior do território, crescimento das exportações e formação de superávits comerciais com os quais se obtinham divisas para o serviço da dívida, nos anos 1990 foram os déficits comerciais que cresceram como consequência do Plano Real. Como Novy e Fernandes (1998) demonstram, a balança comercial brasileira despencou de um superávit de US$ 10.753 milhões em 1990 e US$ 10.466 em 1994, para um déficit de US$ 3.466 em 1995, que cresceu para US$ 6.593 apenas dois anos depois.

Políticas econômicas ortodoxas esperam que o crescimento da produtividade, que resultaria dessa intensa exposição ao comércio internacional, restauraria a competitividade da indústria brasileira e o crescimento da economia, competitividade esta entendida como fator crucial numa era de globalização. Poucos anos após a implementação do plano, contudo, os efeitos deste sobre o balanço de pagamentos começaram a preocupar investidores estrangeiros e o próprio governo. Reservas internacionais em queda e ataques especulativos na Rússia, Sudeste Asiático e economias sul-americanas forçaram a desvalorização do real, o qual passou então a um regime de livre flutuação, de modo a novamente inibir a importação e promover crescimento da economia e saldos comerciais positivos. Essa política monetária levou Tavares (1999) a sugerir que atualmente as variáveis de ajuste da economia brasileira são estagnação e inflação, em vez de taxas de juros e de câmbio. De fato, as importações caíram de US$ 59.837 milhões em 1997 para US$ 49.219 milhões em 1999, reduzindo o déficit comercial para US$ 1.207 milhão neste último ano. Entretanto os esforços para produzir superávits comerciais ficaram bem aquém das cifras acordadas com o FMI (US$ 11 bilhões, em 1999). Como resultado da balança negativa, somado às remessas de divisas de variados formatos para o exterior, o saldo negativo do balanço de pagamentos saltou de US$ 106,8 milhões em 1993 para US$ 24,5 bilhões em 1996 e para US$ 44,6 bilhões em 1998. As consequências sobre o endividamento do setor público como um todo, incluindo a capacidade de investimento em desenvolvimento urbano, são óbvias.

Indústria

Rápida e intensa redução de barreiras à importação de fato estimularam o crescimento da produtividade industrial, como mostram Carvalho e Bernardes (1996) e Casagrande (1999), entre outros autores. Entretanto esse crescimento é associado à redução do emprego na indústria, ao que se soma o desaparecimento de vários elos de diversas cadeias produtivas (Laplane e Sarti, 1997) e intensa redução da capacidade industrial. Segundo o IBGE, a atividade industrial caiu 2,1%

em 1998 e 2,6% em 1999, apresentando crescimento positivo, embora tímido, entre 1994 e 1997 (após a estabilização): 1,8% em 1995, 1,7% em 1996 e 3,9% em 1997. A indústria de transformação apresentou o desempenho mais fraco, caindo 3,3% e 3,9% em 1998 e 1999, respectivamente, principalmente em virtude de forte contração das indústrias de bens de capital (–14,1% em 1996 e –12,4% em 1999) e bens duráveis de consumo (–19,6% em 1998 e –14,1% em 1999). A formação de capital, por sua vez, declinou de 23,6% do PIB nacional em 1980 para 16,4% em 1996, tendo crescido no final da década, basicamente como resultado da privatização das estatais[8].

Assim, a crescente internacionalização da economia, por força do crescimento das importações, privatização, altas taxas de juros e queda do valor dos ativos das empresas brasileiras após a desvalorização da moeda, em paralelo ao diferencial entre as taxas de juros internas e externas, têm levado a uma desenfreada competição entre estados e municípios por novos investimentos. Na ausência de política regional e de crescimento industrial, uma formação de capital em declínio e a deterioração de investimentos públicos têm empurrado as regiões e cidades menos vantajosas à localização industrial para um leilão de benefícios variados e oferta de mão de obra barata e "dócil" para atração de investimentos privados. Dessa forma, pode-se dizer que as reformas recentes reforçam a concentração de renda na sociedade brasileira. Consequentemente, enquanto localidades disputam novos investimentos, a população busca as localidades menos atingidas pelas reformas, reduzindo o volume dos fluxos migratórios em direção às metrópoles industriais, onde o emprego no setor secundário tem caído como resultado da reestruturação e competição de bens importados. Como outro lado da mesma moeda, alguns ramos da atividade industrial têm se mudado para cidades médias, como nota Pochman (1999): cidades com menos de 15.000 postos de trabalho industrial elevaram a participação no total do emprego industrial de 40,2% para 52,6%, entre 1989 e 1998.

Emprego

As mencionadas transformações na atividade industrial e no regime comercial certamente sublinham o dramático crescimento do desemprego na década de 1990. De acordo com Pochman (1999), entre 1989 e 1998 o emprego industrial despencou de 6,61 milhões para 4,51 milhões (uma queda da ordem de 31,7%). Grande parcela dessa perda está localizada no estado de São Paulo, onde existiam 557,3 mil postos de trabalho industrial em 1998, após uma queda de 47,7% no mesmo período. Como mostra a Figura 5, o desemprego na região metropolitana de São Paulo ultrapassou o patamar histórico de 10%, atingindo 17,7% em janeiro de 2000, e 20,4% nos municípios da periferia metropolitana, onde está concentrada a indústria de transformação paulista (comparados aos 13,4% em 1985 e 7% em 1990) (Seade, 1999). Isso quer dizer que os desempregados, segundo o Dieese-Seade, somavam, em 2000, cerca de 1,5 milhão de pessoas.

Essas taxas de desemprego estimadas para São Paulo apresentam tendência semelhante nas principais regiões metropolitanas do país, como registra o IBGE, segundo o qual (ver Figura 6), o desemprego cresceu durante os anos 1990 em todas elas. Como se pode observar, foi na segunda metade da década que a tendência de crescimento ganhou ímpeto, após a implantação do Plano Real. É digno de nota o fato de que duas das maiores metrópoles industriais do país, São Paulo e Belo Horizonte, apresentam o maior crescimento, atingindo 9,0% e 9,1%, respectivamente, embora tenham ficado abaixo da taxa verificada em Salvador (10,4%) e Recife (9,5%). O desemprego nas regiões metropolitanas brasileiras

[8] Mudanças na metodologia de cálculo das Contas Nacionais impedem a consolidação da tendência completa para os anos 90.

cresceu em média de 6,2% em 1991 para 8,7% em 2000, tendo alcançado 9,0% em 1998. Em outras palavras, a população ocupada caiu de 57,7% para 56,2% da população economicamente ativa (PEA) entre 1991 e 1996, a despeito do crescimento de 18% do PIB no mesmo período.

Figura 5

TAXA DE DESEMPREGO NA REGIÃO METROPOLITANA DE SÃO PAULO – 1985-99 (%, JANEIRO)

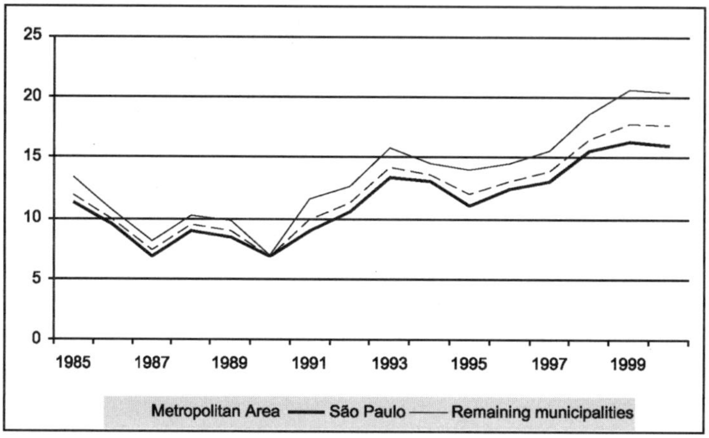

Fonte: Fundação Seade, www.seade.gov.br.

Figura 6

TAXA DE DESEMPREGO ABERTO – MAIO (%)

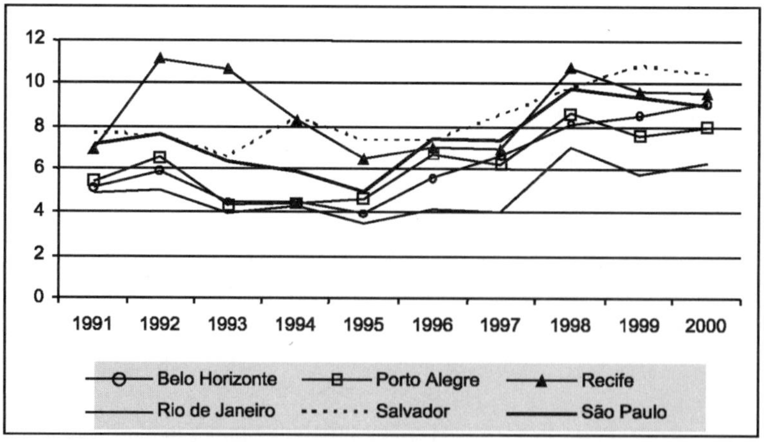

Nota: O IBGE utiliza metodologia distinta daquela utilizada pelo Dieese-Seade, de modo que as cifras desta figura não correspondem às da Tabela 9.

Fonte: IBGE, Pesquisa Mensal de Emprego, www.ibge.gov.br.

Os dados do IBGE também permitem verificar o crescimento da precarização do trabalho: de um lado, o trabalho informal corresponde atualmente a mais de 50% da PEA, sendo que 16,4% dos então trabalhadores formais transferiram-se para a informalidade em 1996; de outro lado, o crescimento da ocupação no setor de serviços declinou, sinalizando a limitação desse setor para sustentar o crescimento da ocupação total. Ambos os aspectos podem também refletir a limitação do setor informal para compensar a queda vigorosa do emprego formal. Considerando este último, de acordo com a *Gazeta Mercantil* (11/12/1997), entre as maiores empresas brasileiras, 65% elevaram seu faturamento, 43% apresentaram crescimento das taxas de lucro, 81% elevaram a produtividade, mas apenas 82% elevaram os salários de seus funcionários, 30% dos quais abaixo da inflação. Para o Dieese, 43% das 316 categorias de trabalhadores haviam recebido aumentos salariais abaixo da taxa de inflação. Como argumenta Tavares (1999), várias enquetes indicam que os efeitos redistributivos da estabilização monetária chegaram ao seu limite. Estagnação ou declínio da renda dos trabalhadores bem como a crescente informalidade do trabalho expressam as tendências recentes, como verificado pelo próprio IBGE: a parcela dos salários no PIB nacional caiu de 45% em 1990 para 38% em 1996, enquanto as rendas do não-trabalho cresceram de 33% para 41%. Efeitos do desemprego e da redução dos rendimentos do trabalho constituem, assim, pressão adicional sobre as municipalidades, especialmente aquelas mais atingidas pelo declínio do emprego industrial ou menos atrativas aos novos investimentos, na ausência de investimentos públicos, com consequências sobre a configuração da rede urbana.

Perfil espacial dos recentes investimentos públicos e privados

As intenções de investimento industrial privado apresentadas na Tabela 10 indicam que, no tocante à distribuição regional da formação de capital industrial, a larga maioria do novo investimento se concentra no Sudeste (64,3%), grande parte em São Paulo (28,2%). A desconcentração que possa vir a resultar desse investimento é provável que se dirija para os estados do Pará, na região Norte, Paraná, no Sul, e Bahia, no Nordeste, mas bem abaixo da participação dos estados do Rio de Janeiro (19,3%) e Minas Gerais (14,0%), ambos no Sudeste. Por outro lado, os novos investimentos apresentam grande seletividade locacional. Araújo (1997) estima que não menos que 85,2% da indústria automotiva localiza seus novos investimentos no Sudeste, 64,8% dos quais em São Paulo. Esse estado é também escolhido para abrigar quase a metade das empresas das indústrias eletro-eletrônica e química, enquanto as economias menos desenvolvidas, como a do Nordeste e Centro-Oeste, são procuradas pelas indústrias de menor produtividade, intensivas em trabalho, tais como a têxtil e a alimentícia, ou por setores mais dependentes das bases de recursos naturais existentes nessas regiões (Tabela 7).

Tabela 10

DISTRIBUIÇÃO DAS INTENÇÕES E OPORTUNIDADES DE INVESTIMENTO INDUSTRIAL POR REGIÃO E ESTADO, 1995/2000

região e estado	US$ milhões	auto-motiva	extraç. mineral	meta-lurgia	min. não-metálic.	ali-ment.	papel & celulo.	química	têxtil	eletro & eletrôn	total
Norte	*5.504,70*	*0,2*	*4,5*	*25,2*	*1,1*	*0,3*	*14,4*	*0,3*	*0,0*	*42,5*	*7,5*
Rondônia	---	---	---	---	---	---	---	---	---	---	---
Acre	---	---	---	---	---	---	---	---	---	---	---
Amazonas	1.245,60	0,2	---	---	1,1	---	0,1	0,3	---	42,5	1,7
Roraima	---	---	---	---	---	---	---	---	---	---	---
Pará	3.059,10	---	4,5	25,2	---	0,3	1,7	---	---	---	4,2
Amapá	1.200,00	---	---	---	---	---	12,6	---	---	---	---
Tocantins	---	---	---	---	---	---	---	---	---	---	---
Nordeste	*12.901,50*	*0,3*	*0,3*	*6,6*	*40,9*	*22,9*	*40,6*	*16,1*	*69,2*	*2,1*	*17,6*
Maranhão	1.471,70	---	---	1,7	1,9	0,6	11,6	0,1	2,4	---	2,0
Piauí	75,90	---	---	0,1	2,0	---	---	0,1	---	---	0,1
Ceará	1.098,10	0,1	---	0,5	1,6	2,9	0,2	0,4	20,6	---	1,5
R.G.Norte	415,80		---	0,1	---	1,8	---	0,3	8,0	---	0,6
Paraíba	1.002,20	0,1	0,1		2,6	0,5	0,4	---	22,2	---	1,4
Pernambuco	1.287,80	---	---	2,9	6,2	0,2	---	2,4	10,7	2,1	1,8
Alagoas	160,60	---	---	---	---	0,6	---	0,3	2,8	---	0,2
Sergipe	489,00	---	---	---	9,1	3,0	0,2	0,1	1,1	---	0,7
Bahia	6.900,40	---	0,2	1,3	17,6	13,5	28,2	12,5	1,4	---	9,4
Sudeste	*47.215,50*	*85,2*	*94,8*	*68,1*	*51,4*	*61,5*	*24,1*	*66,4*	*30,0*	*55,4*	*64,3*
Minas Gerais	10.270,50	20,4	13,7	34,6	6,8	19,0	7,8	3,5	15,4	---	14,0
Espírito Santo	2.095,00	---	6,9	1,1	---	0,8	2,7	---	---	---	2,9
Rio de Janeiro	14.178,20	---	74,1	17,2	6,4	17,9		17,0	0,7	5,8	19,3
São Paulo	20.671,80	64,8	0,1	15,3	38,1	23,8	13,6	45,9	13,9	49,7	28,2
Sul	*6.922,80*	*14,3*	*0,0*	*0,0*	*6,5*	*9,0*	*20,9*	*17,2*	*0,0*	*0,0*	*9,4*
Paraná	2.359,10	13,1	---	---	---	1,5	11,2	---	---	---	3,2
Santa Catarina	1.171,60	---	---	---	6,5	7,5	2,5	0,4	---	---	1,6
R.G. do Sul	3.392,10	1,3	---	---	---	---	7,2	16,9	---	---	
Centro-Oeste	*869,60*	*0,0*	*0,4*	*0,0*	*0,0*	*6,3*	*0,0*	*0,0*	*0,7*	*0,0*	*1,2*
Mato Grosso do Sul	---	---	---	---	---	---	---	---	---	---	---
Mato Grosso	442,30	---	---	---	---	0,3	---	---	---	---	0,6
Goiás	427,30	---	0,4	---	---	6,0	---	---	0,7	---	0,6
Distrito Federal (Brasília)	---	---	---	---	---	---	---	---	---	---	---
Brasil	*73.414,10*	*100,0*	*100,0*	*100,0*	*100,0*	*100,0*	*100,0*	*100,0*	*100,0*	*100,0*	*100,0*

Fonte: Araújo (1997).

No que se refere ao investimento público, o orçamento plurianual federal para 1996-98 destinava para o Sudeste 45,3% do "investimento básico para desenvolvimento" total. Mais ainda: grande parte do investimento designado para as regiões periféricas objetivava a superação de deficiências de transporte das quais se ressentem as atividades voltadas para exportação, implementadas vinte anos antes. Nenhuma nova relevante atividade foi proposta para essas regiões, especialmente atividades de maior nível de qualificação ou aquelas necessárias para fomentar a integração da economia nacional e o crescimento de indústrias de maior valor agregado. Ao contrário, o orçamento – que, por sinal, está previsto para ser financiado por capital privado – dá sinais de que a infraestrutura de transportes proposta está prevista para promover a produção de bens semimanufaturados e aquela relacionada às bases de recursos naturais regionais.

Uma tendência prevalecente, que parece ter-se intensificado no final da década, é a de concentração na metrópole de São Paulo das indústrias intensivas em tecnologia e trabalho qualificado. Em contrapartida, mas parte do mesmo processo, as grandes firmas antes localizadas na metrópole paulista, preocupadas em cortar e terceirizar custos, intensificam a relocalização para o entorno metropolitano[9]. A maior parcela do novo investimento industrial concentra-se em poucas locações na hinterlândia da metrópole, deixando o núcleo metropolitano (especialmente os chamados distritos centrais de negócios) para os serviços especializados das empresas e atividades financeiras, bem como aos centros de decisão, controle de qualidade e pesquisa e desenvolvimento das grandes corporações. As indústrias tradicionais e intensivas em trabalho, em contrapartida, têm se mudado para o interior paulista[10] e outras regiões do país. No final da década, no entanto, São Paulo parece ter mantido sua atratividade como locação vantajosa para as atividades mais dinâmicas, intensivas em capital e informação da economia brasileira, o que lhe permite renovar as conexões tanto com os mercados internacionais como com as indústrias regionais.

Em vista desse movimento seletivo da atividade econômica em função da reestruturação, apesar da centralidade de São Paulo, verificou-se crescimento da parcela das cidades médias no total da população ocupada e do valor de transformação industrial (VTI), em detrimento da participação das regiões metropolitanas. A participação destas últimas caiu em todos os casos, com exceção de Curitiba e Belém, sendo que essa queda favoreceu algumas cidades intermediárias das redes urbanas estaduais. Por outro lado, os recentes investimentos não-metropolitanos ainda são pequenos e, em muitos casos, intensivos em trabalho e ainda articulados aos investimentos realizados na década de 1980. Consequentemente, têm-se encorajado especializações regionais, em paralelo a alguma distribução de indústrias de bens não-duráveis de consumo pelo território nacional.

Como não podia deixar de ser, os fluxos migratórios acompanham essa realidade, deixando de se dirigir com a mesma intensidade para as regiões metropolitanas. Já que o crescimento acelerado que havia caracterizado a economia brasileira em décadas passadas não se mantinha mais, assim

[9] Vale lembrar que se inscrevem no interior do círculo de cerca de 100km de São Paulo os mais importantes centros urbanos estabelecidos junto com o complexo cafeeiro, tais como Campinas (a terceira maior cidade do estado, depois de Guarulhos, na RMSP), São José dos Campos, Sorocaba e Santos. Essas cidades e sua área de influência, espalhada ao longo das mais importantes rodovias estaduais, são denominadas pelo Seade de "entorno metropolitano".

[10] Apesar dessa concentração, alguns ramos de atividade têm mostrado comportamento que é apenas aparentemente contraditório: o ramo de confecções, cuja concentração na metrópole cresce visivelmente, em especial aqueles subsetores mais sofisticados, e o ramo da indústria de equipamentos eletro-eletrônicos e de comunicações, que se tem dirigido para a região de Campinas. Enquanto este último se mantém a curta distância de seu principal mercado e goza, ao mesmo tempo, dos benefícios da proximidade com alguns dos mais importantes centros de pesquisa e formação de mão de obra qualificada do país, o primeiro se mantém em São Paulo, em vista das externalidades que a metrópole oferece a uma atividade intensiva em informação, como é a indústria da moda.

também se apresentava a mobilidade social que aquele crescimento havia sustentado. Industrialização rápida e interiorização, que podem ser observadas no Mapa 1, juntas contribuíram para promover a significativa transformação dos mercados de trabalho no país, gerando volumes expressivos de novas ocupações e absorvendo não menos expressivos contingentes de força de trabalho, grande parte da qual formada por migrantes. Tal mobilidade estrutural – horizontal e vertical – dirigida pela indústria permitiu ao mercado de trabalho brasileiro uma capacidade de absorção que se tornou uma de suas mais importantes características nas décadas de crescimento, como mostra Cano (1988).

Essa capacidade desaparece nos anos 1980, quando, segundo Faria (1991), ocorre uma "mobilidade travada" no país. Esta se reflete na mudança significativa da estrutura ocupacional do emprego industrial para o setor de serviços, particularmente nos mercados de trabalho metropolitanos, em paralelo à deterioração das condições de trabalho já mencionada. A inibição da migração para essas áreas favoreceu o crescimento da migração intrarregional e a migração de retorno, bem como fluxos em direção às periferias metropolitanas de todo o país.

Consequências espaciais das reformas dos anos 1990

Considerando a rede urbana, vislumbramos duas tendências divergentes que podem resultar das transformações mencionadas. A primeira diz respeito à configuração da rede urbana. Ao nosso ver, a proporção atual entre as cidades de diferentes tamanhos deve continuar ao longo da presente década, em oposição à grande concentração nas regiões metropolitanas verificada no período anterior aos anos 1930. Sem dúvida, a desconcentração regional da indústria, ao lado do crescimento industrial como um todo, proporcionaram intensa ocupação de novas fronteiras, que terminaram produzindo uma distribução mais regular da população e atividades urbanas, como mostra a Figura 6. Somando-se a essa tendência, chamamos a atenção para a inércia da rede urbana em geral, que atuará no sentido de inibir mudanças significativas, em vista do baixo nível de formação de capital, especialmente se a rede já desenvolveu relações interurbanas densas entre núcleos de diferentes tipologias que a compõem. Em contrapartida, existe muita margem de manobra para intensificar a urbanização no oeste e no nordeste do país, mas esse processo continua incerto perante os efeitos concentradores de renda que as políticas recentes desencadeiam, aprofundando o desequilíbrio regional.

Figura 7

DISTRIBUIÇÃO POR TAMANHO DE POPULAÇÃO E TIPOLOGIA DAS CIDADES DA REDE URBANA DO BRASIL

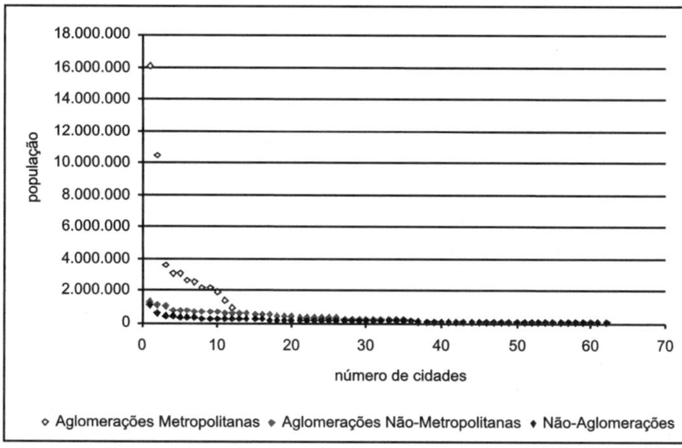

Fonte: Fernandes e Negreiros a partir de Ipea/IBGE/Nesur/IE/Unicamp, 1999.

Consequentemente, a configuração urbana que resultou do nacional-desenvolvimentismo pode permanecer a mesma em grande medida durante a década em curso. No topo dessa rede existiam, em 1996, 512 cidades com população acima de 50 mil habitantes e 12 aglomerações metropolitanas que somavam 200 municípios. Estas últimas respondiam por uma parcela crescente da população brasileira (32,3% em 1980, 33,0% em 1991 e 33,6% em 1996) e somavam 52,7 milhões de habitantes em 1996, do total de 160 milhões da população brasileira. Enquanto a taxa de crescimento dessa população metropolitana começava a declinar, a das cidades médias continuava a tendência de alta (Tabela 6). A rede apresentava também 37 aglomerações não-metropolitanas que incluíam 178 municípios os quais, juntos, apresentaram crescimento expressivo da participação no total da população brasileira, de 11,1% para 12,7% e 18,5% no mesmo período, o que totalizou 20,6 milhões de pessoas em 1996 (ver Figura 7).

Juntas, as aglomerações urbanas do país – metropolitanas e não-metropolitanas – concentram atualmente cerca de 45% da população total, o que corresponde a 73,3 milhões de habitantes em 1996. A rede também apresentava 62 centros isolados médios e grandes, cuja parcela da população total elevou-se de 7,2% em 1980 para 8,5% (13,3 milhões de pessoas) em 1996. Esses centros, junto com as aglomerações mencionadas, apresentaram taxas de crescimento demográfico acima da média nacional entre 1991 e 1996. Cabe salientar algumas dessas áreas de crescimento mais pronunciado: aglomerações urbanas de Brasília (3,7% ao ano durante o período 1991-96), Goiânia (3,3%), Foz do Iguaçu (4,0%), Joinville (2,9%), Barreiras (4,2%), Petrolina/Juazeiro (4,3%), Campinas (2,3%) e São José do Rio Preto (2,8%) no interior; capitais estaduais, tais como Curitiba (3,4%), Fortaleza (2,4%) e Aracaju (2,7%), sendo as duas últimas localizadas no litoral nordestino; Belém (2,4%), Macapá (5,8%), Rio Branco (4,3%) e São Luís (2,8%) na fronteira agrícola e mineral da região Norte e no Nordeste; e áreas de dinâmica turística recente no litoral, entre as quais Cabo Frio (4,6%) e Itajaí (4,5%). Todas elas apresentaram taxas de crescimento três a quatro vezes superiores à média nacional (1,4%). Finalmente, pequenos núcleos chamaram a atenção pelo saldo migratório negativo observado em todo o território nacional, com taxas próximas ao crescimento vegetativo observado para o país.

A segunda tendência refere-se às desigualdades que o desenvolvimento brasileiro vem produzindo historicamente e que as reformas recentes tendem a aprofundar. Como já observou a Fundação Seade (1999), a região metropolitana de São Paulo vem apresentando deterioração no padrão de distribução da renda familiar, desde 1994. Os 5% mais ricos do total das famílias respondiam por 26% da renda total em 1998, comparados com a participação de 23% em 1994 (em apenas 4 anos), o que corresponde a uma renda total 45 vezes maior que a dos 5% mais pobres. Para o Seade, esse desempenho expressa em larga medida o crescimento do desemprego observado no período.

Citando Pacheco (1996), entendemos que o efeito esperado dessas mudanças na distribuição da renda nacional, na ausência de um Estado ativo e sob a hegemonia de princípios de eficiência e competitividade, é uma crescente heterogeneidade entre famílias, cidades, regiões e atividades econômicas que podem levar à criação do que o autor chama de novas ilhas de produtividade, mas também ao crescimento dos desequilíbrios conhecidos, ou de áreas "opacas", como sugere Milton Santos. Consistentemente com essa heterogeneidade, acreditamos que, embora a configuração espacial da rede urbana e a distribuição da população pelas cidades de diferentes dimensões não venham a se alterar significativamente, uma heterogeneidade econômica e social crescente entre as cidades e dentro delas pode se acentuar. São indícios nessa direção: o crescimento mais acelerado da população nos centros mais dinâmicos da antiga periferia nacional, sem a contrapartida de elevação proporcional do emprego, levando ao inchamento de aglomerações urbanas metropolitanas e não-metropolitanas; reduzido crescimento da população das regiões metropolitanas, particularmente a das cidades-núcleos, o que reflete o crescimento da pobreza concentrada nos municípios da periferia da metrópole, tendência também encontrada nas aglomerações não-metropolitanas; e uma crescente importância de cidades médias, que hoje são os principais destinos de trabalhadores em busca de trabalho.

À exceção do Nordeste, onde as regiões metropolitanas ainda apresentam crescimento acelerado, em face de sua grande hinterlândia de pobreza, e onde, pelas mesmas razões, as capitais estaduais apresentam as mais altas taxas de crescimento urbano entre as cidades da região, vale salientar que a taxa de crescimento das cidades médias superou a das regiões metropolitanas entre 1991 e 1996. Parte desse desempenho metropolitano pode ser creditado aos seus núcleos, onde um crescente dualismo tem se intensificado. Baixo crescimento expressa a concentração da maioria da população urbana nacional que essas áreas ainda detêm. Expressa também a concentração que detêm de atividades industriais e de serviços modernos e mais qualificados, que empurra para suas hinterlândias o emprego de menor qualificação, renda e produtividade, bem como aqueles de organização sindical mais vulnerável. Com o encolhimento do mercado de trabalho, crescente informalização e ausência de políticas habitacionais, o número de favelados e sem-teto nas metrópoles brasileiras tende a aumentar. Essa tendência tem afetado não apenas São Paulo, mas também as maiores e mais antigas aglomerações metropolitanas como Rio de Janeiro e Recife, onde as favelas já se tornaram desafortunados cartões-postais, além de Porto Alegre, Curitiba, Belo Horizonte e Vitória, e mesmo aglomerações metropolitanas mais recentes, como Campinas, onde, segundo a prefeitura, os favelados já representam cerca de 20% da população do núcleo.

O Norte e o Centro-Oeste, por sua vez, ainda permanecem como a fronteira agrícola ou a reserva de destino migratório da população empobrecida, em vista da atratividade dessas regiões enquanto locações para novos investimentos na indústria de processamento de alimentos e bens industriais leves, próximos às fontes de insumos primários. Sendo assim, ambas as regiões vêm se tornando destino de contingentes importantes de trabalhadores de menor qualificação, e trabalhadores rurais sem-terra. A participação dessas duas regiões na população urbana brasileira cresceu de 4,4% e 3,4% em 1970 para 6,0% e 4,1% dez anos depois, respectivamente, como mostra a Tabela 7. Dessa forma, as cidades dessas regiões podem vir a concentrar grande parte dessa população menos qualificada, para a qual as prefeituras podem não estar preparadas a prover emprego, serviços e equipamentos urbanos necessários, especialmente na situação de restrita capacidade de investimento dos governos locais atualmente em curso.

Apesar de apresentar-se como resultado dos equívocos e colapso do desenvolvimentismo, com toda sua perversa herança de concentração de terra, renda e educação, a inserção do Brasil numa economia globalizada parece estar intensificando a histórica polarização social. As reformas recentes podem vir a acentuar o caráter dual da sociedade, presente especialmente nas grandes cidades, e a continuação da queda da renda média do trabalho formal, tendência esta já observada no estado de São Paulo pela Fundação Seade (1999, Pesquisa de Condições de Vida).

5. Conclusões: competição interespacial e desconstrução da rede urbana

A rede urbana brasileira está entrando no novo milênio expressando mudanças importantes de 50 anos de industrialização rápida e tardia, seguidos por duas décadas de estagnação, incertezas e reformas profundas na política econômica e na forma de intervenção do estado na economia e na sociedade. Uma síntese do impacto urbano dessa trajetória de mudanças deve reconhecê-lo como efeitos espaciais de processos socioeconômicos, que podem ser divididos em três momentos históricos mais amplos. O primeiro refere-se à ocupação do território colonial sob o suporte de um conjunto de vilas dispostas ao longo do litoral. Essas vilas proviam a infraestrutura necessária para a realização dos objetivos da metrópole portuguesa na colônia, dispondo dos recursos burocrático-militares associados à exploração de recursos naturais e operação de economias primário-exportadoras, aí incluída a remessa de riqueza para a metrópole. Durante esse período, a produção localizava-se em áreas rurais, onde a maioria da população também vivia, a economia era preponderantemente orientada para a exportação e dividida em sistemas regionais especializados e pouco articulados entre si.

Num segundo momento, no contexto de nação independente de Portugal, a economia brasileira, expandida com os dividendos do complexo cafeeiro, começava a intensificar o investimento industrial ao ponto de torná-lo o principal fator de desenvolvimento nas próximas décadas, caracterizadas por elevadas taxas de crescimento. A partir daí, o país experimentou mudanças expressivas em sua estrutura econômica e social e em sua inserção internacional. Ao mesmo tempo, o comércio alcança grande dimensão, tornando-se a fonte mais importante para o crescimento econômico e aprofundando, assim, a integração do mercado nacional. A industrialização ampliou a capacidade exportadora e a pauta de exportações, o que permitiu a formação de saldos comerciais com os quais foi possível o serviço da dívida externa após o desencadear da crise do capitalismo nos países desenvolvidos no final da década de 1970, e dentro desta, a crise do nacional-desenvolvimentismo brasileiro.

Essas mudanças estruturais impulsionaram vigorosamente a infraestrutura urbana herdada do período anterior, de modo a atender a novas demandas por urbanização feitas pela industrialização e empurrar a urbanização para o interior do território nacional, à qual a criação de Belo Horizonte, Goiânia e Brasília deu impulso adicional. A importância das cidades cresceu à medida que a industrialização avançava, de 1930 em diante. O grau de urbanização saltou de 31,2%, em 1940, para 78,4%, em 1996, especialmente impelido pelo processo de metropolização nas principais regiões industriais, mas também pela crescente importância das capitais estaduais e cidades médias no interior do país.

O desempenho acelerado da industrialização produz efeitos também sobre a infraestrutura regional de transporte e comunicação que vem a ser expandida por todo o território nacional, impulsionando também o investimento subsidiado em atividades agroindustriais no oeste do país, de um lado, e a ampliação e diversificação dos mercados de trabalho urbano, de outro. Estes últimos foram capazes de absorver grande parte dos fluxos migratórios rural-urbanos provocados pela nova dinâmica da economia, produzindo meios para uma intensa mobilidade social, apesar das severas disparidades de renda que caracterizam esse processo. A configuração urbana brasileira desse período reflete, assim, a intensificação da divisão territorial de trabalho que estava em curso no país.

Um terceiro momento é inaugurado com o colapso do chamado modelo desenvolvimentista. O país entra em um período de estagnação e, finalmente, num processo de ajuste estrutural de conotação neoliberal. Políticas orientadas para o mercado interno que prevaleceram até então, alto grau de endividamento, desequilíbrio do setor externo, profundas disparidades de renda, inflação galopante e incertezas políticas terminam por minar o crescimento industrial, abrindo espaço para as reformas neoliberais.

Nesse contexto, se, de um lado, a economia conseguiu elevar seu padrão de competitividade, de outro lado as condições da urbanização e a distribução de renda estão visivelmente se deteriorando, vez que o desemprego – especialmente na indústria – cresceu dramaticamente. Contudo a interiorização da urbanização avançou nos anos 90, até mesmo como uma forma de enfrentamento da crise concentrada nas regiões metropolitanas, mas também como um resultado tardio dos investimentos do período anterior. A desconcentração da população urbana que ocorreu no final da década de 1980 e nos anos 90 encontraram suporte na infraestrutura e nos investimentos em urbanização realizados nas décadas anteriores, especialmente no interior paulista, isto é, na rede urbana produzida no contexto do complexo cafeeiro.

Nesse último período, chama a atenção o desempenho das metrópoles, que apresentaram as mais baixas taxas de crescimento demográfico nos anos 90, especialmente as mais antigas do Sudeste (São Paulo, Rio de Janeiro e Belo Horizonte). Estas estão perdendo importância relativa em face das cidades médias e algumas novas aglomerações urbanas, tais como Campinas e Vitória. Embora na média a parcela das metrópoles na população total e na produção industrial nacional esteja diminuindo, elas continuam a concentrar expressivos volumes da população urbana do país.

Finalmente, os movimentos recentes de relocalização de investimentos industriais em direção à periferia e entorno metropolitanos nas principais aglomerações do país, particularmente nas das regiões Sul e Sudeste, devem ser entendidos como possibilitados pelos processos pregressos de urbanização, especialmente no contexto da integração da economia nacional, contexto este que tende a refluir com a implementação de conceitos de estado mínimo, eficiência e livre mercado que têm fundamentado as reformas recentes. O quadro que emerge dessas reformas tende a fomentar agressiva competição entre cidades e estados por investimentos, pondo em risco o já frágil pacto federativo brasileiro.

O movimento de interiorização da urbanização que continuou, em contraste com o declínio do crescimento dos grandes centros, durante os anos 1990 pode ter ajudado a reduzir o desequilíbrio da distribuição da população no território. Porém, o padrão de urbanização, a estrutura intraurbana e a qualidade de vida verificados nas novas áreas estão longe de ser considerados satisfatórios. Sendo assim, a urbanização brasileira hoje apresenta características semelhantes à de muitos outros países subdesenvolvidos: rápido crescimento populacional, áreas extremamente densas carentes de infraestrutura urbana e serviços sociais, acentuada especulação imobiliária, periferização da população de rendas mais baixas e segregação espacial, ocupação informal da terra urbana, proliferação de favelas, sistemas ineficientes de transporte coletivo urbano e severas agressões ao meio ambiente.

Diante desse quadro, não podemos deixar de levantar dúvidas a respeito da capacidade de um estado mínimo reduzir as disparidades, elevar a qualidade da urbanização, assegurar condições para a retomada do desenvolvimento. Afinal, a política econômica em vigor bloqueia os esforços necessários para o enfrentamento da situação, posto que está fundada em instrumentos inibidores do crescimento, tais como taxas de juros elevadas, que pressionam o balanço de pagamentos e reduzem tanto o investimento público, especialmente aquele destinado a infraestrutura urbana e habitação social, como o poder de compra de grande parcela da população. A evolução da rede urbana brasileira requer a mudança dessa matriz econômica, ou não se distanciará do atual papel de promover a concentração de riqueza e acolher o contingente de população empobrecida que se movimenta pelos confins do país, estimular o esvaziamento do campo e o inchamento das cidades, a frustração de expectativas de mobilidade social e a reprodução de uma estrutura social particularmente perversa, considerando-se suas riquezas e dimensões territoriais.

Referências bibliográficas

ARAÚJO, T. B. Dinâmica regional brasileira e integração competitiva. (1070-1098). In: *Anais do 7º Encontro da ANPUR*. Recife: 1997.

CAMPOLINA, C. C. Desenvolvimento poligonal no Brasil: Nem desconcentração nem contínua polarização. *Revista Nova Economia*, v.3, n.1, 1993.

CANO, W. *Raízes da concentração industrial em São Paulo*. São Paulo: Hucitec, 3ª ed., 1990 [1977].

CANO. W. *A interiorização do desenvolvimento econômico no estado de São Paulo (1920-1980)*. São Paulo: SEADE, 1988.

CANO, W. Cuestión regional y urbanización en el desarrollo económico brasileño. *Estudios Territoriales*, v.33, 13-33, 1990.

CARVALHO, R. Q. e BERNARDES, R. Reestruturação industrial, produtividade e desemprego. *São Paulo em Perspectiva*, v.10, n.1, *53-62*, 1996.

CASAGRANDE, E. E. *O investimento e o financimamento em tempos anormais: a decisão de investir e financiar no Brasil, 1990 - 1994*. Tese (Doutorado em Economia). Fundação Getulio Vargas, São Paulo, 1999.

CASTELLS, M. *The informational city*. Oxford: Blackwell, 1989.

DAVIDOVICH, F. e FREDRICH, O. Urbanização no Brasil. (13-86). In: IBGE. *Brasil: uma visão geográfica nos anos 80*. Rio de Janeiro: IBGE, 1988.

FARIA, V. Cinquenta anos de urbanização no Brasil: Tendências e perspectivas. *Novos Estudos Cebrap*, n.29, 98-119, 1991.

FERNANDES, A. C. *Conflicts in regional and trade policies: a case study of Northeast Brazil in the 1980s*. University of Sussex, DPhil Thesis. 1996.

FERNANDES, A. C. Economic integration of a peripheral region: From state developmentism to globalisation in Northeast Brazil. *Austrian Journal of Development Studies*, v.XIV, n.2, 193-212, 1998.

FIBGE. *Anuário Estatístico do Brasil*, 1992.

FIORI, J. L. O nó cego do desenvolvimento brasileiro. *Novos Estudos Cebrap,* n.40, 125-144, 1994.

FIORI, J. L. Introdução: De volta à questão da riqueza de algumas nações. (11-48). In: FIORI, J. L. (Ed.). *Estados e moedas no desenvolvimento das nações*. Petrópolis: Vozes, 1999.

FURTADO, C. *Formação econômica do Brasil*. São Paulo: Ed. Nacional, 17ª ed., 1980 [1958].

FURTADO, C. *Brasil, a construção interrompida*. São Paulo: Paz e Terra, 1992.

GUIMARÃES NETO, L. *Introdução à Formação Econômica do Nordeste*. Recife: Massangana, 1989.

IBGE. *Uma visão geográfica do Brasil nos anos 80*. Rio de Janeiro: IBGE, 1988.

LAPLANE, M. e SARTI, F. Investimento direto estrangeiro e a retomada do crescimento sustentável nos anos 90. *Economia e Sociedade*, n.8, 1997.

MARTINE, G. et al. *A Urbanização no Brasil: retrospectiva, componentes e perspectivas. Prioridades e Perspectivas de Políticas Públicas para a década de 90*. Brasília: IPEA-IPLAN, 1990.

IPEA/IBGE/NESUR/IE/UNICAMP, Projeto de Pesquisa *Caracterização e Tendências da Rede Urbana do Brasil*, Relatório 2. Campinas, NESUR/IE/UNICAMP, mimeo, 1998.

IPEA/IBGE/NESUR/IE/UNICAMP, *Caracterização e Tendências da Rede Urbana do Brasil*. Campinas, UNICAMP, Instituto de Economia, Série Pesquisas, No. 3, Volumes I e II, 1999.

NOVY, A. e FERNANDES, A. C. A real supremacia do dinheiro: Do Plano Real brasileiro. *Indicadores Econômicos FEE*, v.26, n.2, 285-307, 1998.

OLIVEIRA, F. O Estado e o urbano no Brasil. *Espaço e Debates*, v.6, 36-54, 1982.

PACHECO, C. A. *A fragmentação da nação*. Campinas: Ed. da Unicamp, 1996.

PIMES. *Desigualdades regionais no desenvolvimento brasileiro*. Recife: Sudene, 1984.

POCHMAN, M. Polos industriais empregam 45,9% menos. *O Estado de S. Paulo*, p.B1, 8 de novembro de 1999.

SANTOS, M. *A urbanização brasileira*. São Paulo: Hucitec, 1994.

SASSEN, S. The global *city: New York, London and Tokyo*. Princeton: Princeton University Press, 1991.

SEADE. Pesquisa Condições de Vida. In: www.seade.gov.br, 1999.

SINGER, P. *Desenvolvimento Econômico e Evolução Urbana*. São Paulo: Nacional, 1974.

TAVARES, M. C. Império, território e dinheiro. (449-487). In: FIORI, J. L. e TAVARES, M. C. (orgs.). *Estados e moedas no desenvolvimento das nações*. Petrópolis: Vozes, 1999.

Capítulo 2

Alguns Aspectos da Dinâmica Recente da Urbanização Brasileira*

Marcelo Lopes de Souza

Introdução

Um dos temas mais recorrentes no universo dos estudos sobre a urbanização no chamado Terceiro Mundo tem sido o da *metropolização*. Normalmente identificada como estando associada a uma série de mazelas socioespaciais dos países periféricos e semiperiféricos, a urbanização terceiromundista, incluída aí a metropolização, tem padecido de alguns vieses analíticos, dentre eles o de se tratar a concentração de pessoas e potencial econômico em poucas cidades como se fosse um fenômeno permanente. Nesse contexto interpretativo, o crescimento metropolitano é visto como um problema grave e urgente, continuamente realimentado pelas migrações cidade-campo e pelo crescimento populacional vegetativo. A metropolização seria, por assim, dizer, o estágio mais elevado (e preocupante) da urbanização problemática característica do Terceiro Mundo, e um dos desafios fundamentais seria o de "controlar" a metropolização e evitar o aparecimento do que viria a ser apelidado, posteriormente, de "megacidades", ou desconcentrá-las.

O Brasil, entretanto, vem apresentando, já há algum tempo, um quadro bem distinto desse tipo de simplificação. A crescente complexidade da urbanização brasileira, em estreita associação com a complexidade de nossa economia (o que é típico de países periféricos) e refletindo os padrões cambiantes de concentração e desconcentração industrial, vem sendo objeto, desde os anos 80, da literatura especializada, com autores como Redwood III (1984) defendendo, inspirados pela conhecida teoria de Harry Richardson, a tese de uma "reversão da polarização" na urbanização brasileira já na década de 1970. Na década de 1990 se multiplicaram os estudos sobre a desconcentração (relativa) da indústria e da urbanização, destacando-se os trabalhos de G. Martine (1992), C. C. Diniz (1993; 1995) (ver também Martine e Diniz, 1997), M. Santos (1993) e W. Cano (1997).

* O presente texto sintetiza alguns dos resultados de uma pesquisa concluída em 2000, financiada pelo Conselho Nacional de Desenvolvimento Científico e Tecnológico (CNPq), intitulada "Desafios contemporâneos para o desenvolvimento socioespacial nas metrópoles brasileiras". Uma versão anterior do presente trabalho, intitulada "Da 'fragmentação do tecido sociopolítico-espacial' da metrópole à 'desmetropolização relativa': algumas facetas da urbanização brasileira nas décadas de 80 e 90", foi apresentada no âmbito da mesa-redonda "A rede urbana e sua dinâmica recente", durante o 6.° Simpósio Nacional de Geografia Urbana (Unesp/Presidente Prudente, SP), em 1999 (uma versão quase idêntica havia sido já apresentada em um simpósio na Alemanha, na Universidade de Tübingen, em 1998), e posteriormente publicada nos anais do evento. O presente texto baseia-se na versão publicada na revista *Geoforum* ("Metropolitan deconcentration, socio-political fragmentation and extended suburbanisation: Brazilian urbanisation in the 1980s and 1990s". *Geoforum*, n.° 32, 2001, pp. 437-447); ele modifica o trabalho apresentado em 1999, além de atualizar um pouco a própria versão em inglês, por trazer alguns dados mais recentes.

Os problemas e conflitos urbanos se agravam em toda parte, é certo, sobretudo nas duas metrópoles nacionais – São Paulo e Rio de Janeiro. É exatamente nessas duas metrópoles que declinam as taxas de crescimento demográfico de maneira mais acentuada, configurando um fenômeno que, na verdade, é experimentado também pela maioria das metrópoles regionais, ainda que em menor grau. Embora esse decréscimo possa ser saudado como uma redução da pressão quantitativa, no fundo ele é um indício da existência de sérios problemas qualitativos, ainda que, logicamente, nenhum município possa crescer indefinidamente a taxas altas. Entretanto essa "saturação" tem sido fortemente determinada, no caso brasileiro, não pelas quantidades em si (as quais, no fundo, nunca explicam nada desvinculadas de um contexto qualitativo), mas pela extrema gravidade da deterioração das condições de habitabilidade nessas metrópoles. Essa queda das taxas de crescimento, portanto, vincula-se não somente a transformações de longo prazo do comportamento reprodutivo (declínio das taxas de fecundidade devido ao ingresso maciço das mulheres no mercado de trabalho), o que não costuma ser um problema ou um mau indicador, mas também à perda de atratividade das metrópoles nacionais, com relação à localização da atividade econômica e, por conta disso, igualmente com relação aos fluxos migratórios. O que importa ressaltar é, de toda maneira, que, em ambos os casos, não se trata, de forma alguma, de metrópoles que estão a crescer rapidamente, no âmbito de uma metropolização febril: o desafio, desde os anos 80, não consiste em conter o crescimento de metrópoles individuais, como se insistia até pouco tempo atrás (e como continua a ser martelado aqui e ali), mas, isso sim, em enfrentar com sucesso os problemas sociais e socioespaciais de metrópoles que, a despeito de uma certa estagnação demográfica, acham-se ainda e cada vez mais marcadas por fatores de deseconomias de aglomeração de todos os tipos.

Muito especialmente, as duas metrópoles nacionais padecem de uma "involução", para usar a expressão empregada por Milton Santos (1993). Para evitar mal-entendidos: essa "involução metropolitana" significa uma deterioração geral das condições de vida e habitabilidade, e *não* uma redução do tamanho urbano. As metrópoles não estão vendo sua população diminuir: o que tem, tendencialmente, diminuído, nas últimas décadas, são as suas taxas de crescimento, o que, pelo menos em parte, reflete os graves problemas socioespaciais de que elas têm sido acometidas. Compreendida no contexto de transformações mais gerais, que vêm estimulando, desde os anos 70, uma interiorização do emprego industrial e a uma desconcentração da urbanização (Martine, 1992; Diniz, 1993; 1995; Cano 1997; Martine e Diniz, 1997), essa "involução" está a contribuir, cada vez mais, para uma certa "desmetropolização relativa", observável na escala nacional (ver Martine, 1992; Santos, 1993).

Quanto à desmetropolização (relativa), evite-se, também aqui, e desde logo, um mal-entendido muito comum: essa expressão *não* implica, como bem enfatizou Santos (1993), postular uma reversão *geral* da metropolização no Brasil, assim como tampouco se sugere que as metrópoles, individualmente consideradas, estejam perdendo população em termos absolutos. Na verdade, o que ocorre é que a metropolização passa a associar-se mais e mais à emergência de *novas metrópoles*, e não mais ao crescimento das antigas (sobretudo das metrópoles nacionais), que passam a crescer menos. A desmetropolização relativa não é um fenômeno local, e sim algo que exige a consideração da escala nacional.

De todo modo, as vicissitudes das metrópoles maiores, cabalmente expressas por meio daquilo que o autor deste trabalho vem chamando de "fragmentação do tecido sociopolítico-espacial da metrópole" (ver, por exemplo, Souza, 1995a; 1995b; 1996; 1997), não devem ser subestimadas. Afinal, elas contribuem, decisivamente, para a "involução metropolitana", da qual a aludida "fragmentação" é a expressão mais evidente. E contribuem, também, para o esboço de "suburbanização ampliada" que caminha paralelamente e em conexão com a "involução metropolitana" (o fenômeno da "suburbanização ampliada" será focalizado na Seção 2).

Vários modelos analíticos e explicativos foram propostos, nos últimos vinte anos, com o objetivo de apreender as relações entre certas transformações econômicas cruciais e de alcance planetário (Terceira Revolução Industrial, globalização etc.) e o crescimento e a dinâmica socioespacial das cidades. "Cidade global" (Sassen, 1991) e "cidade informacional" (Castells, 1989) são dois rótulos que identificam os dois modelos explicativos das relações entre economia e urbanização mais discutidos nos últimos anos. Todos esses modelos, todavia, apresentam uma mesma limitação: seu foco primário e sua fonte de inspiração são as realidades urbanas de países capitalistas centrais. Mesmo quando cidades de países semiperiféricos são consideradas, como ocorre com o modelo mais antigo das "cidades mundiais" (*world cities*) de Friedmann e Wolff (1982), as suas especificidades não são devidamente ressaltadas. A utilidade desses esforços interpretativos para a análise das cidades de países semiperiféricos é limitada, mesmo que, em um mundo cada vez mais integrado, onde se percebem vários elementos de "convergência" (similaridade de padrões de consumo e comportamentais, por exemplo) e onde também o "Primeiro Mundo" tem visto certos problemas sociais recrudescerem nas últimas décadas, as grandes metrópoles de países centrais e (semi)periféricos apresentem diversas semelhanças (o autor já havia ressaltado esse ponto em Souza [2000]).

Particularmente, aquilo que o autor deste trabalho tem chamado de fragmentação do tecido sociopolítico-espacial não foi incorporado pelos esforços analíticos dos estudiosos da urbanização brasileira: a dimensão sociopolítica e sua espacialidade, na verdade, não vêm sendo adequadamente valorizadas, o que significa que o exame da "involução metropolitana" tem sido bastante incompleto. Este trabalho pretende exatamente contribuir para fazer avançar essa discussão, adicionando o ingrediente extra da "suburbanização ampliada" e contextualizando a análise dos problemas socioespaciais locais com a ajuda das reflexões sobre a desmetropolização.

1. O novo significado do "lumpemproletariado" e a "fragmentação do tecido sociopolítico-espacial"

1.2. O novo significado do "lumpemproletariado" no Brasil urbano-metropolitano

A década de 1980, marco temporal inicial deste trabalho, caracterizou-se por uma estagnação econômica que teve fortes repercussões negativas sobre o nível de empregos (e, por tabela, sobre a pobreza), a despeito de algumas oscilações conjunturais. Não foi à toa que, no Brasil e em toda a América Latina, passou à história como a "década perdida". Como apropriadamente sintetizaram Baltar, Dedecca e Henrique, na década de 80, "... o dinamismo da geração de empregos associado à trajetória de desenvolvimento das décadas anteriores foi interrompido" (1997:93).

Na verdade, a deterioração do quadro socioeconômico só não foi mais acentuada graças à influência daquilo que os autores supracitados chamaram de "fenômenos compensatórios", dentre os quais "o crescimento bastante lento da população urbana, principalmente nas grandes cidades" (Baltar, Dedecca e Henrique, 1997:94). Esse crescimento lento, a despeito do *aparente* crescimento das taxas de incremento populacional dos municípios do Rio de Janeiro e de São Paulo na segunda metade dos anos 90 (ver Tabela 1),[1] significou um alívio da pressão ocasionada pela demanda por postos de trabalho nos grandes centros urbanos. Pode-se dizer que ocorreu um fenômeno de *retroalimentação negativa*, na medida em que a crise econômica e o acúmulo de fatores de deseconomias de aglomeração (entre os quais deve ser incluída, ao lado de fatores tradicionais, como congestionamentos e a crescente valorização do solo urbano, a própria violência urbana) colaboraram inegavelmente para a diminuição, ao longo das décadas de 1980 e 1990, da atratividade de São Paulo e, de modo ainda mais dramático, do Rio de Janeiro, para migrantes, ocorrendo uma diminuição da disposição de migrar, devido à pouca oferta de empregos e outras razões ligadas à deterioração da qualidade de vida. Somente devido a essa menor atratividade, aliada à perda de ímpeto do crescimento vegetativo, é que a crise urbana nas duas metrópoles nacionais não se vem apresentando ainda mais intensa do que já é.

Tabela 1

SÃO PAULO E RIO DE JANEIRO:
TAXAS MÉDIAS GEOMÉTRICAS DE CRESCIMENTO ANUAL DA POPULAÇÃO RESIDENTE (%)

	1960-1970	1970-1980	1980-1991	1991-1996	1996-2000
Região Metropolitana de São Paulo	5,53	4,45	1,88	1,46	–
Município de São Paulo	4,89	3,67	1,16	0,40	1,41
Região Metropolitana do Rio de Janeiro	3,62	2,45	1,03	0,77	–
Município do Rio de Janeiro	2,70	1,82	0,67	0,26	1,32

Fonte: IBGE (1982; 1995; 1997; 2001).

As medíocres taxas de crescimento populacional registradas desde os anos 80 (ou, a confiar nos problemáticos dados do IBGE, pelo menos até a segunda metade dos anos 90), ainda que tenham evitado que o agravamento do quadro social fosse ainda maior, representam meramente um consolo muito pobre. Esse "consolo" não obscurece o fato de que justamente as camadas médias é que passaram a fugir das metrópoles nacionais ou evitá-las, o que constitui um problema sério, uma vez que essas camadas representam, via de regra, um segmento qualificado da população, muito importante para o desenvolvimento socioespacial de qualquer local. Ademais, nada elimina o fato de que a pobreza foi, de qualquer maneira, um problema dos mais alarmantes durante as décadas de 1980 e 1990. Segundo a economista Sonia Rocha (1996), apoiada em dados da PNAD, parece que o nível de pobreza *absoluta* permaneceu mais ou menos estável ao longo da década de 1980, com exceção da metrópole carioca, onde ele nitidamente subiu, refletindo fatores especialmente

[1] O "aparente" fica por conta de possíveis problemas com esses dados preliminares fornecidos pelo IBGE. Aliás, a confiabilidade dos dados do Censo Demográfico 2000 tem sido questionada com frequência, como anteriormente já ocorrera com a Contagem Populacional de 1996. A reversão da tendência de queda das taxas de crescimento demográfico, no caso do Rio assim como no caso de São Paulo, não parece ser um fato, nem tampouco possui, em princípio, uma explicação convincente.

adversos mais propriamente sub-regionais (ou seja, ao nível do estado do Rio de Janeiro, imerso em uma crise econômica crônica) e locais.

A indigência, que é um subconjunto da pobreza absoluta, contudo, cresceu em diversas regiões metropolitanas, inclusive naquelas onde o percentual de pobres absolutos declinou: foi o caso de São Paulo, Belo Horizonte e Curitiba (Rocha, 1996). Seja lá como for, a pobreza *relativa*, ou seja, a disparidade de renda, tornou-se mais séria. Para Sonia Rocha, à diminuição dos fluxos migratórios devem ser acrescentados a queda da fecundidade e o aumento da taxa de participação, fatores esses que perfazem um conjunto de "fenômenos compensatórios" que teriam evitado o não-agravamento da pobreza absoluta na maior parte das metrópoles: "mais pessoas trabalharam, embora em condições de crescente informalidade, baixa produtividade e rendimentos declinantes" (Rocha, 1996: 244). A própria autora faz notar, todavia, que "[o]bviamente trata-se de uma evolução adversa, pois implica a redução do lazer e de cuidados com a família sem compensação pelo lado da renda". O que ocorreu foi que, com o fito de driblar a pobreza absoluta, muitos tiveram de partir para uma segunda jornada de trabalho, fosse no setor formal da economia, fosse no informal. Além disso, não se pode perder de vista que a década de 1980 foi aquela em que a importância do informal ilegal (com destaque para o tráfico de drogas) cresceu assustadoramente em diversas metrópoles brasileiras, tendência que parece ter prosseguido no decorrer da década passada.

A despeito da estabilização da inflação em um patamar baixo, propiciada pelo Plano Real, a década de 1990, no geral, não se mostrou muito mais favorável que a anterior. A rigor, ela também foi, por razões em parte diferentes daquelas que explicam a crise dos anos 80, uma "década perdida". A penetração setorial e geograficamente seletiva de tecnologias da Terceira Revolução Industrial, conjugada com a introdução de métodos "racionais" de gestão que redundam em demissões de empregados, juntamente com a difusão de relações de produção "flexíveis", como terceirização e subcontratação, fazem parte do quadro de reestruturação produtiva que vem cada vez mais caracterizando o Brasil a partir dos anos 90 – tudo isso no contexto de uma crescente abertura para o exterior, feita de modo submisso e compatível com a conjuntura político-econômica internacional "neoliberal". Um dos efeitos disso tudo tem sido um inegável aumento de produtividade de partes da indústria nacional, ao mesmo tempo que, ironicamente, se assiste a uma perda de substância do setor industrial, refletida em elevadas taxas de desemprego na indústria. Ao lado disso, avança a precarização das condições de trabalho, com o inevitável aumento da taxa de informalidade. E, de maneira igualmente consistente com o preconizado pelo "paradigma neoliberal", prossegue a tendência gradual de o Estado diminuir sua participação na promoção do bem-estar coletivo, acompanhando o exemplo semelhante, embora de menor intensidade e com consequências bem menos dramáticas, observado há mais tempo nos países do "Primeiro Mundo" (ver, sobre essas questões, Antunes, 1995; Baltar, Dedecca e Henrique, 1997; Cacciamali e Bezerra, 1997; Salm, Saboia e Carvalho, 1997; Portugal e Garcia, 1997; Fiori, 2001).

O que se está desenhando, paulatinamente, é uma espiral ascendente de exclusão de população trabalhadora relativamente ao setor formal da economia, o que, via de regra, quer dizer exclusão relativamente a uma qualidade de vida satisfatória ou, pelo menos, digna. Não se está a negligenciar, aqui, o fato da diminuição da pobreza absoluta e mesmo da disparidade de rendimentos que decorreu do Plano Real (conforme constatado, dentre outros, pela economista Sonia Rocha [1997a]). Entretanto, como observou essa autora, os efeitos redistributivos da estabilização monetária tinham um alcance limitado, e se esgotaram com a consolidação desta; "[d]aqui para a frente", assinalou a economista, "a criação de empregos e o aumento dos rendimentos do trabalho, especialmente daqueles na base da distribuição, voltam a depender da capacidade de realizar investimentos, da taxa de crescimento econômico que possa ser obtida e dos seus efeitos em termos de criação de empregos e distribuição do rendimento do trabalho" (Rocha, 1997b:13). À luz das tendências acima delineadas, que dizem respeito não apenas a transformações internas ao país, mas também a mudanças em curso já há um bom tempo em nível global, não parece haver margem para otimismo, ao menos dentro de um contexto de submissão ao "paradigma neoliberal".

"De forma crescente, o desemprego é constituído de pessoas que não foram ainda incorporadas ao mercado de trabalho ou que o foram precariamente, e nem foram expulsas de atividades em extinção" (Dedecca, 1997:75). Considerando-se isso, pode-se dizer que o quadro atual é, como faz notar Dedecca (1997:74-75), diferente tanto daquele existente, durante a Revolução Industrial, na Europa – quando o que se tinha era uma massa de população expulsa do campo e de atividades artesanais destruídas pelo novo modo de produção capitalista que se impunha, o qual criava o seu próprio mercado de trabalho pautado na indústria e no assalariamento – quanto daquele dos períodos de crise marcados por forte desemprego, como o final do século XIX e os anos 30 do século XX – quando era possível esperar uma reabsorção de boa parte dos demitidos logo que houvesse uma recuperação da economia. Basta ver que, depois da longa crise da "década perdida" e da recessão que houve durante o governo Collor de Mello, a produção industrial voltou a crescer no Brasil, mas não o emprego (Cacciamali e Bezerra, 1997:31). A estrutura de classes transforma-se na esteira da redução do percentual de trabalhadores formais e do aumento da precarização das condições de trabalho da maioria da população, quando ocorre uma elevação estrutural do patamar de desemprego.

Passe-se, agora, à questão do "novo significado do 'lumpemproletariado' no Brasil urbano-metropolitano". "Lumpemproletariado" é um termo que remete, principalmente, a Karl Marx e a seu grande colaborador, Friedrich Engels. O "lumpemproletariado" configuraria, para eles, uma parcela relativamente pequena da "superpopulação relativa" (excedente populacional relativamente às necessidades imediatas do modo de produção) que, devido à sua degradação física e/ou psicológica, ou ainda por causa de seu envolvimento com atividades criminosas, não seria, propriamente, um subconjunto dos "pobres respeitáveis", nem tampouco da classe trabalhadora, e por conseguinte não seria também parte do exército industrial de reserva: trata-se daqueles indivíduos que eles agrupavam sob expressões nada sutis como "rebotalho do proletariado" (Marx, 1980:746-7) e "putrefação passiva das camadas inferiores da velha sociedade" (isto é, do campesinato desenraizado e dos artesãos empobrecidos) (Marx e Engels, 1982:116) – notadamente, os "mendigos, vagabundos, criminosos e prostitutas" (Marx, 1978:119).

No fundo, Marx e Engels não deram maior atenção ao "lumpemproletariado". Em que pesem as formações sociais europeias conterem "resíduos" do modo de produção feudal, como o campesinato e os proprietários fundiários, para Marx a relação de trabalho característica do capitalismo era o assalariamento, no bojo do qual se confrontavam as duas classes essenciais desse modo de produção: os capitalistas e os proletários. A contradição entre capital e trabalho era, para Marx e Engels, a contradição fundamental do capitalismo, fator impulsionador de uma luta de classes que culminaria com a substituição desse modo de produção pelo "socialismo". Por isso, esses autores consideravam o "lumpemproletariado" supérfluo; e, sob o ângulo político, consideravam-no irrelevante, ou mesmo pernicioso, posto que se prestava, facilmente, ao papel de massa de manobra nas mãos da classe dominante. Ambos não disfarçavam, como se vê pelas expressões reproduzidas no parágrafo anterior, um juízo de valor depreciativo sobre os "lumpemproletários". Para os fundadores do "socialismo científico", o "lumpemproletariado", devido à sua desorganização ou, pelo menos, por conta de seu não-enquadramento na "nova ordem" preconizada por eles – o socialismo –, a ser instaurada pela classe revolucionária por excelência (o proletariado propriamente dito, explorado porém "respeitável"), os "lumpemproletários" não seriam nem úteis nem confiáveis.

Independentemente de se discordar ou não dos aspectos éticos e político-filosóficos dessa leitura (desprezo de sabor moralista vitoriano para com os "lumpemproletários", eleição de uma única classe como sujeito privilegiado da história etc.), cabe perguntar se, do ponto de vista da relevância sociopolítica do "lumpemproletariado", a análise de Marx e Engels era – e, sobretudo, ainda é – pertinente. Vivendo no século XIX e tendo como "laboratório" mais imediato a Inglaterra vitoriana, onde passou a maior parte de sua vida intelectual, Marx tinha diante de si uma estrutura de classes bem menos complexa que a do Brasil contemporâneo. Considerem-se, então, as relações entre trabalho, pobreza e exclusão presentes no Brasil metropolitano contemporâneo, particularmente nas duas metrópoles nacionais, São Paulo e Rio de Janeiro. Sem querer negar que há variações de região para região e de metrópole para metrópole, por força das diferenças inter-regionais e interlocais nos níveis de pobreza absoluta e relativa, de industrialização etc., parece ser legítimo tentar oferecer alguns comentários, no âmbito dos quais se buscará captar generalizadamente a situação nas metrópoles brasileiras. Com isso, espera-se, será possível destacar algumas diferenças importantes em comparação com a situação observada e refletida por Marx.

Não apenas nos países ditos desenvolvidos, mas também em um país semiperiférico como o Brasil, ao mesmo tempo subdesenvolvido e industrializado, o assalariamento é, hoje, uma relação de trabalho que, de tão generalizada, não apresenta qualquer poder conceitualmente discriminador. O proletariado, no sentido estrito de Marx – que eram aqueles trabalhadores assalariados, manuais ou não, reduzidos a papéis de simples execução, e dos quais se extrai a mais-valia –, apresenta-se, no Brasil atual, numericamente relativamente reduzido e geograficamente bastante concentrado. De mais a mais, o operariado industrial mais qualificado é um segmento relativamente privilegiado entre os pobres urbanos, não raro atingindo um padrão de vida de classe média e encontrando-se razoavelmente integrado na sociedade de consumo.

Em contraste com isso, pode-se facilmente verificar que o "lumpemproletariado" cresce em importância no Brasil – não apenas quantitativamente, mas também sob o ângulo *sociopolítico*. Independentemente do fato de que o "lumpemproletariado" nas cidades inglesas de meados do século XIX era, ao que tudo indica, numericamente menos expressivo que nas grandes metrópoles contemporâneas de um país como o Brasil, o fato é que Marx (e Engels) estava mentalmente controlado por um viés ideológico, alimentado pelo peso *crescente* da classe operária e a esperança de que essa classe realizasse a revolução socialista. A isso deve-se acrescentar que, na Europa, a tendência, desde fins do século XIX, foi a de uma diminuição gradual da pobreza, com a redução quantitativa das camadas mais degradadas. No Brasil, muito diversamente, o peso relativo do operariado industrial, desde sempre limitado pelo caráter incompleto e geograficamente concentrado da industrialização brasileira, amesquinha-se ainda mais na esteira da onda contemporânea de desemprego tecnológico, enquanto que, de outra parte, o peso do "lumpemproletariado" aumenta, inclusive o daquela parcela envolvida com atividades criminosas. O "lumpemproletariado", no Brasil urbano-metropolitano atual, não é, de um ponto de vista sociopolítico, pouco expressivo; muito pelo contrário. E isso vale, muito particularmente, para a sua parcela envolvida com atividades criminosas, sobretudo com o tráfico de drogas de varejo.

1.2. O crescimento da pobreza, da exclusão e o crescente recurso a estratégias ile de sobrevivência

As metrópoles continuam a ser, no Brasil de hoje, *loci* por excelência de concentraçã riqueza, a despeito da desconcentração relativa e da interiorização da indústria e da urbaniz que significam, também, uma desconcentração relativa da riqueza. No entanto, na esteira da desconcentração de atividades e da fuga de profissionais altamente qualificados rumo a certas cidades de porte médio, especialmente nas regiões Sudeste e Sul, fica ainda mais evidente que a metrópole é, também, um *locus* de concentração de pobreza e miséria, assim como de tensões sociais. A pobreza urbana no Brasil é – como constata Rocha (1996) – acima de tudo, *metropolitana*. Trata-se de uma pobreza articulada ao funcionamento do centro dinâmico da economia brasileira, espelho das transformações dos setores mais dinâmicos dessa economia e de seus impactos negativos sobre o mercado de trabalho. Não é à toa que uma das características básicas dessa pobreza metropolitana são as elevadas taxas de desemprego, além do alto percentual de mulheres chefiando domicílios (Rocha, 1996). A Tabela 2 evidencia a já mencionada crescente precarização do mercado de trabalho no Brasil, tomando como referência, justamente, as regiões metropolitanas.

Tabela 2

INDICADORES DE MERCADO DE TRABALHO NAS REGIÕES METROPOLITANAS: COMPARAÇÃO ENTRE 1981 E 1990 (%)

Indicador	1981	1990
Emprego informal	25	28
Emprego autônomo informal	59	66

Definições: a) emprego informal: percentual de empregados sem carteira assinada relativamente ao total de empregados; b) emprego autônomo informal: percentual de autônomos que não contribuem para a Previdência Social relativamente ao total de autônomos.

Fonte: Adaptado de Rocha (1995: 390, 394).

E, apesar disso, a pobreza urbana, no Brasil atual, não impressiona ou assusta somente por sua magnitude, mas também por seus *desdobramentos sociopolíticos*. No que se refere, particularmente, à favelização, que é a face espacial mais emblemática da pobreza urbana em países periféricos e semiperiféricos, pode-se dizer que o seu traço mais marcante tem sido, da década de 80 do século passado para cá, a *territorialização das favelas por parte do tráfico de drogas*. As favelas, ao lado de outros espaços residenciais socialmente segregados, normalmente representam pontos de apoio logístico muito importantes para as quadrilhas que operam no varejo do tráfico de tóxicos nas cidades brasileiras. É bem verdade, por um lado, que o destaque conferido pela mídia às favelas enquanto *loci* do tráfico de varejo deixa na sombra os varejistas não-baseados em favelas e outros espaços residenciais pobres; usuários-revendedores e traficantes trabalhando com a distribuição de varejo operam a partir dos mais diferentes pontos da "cidade legal", como restaurantes, boates, instituições de ensino e apartamentos de classe média. No entanto não há como negar que as favelas são, por diversas razões, os palcos preferenciais do fenômeno da territorialização de parcelas do espaço urbano pelos traficantes (ver Souza, 1995a; 1995b; 1996; 2000).

Vale a pena deter-se um pouco mais no caso do Rio de Janeiro, que tem sido palco do processo de formação de enclaves territoriais ilegais mais dramático do Brasil urbano contemporâneo. A virada dos anos 70 para os anos 80, tanto no Rio como também em São Paulo e outras cidades, pode ser assumida como um marco histórico da supra-referida territorialização das favelas pelos traficantes de drogas de varejo. O incremento desse processo de territorialização tem conduzido a uma *fragmentação do tecido sociopolítico-espacial*, que exige a consideração em conjunto não apenas dos "territórios ilegais" de "poderes paralelos ao Estado" (favelas controladas por alguma quadrilha de traficantes, estando as quadrilhas, cada vez mais, vinculadas a algum "comando"), mas, igualmente, daqueles espaços que não estão submetidos a nenhuma territorialização dessa natureza.

A percepção do que se passa no Rio de Janeiro como um processo propriamente de fragmentação, que vai além de um simples agravamento da segregação residencial, teve origem em uma entrevista do autor com um líder de favela, em meados da década de 1990, conforme já havia sido relatado em trabalhos anteriores (Souza, 1995a; 1995b; 1996; 1997; 2000). Nessa entrevista, concedida ao autor em 12/7/1994, um líder de uma favela da Zona Norte do Rio de Janeiro ponderou que o Rio estaria sofrendo uma transformação, na qual as diferentes "comunidades" faveladas, que tinham sido mais ou menos "abertas" – ou seja, indíviduos residentes em favelas diferentes podiam visitar-se sem maiores obstáculos ou constrangimentos –, passaram a "fechar-se" cada vez mais, e a mobilidade entre "comunidades" tornou-se mais e mais difícil. A razão desse "fechamento" relativo (como disse o entrevistado, "*as comunidades estão se fechando*") seria o fato de que, para cada favelado, as outras favelas que não a sua própria apresentar-se-iam mais e mais como territórios controlados por quadrilhas rivais daquela que controla a sua própria. As rivalidades entre quadrilhas e "comandos" teriam consequências para a mobilidade espacial dos moradores das favelas na medida em que, ao visitarem uma favela diferente daquela em que moram, correriam o risco de ser interpelados e hostilizados. Para o entrevistado, somente em sua própria "comunidade" o favelado encontraria alguma segurança, como decorrência das normas e regras impostas pelos traficantes, os quais, visando a uma maior tranquilidade para o negócio, proíbem expressamente que crimes sejam praticados por bandidos comuns contra moradores da favela, punindo, não raro, exemplar e cruelmente, os transgressores.

E quanto aos espaços não-favelados? Aquilo que não é favela, ou seja, os bairros comuns, com seus espaços privados e públicos, o entrevistado chamou de "área neutra". O que ele quis dizer com essa expressão é que esses espaços são, sob o ângulo da segurança, "terras de ninguém", espaços perigosos. A "área neutra" não disporia de proteção outra contra crimes comuns que não aquela oferecida pelo Estado, pretendido detentor, por meio da polícia e do Exército, do monopólio legítimo da violência. A margem de manobra do Estado enquanto agente garantidor da "ordem pública", contudo, reduz-se bastante, na prática, ao ser ele desafiado pelos enclaves controlados pelos traficantes de drogas e ao mostrar-se incapaz de garantir segurança nas "áreas neutras".

1.3. A autossegregação das elites e de segmentos da classe média

Um elemento importante ficou de fora do quadro sugerido por aquele depoimento – para o autor tão inspirador – de um líder favelado: os condomínios exclusivos, representantes máximos da autossegregação das elites urbanas. Sem serem favelas (são, a rigor, os seus contrários mais sofisticados, em matéria de segregação residencial), nem por isso os condomínios exclusivos são "áreas neutras". Seja como for, a territorialização de favelas pelo crime organizado é o fator decisivo de fragmentação sociopolítico-espacial do tecido urbano e de *desordem* na escala da cidade como um todo, desordem essa que é, ao mesmo tempo, uma *nova ordem* social e espacial em construção; no entanto o quadro geral dessa fragmentação, que se apresenta claramente instalada nas duas maiores metrópoles brasileiras, ficaria incompleto sem a consideração da autossegregação e dos condomínios exclusivos.

O fenômeno do *declínio do homem público*, examinado por Richard Sennett (1989) com base na experiência europeia e norte-americana, não é, de forma alguma, estranho ao Brasil. Na realidade, a versão brasileira do processo é particularmente brutal, devido às especificidades sócio-histórico--espaciais do Brasil: um contexto de país semiperiférico (subdesenvolvido industrializado), onde as gritantes disparidades sociais e espaciais (concentração de renda, segregação e autossegregação extremadas) ajudam a formar o caldo de cultura da criminalidade urbana violenta, ainda que não a expliquem de modo simples e linear.

Não dá para deixar passar despercebida a semelhança entre o quadro pintado por Sennett, ao examinar o declínio da cultura e dos espaços públicos a partir do século passado na Europa e nos EUA, e a experiência brasileira da autossegregação. Preste-se atenção à seguinte passagem: "o bairrismo e a autonomia local estão se tornando credos políticos de amplo espectro, como se as experiências das relações de poder tivessem mais sentido humano quanto mais intimista for a escala – mesmo que as estruturas efetivas de poder cresçam cada vez mais na direção de um sistema internacional. *A comunidade se torna uma arma contra a sociedade* ..." (1989: 413; grifo de M.L.S.). No caso brasileiro, as condições de exercício da cidadania, ou, mais amplamente, de conquista de uma maior autonomia individual e coletiva, requisitos básicos para um desenvolvimento socioespacial autêntico (ver, sobre isso, SOUZA, 2000), têm sido minadas pela violência, pelo crescente sentimento de insegurança e por aquilo que é o vetor resultante disso tudo, que é a deterioração do clima social no quotidiano, com a disseminação da desconfiança, do medo e da agressividade. Os citadinos, sobretudo das metrópoles nacionais (Rio de Janeiro e São Paulo), sentem-se intimidados nos espaços públicos, tornados "áreas neutras", no trágico sentido referido anteriormente.

Do ponto de vista de uma larga fatia das elites urbanas das duas metrópoles nacionais, a autossegregação baseada em condomínios parece ser uma solução para essa situação. É bem verdade que diversos fatores, além da falta de segurança, têm contribuído, desde meados dos anos 70, para o incremento dos condomínios exclusivos como hábitat urbano elitista, símbolo máximo da autossegregação que, em São Paulo e no Rio, alcançou elevado grau de sofisticação. Dentre esses fatores, podem ser destacados: a deterioração das condições gerais de habitabilidade e qualidade ambiental nos bairros residenciais privilegiados tradicionais, em decorrência de saturação infraestrutural, superadensamento e poluição; o desejo de uma maior "exclusividade" social; e, eventualmente, a procura de novos espaços residenciais que apresentem amenidades naturais (o que é válido, sobretudo, para a Barra da Tijuca, no Rio de Janeiro). Entretanto, uma análise do material publicitário sobre condomínios exclusivos veiculado pela grande imprensa nos últimos vinte e cinco anos revela que o fator "busca de segurança" foi, ao longo do tempo, ganhando importância crescente, até tornar-se praticamente central. Em São Paulo a autossegregação é cabalmente simbolizada pelos condomínios do complexo de Alphaville, encravados nos municípios de Barueri e Santana de Parnaíba; no Rio de Janeiro são os condomínios de luxo da Barra da Tijuca.

A "solução" trazida pelos condomínios é, porém, duplamente ilusória. Em primeiro lugar, porque o desejo de apartar-se, deixando de fora de seu território tudo o que for perigoso, assustador ou incômodo (os pobres, a "cidade real"), configura, evidentemente, um escapismo e, ainda por cima, um escapismo *hipócrita*, uma vez que os que têm condições de se autossegregar não prescindem, enquanto patrões, daqueles que eles desejam excluir de seu cotidiano e de sua paisagem na qualidade de vizinhos, mas que são necessários na qualidade de empregados (porteiros, empregadas domésticas etc. e, na cidade existente fora dos muros do condomínio, na qualidade de trabalhadores em geral). A autossegregação, portanto, significa uma tentativa de solução do problema específico dos privilegiados e não dos problemas sociais gerais que geram a problemática que vai estimular a autossegregação. Mas essa "solução" é limitada também por outra razão: nem sequer para as elites ela é inteiramente eficaz. Ela não evita os sequestros, apenas para ficar com um exemplo dos mais eloquentes.

Por fim, o escapismo das elites não diz só respeito aos condomínios exclusivos. Os *shopping centers* também compõem, juntamente com os condomínios exclusivos, o quadro típico desse escapismo. Por um lado, os *shoppings* não são tão "fechados" quanto os condomínios; alguns desses "templos do consumo em segurança" são também frequentados por pobres, os quais, por serem tidos como indesejáveis, são constantemente monitorados pelos vigilantes.[2] Enquanto que no caso dos condomínios exclusivos os indivíduos residem naqueles espaços, no caso dos *shoppings* a clientela tem nestes, obviamente, apenas locais onde buscam mercadorias oferecidas por outros. Os proprietários visam a uma clientela "homogênea" e "seleta" (a qual, por sua vez, deseja consumir "entre iguais", e não, obviamente, na presença de pobres), mas não há, do ponto de vista do direito espacial, como interditar diretamente a entrada de indesejáveis. Assim, o que se faz é lançar mão de estratagemas como o controle e a intimidação de indivíduos "indesejáveis" (pobres, mal-vestidos etc., sem negligenciar um provável componente racista). Conquanto os *shoppings* sejam menos excludentes que os condomínios, eles são mais excludentes que os subcentros tradicionais, mais "abertos" e "permeáveis" (ver, sobre esse tema, Souza [2000]).

A *fragmentação do tecido sociopolítico-espacial* é o quadro-síntese que reúne a formação de enclaves territoriais ilegais em espaços segregados, de um lado, e a proliferação de territórios-cidadela das elites (condomínios exclusivos), de outro. Contudo, somente nas duas metrópoles nacionais, São Paulo e Rio de Janeiro, essa fragmentação pode ser observada de modo razoavelmente pleno. Em metrópoles regionais e cidades não-metropolitanas, a fragmentação do tecido sociopolítico-espacial é, quando muito, incipiente, pelo menos em comparação com as metrópoles nacionais (Souza, 2000).

2. Da "involução metropolitana" à "suburbanização ampliada" e à "desmetropolização"

Conforme já se havia adiantado na Introdução, a desmetropolização relativa nada tem a ver com um declínio *geral* da metropolização no país e muito menos com perdas populacionais absolutas para as metrópoles individuais, ao menos por enquanto. O que acontece é que a metropolização passa a associar-se cada vez mais ao surgimento do que se poderia chamar de *novas metrópoles*, que são aquelas que, existindo ou não *de facto* enquanto tal já anteriormente à década de 1990, somente após a transferência da competência para a criação de regiões metropolitanas do nível

[2] Existem vários perfis de *shopping center*, e o fato de serem menos (ou nada) ou mais frequentados por pobres depende de vários fatores, inclusive de sua localização espacial. O Alphashopping, em Alphaville (Região Metropolitana de São Paulo), é, certamente, muito mais seletivo que o Barrashopping, na Barra da Tijuca (município do Rio de Janeiro), o que se explica pela muito menor acessibilidade do primeiro.

federal para os estados da Federação, com a Constituição de 1988, foram oficializadas: Campinas, Baixada Santista, Vitória e várias outras. Enquanto isso, as taxas de crescimento da maioria das "velhas metrópoles", ou "metrópoles tradicionais", que são aquelas herdadas da década de 1970, declinam[3] – sobretudo, como já se disse, as taxas das duas metrópoles nacionais. A intensidade das migrações, afetada, na década passada, pela crise econômica (o fluxo total de migrantes caiu de 16 milhões nos anos 70 para 10 milhões nos anos 80) voltou a crescer em anos recentes, com a diferença de que, agora, já não são as duas metrópoles nacionais polos tão importantes de atração e absorção de migrantes quanto haviam sido nas décadas anteriores. Em matéria de atratividade para migrantes e empresas se sobressaem, mais e mais, certas metrópoles regionais, com destaque para Curitiba, e prósperas aglomerações, cidades grandes e cidades médias, muito especialmente no Sul e no interior do estado de São Paulo, dentro daquilo que Clélio Campolina Diniz (1993) identificou como o "novo polígono de aglomeração industrial" no Brasil (Belo Horizonte-Uberlândia-Londrina/Maringá-Porto Alegre-Florianópolis-São José dos Campos-Belo Horizonte).

A participação percentual das regiões metropolitanas do Rio de Janeiro e de São Paulo na população total do país vem caindo[4]; entretanto a participação da maioria das outras continua aumentando, a despeito do declínio das taxas de crescimento. O desempenho demográfico do conjunto das metrópoles entre 1991 e 1996 (taxa de crescimento de 7,8%), embora mais expressivo que o do país como um todo (7%), foi menor que o das cidades médias não-metropolitanas (9,8%), conforme mostram Andrade e Serra (1998:24), com base em dados do IBGE.

O escapismo das elites e da classe média, eventualmente, vai além da autossegregação baseada em condomínios exclusivos. Por não poderem arcar com os custos de se viver em uma "bolha de segurança" *à la* condomínio exclusivo, mas, não raro, também por não simpatizarem com esse tipo de opção, cada vez mais pessoas de classe média abandonam os núcleos metropolitanos em busca de uma melhor qualidade vida em alguma cidade situada no entorno metropolitano, ao mesmo tempo que mantêm os vínculos de trabalho com o núcleo metropolitano e, dadas as distâncias suportáveis, exercem um movimento pendular diário residência→local de trabalho→residência. No Rio de Janeiro, Petrópolis (que foi, até 1987, parte da região metropolitana, mas não é mais) pode ser citada como um exemplo de cidade cuja atratividade tem crescido na esteira desse desejo de moradores do núcleo metropolitano de saírem do núcleo, mas não se afastando demais dele. O município de Maricá, apesar de fazer parte da Região Metropolitana do Rio de Janeiro, também é um bom exemplo. Eis aí um fenômeno interessante, mas que quase não vem sendo muito estudado. Estão a fazer falta investigações empíricas de fôlego, capazes de documentar melhor esse tipo de tendência.

---

[3] As "metrópoles tradicionais" são nove: São Paulo, Rio de Janeiro, Porto Alegre, Curitiba, Belo Horizonte, Salvador, Recife, Fortaleza e Belém. Pelo menos até meados da década de 90, Curitiba apresentava-se como uma honrosa exceção entre elas, no que diz respeito ao comportamento evolutivo da taxa de incremento médio anual da população: apresentou, entre 1991 e 1996, um ligeiro aumento em sua taxa de crescimento, comparando-se com o período anterior (1990/1991): 2,38% contra 2,29% no município-núcleo e 3,40% contra 3,03% na região metropolitana como um todo (IBGE, 1995; 1997). A confiar nos não muito confiáveis dados do IBGE, o quadro geral , nos últimos anos, alterou-se: para o período 1996-2000, a taxa de crescimento médio geométrico anual do município de Curitiba tornou a declinar (1,82%), ao passo que as taxas dos municípios de São Paulo e do Rio de Janeiro voltaram a crescer (IBGE, 2001).

[4] A participação da Região Metropolitana do Rio de Janeiro, que era de 7,6% em 1970, manteve-se em 7,6% em 1980, caindo para 6,6% em 1991; a da Região Metropolitana de São Paulo aumentou de 8,7% em 1970 para 10,6% em 1980, mas caiu para 10,4% em 1991.

O que se vai esboçando, tanto no Rio quanto em São Paulo, é, em que pesem algumas diferenças, algo que poderia ser tomado como aquilo que os europeus e norte-americanos denominam "suburbanização ampliada", em que o crescimento se desloca para as bordas da metrópole, em direção ao campo e à franja periurbana, ou expandindo ainda mais a área integrada ao espaço metropolitano (Gaebe, 1987; ver, igualmente, Perulli, 1995). A expressão não há de ser a melhor em terras brasileiras – embora não seja imprecisa –, uma vez que o termo "subúrbio", no vocabulário urbano brasileiro, costuma estar associado a uma parte do próprio núcleo, habitada por uma mescla de classe trabalhadora e classe média, de *status* relativamente baixo. Seja lá como for, o importante é não confundir as coisas. Por último, deve-se atentar para o fato de que a "suburbanização ampliada", ao frigir dos ovos, representa uma ampliação da metrópole, que se expande na esteira do adensamento das articulações com o seu entorno imediato.

Também dentro da tendência de "fuga da metrópole", mas em escala supralocal, pode ser observada, sobretudo no estado de São Paulo, a atração exercida por núcleos situados fora das metrópoles tradicionais sobre indivíduos (migrantes de classe média: executivos, profissionais liberais etc.) e empresas. Cada vez mais pessoas buscam sair dos aglomerados urbanos mais problemáticos, e localizações novas de firmas em cidades médias do interior são uma realidade há vários anos (Diniz, 1995; Cano, 1997; Martine e Diniz, 1997).[5] Em São Paulo, particularmente, o fenômeno da interiorização do desenvolvimento urbano-industrial é grandemente facilitado pela boa infraestrutura técnica e social da maior parte do estado. Essa facilidade diminui ao considerar-se uma escala mais abrangente, embora as condições na maior parte das macrorregiões Sul e Sudeste sejam bastante convidativas (e, de fato, é no interior dessas regiões que se dá o essencial do processo de desconcentração industrial relativa no Brasil, tendência essa que, de acordo com Martine e Diniz [1997], deverá permanecer; fora delas as condições tendem a ser muito desfavoráveis, indo da precariedade da infraestrutura técnica e social às características do mercado de trabalho e à incipiência dos ambientes de pesquisa científica e tecnológica). É precisamente esse quadro de grande dinamismo de muitas cidades médias e de algumas "novas metrópoles", fazendo par com a tendência de arrefecimento do ritmo de crescimento das velhas metrópoles, especialmente do Rio de Janeiro e de São Paulo, que justifica plenamente o uso da expressão *desmetropolização relativa*. Não é a metropolização que cessa, em escala nacional, nem muito menos o crescimento das metrópoles individualmente consideradas, nem sequer no caso das "metrópoles tradicionais"; o que está ocorrendo é uma *difusão* do fenômeno metropolitano pelo território nacional, com o surgimento de novas aglomerações de porte metropolitano, ao mesmo tempo que, em grande parte devido ao acúmulo de fatores de deseconomias de aglomeração, as metrópoles maiores e mais antigas perdem em dinamismo demográfico e atratividade para novos investimentos e migrantes.

A fuga da metrópole, seja em busca de uma cidade de porte pequeno ou médio situada no entorno metropolitano, seja à procura de uma cidade do interior, é protagonizada, como já foi esclarecido, tanto por indivíduos quanto por empresas. Essa observação merece, no entanto, ser complementada, pois as diferenças entre São Paulo e Rio de Janeiro são grandes nesse aspecto. No caso de São Paulo, embora a interiorização dos investimentos se refira muito mais a novas localizações do que a

---

[5] A desconcentração industrial brasileira se vincula, como fizeram notar dois dos seus maiores estudiosos – Martine e Diniz (1997: 217) – basicamente a *novos investimentos*, e não à relocalização de unidades produtivas já existentes, ao contrário do que se passa, por exemplo, nos EUA e na Inglaterra.

relocalizações, conforme já se disse na nota 5, a desconcentração industrial é um fato bastante real. Já no estado do Rio de Janeiro, imerso em sua crise econômica crônica, não se pode falar de nenhuma poderosa interiorização do investimento industrial, apesar de fatos como a localização da montadora francesa Peugeot no município de Porto Real, no Vale do Paraíba fluminense. Não é gratuito, embora seja exagerado, que o estado do Rio não tenha sido incluído por C. C. Diniz em seu "polígono" (cf. Diniz, 1993). O estado do Rio de Janeiro ainda abriga o segundo mais importante centro de gestão do território no Brasil (Corrêa, 1996), contudo sua crise crônica e, sobretudo, sua infraestrutura comparativamente inferior fazem com que a desconcentração física de atividades (e, por conseguinte, do emprego) não se apresente, aí, como digna de nota, muito ao contrário daquela que se observa no entorno da metrópole paulistana. E, apesar disso, a "involução metropolitana", tão expressiva no Rio de Janeiro quanto em São Paulo, ou mais, tem se encarregado de colocar em marcha uma tendência de "suburbanização ampliada", na qual indivíduos de classe média aproveitam as facilidades de deslocamento surgidas na década passada (como a via expressa da Linha Vermelha) para residirem em municípios de clima mais ameno e menos intranquilos e inseguros, como Petrópolis e Maricá.

No que diz respeito à dinâmica da difusão do desenvolvimento econômico no interior do "polígono" de C. C. Diniz, deve-se ressalvar que não são as empresas industriais sozinhas, especialmente em se tratando de tecnologias modernas, que responderão pela maior parte dos novos empregos gerados, uma vez que elas são, por definição, muito intensivas em capital e tendem, cada vez mais, a substituir trabalhadores por maquinaria. Por outro lado, as indústrias importantes localizadas no interior contribuem para aquecer as economias local e sub-regional em seu conjunto – de indústrias menores fornecedoras de peças e componentes até o comércio e os serviços mais variados –, apresentando, desse modo, uma capacidade decisiva de induzir a multiplicação da oferta de postos de trabalho, o que justamente sustentará o aspecto demográfico da referida fuga da metrópole e a desconcentração da metropolização.

Por fim, deve-se chamar a atenção para o fato de que as crescentes facilidades em matéria de transportes e comunicações, ao atuarem no sentido de vencer a barreira da distância geográfica, viabilizam uma *desconcentração física de atividades*, mas, não necessariamente, uma *descentralização da gestão* (ou seja, do poder de comando) ou uma *redistribuição socialmente mais justa da riqueza gerada*. Oliveira, Comin, Saraiva e Lino (1998) mostraram não apenas que a indústria paulista é altamente concentrada, mas que a concentração na apropriação dos lucros vem aumentando: a crise econômica da década de 1980, inclusive, afetou muito diferenciadamente as empresas, uma vez que as maiores dentre elas viram seus lucros aumentarem no período. Quanto à descentralização da gestão, deve-se registrar que nada indica que a metrópole de São Paulo, de longe o principal centro de gestão do território no Brasil (Corrêa, 1996), esteja perdendo poder de comando em favor de cidades do interior. É por essa razão que Martine e Diniz (1997:220) referem-se à desconcentração da indústria paulista, apropriadamente, como uma "desconcentração centralizada".

Conclusão

A economia e a sociedade brasileiras vêm passando por grandes transformações nos últimos anos, com significativos reflexos espaciais. A reestruturação produtiva alcançou também o Brasil a partir dos anos 90, o que tem contribuído para a continuidade de uma desconcentração da atividade e do emprego industrial a partir do estado de São Paulo – o que, de fato, no que se refere ao próprio estado de São Paulo, já vem ocorrendo há trinta anos. Ao lado disso, a própria urbanização, e de modo notável a metropolização, tem se desconcentrado no Brasil, de forma até bem mais difusa que a atividade industrial. Também o agravamento dos fatores de deseconomias de aglomeração nas grandes metrópoles tradicionais, sobretudo nas duas metrópoles nacionais, tem colaborado para uma diminuição da atratividade desses espaços para indivíduos e empresas, ao mesmo tempo que as novas tecnologias de comunicação e informação levam ao aumento da atratividade de cidades médias e pequenas, notadamente em algumas porções do Centro-Sul mais bem dotadas de infraestrutura. Em contraste, regiões inteiras, como a maior parte do Nordeste, ficam marginalizadas, perdendo importância relativa.

As metrópoles, especialmente as duas nacionais, cada vez mais se apresentam, de sua parte, como espaços problemáticos e tensos. Embora o papel do Rio de Janeiro enquanto centro de gestão do território continue expressivo, e o de São Paulo até venha crescendo em importância – ambas permanecem abrigando as sedes das principais empresas privadas e estatais –, as duas metrópoles nacionais cada vez mais se configuram como espaços marcados por grandes contrastes: ao lado da riqueza e da "modernidade", a pobreza e os conflitos. Mais do que um simples recrudescimento da segregação residencial, o que se passa em São Paulo e no Rio de Janeiro é, como se argumentou nas páginas precedentes, uma verdadeira *fragmentação do tecido sociopolítico-espacial*. Assim, tanto na escala metropolitana quanto nas escalas regional e nacional, o exame da organização espacial brasileira demonstra que, a despeito de uma crescente complexidade e de um afinamento com as tendências globais no que tange à (des)regulação da economia, as disparidades socioeconômico-espaciais não estão cedendo; pelo contrário.

O modelo explicativo da fragmentação do tecido sociopolítico-espacial é um aprofundamento necessário da discussão sobre a "involução metropolitana". Uma vez suplementado por uma análise da "suburbanização ampliada" e integrado à análise da desmetropolização, constitui-se em uma contribuição à elucidação da dinâmica socioespacial das metrópoles brasileiras e ao estudo de algumas das facetas mais importantes e preocupantes da urbanização brasileira nas décadas de 1980 e 1990. Além do mais, uma vez que as singularidades e particularidades locais, regionais e nacionais não eliminam várias e essenciais semelhanças entre as metrópoles dos diversos países (semi)periféricos, é lícito conjecturar que o quadro de referência teórico-conceitual embutido no presente estudo pode, ao menos parcialmente, revelar-se útil para a investigação dos processos de urbanização também em outros países. A desmetropolização relativa e o fenômeno associado da desconcentração industrial relativa têm sido estudados com seriedade por diversos autores, embora aprofundamentos se façam necessários. O esboço de "suburbanização ampliada", de sua parte, como já se disse na seção precedente, tem sido bastante ignorado. Quanto à fragmentação do tecido sociopolítico-espacial, ela tem sido, no fundo, muito pouco estudada, uma vez que não tem sido acompanhada na sua integralidade; ora são estudos que se concentram no tráfico de drogas de varejo e no que ocorre com as favelas (e mesmo estes são raros, ao menos com o rigor desejável e com um tratamento razoável da dimensão espacial), ora são trabalhos que examinam a proliferação de condomínios exclusivos ou *shopping centers*. Eis, sem dúvida, uma séria lacuna, até porque a referida fragmentação (termo que, a propósito, tem sido usado a torto e a direito, referindo-se a coisas distintas) possui nítidas especificidades nas cidades brasileiras, delas fazendo "observatórios" interessantíssimos.

A fragmentação do tecido sociopolítico-espacial não é, certamente, um privilégio absoluto das metrópoles brasileiras. A territorialização de partes do espaço urbano por gangues e quadrilhas e a formação de "cidadelas" exclusivistas e pretendidamente seguras para as elites são fenômenos conhecidos até no "Primeiro Mundo" (notadamente nos EUA), e situações que vão além da segregação, por envolverem uma forte dimensão de territorialização/desterritorialização, com a formação de enclaves ilegais ou cidadelas elitistas, se disseminam no "Terceiro Mundo", em contextos diferentes. A peculiaridade das nossas metrópoles, e que as torna um (triste) "paradigma" para o estudo desse fenômeno, reside no seguinte: 1) diversamente das cidades de países centrais onde, via de regra, também sob a influência do tráfico de drogas, processos de territorialização protagonizados por criminosos e tendo por palco, normalmente, espaços segregados, se desenrolam, nas cidades brasileiras o impacto do problema é muito maior, devido à maciça realimentação de parte de suas causas ou de condições de contexto (disparidades sociais crassas, escassez de perspectivas de ascensão social pela via do trabalho formal etc.) e, também, devido ao muitíssimo deficiente sistema de prevenção e repressão à criminalidade; 2) a magnitude dos dois fenômenos centrais do processo de fragmentação, a saber, a formação de enclaves ilegais e de cidadelas elitistas, é impressionante no caso brasileiro, especialmente por não se tratar de um quadro de guerra civil convencional ou de choques entre etnias rivais (como em cidades de outros continentes): não se está diante de "territorializações de baixa densidade" de ruas ou setores da cidade formal por parte de simples quadrilhas ou gangues, nas quais a polícia, apesar de tudo, entra sempre que necessário (como é típico de cidades dos EUA, por exemplo), mas do controle de centenas e centenas de espaços segregados por quadrilhas articuladas em rede ("comandos") e armadas até com armamento pesado, cada vez mais ousadas e que desafiam e confrontam a polícia.

Os desafios analíticos são grandes, e imensos são os desafios práticos rumo à superação dos problemas embutidos nas tendências das últimas décadas. A superação desses problemas demanda, certamente, esforços e medidas em escalas que vão da local à nacional, isso sem esquecer os poderosos condicionamentos impostos de fora para dentro do país. Uma missão muito difícil, obviamente, mas, com certeza, não impossível.

Bibliografia

ANDRADE, Thompson Almeida e SERRA, Rodrigo Valente. *O recente desempenho das cidades médias no crescimento populacional urbano brasileiro*. (Texto para discussão, n.554). Rio de Janeiro: IPEA, 1998.

ANTUNES, Ricardo. *Adeus ao trabalho. Ensaio sobre as metamorfoses e a centralidade do mundo do trabalho*. São Paulo e Campinas: Cortez/Editora da Unicamp, 1995.

BALTAR, Paulo Eduardo de Andrade; DEDECCA, Claudio e HENRIQUE, Wilnês. Mercado de trabalho e exclusão social no Brasil. In: OLIVEIRA, Carlos Alonso Barbosa de e MATTOSO, Jorge Eduardo Levi. (orgs.). *Crise e trabalho no Brasil. Modernidade ou volta ao passado?* São Paulo: Scritta, 2.ª ed., 1997.

CACCIAMALI, Maria Cristina e BEZERRA, Lindemberg de Lima. Produtividade e emprego industrial no Brasil. In: CARLEIAL, Liana e VALLE, Rogério. (orgs.). *Reestruturação produtiva e mercado de trabalho no Brasil*. São Paulo: Hucitec/ABET, 1997.

CANO, Wilson. Concentração e desconcentração econômica regional no Brasil: 1970/95. *Economia e Sociedade*, n.8, 101-141, 1997.

CASTELLS, Manuel. *The Informational City. Information Technology, Economic Restructuring, and the Urban--Regional Process*. Londres: Blackwell, 1989.

CORRÊA, Roberto Lobato. Metrópoles, corporações e espaço: Uma introdução ao caso brasileiro. In: CASTRO, Iná Elias de; GOMES, Paulo Cesar da Costa e CORRÊA, Roberto Lobato. (orgs.). *Brasil: questões atuais da reorganização do território*. Rio de Janeiro: Bertrand Brasil, 1996.

DEDECCA, Claudio. Racionalização econômica e heterogeneidade nas relações e nos mercados de trabalho no capitalismo avançado. In: OLIVEIRA, Carlos Alonso e MATTOSO, Jorge Eduardo. (orgs.). *Crise e trabalho no Brasil. Modernidade ou volta ao passado?* São Paulo: Scritta, 2.ª ed., 1997.

DINIZ, Clélio Campolina. Desenvolvimento poligonal no Brasil: Nem desconcentração, nem contínua polarização. *Nova Economia*, v.3, n.1, 35-65, 1993.

DINIZ, Clélio Campolina. *A dinâmica regional recente da economia brasileira e suas perspectivas*. (Texto para discussão, n.° 375). Rio de Janeiro: IPEA, 1995.

FRIEDMANN, John e WOLFF, Goetz. World city formation: An agenda for research and action. *International Journal of Urban and Regional Research*, v.6, n.3, 309-344, 1982.

FIORI, José Luís. *60 lições dos 90. Uma década de neoliberalismo*. Rio de Janeiro: Record, 2001.

GAEBE, Wolf. *Verdichtungsräume. Strukturen und Prozesse in weltweiten Vergleichen*. Stuttgart: B. G. Teubner, 1987.

IBGE. *Anuário estatístico do Brasil 1982*. Rio de Janeiro: IBGE, 1982.

IBGE. *Anuário estatístico do Brasil 1995*. Rio de Janeiro: IBGE, 1995.

IBGE. *Anuário estatístico do Brasil 1997*. Rio de Janeiro: IBGE, 1997.

IBGE. *Municípios: taxa média geométrica de incremento anual da população residente*. Dados coletados da *homepage* do IBGE (www.ibge.gov.br) em 22 de junho de 2001.

MARTINE, George. *Processos recentes de concentração e desconcentração urbana no Brasil: determinantes e implicações*. Brasília, *mimeo.*, 1992.

MARTINE, George e DINIZ, Clélio Campolina. Economic and demographic concentration in Brazil: Recent inversion of historical patterns. In: JONES, Gavin e VISARIA, Pravin. (orgs.). *Urbanization in large developing countries*. Oxford: Clarendon Press, 1997.

MARX, Karl. O 18 brumário de Luís Bonaparte. In: *O 18 brumário e cartas a Kugelmann*. Rio de Janeiro: Paz e Terra, 1978 [1852].

MARX, Karl. *O capital*. Rio de Janeiro: Civilização Brasileira, 1980 [1867].

MARX, Karl e ENGELS, Friedrich. Manifesto do Partido Comunista. In: MARX, Karl e ENGELS, Friedrich. *Obras escolhidas, tomo I*. Moscou e Lisboa: Progresso/"Avante!", 1982 [1848].

OLIVEIRA, Francisco de; COMIN, Alexandre; SARAIVA, Flávio Mesquita e LINO, Hélio Francisco Corrêa. Crise e concentração. Quem é quem na indústria paulista. In: OLIVEIRA, Francisco de. (org.). *Os direitos do antivalor. A economia política da hegemonia imperfeita*. Petrópolis: Vozes, 1998.

PERULLI, Paolo. *Atlas metropolitano. El cambio social en las grandes ciudades*. Madri: Alianza Editorial, 1995.

PORTUGAL, Marcelo e GARCIA, Lúcia. Notas sobre o desemprego estrutural no Brasil. In: CARLEIAL, Liana e VALLE, Rogério. (orgs.). *Reestruturação produtiva e mercado de trabalho no Brasil*. São Paulo: Hucitec/ ABET, 1997.

REDWOOD III, John. Reversión de polarización, ciudades secundarias y eficiencia en el desarrollo nacional: Una visión teórica aplicada al Brasil contemporáneo. *EURE*, v.XI, n.32, 35-56, 1984.

ROCHA, Sonia. Governabilidade e pobreza: O desafio dos números. In: VALLADARES, L. e COELHO, M. P. (orgs.). *Governabilidade e pobreza no Brasil*. Rio de Janeiro: Civilização Brasileira, 1995.

ROCHA, Sonia. Pobreza e desigualdades regionais: Caracterização recente e perspectivas. In: IPEA. *A economia brasileira em perspectiva – 1996, vol. 2*. Rio de Janeiro: IPEA, 1996.

ROCHA, Sonia. Crise, estabilização e pobreza – 1990 a 1995. *Conjuntura Econômica*, v.51, n.1, 22-25, 1997a.

ROCHA, Sonia. *Tendência evolutiva e características da pobreza no Rio de Janeiro*. (Textos para discussão, n.536). Rio de Janeiro, IPEA, 1997b.

SALM, Claudio; SABOia, João e CARVALHO, Paulo Gonzaga. Produtividade na indústria brasileira: Uma contribuição ao debate. In: CARLEIAL, Liana e VALLE, Rogério. (orgs.). *Reestruturação produtiva e mercado de trabalho no Brasil*. São Paulo: Hucitec/ABET, 1997.

SANTOS, Milton. *A urbanização brasileira*. São Paulo: Hucitec, 1993.

SASSEN, Saskia. *The global city. New York, London, Tokyo*. Princeton (NJ): Princeton University Press, 1991.

SENNETT, Richard. *O declínio do homem público. As tiranias da intimidade*. São Paulo: Companhia das Letras, 1989.

SOUZA, Marcelo Lopes de. O narcotráfico no Rio de Janeiro, sua territorialidade e a dialética entre "ordem" e "desordem". *Cadernos de Geociências* (IBGE), 161-171, 1995a.

SOUZA, Marcelo Lopes de. Die fragmentierte metropole. Der drogenhandel und seine territorialität in Rio de Janeiro. *Geographische Zeitschrift*, v. 83, n.3/4, 238-249, 1995b.

SOUZA, Marcelo Lopes de. As drogas e a "questão urbana" no Brasil. A dinâmica socioespacial nas cidades brasileiras sob a influência do tráfico de tóxicos. In: CASTRO, Iná Elias de; GOMES, Paulo Cesar da Costa e CORRÊA, Roberto Lobato. (orgs.). *Brasil: questões atuais da reorganização do território*. Rio de Janeiro: Bertrand Brasil, 1996.

SOUZA, Marcelo Lopes de. Exclusão social, fragmentação do tecido sociopolítico-espacial da cidade e "ingovernabilidade urbana". Ensaio a propósito do desafio de um "desenvolvimento sustentável" nas cidades brasileiras. In: SILVA, José Borzacchiello; COSTA, Maria Clélia Lustosa e DANTAS, Eustógio. (orgs.). *A cidade e o urbano – Temas para debates*. Fortaleza: Edições UFC, 1997.

SOUZA, Marcelo Lopes de. *O desafio metropolitano. Um estudo sobre a problemática socioespacial nas metrópoles brasileiras.* Rio de Janeiro: Bertrand Brasil, 2000.

Capítulo 3

Trabalho, Reestruturação Produtiva e os Desafios do Sindicalismo e dos Movimentos Sociais no Brasil

Ricardo Antunes

Introdução

O objetivo deste artigo é apresentar as principais mutações que vêm acontecendo no mundo do trabalho, no novo sindicalismo e nos movimentos sociais do Brasil recente, em decorrência especialmente das transformações que estão ocorrendo no capitalismo contemporâneo e que vêm afetando a indústria de base taylorista e fordista. Se essas mudanças atingiram os principais países capitalistas avançados desde os anos 70, dada a configuração global do sistema do capital, elas adquiriram no Brasil enorme intensidade, particularmente ao longo do anos 90, com a ascensão ao governo de Fernando Collor de Mello e, posteriormente, de Fernando Henrique Cardoso.

O texto será desenvolvido do seguinte modo: na primeira parte, apresentaremos as tendências mais gerais que têm marcado a reestruturação produtiva do capital, destacando as principais características desse processo. Sendo assim, focalizaremos as tendências mais gerais do chamado toyotismo ou modelo japonês, particularmente pelo impacto que vem tendo no capitalismo do Ocidente. Discorreremos também sobre as principais consequências desse modelo no mundo do trabalho.

Na segunda parte do artigo, mostraremos de que modo essas transformações vêm afetando o capitalismo brasileiro e mudando algumas das características básicas deste. Em seguida, faremos referência a como essas mutações econômicas, políticas e ideológicas vêm afetando o novo sindicalismo brasileiro, fazendo um paralelo entre as tendências existentes nos anos 80, quando surgiram a Central Única dos Trabalhadores (CUT) e o novo sindicalismo, e aquelas presenciadas nos anos 90.

Por fim, apresentaremos os principais desafios existentes para o novo sindicalismo brasileiro, bem como a importância que vem assumindo o Movimento dos Trabalhadores Sem-Terra (MST) para a retomada e o avanço das lutas sociais no Brasil.

Reestruturação produtiva global e mundo do trabalho

O capitalismo contemporâneo, com a configuração que vem assumindo nas últimas décadas, acentuou sua lógica destrutiva, na qual se desenham algumas de suas tendências, que têm afetado fortemente o mundo do trabalho. O padrão de acumulação capitalista, estruturado sob o binômio taylorismo/fordismo, vem sendo crescentemente alterado, mesclado ou mesmo substituído pelas formas produtivas flexibilizadas e desregulamentadas, das quais a chamada acumulação flexível e o modelo japonês ou toyotismo são exemplos.

De maneira sintética, entendemos o binômio fordismo/taylorismo como sendo expressão do sistema produtivo – e seu respectivo processo de trabalho – que dominou a grande indústria ao longo de boa parte do século XX, fundado na produção em massa e responsável por uma produção mais homogeneizada. Esse binômio caracterizou-se pela *mescla* da *produção em série fordista* com o *cronômetro taylorista,* além de fundar-se no trabalho parcelar e fragmentado, com uma linha demarcatória nítida entre *elaboração* e *execução*. Desse processo produtivo e de trabalho fundamentado na grande indústria concentrada e verticalizada, desenvolveu-se o *operário-massa,* o trabalhador coletivo das grandes empresas fortemente hierarquizadas.

Do mesmo modo, o *welfare state*, que deu sustentação ao modelo social-democrático, em vários países centrais, vem também sendo questionado pela desregulamentação neoliberal, privatizante e antissocial. Tendo na reestruturação produtiva do capital a sua base material, o projeto neoliberal assumiu formas singulares e fez com que diversos países capitalistas reorganizassem seu mundo produtivo, procurando combinar elementos do ideário neoliberal e dimensões da reestruturação produtiva do capital. Cada vez mais próxima da agenda neoliberal, diversos governos social-democratas do Ocidente têm dado enormes exemplos de compatibilização com esse projeto e mesmo de defesa dele.

Foi nesse contexto que o processo de expansão capitalista do Japão, em curso naquele país desde o pós-45, emergiu com força no mundo ocidental, mostrando-se, a partir dos anos 70, como uma tentativa de recuperação *capitalista* da *crise estrutural do capital* que se desenhava naquele período. Tendo sido responsável por uma retomada vigorosa do capitalismo no Japão, o toyotismo apresentava-se como o mais estruturado receituário produtivo oferecido pelo capital, como um possível remédio para a crise. O também chamado "modelo japonês" pode ser entendido, resumidamente, como uma forma de organização do trabalho que nasce a partir da fábrica Toyota, no Japão, no pós-guerra, e se diferencia do fordismo basicamente nos seguintes traços:

1) é uma forma de produção muito vinculada à demanda;

2) é variada e bastante heterogênea;

3) fundamenta-se no trabalho operário em equipe, com multivariedade de funções;

4) tem como princípio o *just in time*, o melhor aproveitamento possível do tempo de produção, e funciona segundo o sistema de *kanban,* placas ou senhas de comando para reposição de peças e de estoque, que devem ser mínimos. Enquanto na fábrica fordista cerca de 75% era produzido no seu interior, na fábrica toyotista somente cerca de 25% é produzido internamente. Ela *horizontaliza* o processo produtivo e transfere a "terceiros" grande parte do que anteriormente era produzido dentro dela (ver Antunes, 1995; Coriat, 1992; Gounet, 1991; Hirata, 1993).

A falácia de "qualidade total" passa a ter papel de relevo no processo produtivo. Os Círculos de Controle de Qualidade proliferaram, constituindo-se enquanto grupos de trabalhadores que são incentivados pelo capital para discutir o trabalho e o desempenho, com vistas a melhorar a produtividade da empresa. Em verdade, é a nova forma da qual o capital se utiliza para apropriar-se do *savoir faire* do trabalho. O *despotismo taylorista* torna-se, então, mesclado com a *manipulação* do trabalho, com o "envolvimento" dos trabalhadores, *através de um processo ainda mais profundo de interiorização do trabalho alienado* (*estranhado*). O operário deve pensar e fazer *pelo* e *para* o capital, o que aprofunda (ao invés de abrandar) a subordinação do trabalho ao capital. No Ocidente, os CCQs têm variado quanto à sua implementação, dependendo das especificidades e singularidades dos países em que são implementados.

Essa *via particular de desenvolvimento do capitalismo contemporâneo japonês* mostrou-se, para o Ocidente, como uma alternativa possível de ser incorporada pelo capital, com *mais* ou *menos* modificações em relação ao projeto original. E foi com base em vários experimentos do capital, da via japonesa à experiência dos EUA (Califórnia), da experiência do Norte da Itália à sueca, entre tantas outras, mas tendo o toyotismo como o seu projeto mais ousado, que o capital redesenhou seu processo produtivo (ver Amin, 1996; Harvey, 1989; Murray, 1983). Pelos próprios objetivos que conduzem essas tendências, que, em verdade, constituíam-se em respostas do capital à sua própria *crise estrutural*, de efeito depressivo contínuo e aprofundado, acentuam-se os elementos destrutivos que presidem a sua lógica. Quanto mais aumentam a competitividade e a concorrência intercapitalista, mais nefastas são suas consequências, das quais, como acima dissemos, duas manifestações são particularmente virulentas e graves: a destruição e/ou precarização, sem paralelos em toda a era moderna, da força humana que trabalha – de que o *desemprego estrutural* é o maior exemplo – e a degradação crescente, que destrói o meio ambiente, na relação metabólica entre homem e natureza, conduzida pela lógica societal voltada prioritariamente para a produção de mercadorias e para o processo de valorização do capital (conforme Mészáros, 1995; Chesnais, 1994; Kurz, 1992).

Trata-se, portanto, de uma aguda destrutividade, que é a expressão mais profunda da crise estrutural que assola a (des)sociabilização contemporânea: destrói-se força humana que trabalha; destroçam-se os direitos sociais; brutalizam-se enormes contingentes de homens e mulheres que vivem do trabalho; torna-se predatória a relação produção/natureza, criando-se uma monumental "sociedade do descartável", que joga fora tudo que serviu como "embalagem" para as mercadorias e o seu sistema, mantendo-se, entretanto, o circuito reprodutivo do capital.

Nesse cenário, caracterizado por um tripé que domina o mundo (com os EUA e o seu Nafta, ainda claramente hegemônicos econômica, política e ideologicamente, mas tendo próximos a Alemanha, que lidera a Europa unificada, e o Japão, à frente dos demais países asiáticos), quanto mais um dos polos da tríade se fortalece, mais os outros se ressentem e se debilitam. Veja-se, por exemplo, a atual crise norte-americana que se intensifica e cujo potencial de propagação é imprevisível.

No embate cotidiano que esses países empreendem para se expandir pelas partes do mundo que lhes interessam e também para coadministrar as situações mais explosivas, em suma, para disputar e, ao mesmo tempo, gerenciar as crises, acabam por acarretar ainda mais destruição e precarização. A América Latina se "integra" à chamada mundialização, destruindo-se socialmente. Da Argentina ao México, passando pela Colômbia e o Peru, os níveis de indigência social falam por si sós. Na Ásia, a enorme expansão se dá à custa de uma brutal superexploração do trabalho, de que a greve dos trabalhadores metalúrgicos da Coreia do Sul em 1997 é uma firme denúncia. Superexploração que atinge também profundamente mulheres e crianças.

O que dizer de uma forma de sociabilidade que desemprega ou precariza *algo em torno de um terço da força humana mundial que trabalha*? Isso porque o capital é incapaz de realizar sua autovalorização sem utilizar-se do trabalho humano. Pode *diminuir* o trabalho vivo, mas não *eliminá-lo*; pode precarizá-lo e desempregar parcelas imensas, mas não pode extingui-lo.

Essa realidade, cujos problemas mais agudos aqui somente indicamos, teve consequências enormes no mundo do trabalho. Podemos aqui tão-somente indicar as mais importantes:

1) diminuição do operariado manual, fabril, "estável", típico do binômio taylorismo/fordismo e da fase de expansão da indústria verticalizada e concentrada;
2) aumento acentuado do *novo proletariado*, das inúmeras formas de *subproletarização ou precarização do trabalho,* decorrentes da expansão do trabalho parcial, temporário, subcontratado, terceirizado, *e que se tem intensificado em escala mundial, tanto nos países do Terceiro Mundo, como também nos países centrais*;
3) aumento expressivo do trabalho feminino no interior da classe trabalhadora, também em escala mundial, aumento esse que tem suprido principalmente (ainda que a ele não se restrinja) o espaço do trabalho precarizado, subcontratado, terceirizado, *part-time* etc.;
4) enorme expansão dos assalariados médios, especialmente no "setor de serviços" (inicialmente aumentaram em ampla escala, mas vêm presenciando também níveis de desemprego tecnológico);
5) exclusão dos trabalhadores jovens e dos idosos (segundo a definição do capital, em torno de 40 anos) do mercado de trabalho dos países centrais;
6) intensificação e superexploração do trabalho, com a utilização brutalizada do trabalho dos imigrantes, além da expansão dos níveis de trabalho infantil, sob condições criminosas, em várias partes do mundo, como Ásia, América Latina etc.;
7) em níveis explosivos, um processo de *desemprego estrutural* que, se somado ao trabalho precarizado, *part-time*, temporário etc., atinge cerca de 1 bilhão de trabalhadores, algo em torno de um/terço da forma humana mundial que trabalha;
8) uma expansão do que Marx chamou de *trabalho social combinado* (Marx, 1994), no qual trabalhadores de diversas partes do mundo participam do processo de produção e de serviços, o que, é evidente, não caminha no sentido da eliminação da classe trabalhadora, mas da sua complexificação, utilização e intensificação de maneira ainda mais diversificada, acentuada e precarizada. Portanto a classe trabalhadora *fragmentou-se, heterogeneizou-se e complexificou-se* ainda mais (ver Antunes, 1995 e 1999; Beynon, 1995; Bihr, 1991).

Essas consequências no interior do mundo do trabalho evidenciam que, no capitalismo, não se constata o fim do *trabalho* como medida de *valor*, mas uma mudança *qualitativa,* dada, *por um lado*, pelo peso crescente da sua dimensão mais qualificada, do trabalho multifuncional, do operário apto a operar com máquinas informatizadas, da *objetivação de atividades cerebrais* (Lojkine, 1992) e, por outro lado, pela *intensificação* levada ao limite das formas de exploração do trabalho, presentes e em expansão no *novo proletariado*, no *subproletariado industrial e de serviços*, na grande quantidade de trabalhadores que são explorados crescentemente pelo capital, não só nos países subordinados, mas no próprio coração do sistema capitalista. Tem-se, portanto, uma crescente *capacidade de trabalho socialmente combinada,* que se converte no *agente real* do processo de trabalho total, o que torna, ainda segundo Marx, absolutamente *indiferente* o fato de que a função de um ou outro trabalhador seja mais próxima ou mais distante do trabalho manual direto (Marx, 1994). Ao invés do fim do *valor-trabalho*, pode-se constatar uma inter-relação acentuada das formas de extração de mais-valia *relativa* e *absoluta,* entre formas *trabalho produtivo* e *improdutivo*, entre trabalho *material* e *imaterial*, que se realizam em escala ampliada e mundializada (Antunes, 1999).

Esses elementos – aqui somente indicados em suas tendências mais genéricas –, não é demais repetir, não possibilitam conferir estatuto de validade às teses sobre o *fim do trabalho* sob o *modo de produção capitalista*, o que se evidencia ainda mais quando se constata que dois terços da força de trabalho encontram-se dentro dos países do chamado Terceiro Mundo, onde as tendências anteriormente apontadas têm inclusive um ritmo bastante *particularizado* e *diferenciado*. Restringir-se à Alemanha ou à França e, a partir daí, fazer *generalizações* e *universalizações* sobre o *fim do trabalho* ou da *classe trabalhadora*, desconsiderando o que se passa em países como Índia, China, Brasil, México, Coreia do Sul, Rússia, Argentina etc., para não falar do Japão, configura-se como um equívoco de grande significado. Vale acrescentar que a tese do fim da classe trabalhadora, mesmo quando restrita aos países centrais, é, em nossa opinião, desprovida de fundamentação, tanto empírica quanto analítica. Uma noção *ampliada* de trabalho, que leve em conta o caráter multifacetado deste, é forte exemplo dessa evidência (ver Antunes, 1999).

Isso sem mencionar que a eliminação do trabalho e a generalização dessa tendência sob o capitalismo contemporâneo – nele incluído o enorme contingente de trabalhadores do Terceiro Mundo – suporia a destruição da própria *economia de mercado*, pela incapacidade de integralização do processo de acumulação de capital, uma vez que os robôs não poderiam participar do mercado como consumidores. A simples sobrevivência da economia capitalista estaria comprometida, sem falar em tantas outras consequências sociais e políticas explosivas que adviriam dessa situação. Tudo isso evidencia que é um equívoco pensar no *desaparecimento* ou *fim* do *trabalho enquanto perdurar a sociedade capitalista produtora de mercadorias e* – o que é fundamental – também não é possível prever nenhuma possibilidade de eliminação da *classe trabalhadora*, *enquanto forem vigentes os pilares constitutivos do modo de produção do capital.* A imprescindível eliminação do trabalho assalariado, do trabalho fetichizado e estranhado (alienado) e a criação dos *indivíduos livremente associados* está, portanto, indissoluvelmente vinculada à necessidade de eliminar *integralmente* o capital e o seu *sistema de metabolismo social* (Mészáros, 1995) em todas as suas formas. Isso, entretanto, não deve impedir um estudo cuidadoso da classe trabalhadora hoje, de suas principais metamorfoses.

Dimensões da reestruturação produtiva no Brasil

Quando se reflete sobre as transformações vivenciadas no mundo do da produção e do trabalho nos países centrais e sobre as repercussões dessas transformações no Brasil, é preciso fazer as devidas mediações. Participamos de um contexto econômico, social, político e cultural que tem traços universais do capitalismo globalizado e mundializado, mas que tem singularidades que, uma vez apreendidas, possibilitam resgatar aquilo que é *típico* dessa parte do mundo e, desse modo, reter a sua particularidade. Trata-se, portanto, de uma *globalidade desigualmente combinada*, que não deve permitir uma identificação acrítica ou epifenomênica entre o que ocorre no centro e nos países subordinados.

O capitalismo brasileiro, particularmente seu padrão de acumulação industrial desenvolvido desde meados da década de 1950 e intensificado no período posterior ao golpe de 1964, tem uma estrutura produtiva *bi-fronte* na qual, de um lado, estrutura-se a produção de bens de consumo duráveis, como automóveis, eletrodomésticos etc., para um mercado interno *restrito e seletivo*, composto pelas classes dominantes e parcela significativa das classes médias, especialmente seus estratos mais altos; de outro lado, tem-se a produção para exportação, não só de produtos primários, mas também de produtos industrializados de consumo. O rebaixamento crescente dos salários dos trabalhadores possibilitou níveis de acumulação que atraíram fortemente o capital monopolista. Desse modo, a expansão capitalista industrial sustentou-se (e ainda se sustenta) num processo de *superexploração do trabalho, dado pela articulação de baixos salários, uma jornada de trabalho prolongada e de fortíssima intensidade, dentro de um padrão industrial significativo para um país subordinado*. Esse padrão de acumulação desenvolveu-se com muita força, especialmente ao longo das décadas de 1950 a 1970 (Antunes, 1995a).

Durante os anos 80, esse processo começou a sofrer as *primeiras* mudanças. Em seus traços básicos o padrão de acumulação e seu "modelo econômico" permaneceram os mesmos, mas foi possível presenciar algumas mutações *organizacionais e tecnológicas* no interior do processo produtivo e de serviços, *ainda que evidentemente num ritmo muito mais lento do que aquele experimentado pelos países centrais*. Isso porque, até então, o país ainda estava relativamente *distante* do processo de reestruturação produtiva do capital e do projeto neoliberal, em curso acentuado nos países capitalistas centrais (ver Castro, 1995; Teixeira e Oliveira, 1996; Ramalho e Martins, 1994).

Foi, portanto, nessa década que ocorreram os primeiros impulsos do processo de reestruturação produtiva no Brasil, ainda incipientes, levando as empresas a adotarem, inicialmente de modo restrito, novos padrões organizacionais e tecnológicos. Houve alteração também no padrão de gestão da força de trabalho na indústria brasileira, principalmente no complexo automotivo. Observou-se a introdução dos primeiros robôs, do sistema *just-in-time*, da produção baseada em *team work*, nos programas de qualidade total, ampliando também o processo de difusão da microeletrônica. Deu-se o início, ainda também preliminar, dos métodos denominados "participativos", mecanismos que procuram o "envolvimento" dos trabalhadores nos planos das empresas (ver Alves, 2000 e Gitahy e Rabelo, 1991).

Dentre as principais causas do processo de reestruturação produtiva no Brasil é possível elencar alguns elementos básicos:

1) a necessidade das empresas brasileiras em inserirem-se na "competitividade internacional";

2) as ações das empresas transnacionais que levaram à adoção, por parte de suas subsidiárias no Brasil, de novos padrões organizacionais e tecnológicos, em alguma medida inspirados no toyotismo e nas formas flexibilizadas de acumulação;

3) a necessidade das empresas nacionais responderem ao avanço do *novo sindicalismo*, que procurava estruturar-se mais fortemente nos locais de trabalho (Alves, 2000 e Carvalho e Schmitz, 1990).

Inicialmente, nos primeiros anos da década de 1980, ante o momento crítico da economia brasileira, a reestruturação produtiva caracterizou-se, principalmente, pela redução de custos através da redução da força de trabalho, particularmente nos setores automobilístico e o de autopeças, têxtil e bancário. A retração dos investimentos, dada a fase recessiva entre 1980/3, retardou a introdução de novas tecnologias microeletrônicas, o que veio a ocorrer, ainda de modo restrito, a partir de meados de 80 (Alves, 2000).

De modo sintético pode-se dizer que a necessidade de elevação da produtividade ocorreu através de reorganização da produção, redução do número de trabalhadores, intensificação da jornada de trabalho dos empregados, surgimento dos CCQ's (Círculos de Controle de Qualidade) e dos sistemas de produção *just-in-time* e *kan-ban,* dentre os principais elementos. Entretanto, é interessante lembrar que, apesar do caráter tardio da reestruturação produtiva, o Brasil era, em 1982, o segundo país do mundo em número de CCQ's, abaixo somente do Japão.

Foi a partir de 1985, com a recuperação parcial da economia brasileira, que se ampliaram as inovações tecnológicas, através da introdução da automação industrial de base microeletrônica nos setores metal-mecânico, automobilístico, petroquímico e siderúrgico. No setor automobilístico pode-se verificar a instalação de novas linhas, destinadas à produção de novos veículos, que coexistiam com as antigas linhas de montagem, configurando um grau relativamente elevado de heterogeneidade tecnológica no interior das empresas, que será uma marca da reestruturação produtiva no Brasil (Alves, 2000 e Previtalli, 2002).

Foi nos anos 90, entretanto, que a reestruturação produtiva do capital desenvolveu-se fortemente em nosso país. Foram introduzidos, em maior intensidade e amplitude, elementos do chamado "toyotismo" e da empresa flexível, da *lean production*, do sistema *just-in-time-kanban*, do processo de qualidade total, ampliaram-se enormemente as formas de subcontratação e de terceirização da força de trabalho. Do mesmo modo verificou-se um processo de descentralização produtiva, caracterizada pela relocalização industrial. Empresas consideradas "tradicionais", tais como a indústria de calçados ou a indústria têxtil, sob a alegação da concorrência frente aos produtos similares importados da China e do Sudeste Asiático, iniciaram um movimento de mudanças geográfico-espaciais. Várias fábricas de calçados transferiram-se da região de Franca, no interior do estado de São Paulo, ou da região do Vale dos Sinos, no estado do Rio Grande do Sul, para se instalarem nos estados do Ceará e da Bahia, na Região Nordeste do país. Do mesmo modo, indústrias consideradas "modernas", do ramo metal-mecânico, ou do ramo eletrônico, transferiram-se da Região da Grande São Paulo para áreas do interior paulista, tais como Rio Claro ou São Carlos, ou deslocaram-se para outras áreas do país, como o interior do Rio de Janeiro – tais como Resende, ou o interior de Minas Gerais, como Juiz de Fora, ou ainda para estados como Paraná, Bahia, Rio Grande do Sul etc. (Alves, 2000).

Ainda nesta mesma década, no contexto da desregulamentação do comércio mundial, a indústria automobilística brasileira foi submetida a mudanças no regime de proteção alfandegária, sendo reduzidas as tarifas de importação de veículos, que passaram de 80% em 1990 para 35% em 1994, e no setor de autopeças houve a redução de cerca de 60% para 20% (Previtalli, 1996).

Desde então as montadoras vêm intensificando o processo de reestruturação produtiva através das inovações tecnológicas, envolvendo mudança de *lay-out*, introdução de robôs e sistemas CAD/CAM, bem como das mudanças organizacionais, envolvendo desverticalização e redução de níveis hierárquicos, implantação de novas fábricas de tamanho reduzido e estruturadas com base em células produtivas, *team work* etc. As unidades produtivas mais antigas da Volkswagem, Ford e da Mercedes-Benz, situadas no ABC paulista, também desenvolveram um forte programa de reestruturação acima referido, visando adequarem-se aos novos níveis produtivos e tecnológicos (Previtalli, 1996 e 2002).

Particularmente com o Plano de Estabilização Econômica, denominado Plano Real, a partir de 1994, sob o governo Fernando Henrique Cardoso, os programas de qualidade total, o sistema *just-in-time* e *kan-ban,* bem como a introdução de ganhos salários vinculados à lucratividade e à produtividade das empresas, encontraram um quadro macroeconômico propício para o desenvolvimento da reestruturação produtiva. Se inicialmente as mutações tecnológicas foram restritas e setoriais, a partir de meados da década ampliou-se a utilização da automação microeletrônica na produção no Brasil, e os gastos com automação passaram de 16,1%, no período de 1987/89, para 25% em 1993 (Alves, 2000).

Portanto, se o processo de reestruturação produtiva no Brasil, durante os anos 80, teve uma tendência limitada e seletiva, partir da década de 1990 ele ampliou-se bastante, tanto no universo técnico, quanto organizacional (Alves, 2000).

O setor financeiro também presenciou intensos impactos em seu processo de reestruturação. Os trabalhadores bancários foram fortemente atingidos pelas mudanças do seu trabalho, fundamentadas, principalmente, nas tecnologias de base microeletrônica e em inovações organizacionais e gerenciais. Estas novas políticas gerenciais foram instituídas nos bancos, principalmente, através de seus programas de 'qualidade total' e de 'remuneração variável'. A concessão de prêmios de produtividade aos bancários que superam as metas de produção estabelecidas; o desenvolvimento de um eficiente e sofisticado sistema de comunicação empresa-trabalhador bancário – através de jornais, revistas ou vídeos de ampla circulação nos ambientes de trabalho –; a criação de grupos para 'melhoria da qualidade' nos locais de trabalho, bem como a generalização do trabalho em equipe, vêm sendo crescentemente utilizados e se constituem nos principais mecanismos que visam ao aumento da produtividade do trabalho e à "adesão" dos bancários às estratégias de autovalorização do capital reproduzidas nas instituições financeiras (Jinkings, 1995 e 2002 e Segnini, 1998).

As práticas flexíveis de contratação da força de trabalho nas instituições financeiras, através da terceirização, da contratação de trabalhadores por tarefas ou em tempo parcial, vêm acarretando mais precarização dos empregos e dos salários, maior desregulamentação das condições de trabalho e perda de direitos sociais para os empregados terceirizados. Do ponto de vista do capital financeiro, essas formas de contratação permitem às empresas ganhos enormes de lucratividade, ao mesmo tempo que atingem fortemente a capacidade de resistência dos bancários, fragmentando e dificultando sua organização sindical. Apoiados no desenvolvimento tecnológico, os programas de ajustes organizacionais reduzem ao máximo a estrutura administrativa e os quadros funcionais das instituições financeiras. Vão sendo desativados ou drasticamente reduzidos grandes centros de computação, serviços e compensação de cheques, ao mesmo tempo que setores inteiros são extintos nas agências bancárias e centrais administrativas. Enquanto crescem em poderio econômico os grandes conglomerados financeiros privados, o número de bancários no país reduziu-se de aproximadamente 800 mil no final dos anos 80 para cerca de 410 mil em 2000 (Jinkings, 2002).

Em relação à divisão sexual do trabalho, à medida que se desenvolviam os processos de automatização e flexibilização do trabalho bancário, ocorreu paralelamente um movimento de feminização da categoria bancária. Entretanto, não se verificou uma igualdade de condições quanto à carreira e salário entre homens e mulheres nos bancos. Uma série de mecanismos sociais de discriminação – reproduzidos e intensificados nos ambientes de trabalho – estabelecem relações de dominação e de exploração mais duras sobre o trabalho feminino, que vão se traduzindo em desigualdades e segmentações entre gêneros (Segnini , 1998 e Jinkings, 2002).

As mudanças apontadas nas características pessoais e profissionais dos bancários são expressões da reestruturação produtiva em curso e de seus movimentos de tecnificação e racionalização do trabalho. Visando adequar sua força de trabalho às modalidades atuais do processo produtivo, as instituições financeiras exigem uma 'nova qualificação' para os trabalhadores do setor. Num contexto de crescente desemprego e de aumento de formas precárias de contratação, os assalariados bancários são compelidos a desenvolver uma formação geral e polivalente na tentativa de manter seu vínculo de trabalho e ascender na carreira bancária. Sob uma conjuntura de crescente desemprego e de difusão de formas precárias de contratação, que excluem enorme parcela de trabalhadores do mercado de trabalho formal, os bancários sujeitam-se à sobrecarga de tarefas e a jornadas de trabalho extenuantes. Agravaram-se os problemas de saúde destes trabalhadores nas últimas décadas e observou-se também um aumento sem precedentes das Lesões por Esforços Repetitivos – LER, que reduzem a força muscular e comprometem os movimentos daqueles que são portadores da doença. Em contrapartida, os programas de 'qualidade total' e de 'remuneração variável', amplamente difundidos no setor, recriam estratégias de dominação do trabalho que procuram obscurecer a relação capital e trabalho. Os trabalhadores bancários são considerados como "parceiros", 'sócios", "colaboradores" do bancos e das instituições financeiras (ver Jinkings, 2002).

Esse processo de reestruturação produtiva, que exemplificamos acima através dos setores automobilístico e bancário, alterou a estrutura de empregos no Brasil. Se durante a década de 1970, segundo Pochmann (2000), no auge da expansão do emprego industrial, o Brasil chegou a possuir cerca de 20% do total dos empregos na indústria de transformação, 20 anos depois, na década de 1990, a indústria de transformação absorvia menos de 13% do total da ocupação nacional. O Brasil, a partir de 1990, como resultado do processo de reconversão econômica, registrou, ainda segundo Pochmann, novas tendências nas ocupações profissionais. Com "a mudança da dinâmica industrial voltada para o mercado interno para a motivação dependente de maior inserção competitiva externa, a economia nacional começou a conviver, pela primeira desde os anos 30, com perda absoluta e relativa de postos de trabalho na indústria de manufatura. Entre as décadas de 1980 e 1990, por exemplo, a economia brasileira perdeu próximo a 1,5 milhão de empregos no setor de manufatura" (Pochmann, 2000).

Paralelamente à retração do emprego industrial, entre as décadas de 1970 e 1990, os serviços aumentaram, em média, 50%, sua participação relativa na estrutura ocupacional, sendo em boa medida direcionadas para o setor informal, que incorporou parcelas expressivas de trabalhadores sobretudo no comércio, comunicações e transportes. Ainda segundo o autor: "Na década de 1990, os serviços passaram a absorver mais postos de trabalho, sem compensar, entretanto, a destruição dos empregos verificada tanto no campo quanto na indústria. Atualmente, o aumento do desemprego aberto reflete justamente a incapacidade de a economia brasileira gerar expressivos postos de trabalho, não obstante o setor de serviços continuar absorvendo uma parte dos trabalhadores que anualmente ingressam no mercado de trabalho ou que são demitidos dos setores industrial e agro-pecuário (Pochmann, 2000).

Para que se tenha uma visão comparativa com o volume de desemprego mundial, o Brasil, em 1999, estava em terceiro lugar em volume de desemprego aberto, representando 5,61% do total do desemprego global, e sua população economicamente ativa (PEA) representava 3,12% da PEA mundial. Em 1986, o Brasil estava em 13º lugar no desemprego global, representando 2,75% da PEA global e 1,68% do desemprego mundial (Pochmann, 2000).

Portanto, a partir dos anos 90, esse processo intensificou-se sobremaneira, o que permite supor que o estágio atual é mais expressivo, de modo que os impactos, mais recentes, são muito significativos: combinam-se processos de enorme enxugamento da força de trabalho, com mutações no processo produtivo. A flexibilização e desregulamentação, as novas formas de gestão da força de trabalho estão presentes em grande intensidade, indicando que o fordismo *ainda dominante* também aqui mescla-se com novos processos produtivos. Se é verdade que a baixa remuneração da força de trabalho – que sempre se caracterizou como elemento de atração para o fluxo de capital externo produtivo em nosso país – pode se constituir, em alguns ramos produtivos, como elemento que pode obstaculizar em parte o avanço tecnológico capitalista, do mesmo modo a combinação obtida pela *superexploração da força de trabalho, com alguns padrões produtivos mais avançados*, constitui-se em elemento central para essa inversão de capitais. Em verdade, para os capitais produtivos, interessa a *confluência de força de trabalho "qualificada" e preparada para operar com os equipamentos microeletrônicos, sub-remuneração intensificada e condições plenas de precarização da força de trabalho*. Os países asiáticos de industrialização recente são exemplares. Esse quadro faz com que países como o Brasil vivam momentos de redefinição junto à divisão internacional do trabalho e, por certo, com que se observem consequências fortes em nosso movimento sindical.

As respostas do novo sindicalismo e dos movimentos sociais

Nos anos 80, o sindicalismo brasileiro viveu um momento particularmente positivo. Houve um enorme movimento grevista, desencadeado pelos mais variados segmentos de trabalhadores, como operários metalúrgicos, assalariados rurais (denominados "boias-frias"), funcionários públicos, diversos setores assalariados médios etc. Houve ainda greves *gerais por categoria* (como as dos bancários, em 1995), greves *com ocupação de fábricas* (como a da General Motors em S. José dos Campos, em 1985, e a da Companhia Siderúrgica Nacional em Volta Redonda, em 1989), inúmeras greves *por empresas* até a eclosão de *greves gerais nacionais,* como a de março de 1989, que atingiu cerca de 35 milhões de trabalhadores, das maiores já ocorridas na história do país. No ano de 1987, por exemplo, houve um total de 2.259 greves, e em 1988 houve 63,5 milhões de jornadas de trabalho paralisadas (ver Antunes, 1994; 1995a).

Deu-se uma expressiva expansão do sindicalismo dos assalariados médios e de serviços, como bancários, professores, médicos, funcionários públicos etc. Esse tipo de assalariado cresceu significativamente durante esse período. Em fins de 80 havia 9.833 sindicatos no Brasil, atingindo, em meados dos anos 90, a casa dos 15.972 sindicatos (sindicatos urbanos e rurais, patronais e de trabalhadores). Os sindicatos urbanos somavam 10.779. Houve também um aumento expressivo do número de sindicatos de trabalhadores assalariados médios: em 1996 havia 1.335 sindicatos de servidores públicos, 461 sindicatos vinculados aos chamados "profissionais liberais" e 572 vinculados a trabalhadores autônomos (dados do Ministério do Trabalho do Brasil, 1996). Deu-se continuidade ao avanço do sindicalismo rural, em ascensão desde os anos 70, permitindo uma reestruturação organizacional dos trabalhadores do campo e, posteriormente, o nascimento do Movimento dos Trabalhadores Sem-Terra (MST). No ano de 1996, existiam 5.193 sindicatos rurais, dos quais 3.098 eram de trabalhadores (dados do Ministério do Trabalho do Brasil, 1996).

Na década de 1980, deu-se também o nascimento das centrais sindicais, como a Central Única dos Trabalhadores (CUT), fundada em 1983, baseada num sindicalismo de classe, autônomo e independente do Estado e que resultou da fusão entre o *novo sindicalismo*, nascido no *interior* da estrutura sindical oficial (do qual o Sindicato dos Metalúrgicos de São Bernardo é exemplo) e o movimento das *oposições sindicais*, que atuavam *fora* da estrutura sindical (como o Movimento de Oposição Metalúrgica de São Paulo (MOSP) e a Oposição Metalúrgica de Campinas). Procurou-se, ainda que de maneira insuficiente, avançar nas tentativas de organização nos locais de trabalho – debilidade crônica do nosso movimento sindical, desde a fase do "getulismo" –, através da criação de inúmeras comissões de fábricas, efetivando-se também um avanço significativo na luta pela autonomia e liberdade dos sindicatos em relação ao Estado.

Esses pontos acima mencionados nos possibilitam afirmar que houve um real avanço do *novo sindicalismo* nos anos 80. Enquanto naquela década o sindicalismo brasileiro caminhou em boa medida no *contrafluxo* das tendências críticas presentes no sindicalismo dos países capitalistas avançados, no final da década, entretanto, começavam a despontar as tendências econômicas, políticas e ideológicas que foram responsáveis, nos anos 90, pela inserção do sindicalismo brasileiro na onda regressiva. As mutações no processo produtivo e na reestruturação das empresas, bem como na gestão e no controle da força de trabalho, desenvolvidas *dentro de um quadro muitas vezes recessivo*, deslanchavam um processo de desproletarização de importantes contingentes operários e particularmente de precarização ainda mais intensificada da força de trabalho, de que a indústria automobilística é um exemplo forte. Enquanto no ABC Paulista existiam, em fins da década de 1980, aproximadamente 200.000 metalúrgicos, esse contingente diminuiu para cerca de 100.000 no final dos anos 90. Na região industrial de Campinas, no estado de São Paulo, em fins da década de 1980 trabalhavam aproximadamente 70.000 operários industriais e, dez anos depois, esse contigente reduziu-se para cerca de 36.000 operários metalúrgicos. Também expressiva tem sido a redução dos trabalhadores bancários, em função do ajuste dos bancos e do incremento tecnológico: enquanto em 1989 existiam mais de 800.000 bancários, em 1999 havia cerca de 500.000 (dados obtidos junto aos respectivos sindicatos).

Essa nova realidade arrefeceu e tornou mais defensivo o *novo sindicalismo*, que se encontrava, de um lado, diante da emergência de um sindicalismo neoliberal, expressão da *nova direita*, sintonizada com a onda mundial conservadora, de que a Força Sindical (central sindical criada em 1991) é o melhor exemplo e, de outro, ante a inflexão que vinha ocorrendo no interior da CUT, que lhe dificultava enormemente o avanço qualitativo, capaz de fazê-la transitar de um período de resistência, como nos anos iniciais do *novo sindicalismo*, para um momento superior, de *elaboração de propostas econômicas alternativas, contrárias ao padrão de desenvolvimento capitalista aqui existente*, que pudessem contemplar prioritariamente o amplo conjunto que compreende nossa classe trabalhadora. Nesse caso, além da combatividade anterior, era necessária a articulação de uma análise aguda da realidade brasileira com uma perspectiva crítica e anticapitalista, de nítidos contornos socialistas (existente nos anos iniciais da CUT), de modo a dotar o novo sindicalismo dos elementos necessários para resistir aos influxos externos, à avalanche do capital, ao ideário neoliberal, no lado mais nefasto e, do outro, à acomodação social-democrática, que, apesar da crise no centro, vinha aumentando fortemente os laços políticos e ideológicos com o nosso movimento sindical, procurando apresentar-se cada vez mais como a *única alternativa* possível para se fazer o combate ao neoliberalismo.

Não é preciso dizer que o quadro hoje é difícil e crítico. O sindicalismo da Força Sindical, com forte dimensão política e ideológica, preenche o campo sindical da nova direita, da preservação da ordem, da sintonia com o desenho do capital globalizado, que nos reserva o papel de país montador, sem tecnologia própria, sem capacidade científica, dependente totalmente dos recursos externos.

Na Central Única dos Trabalhadores o quadro é também de grande apreensão. Ganhou força, em algumas de suas principais lideranças, uma postura de abandono de concepções socialistas e anticapitalistas, em nome de uma acomodação dentro da "ordem". O culto da negociação, a implantação das câmaras setoriais no setor automotivo e em outros ramos produtivos no início dos anos 90, da redução da jornada de trabalho *com redução salarial*, dentre outros exemplos, mostraram-se bastante insuficientes e, no fundo, estão inseridos num projeto desenhado pelo ideário e pela prática sindical social-democráticas, que pouco a pouco vai se adaptando à estrutura vertical, cupulista, institucionalizada e burocratizada, que caracterizou o nosso sindicalismo no pós-30, desde o início do governo de Getúlio Vargas.

Nos setores de esquerda da Central Única dos Trabalhadores, as dificuldades também são enormes. Como é possível resistir a uma onda tão intensa? Como é possível elaborar um programa econômico alternativo que incorpore os milhões de trabalhadores que não participam do mercado e que vivem da miséria da economia informal? Como é possível gestar um novo modelo econômico que elimine a superexploração do trabalho, que particulariza o capitalismo industrial brasileiro, cujo salário mínimo tem níveis degradantes (no início de 2000 estava em torno de 80 dólares)? Quais são os contornos básicos desse modelo econômico alternativo cuja lógica deverá iniciar a desmontagem do padrão de acumulação capitalista vigente no país? Como é possível pensar numa ação que não impeça o avanço tecnológico, mas que conduza esse avanço em bases reais, com ciência e tecnologia de ponta desenvolvidas em nosso país? Como é possível um caminho alternativo que não aceite uma globalização e uma integração impostas pela lógica do capital, *integradora para fora e desintegradora para dentro*? Como é possível hoje articular valores inspirados num projeto que tem que dar respostas imediatas para a barbárie que assola o cotidiano do ser que vive do trabalho? Em outras palavras, como buscar a difícil e imprescindível articulação entre os interesses imediatos e uma ação estratégica, de longo prazo?

Enquanto na década de 1980 o sindicalismo brasileiro, conforme dissemos anteriormente, caminhou em boa medida no contrafluxo das tendências críticas presentes no sindicalismo dos países capitalistas avançados, já no final daquela década e ao longo da década de 1990 inserimo-nos também mais fortemente no enorme quadro de desafios que estão presentes para o *conjunto do movimento sindical*, em inúmeros países, neste final do século XX. Vamos resumi-los nas seguintes interrogações:

Serão capazes os sindicatos de romper com a enorme barreira social que separa os trabalhadores "estáveis", em processo franco de redução, daqueles trabalhadores em tempo parcial, precarizados, presentes na chamada "economia informal", em significativa expansão no presente cenário mundial? Conseguirão auxiliar na organização sindical dos desorganizados e dos desempregados e, desse modo, tentar reverter as taxas de dessindicalização, presentes nas principais economias capitalistas?

Serão capazes de romper com o *novo corporativismo*, que defende exclusivamente suas respectivas categorias profissionais, abandonando ou diminuindo fortemente os seus conteúdos mais acentuadamente classistas? Não falamos aqui de um corporativismo estatal, presente na história recente do Brasil desde Vargas, na Argentina desde o peronismo, ou ainda no México desde Cardenas, mas sim de um *neocorporativismo societal* mais recente, excludente, parcializador e que preserva e acentua o caráter fragmentado da classe trabalhadora. Do mesmo modo, conseguirão romper com os movimentos xenófobos, ultranacionalistas, com o apelo ao racismo e às ações contra os trabalhadores imigrantes, oriundos dos países subordinados?

Serão capazes de romper com a tendência crescente da excessiva *institucionalização e burocratização*, que tão fortemente tem marcado o movimento sindical em escala global e que o distancia das suas bases sociais, aumentando ainda mais o fosso entre as instituições sindicais e os movimentos sociais autônomos? Conseguirão reverter a tendência, desenvolvida a partir do "toyotismo" japonês e hoje também avançando em escala global, que consiste em reduzir o sindicato ao âmbito exclusivamente fabril, ao chamado *sindicalismo de empresa*, mais vulnerável e vinculado aos interesses das empresas?

Por fim: os sindicatos terão força e vitalidade para romper a barreira existente entre luta sindical e luta parlamentar, entre luta econômica e luta política, *articulando* e *fundindo* as lutas sociais, extraparlamentares, *que dão vida às ações de classe*, com as ações no âmbito da institucionalidade, que são importantes mas claramente secundárias em relação às primeiras?

Embora não sejam questões de respostas simples, há novos setores do sindicalismo brasileiro que têm procurado responder à parte desses desafios. O Sindicato do Metalúrgicos de Campinas e Região – importante área industrial no estado de São Paulo, onde se instalaram recentemente as unidades da Toyota e da Honda – tem sido responsável por uma ação de resistência e organização dos trabalhadores, tanto nas fábricas como nos bairros operários. A Toyota, da região de Campinas, já vivenciou a eclosão de duas greves, em seus primeiros anos de instalação. A ação do Sindicato dos Metalúrgicos de Campinas e região é um exemplo de resistência às múltiplas formas de envolvimento e parceria, que tanto se expandem no sindicalismo brasileiro. Até hoje esse Sindicato, conduzido por lideranças operárias de esquerda, socialistas e católicas, originários das comunidades eclesiais de base da Igreja Católica, *com forte nível de organização de base*, fabril e nos bairros, recusou-se a seguir o exemplo das "câmaras setoriais" do ABC paulista, por considerá-las como uma forma de subordinação e perda de independência de classe.

Do mesmo modo, o Sindicato dos Metalúrgicos de São José dos Campos, em São Paulo, outra importante área industrial onde se situa a *General Motors* do Brasil, tem desempenhado um papel de resistência e preservação dos direitos trabalhistas, impulsionando de lutas sindicais de forte confrontação, com clara conformação de esquerda. Juntos, eles encontram-se dentre os sindicatos mais representativos da esquerda sindical urbana no Brasil recente.

O Sindicato Nacional dos Petroleiros (denominado Federação Única dos Petroleiros – FUP) também foi responsável por uma das mais importantes greves no Brasil, em 1995, contra o processo de privatização da empresa estatal Petrobras e de clara confrontação ao governo de Fernando Henrique Cardoso. Outros exemplos poderiam ser citados, como as várias greves e movimentos de resistência deflagrados ao longo dos anos 90. Mas foi especialmente no campo que surgiu, ao longo das últimas décadas, o mais importante movimento social e político do país: o MST.

O significado do MST e dos novos movimentos sociais no Brasil

O exemplo do MST, Movimento dos Trabalhadores Sem-Terra, nascido em 1984, é bastante ilustrativo das possibilidades dos movimentos sociais e mesmo do novo sindicalismo no Brasil contemporâneo. Ele vem se constituindo como o mais importante *movimento social e político* do Brasil, fazendo ressurgir com força e vitalidade a luta dos trabalhadores do campo, que estão no centro da luta política brasileira. Sendo o principal catalizador e impulsionador das lutas sociais rurais recentes e tendo se configurado como o mais importante movimento de oposição ao governo

Fernando Henrique Cardoso, o MST vem se caracterizando como um movimento sociopolítico cuja centralidade é encontrada em sua ação de base, nas decisões democráticas nos assentamentos rurais, visando à obtenção da posse da terra e pela reforma agrária, priorizando a confrontação em vez das ações institucionais ou parlamentares, que são também utilizadas, mas de modo secundário.

O MST, embora seja um movimento sociopolítico nascido no mundo rural, tem incorporado crescentemente também os trabalhadores excluídos da cidade, os desempregados urbanos, que, em anos ou décadas anteriores, migraram do campo para as cidades e agora, estando sem trabalho, invertem o fluxo migratório, retornando para o campo, expulsos que foram pelo processo de reestruturação produtiva do capital. Isso tem gerado um movimento rico em experiências, cosmopolita, uma vez que articula experiências e formas de sociabilidade oriundas do mundo do trabalho rural e do urbano.

Originário da confluência da ação da esquerda católica, vinculada à Teologia da Libertação e organizada nas comunidades eclesiais de base da Igreja Católica, com fortes elementos de inspiração marxista, o MST encontra vitalidade em sua forte *estruturação nacional* de base, que lhe dá dinâmica e permite que os trabalhadores e as trabalhadoras possam vislumbrar uma *vida cotidiana dotada de sentido* através da obtenção da posse da terra e do exercício democrático e popular decorrentes da ação coletiva.

Conforme a caracterização de João Pedro Stédile, membro da Direção Nacional do MST e seu principal líder,

> "O MST existe na prática há mais de 15 anos. Na nossa evolução histórica, tivemos um primeiro período, de 1979-1983, de retomada das lutas massivas pela terra, quando occorriam ocupações e mobilizações em muitas regiões do país, mas isoladas entre si. Mas foi somente depois de um longo processo de mútuo conhecimento, de articulação entre as lideranças dessas lutas localizadas, que se constituiu formalmente como um movimento nacional, com a realização de um Encontro Nacional dos Sem-Terra, em janeiro de 1984, em Cascavel, Paraná, com a participação de representantes de 16 estados". (Stédile, 1997:102)

Como existem no Brasil aproximadamentre 4,8 milhões de famílias sem-terra, a luta pelas ocupações tem sido crescente, particularmente desde que o MST começou a se estruturar em nível nacional. Se, em 1987, 1.849 famílias ocuparam terras no Brasil, em 1997 o total foi de 58.226 famílias.

OCUPAÇÕES DE TERRA (1987-1997)

Ano	Número de famílias
1987	11.849
1988	10.515
1989	15.665
1990	8.248
1991	14.720
1992	15.538
1993	19.092
1994	20.516
1995	30.479
1996	63.080
1997	58.266

Fonte: CPT *apud* Fernandes (1999: 132).

Mantendo fortes vínculos com outros movimentos sociais urbanos e com sindicatos de esquerda, a ação do MST vem influenciando outras importantes experiências, como é o caso do Movimento dos Sem-Teto que, em agosto de 2000, no estado do Rio de Janeiro, foi responsável por uma ação que causou enorme impacto social e político no Brasil, através da "visita" de dezenas de trabalhadores sem-teto e suas famílias fizeram à um *shopping center*, de alta classe média. Dias depois, o mesmo movimento organizou uma visita para fazer compras num supermercado da mesma cidade, às quais os trabalhadores sem-teto pagaram com um cheque "simbólico", no valor de 169 milhões de reais, que correspondia ao valor estimado da corrupção que então estava em destaque na imprensa brasileira, corrupção efetivada durante a construção de um edifício público vinculado ao Poder Judiciário.

Dentre tantos significados e consequências, este recente Movimento dos Sem-Teto fez aflorar o sentido de desperdício, superfluidade e iniquidade social que caracteriza a sociedade brasileira atual. Vale lembrar que, segundo dados do IBGE, em 1999 existiam 7,6 milhões de trabalhadores desempregados, enquanto em 1995 somavam 4,5 milhões. A taxa de desemprego oficial passou de 6,1% para 9,6%. Se tomarmos índices de entidades importantes, como Dieese/Seade, esses níveis de desemprego frequentemente chegam ao dobro dos índices oficiais, nas principais cidades do país, como é o caso de São Paulo e Rio de Janeiro.

Numa década de tantas transformações e empobrecimentos, consequências tanto do processo de reestruturação produtiva, quanto da implementação de políticas neoliberais, a precarização do trabalho e o desemprego aumentaram significativamente. E foi como resultado desse processo anteriormente mencionado, de redução dos empregos formais e ampliação do trabalho informal – elementos que são constitutivos da política econômica brasileira –, que o número de trabalhadores desempregados ampliou-se sobremaneira. Se, no plano da organização sindical, os sindicatos vivem momentos difíceis, de reorganização e retração, aumentam e renascem inúmeros movimentos sociais urbanos, como aqueles organizados pelos trabalhadores sem-teto.

O que esses novos movimentos sociais urbanos denunciam é claro: a sociedade produtora de bens de consumo supérfluos, ao mesmo tempo em que gera e impulsiona necessidades múltiplas de consumo, ela impossibilita que amplos contingentes de trabalhadores pobres ou desempregados participem desse consumo. Como disse de modo transparente um participante do Movimento dos Sem-Teto do Rio de Janeiro: "Se somos nós quem construímos os shoppings, por que não podemos sequer visitá-lo"?. Essa questão é clara contestação à lógica que preside a sociedade atual: quem constrói e produz suas riquezas sequer participa, nem mesmo marginalmente, de seus resultados. É excluída do consumo e mesmo do trabalho.

Portanto, os novos movimentos sociais, urbanos e rurais, em crescimento em tantas partes do mundo, começam a mostrar à sociedade sua lógica destrutiva, com suas consequentes desigualdades e iniquidades. Nesta sociedade involucral, geradora do descartável e do supérfluo, nesta era da sociedade do *entretenimento*, da qual o *shopping center,* como templo de consumo do capital, é exemplar, os homens e mulheres sem-teto e sem-trabalho, os despossuídos do campo e das cidades, retomam suas ações em várias partes do Brasil. Sinalizam, para a década que se inicia, um fortalecimento, ampliação e desenvolvimento de suas ações.

No Brasil recente, estamos presenciando o afloramento de um destes momentos de ações que emergem das forças sociais do trabalho e das vítimas dessa lógica destrutiva, que precariza e aumenta o desemprego. O avanço do MST, o mais expressivo movimento social e político no Brasil dos anos 90, é exemplar. Também o são os novos movimentos sociais urbanos que emergiram recentemente e que contestam o sentido de desperdício e de superfluidade que caracteriza a lógica societal contemporânea. Uma vez que o MST tem laços fortes com os movimentos sociais e sindicais urbanos, a ação do movimento tem se mostrado crescentemente como uma alternativa capaz de influenciar a organização dos trabalhadores urbanos. E quanto maior forem seus laços com os trabalhadores urbanos, mais a sua experiência ajudará também a retomada das lutas sindicais no Brasil contemporâneo, a reconstrução da CUT como um *movimento sindical e político de base* – como foi ao longo de toda a década de 1980 – e a superação dos desafios que caracterizam, no início do século XXI, o novo sindicalismo brasileiro.

Conclusão

Podemos concluir dizendo que o maior desafio do novo sindicalismo brasileiro é elaborar, conjuntamente com movimentos sociais, uma alternativa que leve em conta os interesses efetivos da maior parte da classe trabalhadora. Com o MST e outras experiências de base dos trabalhadores, o desafio maior é avançar na elaboração de um programa com um desenho alternativo e contrário ao atual padrão produtivo, e que seja capaz de responder às reivindicações imediatas e cotidianas do mundo do trabalho, *mas tendo como horizonte uma organização societária fundada em valores efetivamente emancipadores.* Os pontos de partida desse programa podem ser assim resumidos:

1) eliminar a *superexploração do trabalho* e os níveis degradantes do salário mínimo nacional;

2) realizar uma *reforma agrária ampla*, contemplando os vários interesses *coletivos* dos trabalhadores e os *despossuídos da terra;*

3) impulsionar o patamar tecnológico brasileiro, mas em bases reais, com ciência e tecnologia de ponta desenvolvidas no Brasil, cujo eixo seja voltado *prioritariamente* para o enfrentamento das necessidades mais profundas da nossa população trabalhadora;

4) controlar e coibir fortemente inúmeros setores monopolizados, contraditar a hegemonia do capital financeiro e limitar as formas de expansão e especulação deste, incentivando, ao contrário, as formas de produção voltadas para as necessidades sociais da população trabalhadora, para a produção de bens socialmente úteis;

5) resgatar o caráter público e social das empresas estatais, contra a lógica da privatização e destruição da *res publica*.

Um projeto com esses contornos, aqui somente indicados *em alguns poucos pontos mais imediatos,* será resultado da articulação de experimentos sociais de base, tanto dos sindicatos, quanto dos movimentos sociais e também dos partidos de esquerda, vinculados aos trabalhadores.

Bibliografia

AMIN, Ash. (ed.). *Post-fordism. A reader*. Oxford: Blackwell, 1996.

ALVES, Giovanni. *O Novo e Precário Mundo do Trabalho*, São Paulo: Ed. Boitempo, 2000.

ANTUNES, Ricardo. Recent strikes in Brazil (The main tendencies of the strike movement of the 1980s). *Latin American Perspectives*, Issue 80, v.21, n.1, Winter, 1994.

ANTUNES, Ricardo. *Adeus ao trabalho? Ensaio sobre as metamorfoses e a centralidade do mundo do trabalho*. São Paulo: Ed. Cortez/Ed. Unicamp, 1995.

ANTUNES, Ricardo. *O novo sindicalismo no Brasil*. Campinas: Ed. Pontes, 1995a.

ANTUNES, Ricardo. *Os sentidos do trabalho. Ensaio sobre a afirmação e a negação do trabalho*. São Paulo: Ed. Boitempo, 1999.

BEYNON, Huw. *The changing practices of work*. Manchester: International Centre for Labour Studies, 1995.

BIHR, Alain. *Du "Grand Soir" a L'Alternative (Le mouvement ouvrier Européen en crise).* Paris: Les Editions Ouvrieres, 1991.

CARVALHO, R. Q. e SCHMITZ, H. O Fordismo está vivo no Brasil. *Novos Estudos Cebrap*, 27, 1990.

CASTRO, Nadya. (Org.). *A máquina e o equilibrista: Inovações na indústria automobilística brasileira.* São Paulo: Paz e Terra, 1995.

CHESNAIS, François. *La mondialisation du capital*. Paris: Syros, 1994

CORIAT, Benjamin. *Pensar al revés (Trabajo y organización en la empresa japonesa).* México/Espanha: Siglo XXI, 1992.

FERNANDES, Bernardo. Ocupações de Terra e Politica de Assentamentos Rurais. *Lutas Sociais*, n.6, PUC-SP, Xama Editora, 1999.

GITAHY, L. e RABELO, F. "Educação e Desenvolvimento Tecnológico: O Caso da Indústria de Autopeças", *Textos para Discussão nº 11*, DPCT/IG/Unicamp, Campinas, 1991.

GOUNET, Thomas. Luttes concurrentielles et stratégies d'accumulation dans l'industrie automobile. *Etudes Marxistes*, n.10, Maio, 1991.

HARVEY, David. *The condition of postmodernity*. Oxford: Basil Blackwell, 1989.

HIRATA, Helena. (Org.). *Sobre o modelo japonês*. São Paulo: Edusp, 1993.

JINKINGS, Nise. *O Mister de Fazer Dinheiro*, São Paulo: Ed. Boitempo, 1995.

JINKINGS, Nise. *Trabalho e Resistência na Fonte Misteriosa*. Campinas: Ed. Unicamp, 2002.

KURZ, Robert. *O colapso da modernização conservadora.* São Paulo: Paz e Terra, 1992.

LOJKINE, Jean. *La révolution informationelle.* Paris: P.U.F., 1992.

MARX, Karl. *Collected works.* Londres: Lawrence & Wishart, 1994.

McILROY, John. *Trade unions in retreat – Britain since 1979.* Manchester: International Centre for labour Studies, 1997.

MÉSZÁROS, István. *Beyond capital (Towards a theory of transition).* Londres: Merlin Press, 1995.

MURRAY, Fergus. The decentralisation of production. The decline of the mass-collective worker?. *Capital & Class*, n. 19, 1983.

PETRAS, James. Latin American: The resurgence of the left. *New Left Review,* n.223, 1997.

POCHMANN, Marcio. *O Emprego na Globalização.* São Paulo: Ed. Boitempo, 2001.

POCHMANN, Marcio. "Nova Divisão Internacional do Trabalho e as Ocupações no Brasil", Unicamp, mimeo, 2000.

PREVITALLI, F. S. "Reestruturação Industrial: Um Estudo de Caso sobre o Processo de Subcontratação nos Níveis Inferiores da Cadeia Produtiva do Setor Automobilístico". Dissertação de Mestrado. Unicamp/IFCH, Campinas, 1996.

PREVITALLI, F. S. "Controle e Resistência na Organização do Trabalho no Setor Automotivo". Tese de Doutorado. Unicamp/IFCH, Campinas, 2002.

RAMALHO, J. R. e MARTINS, H. (Orgs.). *Terceirização: Diversidade e negociação no mundo do trabalho.* São Paulo: Hucitec, 1994.

SEGNINI, Liliana. *As Mulheres no Trabalho Bancário.* São Paulo: Edusp, 1998.

STEDILE, João Pedro. (Org.). A luta pela reforma agraria e o MST. In: *A Reforma agraria e a luta do MST.* Rio de Janeiro: Editora Vozes, 1997.

TEIXEIRA, Francisco e OLIVEIRA, Manfredo. (Orgs.). *Neoliberalismo e reestruturação produtiva.* São Paulo: Ed. Cortez/UECE, 1996.

Capítulo 4

Empoderamento Local Através de Reestruturação Econômica no Brasil: O Caso da Região do Grande ABC[1]

Andrés Rodríguez-Pose
John Tomaney
Jeroen Klink

Introdução

Nos últimos anos, os governos estadual e local no Brasil parecem ter-se tornado mais ativos do que eram. Quer promovendo programas de desenvolvimento local, como no caso dos programas de apoio a pequenas e médias empresas no estado do Ceará (Tendler e Amorim, 1996; Looye, 1998) ou no Paraná (Ferguson, 1992), quer patrocinando câmaras de desenvolvimento regional, como no caso da região do Grande ABC (Rodríguez-Pose e Tomaney, 1999) ou como competidores por investimento estrangeiro direto, os governos regional e local brasileiros parecem estar exercendo um papel de maior destaque ao tentar conduzir a atividade econômica. Esse maior envolvimento de camadas subnacionais na política e governança econômica à primeira vista não chega a ser uma novidade. Por um lado, alguns observadores identificaram o surgimento de um novo regionalismo, no qual as nações-estados em geral estão preocupadas em passar a responsabilidade pelas políticas sociais e econômicas para as autoridades políticas subnacionais. Por outro lado, tradicionalmente os períodos de democracia coincidiram em toda a América Latina com maior autonomia local e regional e, portanto, com maior capacidade dos órgãos de governo local e regio-nal de adotar uma posição mais pró-ativa. O Brasil não é exceção à regra, e o advento da democracia coincidiu com um renascimento político e das políticas em nível local e estadual e com maior envolvimento dos políticos locais e regionais em questões nacionais.

Entretanto, o último salto do Brasil em direção à democracia representou mais que uma alteração no panorama político. Enquanto no passado a transição do governo militar para um governo eleito pela população não implicou alteração significativa na governança e política econômica, durante os anos 90 sucessivos governos democráticos embarcaram em um processo de liberalização do comércio e investimento estrangeiro, que está causando uma profunda reestruturação na economia brasileira (Blumenschein, 1995). No final dos anos 80, o governo de José Sarney deu início a um processo de reformas comerciais e financeiras – posteriormente continuadas pelo governo Collor –

[1] Agradecimentos: Agradecemos a Marcio M. Valença e a dois consultores anônimos por seus comentários detalhados nas versões anteriores deste trabalho. Ann Rooke fez o mapa. Andrés Rodríguez-Pose deseja também agradecer pela ajuda financeira recebida através do Royal Society-Wolfson Research Merit Award e do Philip Leverhulme Prize durante a pesquisa.

que levou a uma maior liberalização econômica no Brasil. A eliminação progressiva de proibições de importação e a redução das tarifas de importação tiveram continuidade durante os anos 90 nos governos de Itamar Franco e Fernando Henrique Cardoso. As políticas graduais desses dois governos de redução de barreiras tarifárias estão tendo um impacto profundo na distribuição da atividade econômica no Brasil (Valença, 1998).

Neste estudo, discutiremos que é exatamente esse processo de reestruturação econômica – as ameaças e oportunidades que ele oferece e seu impacto na renda local – a principal força que há por trás da maior atividade dos governos local e regional no Brasil. Estes percebem, pela primeira vez em décadas, que suas tradicionais fontes de renda estão ameaçadas, ou que podem aumentar seus recursos atraindo atividade econômica para seus territórios. Portanto o processo de globalização e liberalização econômica no Brasil está trazendo aos políticos locais e regionais e aos tomadores de decisão uma nova série de condições para políticas locais e regionais. Sustentaremos essa teoria com um estudo de caso das transformações institucionais e empoderamento local na região do Grande ABC, uma área de 2 milhões de habitantes localizada no coração da região metropolitana de São Paulo, a qual passou por uma grave crise nos últimos anos.

Democracia e descentralização no Brasil

A descentralização da autoridade política de governos nação-estado para governos subnacionais parece ser um processo observável no mundo todo. Normalmente, os observadores identificam fatores que contribuem para uma maior projeção das autoridades políticas subnacionais. Em primeiro lugar, identificam a assim chamada redução do papel da nação-estado e o correspondente aumento das formas supranacionais de autoridade política, com um papel-chave no gerenciamento econômico (como a UE, o NAFTA, e, em menor grau, o Mercosul). Como as identidades nacionais estão ameaçadas, os grupos sociais encontraram novas formas de aliança e mobilização em nível subnacional (Keating e Loughlin, 1997). Em segundo lugar, a globalização da atividade econômica significa que as formas tradicionais de políticas de distribuição praticadas pelas nações-estados não são mais viáveis. Nesse contexto, o ônus é passado para as autoridades políticas subnacionais para que promovam a "competitividade" de sua região em uma economia internacional cada vez mais aberta (Cheshire e Gordon, 1998; Amin, 1999). Ao mesmo tempo, novas formas de atividade econômica favorecem o "ressurgimento de economias regionais" (Sabel, 1989). Storper (1997), ao mencionar várias economias regionais muito bem-sucedidas, referiu-se à importância de "interdependências não comercializáveis" ("untraded interdependencies") que operam em nível regional, enquanto que Cooke e Morgan (1998) identificaram uma "economia associacional" ou "economia de rede" enraizada nos sistemas de produção regional nos quais as pequenas e médias empresas têm um papel mais importante. Nesses casos, as instituições públicas subnacionais frequentemente agem para alavancar esses novos espaços de produção, facilitando as redes que promovem a melhoria das condições de fornecimento.

As opiniões não são unânimes. Em primeiro lugar, os críticos sugerem que a tendência para regionalismo político não é de forma alguma universal. Mesmo onde os governos subnacionais estão ganhando autoridade, o processo é frequentemente complexo e os padrões de descentralização devem muito às tradições nacionais existentes, de conflito e acomodação. Em segundo lugar, mesmo que as economias regionais "ressurgentes", utilizando "interdependências não-negociadas", possam ser identificadas em alguns casos, é menos certo que elas sinalizem o surgimento de um "novo paradigma". As barreiras à emulação desses sistemas são grandes, em parte porque elas provavelmente devem uma grande parte de seu dinamismo às estruturas institucionais e culturais que foram construídas ao longo de um grande período. Além disso, mesmo nos novos espaços industriais, há muitas diferenças, frequentemente resultantes do contexto nacional, tornando difícil fazer uma avaliação geralista. Ainda não está claro se o "ressurgimento" da região representa uma resposta às condições econômicas turbulentas do final do século XX ou um novo modelo de desenvolvimento econômico para o século XXI. Há evidências de que as grandes empresas, longe de serem ofuscadas por redes de pequenas empresas, estão reafirmando seu poder e, como resultado, mantêm sua capacidade de definir as fortunas regionais (Harrison, 1997). Também há forte evidência indicando a grande importância do contexto nacional na definição dos termos de desenvolvimento regional (Rodríguez-Pose, 1998). Da mesma forma, "o novo regionalismo" foi acusado de demonstrar "uma chocante falta de interesse em questões macroeconômicas, em nível global, nacional/regional" e, especialmente, no papel do capital financeiro na economia (Lovering, 1999:386).

Apesar de ter havido alterações estruturais e econômicas significativas nas duas últimas décadas, é muito difícil generalizar (ou interpretar) os impactos dessas alterações nas regiões. As avaliações da alteração econômica regional devem ser firmemente baseadas no entendimento da dinâmica das economias políticas nacionais e na relação destas com o ambiente internacional. A seguinte avaliação do desenvolvimento econômico regional na região do Grande ABC e no Estado de São Paulo pretende, portanto, analisar a situação atual e as estratégias de reação a ela, em termos da interação das alterações políticas e econômicas no Brasil e no meio econômico externo.

Certamente, estudos recentes na América Latina observaram que a descentralização parece ser uma tendência geral que afeta a maioria dos grandes países, e o próprio Brasil é o mais descentralizado do ponto de vista fiscal. Em parte, a tendência para descentralização é uma reação ao centralismo autoritário das ditaduras militares em países como a Argentina, Chile e Brasil, mas a forma específica na qual o poder é distribuído pelos governos nacionais varia consideravelmente em toda a América Latina (Javed Burki et al., 1999; Willis et al., 1999). O próprio Brasil foi constituído como uma federação em 1891, refletindo as dificuldades práticas de governança e construção da nação em um país tão vasto. Souza (1997) descreve o Brasil do final do século XIX como uma federação "isolada", pois havia poucos elos práticos e constitucionais entre as diferentes camadas do governo. Subsequentemente, o sistema político brasileiro oscilou entre tendência a centralização ou descentralização (Souza, 1997; Willis et al., 1999). Durante grande parte do século XX, entretanto, a função dos governos subnacionais foi restrita. Em especial, durante o governo de Vargas, após 1930, e mais tarde sob a ditadura militar após 1964, o governo central exerceu sua autoridade e a função dos governos subnacionais e sua autonomia fiscal tiveram menor destaque. Apesar do sistema federal do Brasil, a centralização administrativa era vista como uma condição necessária para a modernização social e econômica. Nesse período (1945-64), a experiência do Brasil com a democracia liberal permitiu que os governos municipais e estaduais adquirissem status. Por essas razões, conforme argumenta Souza (1997), a democracia e a descentralização têm sido tradicionalmente vistas como intrinsecamente relacionadas, no Brasil. Portanto, após a mudança para a democracia direta nos anos 80, houve uma forte pressão por descentralização política, fiscal e administrativa, assim como por melhores serviços públicos, crescimento econômico e redistribuição de renda. A Constituição de 1988 envolveu uma significativa aceleração do processo de descentralização, que já tinha sido iniciado durante a ditadura militar. Os municípios receberam status legal independente bem enraizado e tanto o governo municipal quanto o estadual adquiriram maiores funções fiscais e de gastos. A Constituição incentivou ainda mais a descentralização, instituindo um sistema de subsídios federais para governos subnacionais, com uma parcela significativa das transferências intergovernamentais do estado para nível local baseadas no nível de valor agregado gerado no local. Entretanto não houve uma designação específica de funções entre as camadas de governo. Na prática, muitas atividades do governo são compartilhadas entre as diferentes camadas, especialmente entre o governo federal e o estadual. O resultado desses incentivos legislativos foi a descentralização ampla e rápida, grandes transferências incondicionais de fundos para o governo estadual e o municipal, sem uma definição clara de responsabilidades e problemas fiscais persistentes[2] (Willis et al., 1999:19; ver também Shah, 1991).

Pelas razões que acabamos de mencionar, o poder local dos governadores estaduais e prefeitos locais é amplo, no sistema brasileiro, e, devido ao poder do clientelismo local no sistema político, se amplia para o nível federal, no qual muitos deputados devem suas cadeiras aos favores de patrões estaduais. A influência dos governadores estaduais e prefeitos está relacionada ao tamanho do orçamento de seus respectivos estados e municípios. Além disso, a política no nível federal é altamente fragmentada, em termos de partidos favorecendo as condições para impasses políticos e o reforço das tradições brasileiras de clientelismo. Na verdade, essas condições já existiam durante a elaboração da Constituição de 1988 e ajudaram a garantir que as autoridades subnacionais se beneficiassem com o processo de mudança. Durante os anos 90, essas condições, e especialmente o crescente débito de muitos estados, foram fontes de tensão entre o governo federal e o estadual. A dívida estadual tornou-se uma importante causa de turbulência financeira no final dos anos 90 e levou o governo federal a criar dois grandes "pacotes de salvação".

Nesse contexto, os estados e municípios têm um elevado perfil político. Os políticos locais e, acima de tudo, os regionais adquiriram nos últimos anos um importante papel no panorama político brasileiro. Na verdade, no atual contexto político brasileiro, a capacidade do governo de fazer "passar" leis, e até mesmo sua própria estabilidade, frequentemente dependem da relação entre o governo federal e alguns dos barões regionais que frequentemente controlam votos cruciais no Parlamento nacional. Portanto, embora a maior parte dos recursos estaduais e locais não seja gerada no nível local e venha em forma de transferências financeiras, os políticos regionais e locais têm influência sobre como essas transferências são estabelecidas.

Entretanto o poder para exigir e, em alguns casos, determinar a transferência de fundos do governo federal para os estados e municípios não é sinônimo de empoderamento local e regional. Na verdade, há muitos exemplos no mundo todo que indicam o oposto. A manutenção do equilíbrio de poder em Roma, entre 1950 e início dos anos 90, fez mais mal do que bem para o italiano Mezzogiorno, já que levou ao desenvolvimento de um ciclo vicioso de falta de responsabilidade coletiva, na qual a função dos políticos locais e regionais frequentemente era limitada à demanda por mais fundos de Roma, que foram posteriormente utilizados para sustentar as redes clientelísticas (Trigilia, 1992). É provável que o advento da democracia no Brasil e a Constituição de 1988 tenham levado a uma situação semelhante à da Itália nas décadas após a guerra e não muito diferente do que aconteceu no período de democracia liberal entre 1945 e 1964: um maior perfil de políticos locais e regionais na arena política nacional, mas sem transformação real significativa na governança e definição de estratégias no nível local.

O fato de que alterações recentes na governança local e regional no Brasil claramente ultrapassam àquelas observadas em períodos anteriores de democracia indica, entretanto, que pode haver outros fatores que, juntamente com a legitimidade democrática, estão contribuindo para o desenvolvimento de múltiplas formas de governança local em todo o Brasil. Em nossa opinião, isso está relacionado à série de oportunidades e ameaças que a liberalização da economia brasileira está abrindo para os governos regionais e locais, especialmente no que diz respeito à capacidade dos municípios de se financiarem através de valor agregado local. Os fundamentos desse argumento estão expostos na próxima seção.

Reestruturação econômica e empoderamento local

O consenso em torno do sistema de substituição de importação estabelecido no Brasil, assim como em muitos outros países latino-americanos, na primeira metade do século XX, levou à conclusão de que as transições de ditaduras para democracias e vice-versa não produziram qualquer alteração significativa na governança econômica. Os governos militares e democráticos estavam ansiosos para sustentar uma política econômica que tinha tornado o Brasil o país mais industrializado da América Latina. Essa política de industrialização foi responsável por um grande desequilíbrio territorial: a riqueza e a produção industrial concentraram-se no Sudeste e no Sul do país, especialmente no estado de São Paulo (Cano, 1977). No auge do sistema de substituição de importação, 39% da renda nacional concentrava-se no estado de São Paulo (Campolina Diniz, 1995:5). A substituição de importação também resultou em um grande, embora ineficiente, setor industrial. A proteção da competição externa favoreceu o desenvolvimento de um grande número de empresas, frequentemente com baixos níveis de produtividade.

Os atores políticos nos níveis federal, regional e local no Brasil estavam acostumados a disparidades econômicas e, cientes das dificuldades para alterar o sistema, tinham-se adaptado a ele. Os governos estaduais e municipais no Sudeste e no Sul tinham suas fábricas de produção e podiam contar com as transferências relacionadas ao valor agregado local, enquanto os do Nordeste contavam com as políticas de desenvolvimento regional (Markusen, 1996). Mesmo nos períodos de reestruturação econômica, as alterações foram bastante lentas. O processo de descentralização econômica iniciado nos anos 70 e que durou até metade dos anos 80 mal afetou a preeminência de São Paulo como o coração econômico do país. A porcentagem do estado de São Paulo no PIB do país caiu de 39% em 1970 para 36% em 1985 e permaneceu mais ou menos estável até 1992 (Campolina Diniz, 1995; Lavinas, Garcia e Rubens do Amaral, 1997). O congestionamento, altos salários e, até mesmo, as políticas para incentivar a descentralização industrial (Townroe, 1984) na região metropolitana de São Paulo juntamente com a expansão das redes de infraestrutura e a melhora do nível de educação em outros lugares do país não foram suficientes para alterar de forma significativa a estrutura econômica existente. Além disso, um ambiente econômico estável, mesmo que não muito dinâmico, em combinação com a ditadura militar não colaboram muito para o empoderamento local e alterações no governo local.

A última transição para a democracia, nos anos 80, foi, entretanto, acompanhada de alterações econômicas mais amplas. Os últimos anos da ditadura e os primeiros da democracia foram caracterizados por turbulência macroeconômica. Inflação elevada, enorme dívida externa e instabilidade colocaram todo o sistema econômico brasileiro sob grave pressão (Blumenschein, 1995). A resposta de sucessivos governos democráticos veio na forma de planos de estabilização, com o objetivo de estabilizar os indicadores macroeconômicos brasileiros. A maioria desses planos (Cruzado,

Cruzado II, Bresser, Verão, Collor I, Collor II, e Plano Real) teve curta duração: eles frequentemente introduziram novas moedas (cruzado, cruzado novo, cruzeiro, cruzeiro real, e real) e conseguiram segurar a inflação por um período de tempo relativamente curto, mas fracassaram, especialmente após períodos de eleição (Blumenschein, 1995; Rodríguez-Pose e Tomaney, 1999). A implementação do Plano Real desde 1994 trouxe, apesar de uma certa turbulência econômica em 1998 e 1999, uma estabilidade relativa ao país. A inflação foi reduzida e o crescimento econômico, apesar de menor do que nas décadas anteriores, tornou-se, exceto em 1998, relativamente estável.

A maior estabilidade foi acompanhada pela liberalização da economia. O processo, iniciado pelo governo de José Sarney (1985-90) e seguido por Fernando Collor de Mello (1990-92), continuou durante toda a década de 1990. O governo de Cardoso continuou com a abertura de fronteiras, maior redução de barreiras tarifárias e com a integração regional no contexto do Mercosul. A combinação de maior estabilidade e liberalização tornou o Brasil um alvo atraente para investimento estrangeiro direto (IED). No espaço de apenas alguns anos, o Brasil passou da condição de praticamente ignorado pelos investidores externos para tornar-se o segundo destino mais importante, atrás da China, para IED em países em desenvolvimento. Enquanto a média anual de fluxo de entrada no período de 1985 a1990 foi de US$ 1,3 bilhão, até 1996 ela chegou a 9,5 bilhões e alcançou 17 bilhões em 1997 (Bonelli, 1998). Embora o setor de serviços esteja crescendo rapidamente, o setor industrial ainda é o principal alvo de IED. Em 1996, 53% de todo o IED foi para indústrias de fabricação (Bonelli, 1998:15). Em contraste com as décadas anteriores, quando estava concentrado na área metropolitana de São Paulo (Shapiro, 1997), o IED nos anos 90 foi distribuído de forma mais igual em todo o território. Os mesmos fatores que explicaram o processo moderado de descentralização no Brasil entre 1970 e 1985 também explicam a expansão do IED para outras regiões do país. A melhora na acessibilidade e nas técnicas, juntamente com custos mais baixos, abriram regiões tradicionalmente intermediárias, menos desenvolvidas e/ou remotas para IED.

Além disso, o fluxo interno de IED provocou alterações dramáticas em termos de produtividade de fabricação. Novas fábricas, utilizando tecnologia avançada, aumentaram a produtividade e a competitividade da indústria brasileira, levando à reestruturação ou fechamento de fábricas menos competitivas desenvolvidas durante o período de substituição de importação. As consequências territoriais desse processo podem ser observadas em estados como São Paulo. A participação do estado no PIB nacional caiu de 36,3% em 1992 para 32,8% em 1994 e, embora não haja dados disponíveis, é provável que esse processo de declínio econômico na região tenha se aprofundado à medida que o IED aumentava na segunda metade dos anos 90 (Lavinas, Garcia e Rubens do Amaral, 1997).

A liberalização econômica teve um impacto imediato nas governanças local e regional. A entrada de IED abriu possibilidades para vários estados e municípios aumentarem suas fontes de renda. Embora a maior parte do IED em serviços esteja concentrada em São Paulo, Rio de Janeiro e outras grandes cidades e grande parte dos investimentos em fabricação ainda vá para o Sudeste e o Sul do país, áreas periféricas dentro do Sudeste e do Sul e outros estados em outros lugares do país estão-se tornando cada vez mais atraentes como locais de investimento. Paralelamente, o fechamento e a reestruturação das indústrias tradicionais estão causando problemas sociais e reduzindo os orçamentos locais no coração do país.

As razões existentes por trás do efeito imediato das recentes alterações econômicas nos orçamentos locais são encontradas no sistema financeiro local brasileiro. Conforme foi observado anteriormente, do ponto de vista fiscal o Brasil tem sido um dos países mais descentralizados da América Latina, vivendo uma redução gradual do envolvimento do governo federal nos níveis estadual e local, enquanto, em termos relativos, os governos estaduais e locais adquiriram um papel mais importante no investimento local. Esse processo acelerou-se com a Constituição de 1988. Os dados existentes confirmam o estágio avançado de descentralização no Brasil. A Figura 1 mostra que a maior parte do investimento de capital é feita pelos governos estaduais e locais, mas, como uma parcela significativa das transferências intergovernamentais do governo federal para o estadual e do estadual para o local baseia-se em valor agregado gerado no nível local, o estabelecimento e/ou fechamento de empresas e fábricas em um determinado local tem um impacto quase que imediato na capacidade financeira das autoridades locais.

Figura 1

PARCELAS RELATIVAS DOS GOVERNOS FEDERAL, ESTADUAL E LOCAL NO INVESTIMENTO DE CAPITAL

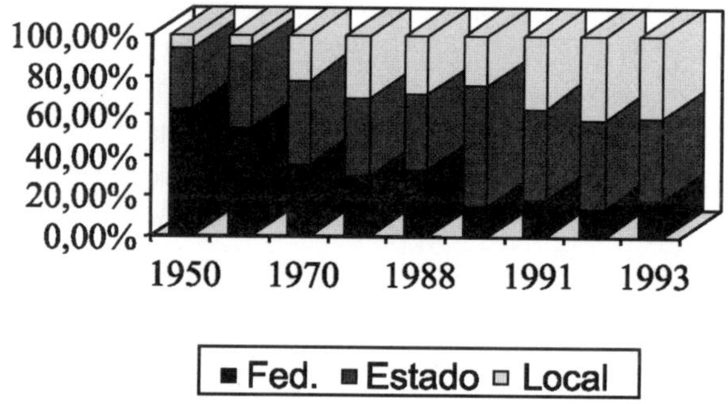

As possibilidades oferecidas pelo novo panorama econômico no Brasil têm sido, portanto, um grande incentivo para que os governos locais tornem-se mais engajados na competição territorial, às vezes na forma de incentivos e subsídios para que empresas se estabeleçam em uma determinada área, outras vezes na forma de soluções mais inovadoras para promover a capacitação local e o desenvolvimento endógeno. A primeira pode ser vista como o lado negativo do processo de empoderamento local durante os anos 90: os estados e municípios competem entre si para atrair IED para seus territórios. Esse mecanismo, conhecido como guerra fiscal, que, embora talvez produza benefícios a curto prazo, provavelmente terá consequências negativas para as finanças locais a médio e longo prazo (Rodríguez-Pose e Arbix, 1999). O último, embora seja mais difícil de implementar, pode levar à formação de uma cultura de cooperação entre os governos locais e estaduais e outros atores econômicos, como empresários, sindicatos e a comunidade local como um todo, o que era raro até recentemente e pode a médio e longo prazo produzir melhores frutos do que as guerras fiscais.

O estudo sobre o Grande ABC é um estudo de caso útil, de uma região que foi forçada a enfrentar as consequências do cenário descrito acima. A internacionalização e desregulação da economia brasileira e o cenário institucional em transformação tiveram impacto bastante específico nessa região e ajudaram a moldar as respostas dos atores políticos e econômicos locais.

Empoderamento local na região do Grande ABC.
O impacto da reestruturação econômica local na região do Grande ABC

A área conhecida como Grande ABC fica localizada na região metropolitana de São Paulo e inclui sete municípios (sendo que Santo André, São Bernardo do Campo e São Caetano do Sul são as mais importantes e dão o nome à região), com uma população total de aproximadamente dois milhões de habitantes (Figura 2). A região tem duas características marcantes no contexto brasileiro. Em primeiro lugar, ela foi o centro da indústria automotiva brasileira: as montadoras de automóveis chegaram à região nos anos 20, mas no final dos anos 50 e 60 é que chegaram ao Brasil as maiores delas (Ford, VW, GM, Mercedes, Scania). Em segundo lugar, o Grande ABC também foi o berço do movimento sindicalista no Brasil, com sindicatos, como o Sindicato dos Metalúrgicos do ABC, que tiveram um papel estratégico na oposição ao regime militar no final dos anos 70 e início dos anos 80 e no estabelecimento da Confederação Brasileira de Sindicatos. Parcialmente por esses motivos, em termos políticos a região também é o coração do Partido dos Trabalhadores.

Figura 2

LOCALIZAÇÃO DA REGIÃO DO GRANDE ABC NA ÁREA METROPOLITANA DE SÃO PAULO

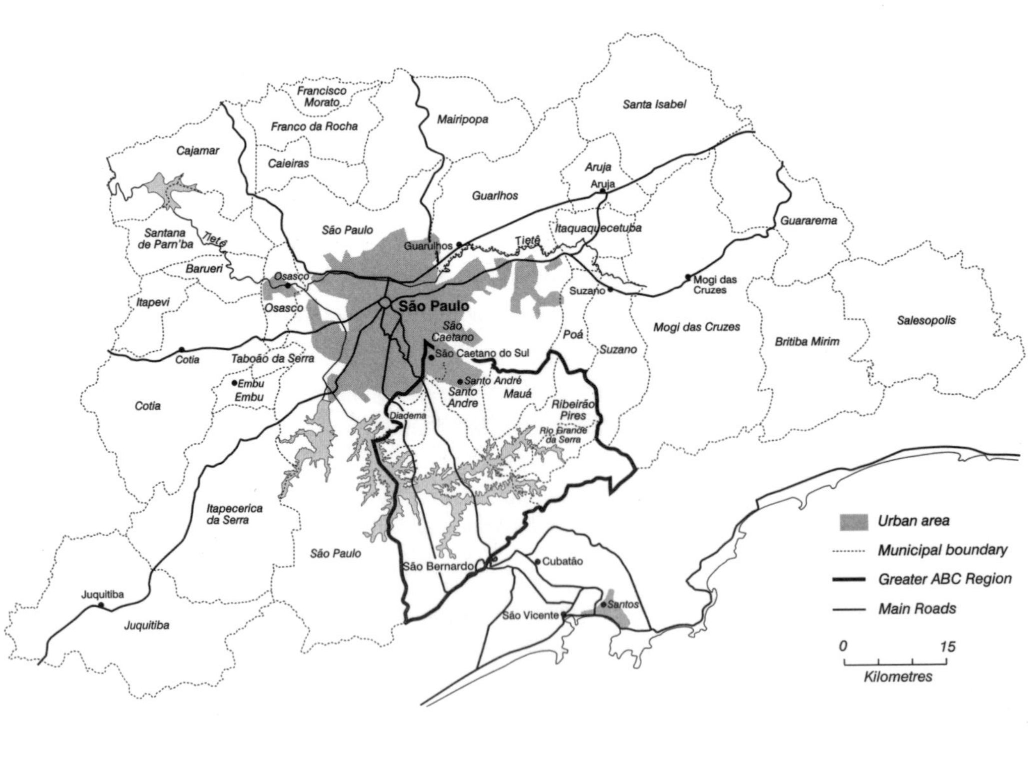

A região do Grande ABC, desde o início do processo de industrialização do estado de São Paulo, sempre ficou entre as áreas mais ricas do Brasil, onde ficavam algumas das maiores montadoras de automóveis do país, juntamente com uma densa rede de fornecedores de peças locais, e uma força de trabalho industrial grande e relativamente bem paga constituiu uma base econômica sólida e estável durante as décadas da substituição de importação. Entretanto essa estabilidade acabou com a liberalização da economia brasileira desde o início dos anos 90. Desde então, toda a região metropolitana de São Paulo tem passado por uma intensa reestruturação econômica. São Paulo está se tornando o principal centro financeiro da América Latina – o que Graham (2000) chama de "espaço de rede privilegiado" – e o resto do estado está sendo beneficiado com a mudança de localização industrial da área metropolitana, ao passo que a região do Grande ABC está, por outro lado, passando por um declínio econômico acentuado.

Há vários fatores por trás desse declínio. Em primeiro lugar, como parte de um processo iniciado nos anos 70, tem havido uma crescente desaceleração de investimento por parte das empresas na área: setores industriais importantes estão transferindo a produção para fora da região ou fechando as fábricas no Grande ABC. As razões alegadas para essa tendência são as crescentes externalidades negativas e deseconomias de escala na área metropolitana de São Paulo, associadas ao congestionamento, problemas ambientais, falta de espaço, sindicatos fortes e propensos a conflito e uma baixa qualidade de vida em geral (Fonseca Silva, 1997). Em segundo lugar, como resultado da crescente internacionalização da economia brasileira, os fornecedores locais (especialmente as pequenas e médias empresas, mas também algumas grandes) têm lutado para modernizar-se. As empresas, gerentes e trabalhadores que tinham sobrevivido e até mesmo prosperado durante quase sessenta anos de substituição de importação acharam difícil adaptar-se ao meio novo e mais competitivo e introduzir novas técnicas de produção e gerenciamento com o objetivo de obter maiores níveis de produtividade.

Em geral, a grande consequência das tendências acima foi um aumento dos níveis de desemprego e uma redução do valor agregado gerado na região do Grande ABC. A Tabela 1 descreve a evolução do valor agregado local na região do Grande ABC e na Grande São Paulo, em relação ao restante do estado de São Paulo. Entre 1980 e 1993 (o último ano para o qual há dados disponíveis), a Grande São Paulo e o Grande ABC perderam para o resto do estado em termos de valor agregado. Dentro da região do ABC, os municípios com os maiores complexos industriais (Santo André, São Bernardo do Campo e São Caetano do Sul) tiveram o maior declínio do valor agregado bruto.

Tabela 1

VALOR AGREGADO NO ESTADO DE SÃO PAULO, EM SÃO PAULO (CAPITAL), E NA REGIÃO DO GRANDE ABC

	1980	%	1993	%
Estado de São Paulo	177,674	100,00	161.077	100,00
São Paulo	65,736	37,00	47.829	29,69
Grande ABC	24.750	13,93	18.917	11,74
Diadema	2.502	1,41	2.239	1,39
Santo André	6.041	3,40	3.177	1,97
São Bernardo do Campo	9.520	5,36	7.698	4,78
São Caetano do Sul	3.529	1,99	2.522	1,57
Mauá	2.750	1,55	2.867	1,78
Ribeirão Pires	372	0,21	369	0,23
Rio Grande da Serra	35	0,02	44	0,03

Nota: * Dados em milhões de reais.

Fonte: Fundação SEADE. Perfil municipal.

A perda de valor agregado local foi somada a uma redução semelhante no emprego industrial. Entre 1989 e 1995, praticamente 60 mil empregos foram perdidos na indústria na região do Grande ABC. Em termos percentuais isso representou uma redução de mais de 60% da força de trabalho para níveis de 54% (Tabela 2). Embora o emprego em serviços tenha aumentado consistentemente nos últimos anos, a renda associada e a geração de emprego nesse setor não foram suficientes para compensar as perdas do setor industrial.

Tabela 2

EMPREGO FORMAL EM ALGUMAS CIDADES DO GRANDE ABC E DO ESTADO DE SÃO PAULO

	Indústria	%	Comércio	%	Serviços	%	TOTAL	%
1989								
Estado de SP	3.017.582	42,10	1.146.824	16,00	3.003.247	41.90	7.167.653	100
Grande ABC	333.832	60,63	63.772	11,58	153.033	27.78	550.637	100
Diadema	77.110	73,60	8.591	8,19	19.068	18.19	104.769	100
S.B. do Campo	144.402	64,70	18.970	8,50	59.814	26.79	223.186	100
Santo André	74.966	49,00	26.315	17,19	51.710	33.78	152.991	100
São Caetano	37.354	53,60	9.896	14,19	22.441	32.17	69.691	100
1995								
Estado de SP	2.972.510	38,90	1.352.530	17,70	3.316.375	43,40	7.641.415	100
Grande ABC	278.151	54,03	67.508	13,11	169.159	32,84	514.818	100
Diadema	66.396	67,67	11.640	11,86	20.075	20,44	98.111	100
S.B. do Campo	122.974	57,30	21.247	9,90	70.393	32,79	214.614	100
Santo André	56.332	41,50	23.211	17,09	56.196	41,38	135.739	100
São Caetano	32.449	48,90	11.410	17,18	22.495	33,87	66.354	100

Fontes: Perfil Municipal, Fundação SEADE e Censo Econômico da Prefeitura Municipal de Diadema.

Além disso, o mercado de trabalho tem sido caracterizado por uma crescente flexibilização dos contratos de trabalho, maior rotação e informalização dos empregos. Em geral, pois não há estudos específicos aprofundados sobre o assunto na região, as tendências sugerem que os níveis de pobreza têm aumentado desde os anos 90. O declínio do valor agregado gerado em nível local também tem implicações financeiras para os municípios do Grande ABC. Conforme foi mencionado anteriormente, uma porcentagem significativa das transferências intergovernamentais do estado para os municípios baseia-se na coleta de imposto de valor agregado do estado (o assim chamado imposto sobre a circulação de bens e serviços, o ICMS). Qualquer queda na coleta de imposto de valor agregado implica redução das transferências dos governos estaduais para os governos locais, precisamente em um momento em que o investimento em serviços urbanos e sociais é muito necessário. Portanto os governos locais se encontram em um beco sem saída: são necessários mais fundos para resolver os gargalos estruturais, atrair empresas para a região, para aumentar a renda relacionada ao valor agregado, e mitigar os crescentes problemas sociais, porém o declínio econômico significa que o volume de transferências do estado está em queda. Os governos locais ficam, assim, praticamente incapazes de conter essa espiral para baixo sozinhos.

Como respostas individuais são difíceis e têm poucas chances de ser eficazes, os líderes comunitários e políticos locais decidiram atacar o problema de declínio econômico através da implementação de parcerias estratégicas, visando à revitalização regional, através da integração de estratégias tradicionalmente fragmentadas e altamente setoriais e da capacitação local. Este estudo ilustrará essa abordagem analisando a formação e o desenvolvimento do Conselho da região do Grande ABC.

Cooperação local como forma de empoderamento

Dada a escala dos problemas que enfrenta cada um dos municípios, há uma crescente conscientização de que o número de problemas e potencialidades na região ultrapassam a soma matemática do que existe nos sete municípios separados. A natureza compartilhada dos problemas ajudou a forjar a nova identidade regional, que se tem refletido nas iniciativas políticas recentes.

No setor público, o Consórcio Intermunicipal da região do Grande ABC foi criado em dezembro de 1990 e enfocou a elaboração de políticas regionais. Em dezembro de 1991, foi criado o primeiro (ainda municipal) Fórum de Desenvolvimento Econômico Local em Santo André. O município, empresas, uniões sindicais e lideres comunitários participaram do Fórum. O Fórum e o Consórcio Intermunicipal organizaram um Seminário Regional chamado de "Fórum ABC no ano 2000", no segundo semestre de 1992, que resultou na publicação de uma carta de intenções contendo vários pontos de acordo sobre a estratégia a ser tomada para revitalizar a economia regional.

Porém foi difícil colocar a estratégia em ação, e o Consórcio passou por uma crise no período entre 1993 e 1996. Tensões políticas foram as raízes de alguns dos problemas. Nesse meio tempo, entretanto, iniciativas complementares relevantes foram tomadas pela própria comunidade local, refletindo a maturidade da identidade regional e a conscientização dos problemas específicos da região. Sem dúvida, uma das iniciativas mais importantes nesse sentido foi a fundação do chamado Fórum da Cidadania do Grande ABC, composto por um grande número de instituições da sociedade civil, como associações de empresas, sindicatos, movimentos ecológicos, grupos comunitários etc. O Fórum deu grande ênfase a questões regionais relacionadas a toda a região do ABC, ao invés de cada município de forma individual.

Esses canais mais informais de associação e colaboração deram novo fôlego à ideia de colaboração institucional. Em 1996, o governo estadual de São Paulo, por meio do secretário de Ciências e Tecnologia, lançou uma proposta para um conselho da região do ABC, com o objetivo de discutir questões comuns de desenvolvimento econômico. Em seguida, a proposta foi discutida pelo Fórum da Cidadania. Contudo foi recusada pela maioria dos prefeitos locais, que, na ocasião, estavam preocupados com as eleições que estavam por vir.

Essa falta de interesse foi revertida com a eleição de sete novos prefeitos em janeiro de 1997, os quais, apesar de terem passado político diverso, provaram estar mais comprometidos em promover uma agenda regional comum. Os novos prefeitos imediatamente revitalizaram o Consórcio Intermunicipal, como um primeiro passo para o estabelecimento de uma instituição com maior participação e poder local: o Conselho da região do Grande ABC. A constituição desse conselho envolveu a Secretaria Estadual de Ciência e Tecnologia, os sete prefeitos da região e líderes proeminentes do Fórum da Cidadania. Três tipos de atores foram envolvidos no conselho desde sua fundação: a sociedade civil, o setor público e a economia local (empresas e sindicatos). Na prática, há um número desigual de participação dos diferentes atores. Os governos locais, através dos esforços diretos dos prefeitos, complementados por uma participação ativa dos grupos de trabalho de um grande número de profissionais de administrações públicas, são a espinha dorsal do conselho. Em contraste, o apoio e a participação das camadas mais altas de governo têm sido, na melhor das hipóteses, mornos. No nível estadual, há um envolvimento consciente do governador (presente em duas reuniões do Conselho) e um papel mais ativo e explicitamente positivo do secretário estadual de Ciências e Tecnologia, juntamente com um papel mais modesto contudo ativo dos outros secretários. O envolvimento dos organismos legislativos existentes (em nível federal, estadual e municipal) tem sido, com raras exceções, bem modesto.

Em uma região que é bem conhecida pela força de seus sindicatos, os trabalhadores são representados pelos sindicatos mais poderosos da região do ABC, por exemplo, o dos metalúrgicos e o das indústrias químicas. Essa participação dos sindicatos torna-se ainda mais significativa dada a acusação de que eles foram cúmplices da criação das condições de desinvestimento industrial na região. Embora nem todos os sindicatos participem ativamente do Conselho, a participação da maioria deles sinaliza uma extensão de seu papel tradicional no local de trabalho e uma nova preocupação em ajudar a influenciar de forma mais direta as políticas públicas relacionadas à manutenção e ao aumento dos níveis de emprego.

A participação de empresários tem sido instável. As associações de empresa não são muito bem organizadas em nível regional. Em muitos casos, as maiores empresas são multinacionais e os principais poderes de tomada de decisão estão localizados fora da região. Relativamente poucos tomadores de decisão das grandes empresas moram na região e, como tal, têm interesse direto nas condições de vida aqui. Apesar disso, representantes de setores importantes (indústrias automotivas e seus fornecedores, indústria petroquímica) recentemente confirmaram sua aderência ao Conselho. Ao mesmo tempo, os setores comerciais e industriais locais, representados por suas associações comerciais municipais, e as delegações locais da FIESP (Federação de Indústrias do Estado de São Paulo) são bem representadas.

Finalmente, as instituições da sociedade civil têm sido ativas no Conselho, especialmente através do Fórum da Cidadania. Este último inclui, além da representação do setor empresarial, organizações não-governamentais ativas na área de problemas ambientais, profissionais autônomos etc.

Desde sua fundação em março de 1997, o Conselho do Grande ABC estabeleceu grupos de trabalho para discutir questões específicas e propor acordos para ações regionais, incluindo-se a definição de atores e recursos financeiros apropriados. O primeiro desafio que teve que enfrentar foi priorizar essas propostas e estruturá-las de forma a torná-las uma estratégia de desenvolvimento viável. Para conseguir isso, foi organizado um seminário de trabalho, em julho daquele mesmo ano. O resultado do seminário foi a aprovação de uma lista de propostas com o objetivo de elaborar acordos regionais, que incluíam:

- elaborar políticas setoriais para melhorar as vantagens comparativas da região;
- modificar alguns dos parâmetros da semana de trabalho na região;
- criar um movimento à erradicação do analfabetismo;
- dar incentivos para a atividade econômica local;
- criar uma Agência de Desenvolvimento Regional;
- implementar políticas de proteção ambiental;
- aumentar o investimento em infraestrutura.

Dado o escopo ambicioso das propostas e a quantidade limitada de recursos, foi feito um esforço para selecionar as mais viáveis a serem incluídas nos primeiros acordos regionais. Os acordos regionais foram assinados em novembro de 1997 e incluíram:

- criação de uma Agência de Desenvolvimento Regional, com status de organização não-governamental. Seu principal objetivo era a promoção de estratégias de desenvolvimento regional, através de, entre outras medidas, a criação de um banco de dados socioeconômicos regionais e a implementação de iniciativas explícitas de marketing regional;
- implementação de um plano de drenagem de enchentes, com o objetivo de conter os custos econômicos associados a inundações;
- implementação de investimentos para melhorar os sistemas viários da região;
- implementação, através da revisão da legislação estadual ambiental, de atividades industriais não-poluentes compatíveis com a preservação dos mananciais e as áreas de proteção ambiental;
- melhoria da posição competitiva das pequenas e médias empresas locais, facilitando o acesso dessas empresas a crédito, tecnológica e programas de capacitação;
- implementação de um plano regional de treinamento profissional, com o objetivo de formar 235.000 trabalhadores até o ano 2000;
- elaboração e implementação de um plano de ação regional, com o objetivo de aliviar a situação crítica de crianças da região, através de medidas como a alocação de 1% da renda com impostos, o fortalecimento das instituições municipais existentes que trabalham com crianças e a implementação de um censo das ruas, mapeando a situação dessas crianças;
- estabelecimento de uma rede regional, com o objetivo de fortalecer a coordenação de programas e projetos com fins turísticos, ambientais e culturais.

Os primeiros frutos dos acordos já apareceram. A Agência de Desenvolvimento Regional foi criada em junho de 1998. O conselho de diretores é composto por membros que representam o setor privado – associações de empresas, sindicatos e o Serviço Brasileiro para o Apoio de Pequenas Empresas (SEBRAE)[3] –, que controla 51% do conselho, e o Consórcio Intermunicipal – com uma participação de 49%. A Agência de Desenvolvimento Regional provavelmente passará a ser um elemento importante da estratégia geral de revitalização, por duas razões. A primeira e que ela pode ser considerada como o ramo legal do Conselho da região do ABC, que formalmente não tem caráter legal. Através dela, a mesma composição de atores que é representada no Conselho poderá assinar acordos técnicos com agências externas e receber recursos financeiros. Isso preparou o caminho para que o Banco Interamericano de Desenvolvimento apoiasse o Conselho da região do Grande ABC, através de um projeto de assistência técnica enfocado no planejamento estratégico a ser coordenado pelo Conselho e implementado pela Agência de Desenvolvimento Regional.

Portanto a estruturação de capacidade institucional regional é um fato recente e significativo na região do Grande ABC, que poderia formar a base de uma nova abordagem à política industrial. Entretanto é cedo demais para indicar os resultados concretos de desenvolvimento econômico dessas iniciativas. Scott (1999) fez uma série de recomendações quanto à forma futura de estratégia de desenvolvimento econômico local, que enfatizam a formação de redes industriais colaborativas, a renovação da base técnica e apoio para inovação endógena e empresarialismo. Essas recomendações ainda não vieram a ser um programa de políticas totalmente desenvolvidas e resta saber se poderá ser criado um programa através da nova agência de desenvolvimento e se ele poderá ter impacto nos problemas de base da região.

O estabelecimento bem-sucedido da Agência de Desenvolvimento encorajou atores que estavam relutantes em participar anteriormente, principalmente as grandes empresas locais. Mais especificamente, o Conselho tem discutido, juntamente com segmentos importantes da indústria petroquímica da região, o lado forte e o fraco do setor, como parte do grupo de trabalho, em competitividade regional. Além disso, a participação desses setores será crucial para o desenvolvimento de estratégias sérias para a cadeia de valor agregado na região. Nesse sentido, o Conselho tem sido muito ativo, por exemplo, na negociação de um acordo de fornecimento entre a gigante petroquímica, a Petrobras, e a indústria petroquímica regional.

O envolvimento ativo desses novos parceiros também implicou a formação de novos grupos de trabalho temáticos. Questões que costumavam ser controversas, relacionadas à indústria automotiva, relações de mercado de trabalho e o sistema de transporte são agora discutidas abertamente no grupo de trabalho. O grupo de trabalho da indústria automotiva lida regularmente com questões como a flexibilização do mercado de trabalho, infraestrutura, impostos e desenvolvimento tecnológico. O grupo de mercado de trabalho tenta promover maior flexibilidade nos contratos e geração de emprego. O grupo de sistema de transporte está trabalhando na elaboração de propostas concretas para o desenvolvimento de um sistema metroviário de superfície, um sistema de ônibus integrado e para aumentar a capacidade da rede de ônibus elétrico na região.

Um outro desenvolvimento interessante é a discussão entre os parceiros do Conselho, que enfoca a elaboração e a implementação de incubadoras visando incentivar a capacitação tecnológica e a transferência entre pequenas e médias empresas. Inicialmente, as mais importantes candidatas a essas incubadoras seriam a indústria automotiva, a química e os setores moveleiros.

Conclusão

Ainda é cedo demais para avaliar o resultado dos desenvolvimentos institucionais na região do Grande ABC. Entretanto o que já foi conquistado representa uma alteração significativa em relação à situação no início dos anos 90. Naquela época, os sindicatos locais e as organizações de empregadores culpavam-se reciprocamente pelo declínio econômico, os governos locais e os políticos estavam preocupados principalmente em fazer *lobby* com os poderes legislativos estaduais e federais para aumentar seus orçamentos através de transferências, e não da geração de riquezas em nível local, e a sociedade civil ficou praticamente ausente das deliberações políticas.

Apesar do novo objetivo em comum, que uniu os vários atores, há obstáculos significativos pela frente. A falta de recursos para atingir alguns dos objetivos ambiciosos do Conselho é o mais óbvio. Os atores da região podem ter uma perspectiva mais acurada e com maior consenso sobre os problemas que enfrenta a região e algumas possíveis soluções para eles, porém lidar com esses problemas e aumentar os níveis locais de valor agregado provavelmente trará custos que serão mais difíceis de cobrir em um contexto de redução das transferências de recursos.

Além disso, a volatilidade do contexto econômico e político brasileiro também pode afetar o desenvolvimento futuro do Conselho. Apesar da recente tendência a uma descentralização produtiva e dos esforços para promover desenvolvimento endógeno, a economia da região ainda é altamente dependente das decisões de um pequeno número de empresas multinacionais. A recente estabilidade macroeconômica continua a ser pontuada por crises periódicas da moeda, que, tipicamente, estão associadas a fuga de capital e cancelamento de investimentos planejados na indústria. A permanente suscetibilidade da economia brasileira para desestabilizar movimentos monetários de curto prazo continuará a prejudicar os planos de investimentos necessários dos setores privado e público identificados pelo Conselho. Por exemplo, pode ser que o crescente estresse econômico possa prejudicar as parcerias locais entre empregados e sindicatos, que dão o caráter da nova estratégia para o ABC.

Finalmente, as alterações na liderança local também podem restringir o futuro desenvolvimento do projeto. O projeto foi levado adiante por uma série de indivíduos essenciais, especialmente os prefeitos locais. A função do PT na região do ABC tem sido crítica na liderança do projeto – especialmente através do prefeito de Santo André, Celso Daniel –, e a derrota do partido pode ter implicações nas formas mais ativas de intervenção econômica atualmente buscadas pelo Conselho. Até o momento, entretanto, o caso do ABC demonstra que a reestruturação econômica no Brasil causou uma mudança na capacitação local e no aumento do potencial local, através de parcerias e do estabelecimento de um diálogo contínuo envolvendo todos aqueles que estão preocupados com o bem-estar e a prosperidade da comunidade.

Os fatos descritos neste estudo devem pouco à lógica reveladora de um "novo regionalismo", conforme foi descrito anteriormente. Ao contrário, são mais bem compreendidos como os resultados contingentes de processos internacionais, nacionais e locais que interagem entre si. O caráter contemporâneo da governança territorial brasileira aborda uma longa história de federalismo, que entrou em uma nova era com a transição para a democracia no final dos anos 80. A tendência renovada para gerenciamento social e econômico descentralizado coincidiu com a decisão do estado brasileiro de liberalizar o regime econômico baseado na remoção de proteção à importação e de cortes tarifários. Esse ultimo processo nem sempre foi aplicado de forma consistente, mas tem sido associado, pelo menos até o momento, a uma reviravolta nas taxas de investimento externo. Conforme demonstramos, esse novo padrão de investimento estrangeiro ajudou a reformular a geografia econômica do Brasil à custa de regiões como o ABC. Os efeitos secundários dessa reestruturação na redução dos orçamentos públicos no ABC e a guerra fiscal por investimentos, cada vez mais intensa, ficam por trás dos recentes esforços para criar uma agência de desenvolvimento e estratégia regional enfocada no crescimento endógeno na região do ABC. Enquanto essa estratégia representa uma profunda inovação no contexto do ABC e contém muitas iniciativas interessantes, ainda não está claro se essa resposta às forças poderosas de reestruturação que atinge a região será suficiente ou se estratégias cooperativas semelhantes podem ser desenvolvidas fora do coração do Brasil.

Referências bibliográficas

AMIN, A. An instituionalist perspective on regional economic development. *International Journal of Urban and Regional Research*, v.23, 365-378, 1999.

BONELLI, R. *A note on foreign direct investment (FDI) and industrial competitiveness in Brazil*. (Texto para Discussão). Rio de Janeiro: IPEA, 1998.

BLUMENSCHEIN, F. The positive economics of inflation in Brazil. *Development and Change*, v.26, 651-686, 1995.

CAMPOLINA DINIZ, C. *A dinâmica regional recente da economia brasileira e suas perspectivas*. (Texto para Discussão). Rio de Janeiro: IPEA, 1995.

CANO, W. *Raízes da concentração industrial em São Paulo*. São Paulo: Difel, 1977.

CHESHIRE, P. C. e GORDON, I. R. Territorial competition: Some lessons for policy. *Annals of Regional Science*, v.33, 321-346, 1998.

COOKE, P. e MORGAN, K. *The associational economy: Firms, regions and innovation*. Oxford: Oxford University Press, 1998.

FERGUSON, B. W. Inducing local growth. Two intermediate-sized cities in the state of Paraná, Brazil. *Third World Planning Review*, v.14, 245-265, 1992.

FONSECA SILVA, D. Discurso no Seminário Internacional sobre o Desenvolvimento do ABC. Santo André: 1997.

GRAHAM, S. Constructing premium network spaces: Reflections on infrastructure networks and contemporary urban development. *International Journal of Urban and Regional Research*, v.24, 183-200, 2000.

HARRISON, B. *Lean and mean*. Londres: Guilford, 1997.

JAVED BURKI, S.; PERRY, G. e DILLINGER, W. *Beyond the center. Decentralising the state*. (World Bank Latin American and Caribbean Studies). Washington, DC: World Bank, 1999.

KEATING, M. e LOUGHLIN, J. (Eds.). *The political economy of regionalism*. Londres: Frank Cass, 1997.

LAVINAS, L.; GARCIA, E. H. e RUBENS DO AMARAL, M. *Desigualdades regionais: Indicadores socioeconômicos nos anos 90*. (Texto para Discussão). Rio de Janeiro: IPEA, 1997.

LOOYE, J. Supporting small-scale manufacturing in developing countries. Lessons from the metalworking sector in Ceará, Brazil. *Third World Planning Review*, v.20, n.1, 53-85, 1998.

LOVERING, J. Theory led by policy: The inadequacies of the 'new regionalism' (illustrated from the case of Walles). *International Journal of Urban and Regional Research*, v.23, n.2, 379-395, 1999.

MARKUSEN, A. Interaction between regional and industrial policies: Evidence from four countries. *International Regional Science Review*, v.19, 49-77, 1996.

RODRÍGUEZ-POSE, A. *Dynamics of regional growth in Europe*. Oxford: Clarendon Press, 1998.

RODRÍGUEZ-POSE, A. e ARBIX, G. Estratégias do desperdício. A guerra entre estados e municípios por novos investimentos e as incertezas do desenvolvimento. *Novos Estudos CEBRAP*, n.54, 55-71, 1999.

RODRÍGUEZ-POSE, A. e TOMANEY, J. Industrial crisis in the centre of the periphery: Stabilisation economic restucturing and policy responses in the São Paulo metropolitan region. *Urban Studies*, v.36, n.3, *479-498*, 1999.

SABEL, C. F. The resurgence of regional economies. *In*: HIRST, P. e ZEITLIN, J. (Eds.). *Reversing industrial decline*. Londres: Berg, 1989.

SCOTT, A. J. *Industrial revitalization in the ABC municipalities, São Paulo*. Report to the Agência de Desenvolvimento Econômico do ABC, São Paulo. Los Angeles: UCLA, 1999.

SHAH, A. *The new fiscal federalism in Brazil*. (World Bank Discussion Paper 124). Washington, DC: World Bank, 1991.

SHAPIRO, H. A primeira migração das montadoras: 1956-1968. (23-87). *In*: ARBIX, G. e ZILBOVICIUS, J. (Eds.). *De JK a FHC. A reinvenção dos carros*. São Paulo: Scrittam, 1997.

STORPER, M. *The regional world*. Londres: Guilford, 1997.

SOUZA, C. *Constitutional engineering in Brazil. The politics of federalism and decentralization*. Londres: Macmillan, 1997.

TENDLER, J. e AMORIM, M. A. Small firms and their helpers: Lessons on demand. *World Development*, v.24, n.3, *407-426*, 1996.

TOWNROE, P. M. Spatial policy and metropolitan economic growth in São Paulo, Brazil. *GEOFORUM*, v.15, 143-165, 1984.

TRIGILIA, C. *Sviluppo senza autonomia. Effetti perversi delle politiche nel Mezzogionrno*. Bologna: Il Mulino, 1992.

VALENÇA, M. M. The lost decade and the Brazilian government's response in the 1990s. *Journal of Developing Areas*, v.33, n.1, 1-52, 1998.

WILLIS, E; GARMAN, C. B. e HAGGARD, S. The politics of decentralization in Latin America. *Latin American Research Review*, v.34, n.1, 7-56, 1999.

Capítulo 5

Exclusão Territorial e Violência: O Caso de São Paulo, Brasil

Raquel Rolnik

Introdução

Se tivéssemos que apontar apenas um elemento – comum e o suficientemente forte – para definir cidades brasileiras histórica e regionalmente distintas, este seria, sem dúvida, a existência (e permanência no tempo) de contrastes profundos entre condições urbanas radicalmente distintas convivendo, muitas vezes conflitando, no interior da mesma cidade. Os morros e o asfalto na zona sul do Rio de Janeiro, o centro e as periferias da metrópole paulistana, o mangue e a orla na cidade à beira-mar são traduções territorialmente distintas da desigualdade de oportunidades urbanas que define nossas cidades.

Mais do que expressar diferenças econômicas e sociais, esse contraste tem implicações profundas na forma e no funcionamento das cidades. O espraiamento em periferias precárias tem levado a uma necessidade absurda de viagens que atravessam a cidade, para conectar cotidianamente espaços de não-cidade às centralidades concentradoras de emprego, oportunidades econômicas, culturais etc. Os efeitos urbanísticos decorrentes da persistência dessa dinâmica são devastadores e ocorrem nos dois termos dessa equação. Nas periferias (ou favelas, ocupações, invasões), o urbanismo é eternamente incompleto e, no mais das vezes, de risco.

Urbanismo de risco é aquele marcado pela inseguridade, quer do terreno, quer da construção, ou ainda da condição jurídica da posse do território. As terras onde se desenvolvem esses mercados de moradia para os pobres são, em geral, justamente aquelas que, pelas características ambientais, são as mais frágeis, perigosas e difíceis de ocupar com urbanização: encostas íngremes, beiras de córregos, áreas alagadiças. As construções raramente são estáveis, e a posse quase nunca totalmente inscrita nos registros de imóveis e cadastros das prefeituras. O risco é, antes de mais nada, do morador: o barraco pode deslizar ou inundar com chuva, a drenagem e o esgoto podem se misturar nas baixadas – a saúde e a vida são assim ameaçadas. No cotidiano, são as horas perdidas no transporte, a incerteza quanto ao destino daquele lugar, o desconforto da casa e da rua.

Mas, nesse caso, o urbanismo é de risco para a cidade inteira: por concentrar qualidades num espaço exíguo e impedir que elas sejam partilhadas por todos, os espaços mais bem equipados da cidade sentem-se constantemente ameaçados por cobiças imobiliárias, por congestionamentos, por assaltos.

Quando a erosão causada pelos desmatamentos e ocupações das encostas se acumula nas baixadas, rios e córregos, toda a cidade sofre com as enchentes. E quando o excesso de veículos e viagens provoca o colapso da circulação, é toda a cidade que para.

Portanto a exclusão territorial na cidade brasileira é mais do que a imagem da desigualdade; é a condenação da cidade como um todo a um urbanismo de risco.

O objetivo deste texto é explorar o nexo entre urbanização de risco e violência urbana, a qual aparenta ser a face mais visível e recente desse modelo, utilizando a experiência concreta de diferentes cidades no estado de São Paulo. Para construir tais relações, é importante entendermos a forma como diferentes padrões de desenvolvimento econômico e tendências demográficas contribuem para a geração de uma urbanização de risco e como as políticas de planejamento e gestão urbana interagem com este tipo de urbanização.

A base empírica deste estudo é uma pesquisa estruturada para avaliar o impacto de regulação urbanística no funcionamento de mercados residenciais nas cidades do estado de São Paulo com mais de 20.000 habitantes, conduzida em 1997-98 e financiada pela Fundação de Amparo à Pesquisa do Estado de São Paulo e o Lincoln Institute of Land Policy. A base da pesquisa foi um questionário enviado a 220 municípios[1], que foi respondido por 118 deles. Utilizando os dados desse questionário, combinados com uma tabulação especial do Censo de 1991, pudemos avaliar até que ponto instrumentos de planejamento e controle do uso do solo – que, em princípio, são desenhados para proporcionar cidades ambiental e socialmente equilibradas – atingem seus objetivos em municípios do estado de São Paulo. O questionário explora os processos de planejamento e regulação urbana existentes nas cidades e as condições sob as quais eles foram produzidos e implementados. De posse dessa informação, organizamos um *ranking* de cidades, de acordo com a existência de diferentes legislações de controle de uso do solo, de forma que as cidades foram arroladas desde a "mais regulada" até a "menos regulada"[2].

As informações do Censo de 1991 foram utilizadas para construir um indicador – "exclusão territorial" – cruzando-se informações sobre condições na habitação. Com essa proposta, construiu-se uma matriz de quatro tipos de informação (referentes a condições de habitabilidade das casas, localização, infraestrutura disponível e número de cômodos), transformados em variáveis dicotômicas (adequada ou inadequada)[3]. O indicador mede a porcentagem de domicílios em determinado município excluídos de condições urbanas mínimas.

O conceito de "exclusão territorial" foi construído para superar as dificuldades de lidarmos com índices tradicionais de porcentagem de cobertura de infraestrutura e indicadores gerais de condições de domicílios que não revelam uma imagem fiel das diferenças de condições urbanas no interior de um

[1] Esse é o número de municípios com população acima de 20.000 habitantes no estado de São Paulo. O recorte foi estabelecido baseando-se em artigo constitucional de 1988, que determina que todos os municípios com mais de 20.000 habitantes são obrigados a implementar processos de planejamento e regulação urbanística em seu território. A mesma determinação já existia anteriormente, desde 1975, quando um decreto federal restringira o acesso dos municípios a créditos e empréstimos federais (inclusive com cooperação internacional) à expansão de infraestrutura e serviços àqueles que apresentassem um plano diretor municipal justificando o projeto em questão.

[2] Plano Diretor, Leis de Uso e Ocupação do Solo e outras normas urbanísticas foram consideradas, especificamente relacionadas à proteção ambiental e/ou dirigidas à ampliação do acesso ao mercado habitacional para os mais pobres.

[3] Para avaliar infraestrutura, por exemplo, foram levadas em consideração quatro variáveis: redes de água e esgotos, coleta de lixo e iluminação pública. Se o domicílio estava conectado ao sistema de água encanada, era considerado adequado; todos os outros sistemas (poços, açudes, acessos públicos coletivos etc.) eram considerados inadequados. Para esgotos, sistemas públicos ou fossas sépticas foram considerados adequados, enquanto todas as outras soluções (queimar os detritos, enterrá-los, deixá-los em terrenos vazios, despejá-los nos rios, lagoas ou mar) foram consideradas inadequadas. Para iluminação pública, considerou-se adequado o sistema elétrico com relógios nos domicílios, e todas as outras soluções (sistema elétrico sem relógios, sistemas a óleo ou querosene) foram consideradas inadequadas.

município. Cruzando os indicadores, poderemos esboçar mais claramente um quadro de onde a urbanização é "completa" e onde ela é precária, por qualquer razão. Da mesma forma, a intenção de lidarmos com esse conceito é também a de tentarmos medir a segregação urbana, pois esse dado pode também ser cruzado com renda familiar, renda de chefes de família, cor e outras variáveis econômicas e sociais.

Escolhemos o termo "exclusão territorial" com a proposta óbvia de relacioná-la com o conceito de exclusão social, muito mais do que com pobreza ou disparidades sociais.

Esse conceito – que relaciona a acumulação de deficiências de várias ordens à vulnerabilidade – tem sido progressivamente utilizado em políticas públicas e pode ser entendido como a negação (ou o desrespeito) dos direitos que garantem ao cidadão um padrão mínimo de vida, assim como a participação em redes de instituições sociais e profissionais (Castel, 1995; Paugam, 1996). A exclusão social é vista como uma forma de analisar *como* e *por que* indivíduos e grupos não conseguem ter acesso às possibilidades oferecidas pelas sociedades e economias ou beneficiar-se delas. A noção de exclusão considera tanto os direitos sociais quanto aspectos materiais, abrangendo, portanto, não só a falta de acesso a bens e serviços – que significam a satisfação de necessidades básicas – mas também a ausência de acesso a segurança, justiça, cidadania e representação política (Rodgers, 1995).

Para analisarmos melhor os resultados da pesquisa, cruzamos também os números obtidos com dados adicionais sobre as cidades: taxas de crescimento da população, valor adicionado *per capita*, receita municipal per capita e porcentagem de chefes de famílias ganhando menos de 2 salários mínimos. Toda a informação foi processada em uma base de dados GIS para criarmos um mapa da exclusão territorial no estado de São Paulo.

Em uma segunda fase da pesquisa, foram feitos estudos de caso tendo como objeto de estudo três municípios escolhidos dentre os 118 – considerados representativos dos diferentes padrões de exclusão territorial encontrados na primeira etapa – para aprofundarmos a análise, focalizando cada cidade historicamente e mais detalhadamente. Finalmente, cruzamos os dados com indicadores de violência urbana[4].

São Paulo – o contexto[5]

Índice de Urbanização do Estado: 93%

Densidade: 131,73 hab/km^2

Produto Interno Bruto: US$ 149 bilhões

Produto Interno Bruto – Setor Primário: 4%

Produto Interno Bruto – Setor Secundário: 40,5%

Produto Interno Bruto – Setor Terciário: 55%

PIB nominal *per capita*: US$ 4,550

[4] Trabalhamos principalmente com a taxa de homicídios *per capita*, porque esse é o indicador mais confiável para medir a violência, registrado por autoridades de saúde pública, que possuem um sistema muito consolidado de registro de mortes por causa no estado de São Paulo.

[5] "Background on São Paulo" – Preparado por Brett Bradshaw, Roberta Clemente e Viviane Nouvel Alessio para "Public Administration and Citizenship Project" na Fundação Getúlio Vargas – São Paulo.

Localizado na região Sudeste do Brasil, o estado de São Paulo possui superfície de 248,8 km², abrangendo 3% do território nacional. Possui 625 municípios, sendo os mais populosos São Paulo (9,8 milhões de habitantes), Guarulhos (972.766), Campinas (907.996), São Bernardo do Campo (658.791), Santo André (625.294), Osasco (610.020), São José dos Campos (498.000), Ribeirão Preto (469.000) e Santos (412.288)[6].

São Paulo é o estado mais rico da América do Sul – a máquina industrial que impulsiona a economia brasileira: 30% das 50 maiores companhias brasileiras estão nesse estado, assim como 50% da indústria do país. Os 36 milhões de habitantes de São Paulo representam por volta de um quarto da população do Brasil, no entanto o estado contribui com 40% das receitas do país com impostos. Um setor agrário altamente capitalizado produz 80% das laranjas do país, metade do açúcar, 40% dos frangos e ovos, e 22% do café.

Essa primazia econômica é um fenômeno relativamente recente. Por mais de 300 anos a área que compreende o atual estado de São Paulo permaneceu estagnada. Os habitantes eram de origem luso-índia, entre os quais emergiram os bandeirantes – exploradores que adentraram profundamente no território da América do Sul, capturando escravos índios e procurando metais e pedras preciosas por onde passavam.

São Paulo manteve-se pobre até meados do século XIX. A expansão das fazendas de café rumo a oeste, proveniente do Rio de Janeiro e ao longo do Vale do Paraíba, impulsionou o desenvolvimento econômico. O rico solo da região adequava-se com perfeição ao plantio do café e logo o grão ocupava todo o estado, conforme os fazendeiros procuravam novas terras e cortavam a floresta tropical para dar lugar às plantações. Por volta do final do século XIX, esse estado tornara-se o maior produtor mundial de café. O Brasil abolira então a escravidão, e os fazendeiros recorreram à mão de obra assalariada europeia, principalmente italiana, para realizar a produção. Acompanhando a expansão do café, empresas inglesas e de outras nacionalidades aproveitaram a oportunidade para investir na infraestrutura portuária, estradas de ferro, geração de energia, fornecimento de água, enquanto se constituía a indústria têxtil, entre outras. A produção industrial, que tem início ao findar o século XIX, passa por um *boom* após a Primeira Guerra Mundial.

A crise dos anos 30 trouxe o fim de uma economia baseada exclusivamente na exportação de produtos agropecuários e estabeleceu a indústria como o dínamo da economia brasileira. São Paulo tornou-se a liderança do processo de industrialização. De 1930 a 1970, assiste-se a uma brutal concentração industrial em São Paulo. Após a Segunda Guerra Mundial, a expansão industrial ganha novo impulso com a instalação da indústria automobilística no ABC (Santo André, São Bernardo e São Caetano) e complexos petroquímicos e metalúrgicos em Cubatão/Baixada Santista (nos anos 50) e Paulínia/Campinas (nos anos 70). Diferentemente da primeira industrialização, que ocorrera no início do século, ao longo das estradas de ferro, a nova onda industrial instala-se junto às estradas de rodagem, que surgem a partir dos anos 50, conectando os principais centros do estado. No início dos anos 70, os municípios mais populosos da região metropolitana (São Paulo, Guarulhos e o ABC) estavam já conurbados e as taxas de crescimento populacional eram muito altas[7].

---

[6] Fonte: Contagem IBGE, 1996.

[7] Nos anos 60, a região metropolitana de São Paulo teve um crescimento populacional de 5,53% anuais (4,57% no município central e 8,71% na periferia); nos anos 70, ela era de 4,48% (3,69 no município central e 6,37 na periferia) Fonte: IBGE – Instituto Brasileiro de Geografia e Estatística, censos de 1960, 1970 e 1980.

A partir do início dos anos 80, inicia-se um novo estágio produtivo na economia brasileira. Devido a decisões estratégicas no sentido de obterem-se novas fontes de matéria-prima, mão de obra mais barata e novos mercados consumidores, assim como a articulação de políticas federais objetivando a correção de diferenças interregionais, inicia-se um processo de desconcentração industrial. Ocorre um grande espraiamento das áreas industriais, em um raio de 100-150km em torno da capital do estado, e centros agroindustriais, como Campinas, Ribeirão Preto, Sorocaba e o Vale do Paraíba surgem como novos polos econômicos, ameaçando a posição de primazia da região metropolitana[8]. Particularmente após a crise do petróleo dos anos 70, um programa federal destinado a substituir esse combustível como fonte de energia subsidiou fortemente a expansão de plantações e usinas de cana-de-açúcar. Tal política transformou completamente a base econômica de vastas áreas agrícolas do estado, especialmente em torno de Ribeirão Preto e Campinas. Atualmente, muitos desses centros rivalizam com a capital em termos de poder econômico e social. Essa riqueza atrai migrantes de regiões mais pobres do estado, assim como da região Sul do país. Os estudos do Censo de 1980 indicam que a agroindustrialização e a mecanização do campo no Sul do Brasil expulsaram mais de 4 milhões de pessoas de áreas agrícolas nos anos 70. Desse contingente, menos da metade dirigiu-se à fronteira agrícola do Centro-Oeste e da Amazônia, enquanto a maior parte escolheu a região metropolitana de São Paulo e cidades próximas como destino final (Gunn, 1998). Em meados dos anos 70, entretanto, a crise internacional do petróleo e o aumento das taxas de juros reduziram o crescimento e estagnaram a economia. Para contornar os problemas econômicos, o governo aumentou o endividamento externo e a dívida externa multiplicou-se. O enorme serviço da dívida consumia os ganhos com exportações e causava inflação crônica. Os anos 80 ficaram, então, nacionalmente conhecidos como a "década perdida", marcada por um brutal declínio nos investimentos industriais, recessão e altas taxas de inflação.

Essa crise dos anos 80 atingiu São Paulo violentamente. De 1980 a 1984, 400.000 empregos industriais foram perdidos na região metropolitana e iniciou-se uma grande transição na estrutura do mercado de trabalho. A cidade de São Paulo tornou-se crescentemente uma metrópole terciária, perdendo terreno como o motor industrial da economia nacional para o interior de São Paulo e outros estados. O próprio estado está perdendo sua importância relativa como líder em investimentos industriais para outros estados brasileiros, principalmente Minas Gerais, Rio Grande do Sul e Paraná.

A mesma disparidade de renda que sempre marcou a urbanização brasileira persiste em São Paulo nas últimas décadas. Dados comparativos demonstram que, independentemente de transformações demográficas, em fases de crescimento econômico ou recessão, o padrão de distribuição de renda permaneceu o mesmo: um extrato privilegiado de 10% da população total recebe 44% da renda total. Os 20% mais ricos recebem 60% do total, e o 20% mais pobres recebem menos de 2,5%[9].

---

[8] Nos anos 80, a região metropolitana de São Paulo vê sua taxa de crescimento populacional cair para 1,72% anuais (1,01 no município central e 3,08% na periferia) Fonte: IBGE – Censos demográficos, 1980,1991.

[9] Fundação IBGE. Pesquisa Nacional por Amostra de Domicílios – PNAD 1971, 1981 e 1989. Os dados exatos para 1989 são: os 10% mais pobres:1,3%; os 10% mais ricos: 44,2%; os 5% mais ricos: 31,4%. Fernando Augusto M. Mattos. Estrutura Ocupacional e Distribuição de Renda – Regiões Metropolitanas de São Paulo e Rio de Janeiro. *São Paulo em Perspectiva*, v.9, n.2, 1995, p.92.

Mapeando a exclusão territorial no estado de São Paulo

A Tabela 2 (porcentagem de domicílios em situação adequada) nos dá uma ideia clara da regionalização da urbanização precária: as situações mais agudas de exclusão territorial encontram-se na fronteira periférica das regiões metropolitana (Embu-Guaçu: 1,35; Arujá: 6,26%; Francisco Morato: 7,46% e também Rio Grande da Serra, Cotia, Embu, Cajamar, entre outros)[10], mas o fenômeno repete-se nas cidades periféricas da Baixada Santista, Litoral Norte, Campinas, Vale do Paraíba e Sorocaba. A precariedade urbanística situa-se exatamente nos locais mais dinâmicos e ricos de São Paulo, para onde se desconcentrou a grande indústria desde os anos 70. A região delimita, de um ponto de vista urbanístico, o raio de um padrão de desenvolvimento urbano baseado nas grandes plantas indústriais, em sistemas de transporte sobre rodas e a expansão de assentamentos periféricos de baixa renda, espraiando precariedade e exclusão territorial em suas fronteiras.

O cruzamento entre o valor adicionado *per capita* e a variável anterior reforça o argumento; entre as dez cidades com o maior valor adicionado *per capita* no Estado de São Paulo, seis pertencem ao grupo de cidades com o mais baixo percentual de domicílios em situação adequada. Nesses casos, as indústrias localizam-se em um município periférico, conectadas por sistemas de estradas e rodagem a um centro potente (como Monte-Mor na periferia de Campinas; Mauá, na periferia do ABC consolidado; ou Cubatão, entre São Paulo e Santos). As plantas industriais atraem trabalhadores, mas simultaneamente contribuem para a degradação ambiental e a criação de mercados residenciais ilegais de baixa renda. Essas cidades economicamente vibrantes são, cada vez mais, habitadas exclusivamente por uma população de baixa renda (pois executivos e gerentes vivem em centros próximos ou em São Paulo), a qual cresce em níveis assustadores. Trata-se de um padrão de desenvolvimento econômico com altos níveis de concentração de renda, levando à exclusão territorial.

Outro padrão, também ligado à presença de riquezas, surge nos locais turísticos que se situam no mesmo raio macrometropolitano. Cidades costeiras, como Guarujá e Caraguatatuba, ou estâncias de montanha como Campos de Jordão, apresentam esse padrão. Tais regiões foram urbanizadas por investidores imobiliários, oferecendo segundas residências para diferentes segmentos de mercado (de apartamentos de classe média a condomínios luxuosos e marinas) e passam a atrair trabalhadores da construção civil e empregados domésticos – funcionando também como cidades-dormitório de centros industriais vizinhos (como Guarujá, do porto de Santos, ou Caraguatatuba, do porto de São Sebastião). Nesses casos, encontram-se municipalidades com os mais baixos valores adicionados *per capita*, vizinhas de municipalidades com as mais altas.

O padrão de exclusão territorial tem muito a ver com a distribuição de renda, pois, como vimos, as piores condições do estado ocorrem nas áreas mais desenvolvidas e ricas.

Mas a distribuição de renda não explica tudo, pois outras regiões do estado de São Paulo com um nível mais baixo de exclusão territorial possuem mais ou menos a mesma estrutura de renda, ou, em algumas delas, os salários dos mais pobres são ainda mais baixos[11]. Para compreendermos um modelo de desenvolvimento urbano que reproduz continuamente novas fronteiras

[10] Ver Tabela 4 – Agrupamento dos municípios por percentual de adequações.

[11] A região mais pobre do Estado é o Vale do Ribeira, a sudeste do Estado, que compreende 14 municípios e 226.413 habitantes, 45,17% deles considerados indigentes. As periferias da capital, ou 38 municípios, possui 6 milhões de habitantes, 5% dos quais considerados indigentes.

de precariedade, é importante considerar como funcionam os mercados de terras, assim como o impacto do planejamento e regulações do uso do solo configurando esses mercados.

Legislação urbanística e mercados informais de terras – as relações perversas

O caso de Diadema tipifica o processo da grande expansão industrial na região metropolitana. Quando a indústria chega a Diadema (nos anos 60 e 70, e até 1990) acelera-se o crescimento demográfico, gerando uma expansão horizontal de grandes proporções, que não cria exatamente um espaço urbano.

Diadema era uma cidade de 12.000 habitantes em 1960. Em 1971, uma nova estrada ligando São Paulo ao porto de Santos foi construída, cruzando o território da cidade e atraindo pequenas e médias plantas industriais, que eram satélites das grandes plantas em São Bernardo. Por causa de sua localização na periferia sudeste, Diadema recebeu apenas migrantes de baixa renda. Na ausência de um grupo significativo de alta ou mesmo média renda, configuraram-se apenas dois segmentos no mercado de terras: um para usos industriais e outro para loteamentos residenciais de baixa renda.

Em 1973, um Plano Diretor para a cidade foi aprovado, definindo uma regulação do uso do solo, na qual mais de dois terços das terras do município – as áreas mais bem urbanizadas – foram destinadas para usos industriais. Além da regulação municipal, em 1976, uma lei de preservação ambiental para a proteção das áreas de mananciais da urbanização excluíra 724 hectares (ou 23,55% do território do município) de qualquer uso urbano, exceto o de baixíssima densidade para alta renda.

Os efeitos imediatos dessas regulações foram um excesso de oferta para a indústria (em 1990, aproximadamente 40% dos recursos territoriais destinados para o uso industrial estavam vazios), levando a uma escassez de terra urbana destinada para uso residencial e outros. Essa equação, em um contexto de altos índices de crescimento demográfico (20,42% por ano nos anos 60 e 11,23% nos anos 70) provocaram uma expansão periférica, ocupando áreas não-urbanizadas e consumindo vorazmente toda a terra que não era destinada a usos industriais, inclusive as áreas de preservação ambiental. Sem outra alternativa, pois a terra estava destinada a usos industriais ou muito cara, devido à oferta limitada, os pobres fizeram essa expansão, em sua maior parte, irregularmente, por mercados informais que não se adequavam a qualquer padrão de urbanização[12]. O resultado foi que, no início dos anos 80, apenas 30% das ruas existentes estavam pavimentadas, 50% dos domicílios estavam conectados à rede de água, e a taxa de mortalidade infantil estava em 83/1000[13].

Esse padrão guarda algumas semelhanças com o caso de Guarujá, localizado na periferia de uma região de crescimento rápido – a Baixada Santista, onde se instalaram plantas industriais (a maior parte em Cubatão) e equipamentos portuários (a maior parte em Santos)[14]. Trabalhadores que não tinham acesso à terra e à habitação na área urbanizada de Santos, assentaram-se na porção noroeste da ilha vizinha de Guarujá, formando o núcleo de Vicente de Carvalho, próximo ao canal

[12] Do total de 380 loteamentos registrados no município atualmente, 290 são irregulares – a maioria tendo sido aberta nos anos 70 (118). Fonte – Cadastro e Banco de Dados da Secretaria de Habitação de Diadema.

[13] Fonte – Prefeitura Municipal de Diadema – Sumário de Dados Socioeconômicos – primeiros resultados – Secretaria de Habitação e Desenvolvimento Urbano – Diadema, 1995.

[14] Alguns terminais de *containers* privados, como os da Dow Chemical, Cargill e Cutrale, instalaram-se no Guarujá nos anos 70, definindo, assim, um território retroportuário.

que liga a ilha de Santos. Como Diadema, nos anos 60 e 70, o município de Guarujá atraiu apenas migrantes de baixa renda, pois funcionários mais qualificados da Baixada Santista residiam em Santos ou São Paulo.

Mas Guarujá combina a "cidade-dormitório" ao turismo, utilizando sua porção sudeste como um balneário, a "Pérola do Atlântico"[15]. Nesse caso, a estratégia do Plano Diretor de Guarujá (aprovado em 1978) e de sua legislação urbanística era preservar as áreas mais bem urbanizadas para o uso balneário e simplesmente "esquecer" os mercados residenciais de baixa renda, em um contexto de grande crescimento demográfico[16]. A orla urbanizada, portanto – que sempre teve rede de água e saneamento, pavimentação e iluminação e constantes investimentos em confortos urbanos – foi minuciosamente zoneada para os diferentes segmentos de mercado de veraneio, bloqueando seu acesso a mercados residenciais de baixa renda. Esse objetivo foi atingido fixando-se padrões urbanísticos completamente estranhos às lógicas econômicas e espaciais dos assentamentos de baixa renda, ou seja, lotes de $500m^2$ de área mínima, para residências unifamiliares, prédios de apartamentos com grandes recuos etc.

Ao mesmo tempo, assentamentos populares para a população permanente expandiram-se em Vicente de Carvalho sobre mangues, e favelas formaram-se em morros voltados para o continente. Com esse padrão de urbanização, foi possível proteger investimentos nos balneários de fim de semana, afastando a "invasão", pelos pobres, de áreas ricas e urbanizadas.

O que acabamos de descrever, em ambos os casos, são mecanismos perversos que mantêm a pobreza longe das áreas mais bem urbanizadas, construindo uma muralha por meio de regulamentação urbanística e reservando as regiões mais qualificadas aos mercados formais –, desse modo abrindo continuamente fronteiras de expansão urbana para o informal. O mecanismo revela-se ainda mais perverso se levarmos em conta que a "fronteira" aberta pelos mercados informais não foi ocupada pelos mercados formais, devido às dificuldades para urbanização (altas declividades ou áreas inundáveis) ou a restrições ligadas à preservação ambiental (como áreas de mangue, matas, mananciais etc.).

Os exemplos de Diadema e Guarujá, dois municípios com altos índices de exclusão territorial, demonstram o fracasso do planejamento e dos paradigmas da regulamentação urbanística que foram aplicados às cidades do estado de São Paulo nos anos 70 e 80.

O Gráfico 1 faz o cruzamento do *ranking* da regulamentação urbanística (da mais regulada a menos regulada) com o *ranking* da exclusão territorial (da maior porcentagem de domicílios em situação adequada à menor), demonstrando que não há conexão entre a presença do planejamento e o grau de exclusão territorial das cidades. Contrariamente ao conhecimento convencional, de que o problema brasileiro é a falta de planejamento, os resultados da pesquisa demonstram que o planejamento, como tem sido praticado, tem um impacto muito pequeno no equilíbrio socioambiental das cidades. Em um contexto de alta pressão demográfica e competição pelo solo urbano, o planejamento foi largamente utilizado como um instrumento para assegurar segregação e demarcação de segmentos de mercado. Por essa razão, o planejamento deve ser repensado no sentido de incidir sobre esse urbanismo de risco.

[15] A primeira ocupação da ilha ocorrera quando a Companhia Balneária da Ilha de Santo Amaro estabelecera um hotel, um cassino e 50 chalés para a elite paulistana.

[16] O crescimento populacional de Guarujá nos anos 70 foi de 5,26% anuais.

Gráfico 1

NÍVEL DE REGULAÇÃO URBANA (HORIZONTAL)
POR NÍVEL DE EXCLUSÃO TERRITORIAL (VERTICAL)

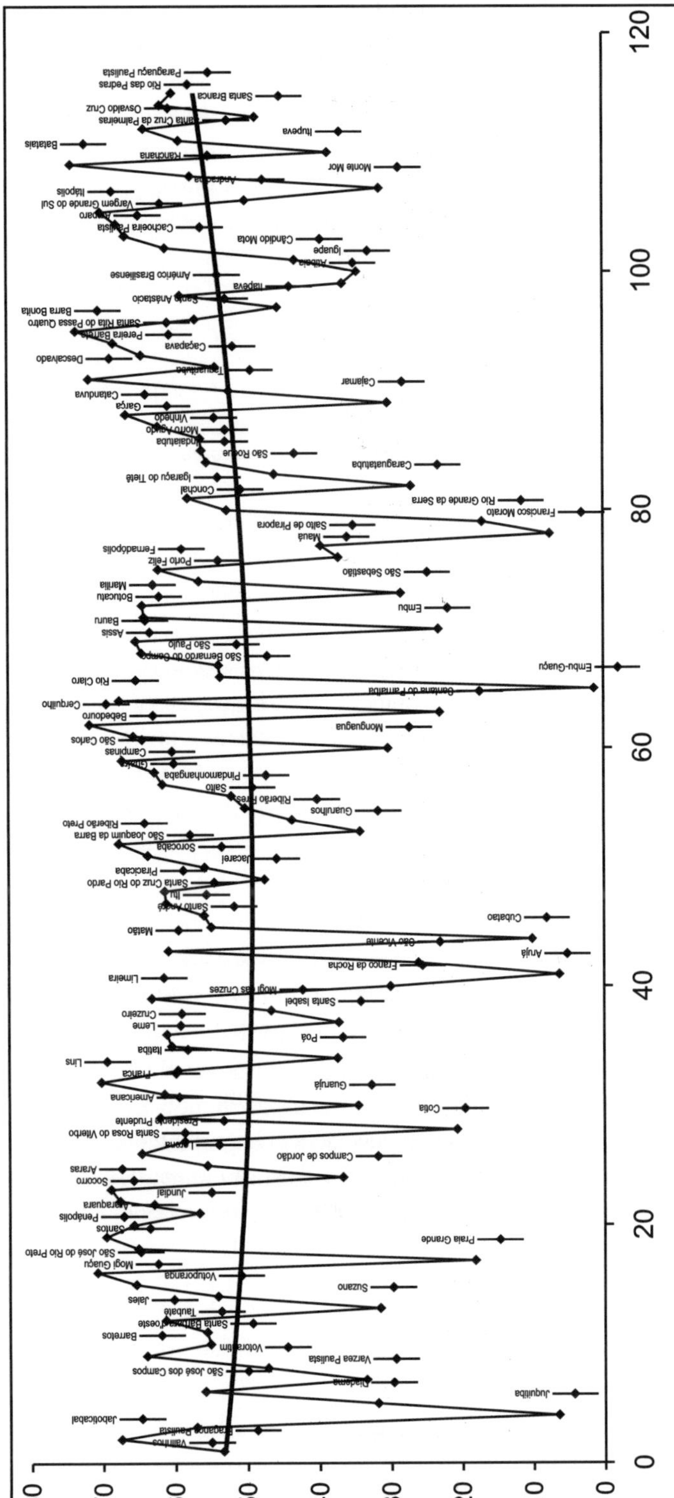

Até esse ponto, não comentamos o outro extremo do *ranking* – as cidades com a melhor performance no provimento de condições de vida adequadas para seus habitantes. Apesar de não haver cidade em São Paulo com 100% de domicílios com condições urbanísticas adequadas, os menos precários localizam-se na porção noroeste do estado[17]. Nessa região, conhecida como a "Califórnia Paulista", floresceu a agroindústria, sobretudo ligada à cana-de-açúcar e à laranja. Tomando o exemplo da região de Ribeirão Preto, onde o complexo sucro-alcooleiro estabeleceu-se nos anos 70, a maior parte das cidades possui altos índices de adequação e condições de vida, apesar de a concentração de renda ser semelhante à do município de São Paulo, e os níveis salariais inferiores.

As cidades agroindustriais "fechadas"

Apesar de os anos 70 – quando o Pró-álcool foi lançado e consolidado – terem sido anos de expansão econômica, a taxa de crescimento populacional regional (2,45% por ano) foi menor do que a média do estado para esse período (3,5% anuais). Durante os anos 80, os efeitos da recessão foram muito mais agudos na região metropolitana e na Baixada Santista do que na região de Ribeirão Preto, que continua a crescer e apresenta taxas de crescimento (2,59%) ligeiramente mais altas do que a média do estado (2,02%). A região atrai migrantes nos anos 70 e 80, mas nunca na mesma escala que os centros industriais e suas periferias.

A explicação dessa situação reside na relação entre atividade econômica e urbanização. O complexo sucro-alcooleiro, como todos os setores agroindustriais, possui seu centro dinâmico fora das áreas urbanas. A lógica de instalação da agroindústria é baseada na proximidade de áreas de produção de produtos primários de forma mais acentuada do que nas economias de aglomeração. Assim, não há concentração em uma única cidade polar, mas um espraiamento em diferentes cidades onde se localizam as plantas. A terra para cultivo valoriza-se como resultado de desenvolvimento agroindustrial, criando um barreira para a conversão em terra urbana, mesmo durante ciclos de expansão econômica e demográfica.

O mercado de trabalho é majoritariamente sazonal – absorve mão de obra durante as safras, pois a maior parte do cultivo foi mecanizada e a terra foi concentrada em grandes latifúndios. Em períodos de colheita, migrantes assentam-se em acampamentos dentro das plantas, ou em quartos alugados, principalmente nas cidades menores da região. Para impedir a instalação permanente desses trabalhadores sazonais, as cidades estabelecem postos de controle nas estradas, estações rodoviárias e ferroviárias e até bloqueios com "batidas" na entrada das cidades.

Com menor pressão sobre a terra urbana e, portanto, preços muito baixos (comparando-se com Diadema ou Guarujá), a receita proveniente da produção agroindustrial permanece nas cidades, permitindo o investimento em infraestrutura e criando menores disparidades nos preços relativos (ver Tabela 1).

---

[17] De acordo com a Tabela 1, os melhores indicadores correspondem aos municípios de Batatais (74%), Cerquilho (71,61%), Descalvado (71,58%) e São José do Rio Preto (70,72%).

Tabela 1

PREÇOS RELATIVOS DE TERRA – 1998

Preço	Diadema	Guarujá	Jaboticabal
Média	R$206,00	R$416,13	R$41,00
Mais caro	R$273,00	R$870,00	R$100,00
Mais barato	R$83,00	R$10,00	R$14,23
Relação entre os dois extremos	3,29	37,00	7,03

Fontes: Diadema: PMD – Banco de Dados sobre o valor do preço da terra 1991/1998. Guarujá: PMG – Planta de Valores Genéricos 1998. Jaboticabal: pesquisa de preços feita com corretores.

Nesse caso, a população de baixa renda – mesmo considerando-se os baixos salários e a alta concentração de renda – tem mais acesso à habitação adequada. Quando a oferta de terra urbanizada responde à demanda, não se cria o fenômeno da supervalorização da terra urbanizada, portanto há menor exclusão territorial.

Entretanto esse modelo viabilizou-se apenas em uma escala regional, pois os pobres que não penetram nas cidades assentam-se em outras localidades. Além disso, todo o sistema é dependente quase exclusivamente da produção de cana-de-açúcar – que devastou o meio ambiente e é altamente subsidiada. O modelo, portanto, está longe de ser sustentável.

Exclusão territorial e violência no estado de São Paulo

O crime e a violência no Brasil transformaram-se no centro das atenções tanto dos formuladores das políticas quanto do público. Durante os anos 80, as taxas de morte violenta[18] subiram do quarto para o segundo lugar dentre as causas de morte no país. O Brasil, com uma taxa de homicídios de 23,35 por 100.000 habitantes em 1988[19], é o segundo país mais violento da América Latina, a região mais violenta do mundo, perdendo apenas para a Colômbia (89,5 homicídios por 100.00 habitantes) no final dos anos 80 (Ayres, 1988). Com uma taxa de homicídio de 28,79 por 100.000 em 1991, e 29,70 em 1994, o estado de São Paulo está acima da média brasileira e pode ser considerado o estado mais violento do Brasil[20].

Muito já se escreveu sobre criminalidade e violência em relação ao uso ilegal de drogas e tráfico. Mas é difícil generalizar-se a suposição de que as principais causas de crime e violência são o uso de drogas e o tráfico, pois estes são problemas que afetam cada cidade de forma específica. Mais provavelmente, tanto um aumento na violência quanto no tráfico são sintomas da mesma causa.

---

[18] Nas estatísticas de saúde pública, o grupo abrange todo os acidentes, incluindo de trânsito, suicídios, homicídios e outras causas violentas, segundo os códigos E800 a E999 do capítulo XVII do CID (Classificação Internacional de Doenças) (Souza, 1994).

[19] Fonte: Ministério da Saúde/CENEPI – Centro Nacional de Epidemiologia, 1988 (Souza, 1994).

[20] Dados disponíveis do estado de São Paulo no período 1991/1994 (Fundação Seade). Os dados não são disponíveis para todos os estados, entretanto dados comparativos das regiões metropolitanas e suas capitais confirmam a posição de São Paulo. Mesmo tendo havido um aumento das taxas em todas as regiões metropolitanas, a taxa de homicídios de São Paulo foi de 38,9, a maior, seguida pela de Recife (37,8) (Souza, 1994). Souza (1994) e Minayo & Souza (1993) apontam uma distorção nos números do Rio de Janeiro: se levarmos em conta o número de homicídios mais as mortes causadas por armas de fogo, cuja intencionalidade ou acidentalidade é ignorada, a taxa de homicídios no Rio de Janeiro em 1988 sobe para 50,3.

Explicações tradicionais relacionam violência e marginalização social à inabilidade de migrantes de origem rural para realizar a transição da tradição para a modernidade. No caso de São Paulo, o argumento não se aplica, pois a violência aumentou nos anos 80, quando se verificou um forte declínio no êxodo rural, e o estado – e particularmente a região metropolitana – começou a passar por uma transição demográfica (declínio da taxa de crescimento da população, taxas de fertilidade e transformação dos padrões regionais de migração) (Berquó, 1992).

Os dados do censo de 1991 mostram que a capital perdeu 900.000 habitantes nos anos 80, e sua região metropolitana teve um fluxo positivo de migração de 450.000, a maior parte migrantes vindos do município central para a periferia da mesma região (Ribeiro e Lago, 1995).

Um forte argumento na literatura recente liga a violência à pobreza. O nexo é sustentado por dados que mostram aumentos de violência ocorrerem em períodos no quais se verificaram também fortes aumentos da pobreza. A recessão dos anos 80 e os efeitos de ajustes estruturais sobre os pobres urbanos levaram a uma severa diminuição nos salários reais e nas oportunidades de emprego de grandes segmentos da força de trabalho (Ayres, 1998). Apesar de essas afirmações serem verdadeiras no caso de São Paulo, a pobreza absoluta em si não pode explicar por que a região metropolitana de São Paulo é a mais violenta entre as metrópoles brasileiras. De fato, a proporção da população abaixo da linha de pobreza em São Paulo em 1989 (20,90%) é uma das mais baixas entre as de todas as metrópoles brasileiras. Salvador, com 39,0% da população abaixo da linha de pobreza, é uma das menos violentas, com uma taxa de homicídios de 17,5 por 100.000 habitantes (Singer, 1997).

Com certeza a desigualdade (ou a pobreza relativa) deve ser levada em consideração para explicarem-se altas taxas de criminalidade, como apontam alguns estudos em cidades norte-americanas (Freeman, 1996). Mas a pobreza, a desigualdade e até mesmo transformações no mercado de trabalho podem ser tratadas de muitas formas diferentes por comunidades e indivíduos, dependendo de sua vulnerabilidade (Moser, 1996). De acordo com Moser, o conceito de vulnerabilidade ou de insegurança do bem-estar de indivíduos, famílias ou comunidades em face de um ambiente em transformação, capta não apenas a situação de indivíduos e grupos mas também seus meios de resistência ou os recursos que podem mobilizar ante as intempéries.

Nossa hipótese é que a exclusão territorial faz indivíduos, famílias e comunidades particularmente vulneráveis, abrindo espaço para a violência e o conflito. O nexo entre violência e exclusão territorial é muito claro quando cruzamos os dados de homicídios com os índices de exclusão territorial (expressos na porcentagem de domicílios em situação adequada) para os 118 municípios pesquisados (Tabela 3).

Tabela 2

CIDADES COM OS MAIORES ÍNDICES DE EXCLUSÃO TERRITORIAL E TAXA DE HOMICÍDIOS/100.000 HABITANTES – 1991 e 1994

Menos Adequados	% Adequação	taxa de homicídios (1991)	Ranking violência	taxa de homicídios (1994)	Ranking violência
1. Embu-Guacu	1.3	44.95	9	25.04	29
2. Aruja	6.26	18.85	36	33.49	19
3. Juquitibá	6.45	50.68	6	36.36	16
4. Francisco Morato	7.46	58.34	3	76.36	3
5. Cubatão	10.07	37.42	16	31.24	20
6. Rio Grande da Serra	16.94	30.33	19	49.35	7
7. Praia Grande	18.14	44.95	10	14.64	48
8. Cotia	20.64	36.89	17	20.79	34
9. Embu	23.06	78.84	2	76.43	2
10. Santana do Parnaíba	25.92	10.86	64	26.68	27
11. São Vicente	26	20.19	31	26.68	26
12. Caraguatatuba	26.88	45.61	8	25.65	28
13. São Sebastião	28.36	50.68	5	54.3	5
14. Franco da Rocha	28.89	25.91	24	60.28	4
15. Cajamar	30.12	44.78	12	29.87	25
16. Monguagua	30.17	26.62	21	9.08	75
17. Monte Mor	31.14	15.82	44	40.8	10
18. Suzano	31.44	25.94	23	40.6	11
19. Diadema	31.8	85.58	1	76.89	1
20. Várzea Paulista	33.38	19.1	34	20.83	33
21. Guarujá	34.11	26.34	22	35.14	18
22. Iguape	34.34	14.38	49	11.33	58
23. Guarulhos	34.46	44.12	13	53.89	6
24. Atibaia	36.38	15.17	47	18.01	41
25. Campos de Jordão	36.65	21.69	29	22.42	30
26. Mauá	37.03	58	4	38.94	14
27. Santa Isabel	37.17	15.87	43	37.15	15
28. Poá	37.34	39.52	15	20.62	36

Entre os 28 municípios com pior situação de exclusão territorial (grupos 3 e 4 na Tabela 1, de Embu-Guaçu (1,30% dos domicílios em situação adequada) a Poá (39,52%), 25 possuem os piores indicadores. O oposto é também verdadeiro: entre os 21 municípios mais bem situados em termos de adequação, 14 são os menos violentos no estado. Exceções, nesse caso, são Ribeirão Preto e São José do Rio Preto, que são conhecidos centros em rotas de tráfico de drogas.

Tabela 3

MUNICÍPIOS COM OS MAIORES NÍVEIS DE ADEQUAÇÃO
E TAXA DE HOMICÍDIOS/100.000 HABITANTES

Mais Adequadas	% Adequação	taxa de homicídios (1991)	taxa de homicídios (1994)
1. Batatais	74	2.28	2.2
2. Barra Bonita	73.39	6.53	**
3. Cerquilho	71.61	5.02	**
4. Descalvado	71.58	*	3.7
5. São José do Rio Preto	70.72	6.75	8,71
6. Lins	70.13	*	4.93
7. Itápolis	69.87	3.04	5.76
8. Penápolis	69.5	6.25	6.17
9. Araras	68.84	9.2	15.08
10. Santa Rita do Passa Quatro	68.14	4.15	4.04
11. Vargem Grande do Sul	67.7	13.01	8.83
12. Socorro	67.62	9.8	6.17
13. Ribeirão Preto	67.61	15.89	18.08
14. Jaboticabal	67.51	6.79	11.33
15. Rio Claro	67.5	24.81	10.44
16. São Carlos	67.14	7.62	10.11
17. Amparo	66.51	3.96	1.9
18. Catanduva	66.46	8.6	6.28
19. Araraquara	65.71	8.43	13.98
20. Bebedouro	65.58	*	1.35
21. Mogi-Guaçu	65.43	6.55	4.57

Notas: *dados de 1991 não-disponíveis; **dados de 1994 não-disponíveis

A exclusão territorial faz a vida diária insegura e arriscada, conforme é demonstrado neste documento. Bloqueia acesso a empregos, a oportunidades educacionais e culturais, que estão concentradas em enclaves pequenos e protegidos, dentro das cidades. Nega a possibilidade de utilizar recursos como a casa própria para gerar renda e criar empregos, na medida em que a maior parte das casas é ilegal e o uso misto é geralmente proibido pelas normas de uso do solo municipal.

Os territórios excluídos constituíram-se à revelia da presença do estado – ou de qualquer esfera pública –, portanto se desenvolvem sem qualquer controle ou assistência. Serviços públicos, quando existentes, são mais precários do que em outras partes das cidades; trabalhar nessas áreas muitas vezes é visto pelos funcionários públicos como "castigo". Mais do que isso, viver permanentemente sob uma condição de privação de necessidades ambientais básicas faz os habitantes sentirem-se como se suas vidas fossem sem sentido.

Recentes estudos sobre violência demonstram que o homicídio é a principal causa de mortalidade entre os jovens do sexo masculino de 15 a 24 anos de idade (Cardia, 1998)[21]. Se olharmos as tendências demográficas das cidades com as maiores taxas de violência, todas elas passaram por

[21] O número crescente de homicídios entre jovens do sexo masculino é uma tendência internacional. Nos Estados Unidos, em 1987, no auge da epidemia de consumo de *crack*, 4.223 jovens homens entre 15 e 24 anos de idade foram assassinados. No mesmo ano, apenas no estado de São Paulo, 3.171 jovens foram mortos (Cardia, 1998).

imenso crescimento populacional nos anos 70, que nos 80 começou a declinar. Diadema, Embu, Francisco Morato, entre outras, repetem o mesmo padrão. Essas tendências podem ser interpretadas em termos generacionais: a violência cresce nos anos subsequentes ao grande crescimento populacional. Jovens nascidos nos anos 70 viveram toda a sua vida em situação de exclusão territorial, portanto sob condições de extrema vulnerabilidade. Por volta do final dos anos 80, quando chega a hora de sua inclusão no mercado de trabalho e de formação de uma família, não existem empregos nem meios disponíveis para enfrentar a situação. A violência então toma conta, com seu sentido ambíguo de desespero e heroísmo.

Os resultados da pesquisa os quais acabamos de expor trazem evidências da ligação entre exclusão territorial e violência, e da relação de ambas com modelos de desenvolvimento econômico e políticas de planejamento. Uma questão final fica por ser feita e trataremos dela a seguir.

Como as políticas urbanas podem enfrentar a exclusão territorial?

O *approach* tradicional do planejamento em relação aos assentamentos de baixa renda tem sido "esquecer" ou estigmatizar esses territórios (denominando-os "subnormais") e investir neles politicamente. Investir politicamente significa negociar, em geral usando votos como moeda de barganha, provendo investimento em infraestrutura e serviços como "concessões" ou "favores" do prefeito ou vereador para as comunidades. Esse mecanismo tem sido uma fonte muito importante de poder político na esfera local, na medida em que assentamentos irregulares ou ilegais não têm o mesmo direito à infraestrutura e aos serviços como a cidade legal possui. O estatuto ilegal de seu ambiente torna os habitantes de baixa renda ainda mais vulneráveis ao clientelismo.

O caso de Guarujá é muito representativo dessa estratégia política. Alguns assentamentos irregulares foram até mesmo promovidos por vereadores ou interlocutores do prefeito, que distribuíram documentos "frios" atribuindo direito à ocupação de terras não-urbanizadas.

Mas o caso de Diadema demonstra que uma política diferente pode levar a transformações substanciais em taxas de exclusão territorial.

Como vimos, tanto Diadema quanto Guarujá cresceram rapidamente durante mais de duas décadas e implementaram sistemas tradicionais de planejamento urbano nos anos 70. Entretanto, nos anos 80, as experiências começaram a diferenciar-se: enquanto em Diadema implementaram-se políticas para superar a exclusão territorial, em Guarujá o poder público municipal continua com as práticas tradicionais de planejamento, exacerbando a exclusão.

Diadema investiu pesadamente em regularização fundiária, implantação massiva de infraestrutura, urbanização de favelas e na transformação de sua estratégia de regulação urbanística, introduzindo em seu Plano Diretor instrumentos destinados a ampliar a oferta de terra urbanizada para mercados de baixa renda[22].

A diferença entre as duas experiências – e seus resultados – é fundamentalmente política. Diadema, devido a sua posição no ABC, havia experimentado organização popular, através de sindicatos, no início dos anos 80. Iniciando com um fundo criado por famílias e amigos de traba-

[22] Entre os instrumentos utilizados em Diadema, foram criadas as Zonas de Especial Interesse Social (ZEIS), em terrenos anteriormente destinados a usos industriais, tendo sido feitos créditos para que cooperativas de moradores pudessem comprar as terras e construir as casas.

lhadores em greve, uma rede de cooperativas de compras alimentares, associações de moradia e movimentos estruturaram-se, gerando uma importante fonte de capital social na cidade. Esses grupos organizados começaram a demandar do governo municipal a intervenção nas condições urbanas. Em 1982, um prefeito local foi eleito com a sustentação dessas redes e, a partir daquele momento, as comunidades em Diadema transformaram-se em interlocutores permanentes das políticas públicas, participando nas negociações em torno de estratégias de regulação urbanística e decisões relacionadas ao investimento público. Em 1995, 121 favelas, das 197 existentes, tinham sido urbanizadas, a rede de água cobre 95% dos domicílios e a rede de esgotos chega a 60% deles. São pavimentadas e iluminadas 60% das ruas, a taxa de mortalidade infantil caiu de 83/1.000 no início dos anos 80 para 21/1.000 em meados dos 90.

Mantendo suas políticas tradicionais, e ante a sua primeira crise como uma cidade balneária, os indicadores de Guarujá se deterioraram: das 17 favelas em 1980, agora possui 57, onde vive 47% da população do município; apenas 43,09% da cidade está conectada à rede de água, e 6,17% à rede de esgotos[23].

A exclusão territorial, portanto, não é uma fatalidade ou um tema que deve ser tratado apenas em termos econômicos. O caso de Diadema, assim com outros exemplos de sucesso no Brasil, demonstra que a existência de capital social e a disposição do poder público em dividir poder com as comunidades de baixa renda são essenciais para transformar a urbanização de risco rumo a um modelo mais igualitário e sustentável, com menos perigo de conflitos violentos.

[23] Dados da Prefeitura do Município do Guarujá, 1998.

Tabela 4

AGRUPAMENTO DOS MUNICÍPIOS POR PERCENTUAL DE ADEQUAÇÕES

Grupo	Município	% Adequação
1	Batatais	74,00
	Barra Bonita	73,39
	Cerquilho	71,61
	Descalvado	71,58
	São José do Rio Preto	70,72
	Lins	70,13
	Itápolis	69,87
	Penápolis	69,50
	Araras	68,84
	Santa Rita do Passa Quatro	68,14
	Vargem Grande do Sul	67,70
	Socorro	67,62
	Ribeirão Preto	67,61
	Jaboticabal	67,51
	Rio Claro	67,50
	São Carlos	67,14
	Amparo	66,51
	Catanduva	66,46
	Araraquara	65,71
	Bebedouro	65,58
	Mogi Guaçu	65,43
	Bauru	65,22
	Santos	65,12
	Santa Rosa do Viterb	64,61
	Assis	64,42
	Pereira Barreto	64,32
	Marília	64,28
	Botucatu	64,08
	Barretos	63,96
	Osvaldo Cruz	63,87
	São Joaquim da Barra	63,64
	Limeira	63,12
	Campinas	62,67
	Fernadópolis	62,07
	Garça	62,06
	Americana	62,02
	Rio das Pedras	61,60
	Guaíra	61,56
	Franca	61,40
	Jales	61,30
	Piracicaba	61,30
	Santa Cruz do Rio Pardo	61,08
	Cruzeiro	61,03
	Cachoeira Paulista	60,95
	Matão	60,80
	Leme	60,34
	Paraguaçu Paulista	59,93
	Itatiba	59,50
	Santa Cruz das Palmeiras	58,95
	Américo Brasiliense	58,88
	Presidente Prudente	58,62
2	Igaraçu do Tietê	57,93
	Rancharia	57,41
	Valinhos	57,11
	Santo Anastácio	56,83
	Jundiaí	56,66
	Porto Feliz	56,42

Grupo	Município	% Adequação
2	Vinhedo	56,19
	Morro Agudo	55,99
	Itu	55,88
	São José dos Campos	55,87
	Sorocaba	55,76
	Taubaté	55,60
	Lorena	55,52
	Indaiatuba	55,31
	Santa Bárbara d'Oest	55,14
	Santo André	54,88
	Caçapava	54,11
	Votuporanga	54,11
	São Paulo	53,75
	São Bernardo do Campo	53,51
	Bragança Paulista	53,40
	Conchal	52,57
	Taquarituba	52,22
	Pindamonhangaba	52,06
	Salto	50,18
	Andradina	49,90
	Santa Branca	48,46
	Jacareí	47,41
	Votorantim	47,11
	Mogi das Cruzes	46,56
	São Roque	45,90
	Itapeva	45,38
	Ribeirão Pires	43,57
	Cândido Mota	42,96
3	Salto de Pirapora	39,46
	Itupeva	38,39
	Poá	37,34
	Santa Isabel	37,17
	Mauá	37,03
	Campos de Jordão	36,65
	Atibaia	36,38
	Guarulhos	34,46
	Iguape	34,34
	Guarujá	34,11
	Várzea Paulista	33,38
	Diadema	31,80
	Suzano	31,44
	Monte Mor	31,14
	Monguaguá	30,17
	Cajamar	30,12
4	Franco da Rocha	28,89
	São Sebastião	28,36
	Caraguatatuba	26,88
	São Vicente	26,00
	Santana do Parnaíba	25,92
	Embu	23,06
	Cotia	20,64
	Praia Grande	18,14
	Rio Grande da Serra	16,94
	Cubatão	10,07
	Francisco Morato	7,46
	Juquitibá	6,45
	Arujá	6,26
	Embu-Guaçu	1,30

Fonte: Censo Demográfico 1991/Tabulação especial Aurílio Caiado (1995).

Bibliografia

ADORNO, Sérgio. "La criminalidad violenta urbana en Brasil: tendencias y caracteristicas" *in* Reunion sobre el desafio de la violencia criminal urbana. Rio de Janeiro: InterAmerican Development Bank, 1997.

AKERMAN, Marco et alii. Mapa de risco da violência na cidade de São Paulo. *São Paulo:* CEDEC, 1996.

AYRES, Robert L. "Crime and violence as development issues in Latin America and the Caribbean". *In:* World Bank Latin American and Caribbean Studies – Viewpoints. Washington, DC: The World Bank, 1998.

BAECHLER, Gunther. "Why Environmental Transformation Causes Violence: A synthesis" *In* The environmental change and Security Project Report Issue 4 – Spring 199. Washington: Woodrow Wilson Center, 1998.

BERQUÓ, Elza. 1991: um censo problemático. Novos Estudos Cebrap, n.3, março, 1992.

BIDERMAN, Ciro & LEME, Maria Carolina."O mapa das desigualdades no Estado de Sao Paulo". *In* Novos Estudos Cebrap, n.49, novembro 1997. São Paulo: Cebrap, 1997.

CAIADO, Aurílio. Dinâmica espacial e rede urbana paulista. São Paulo em Perspectiva, v.9, n.3, 1995.

CALDEIRA, T.P.R, City of Walls: crimes, segregation and citizenship in Sao Paulo. Tese de doutoramento. Berkley: Graduate division of the University of California at Berkeley, 1992.

CARDIA, Nancy. A paz na contramão da historia. Ser Médico – Órgão do Conselho Regional de Medicina do Estado de São Paulo, ano I, n.4, 1998.

CARDIA, Nancy. A violência urbana e os jovens. In: PINHEIRO, Paulo Sérgio et al. (Orgs.). São Paulo sem medo – Um diagnóstico da violência urbana. Rio de Janeiro: Garamond, 1998.

CASTEL, Robert. La piege de la exclusion in lien social et politiques. Paris: RIAC 34, 1995.

FARIA, Vilmar. "Social exclusion and latin american analyses of poverty and deprivation". *In RODGERS et al (ed).* Social exclusion: rhetoric, reality, responses. Geneve: International Institute for Labor Studies/United Nations Development Programme, 1995.

FEIGUIN, Dora & LIMA, Renato Sérgio. "Tempo de violência: medo e insegurança em São Paulo" . *In* São Paulo em Perspectiva volume 9/n.2/abr.-jun. 1995. São Paulo: Seade, 1995.

FREEMAN, Richard. Why do so many young american men commit crimes and what might we do about it? Journal of Economic Perspectives, v.10, n.1, 1996.

FUNDAÇÃO SEADE - Anuário Estatístico do Estado de São Paulo. São Paulo: Fundação SEADE, diversos anos.

GUNN, Philip. Uma geografia da violência na região metropolitana de São Paulo nos anos 80. In PINHEIRO, Paulo Sérgio et al. (Orgs.). São Paulo sem medo – Um diagnóstico da violência urbana. Rio de Janeiro: Garamond, 1998.

HOMER-DIXON, Thomas F. "Environmental Scarcities and Violent Conflict - Evidence from Cases" . *In* International Security, 1994, vol. 19.n.1.

KAYANO, Jorge. Evolução comparada da qualidade de vida nos municípios brasileiros 1983-1992-Diadema - Estudos de Caso Pólis. São Paulo: Instituto Pólis, 1992.

LASHER, Craig. "U.S. Population Policy Since Cairo Conference" *In* The Woodrow Wilson Center – Environmental change and security project – report issue 4, spring 1998.

MATEHWS, Jessica Tuchman. "Redefining security". *In* Foreign Affairs, vol. 68, 1989.

MATTOS, Fernando Augusto. Estrutura ocupacional e distribuição de renda: Regiões metropolitanas de São Paulo e Rio de Janeiro. São Paulo em Perspectiva, v.9, n.2, 1995.

MINAYO, M.C. & SOUZA, E. R. *Violência para todos.* Cadernos de Saúde Pública, 9, 1993.

MOSER, Caroline. Confronting crisis – A comparative study of household responses to poverty and vulnerability in four poor urban communities. (Environmentally Sustainable Development Studies and Monographs Series n.8). Washington, D.C: The World Bank, 1996.

NELSON, Joan. Poverty, inequality and conflict in developing countries – Project on World Security - Rockfeller Brothers Fund, 1997.

PAUGAN, Serge. (Ed.). L'exclusion: L'etat des savoirs. Paris: Editions La Decouverte, 1996.

PUTNAM, Robert. Making democracy work – civic traditions in modern Italy Princeton: Princeton University Press, 1993.

RIBEIRO, Luiz Cesar Q. e LAGO, Luciana C. *Dinâmica metropolitana e novos padrões de desigualdade social.* São Paulo em Perspectiva, v.9, n.2, 1995.

RODGERS, Gerry. *What is special about a "social exclusion" approach?* In: RODGERS, G et al. (Ed.). Social exclusion: Rhetoric, reality, responses. Genebra: International Institute for Labor Studies/United Nations Development Programme, 1995.

ROLNIK, Raquel – A cidade e a lei – legislação, política urbana e territórios na cidade de São Paulo. *São Paulo: Studio Nobel/FAPESP, 1997.*

ROLNIK, Raquel & CYMBALISTA, Renato (ed). Instrumentos urbanísticos contra a Exclusão Social. Revista *Pólis* no 29. São Paulo: Instituto Polis, 1997

ROLNIK, Raquel et alii. Impacto da aplicação de novos instrumentos urbanísticos em cidades do estado de São Paulo. Relatório Final de Pesquisa (mimeo). Campinas: Pontifícia Universidade Católica de Campinas/ Lincoln Institute of Land Policy, 1998.

SINGER, Paul. Social exclusion in Brazil. Genebra: International Institute for Labor Studies/Labor Institutions and Development Program, 1997.

SOUZA, Ednilza R. de. *Homicídios no Brasil: O grande vilão da saúde pública na década de 80.* Cadernos de Saúde Pública, v.10, suplemento 1, 1994.

SPOSATI, Aldaiza et alii. Mapa da exclusão social da cidade de São Paulo . São Paulo: EDUC, 1996.

THE UNITED Nations Center for Human Settlements. *Habitat Debate special issue* – Towards safer cities – march 1998, vol. 4, n.1.

Capítulo 6

O Futuro dos Assentamentos Informais: Lições a partir da Legalização de Terras Urbanas disputadas em Recife

Flávio A. M. de Souza

Introdução

Recife, capital do estado de Pernambuco, ocupa uma área de 214 km^2, dos quais, 98 km^2 pertencem ao setor habitacional formal, e 30 km^2 ao setor informal da habitação, e mais da metade da população de Recife reside em tal setor (seplan-PCR, 1993). De acordo com o Censo de 2000 divulgado pelo IBGE, Recife conta com uma população total de aproximadamente 1,42 milhão de habitantes (IBGE, 2001).

Uma vez que mais da metade da população de Recife tem investido no setor habitacional, (aparentemente) sem considerar sua situação fundiária, essa cidade é um caso apropriado para se estudarem as razões que motivam ou desmotivam os moradores de assentamentos ilegais. Existe evidência suficiente na cidade que me leva a afirmar que os moradores têm investido e reinvestido em suas casas, apesar das condições inseguras e limitadas quanto à situação fundiária destas. Assim sendo, uma compreensão mais aprofundada desse fenômeno se faz necessária.

No contexto de invasões de terra, trespasse do direito de propriedade, disputa pela posse e intervenção do Estado na legalização da posse da terra, este trabalho objetiva compreender os significados e símbolos da propriedade e da consolidação habitacional entre os moradores de áreas com seguridade limitada. Isso se dá pelo fato de que as ideias dominantes sobre os direitos de propriedade estão baseadas no conceito legal de seguridade (Bromley, 1989; Coase, 1960; Demsetz, 1967; Maxwell e Wiebe, 1998; Payne, 1997), enquanto nós afirmamos que os moradores de invasões comumente compartilham concepções de direitos não formais em relação ao abrigo.

A realidade que permeia este trabalho é que a maioria da terra urbana, em Recife, da qual as famílias de baixa renda são capazes de se apropriar e onde são capazes de se acomodar, tem sido obtida através de uma variedade de ações informais que frequentemente são também ilegais. Tais acessos informais e ilegais determinam a natureza temporária desses assentamentos, natureza essa que pode perdurar mesmo em locais que foram consolidados fisicamente e legalizados. A legalização de terras urbanas pode aumentar o valor de mercado de tais áreas e isto pode começar a excluir as famílias mais pobres ou forçar a retirada destas (Burgess, 1979; Lostão, 1991; UNCHS, 1987; De Souza, 1999, 2001a, 2001b).

O potencial e o entusiasmo das famílias de baixa renda para melhorar suas condições habitacionais depende, quanto à legalidade, em grande parte, não somente da seguridade da posse da terra, mas talvez também da percepção de que a permanência nos assentamentos seja segura (Doebele, 1994; Gilbert, 1994; UNCHS, 1987). A percepção da seguridade da posse da terra pode variar entre indivíduos, mesmo quando títulos legais de propriedade tenham sido assegurados. Famílias diferentes morando em assentamos ilegais podem ter percepções diferenciadas acerca de sua permanência em suas casas e assentamentos. Assim sendo, a representação social do medo de expulsão entre tais famílias pode mudar com o tempo, e isso pode afetar, de formas bem diferenciadas, a capacidade dessas famílias de conseguir penetrar no mercado de terras, assim como também pode afetar os modos de sustentação de tais famílias nesse mercado.

Em função da natureza exploratória deste estudo, utilizamos uma metodologia indutiva (Denzin e Lincoln, 1994; Glaser, 1978,1992; Glaser e Strauss, 1968; Strauss, 1987; Strauss e Corbin, 1990; Silverman, 1994). Os dados foram coletados principalmente a partir de entrevistas realizadas com 63 famílias que moravam em cinco assentamentos diferentes em Recife. Para complementar os dados, entrevistas também foram realizadas com funcionários públicos municipais e estaduais envolvidos com a questão habitacional relevante para este trabalho e com funcionários de ONGs que prestam suporte técnico de regularização fundiária nas áreas de estudo em Recife. Análises estatísticas com o programa SPSS for Windows, tais como distribuição de frequência, testes de $\chi 2$ e regressão múltipla, também foram utilizados, para elucidar algumas das constatações, apesar de que o foco de análise foram as entrevistas. A pesquisa que deu origem a este capítulo focalizou a análise nas informações fornecidas pelos moradores quanto aos seus direitos percebidos (ou seja, informais, ou *de facto* e não *de jure*) sobre suas propriedades, uma vez que a quase totalidade dos moradores de assentamentos dos tipos investigados por nós na pesquisa não possuem nenhum tipo de direito legal à propriedade.

No estudo, investigamos a proposição amplamente aceita que afirma que assegurar o direito de propriedade ajudaria o pobre urbano a melhorar as condições habitacionais em que se encontra (Angel et al., 1983; De Soto, 2000; Gilbert, 1990; 1994; Werlin, 1999). Porém, analisamos tal proposição sob a perspectiva dos moradores, para averiguar se a seguridade da posse da terra é realmente aceita como um fator principal para a melhoria da qualidade de suas casas, uma vez que forças do mercado, por exemplo, ainda podem ameaçá-los de expulsão (Doebele, 1994; UNCHS, 1987).

Investigamos especificamente os moradores de baixa renda que já ocupam a terra com um direito percebido de propriedade. Neste trabalho, não lidamos com formas de legalização da posse da terra como garantias da permanência dos moradores, pois essa matéria já parece ter sido amplamente coberta (Alfonsin, 1997; Assies, 1991, 1994; Hardoy e Satterthwaite, 1989; Lostão, 1991; Moura, 1987). Ao contrário, focalizamos nossa análise nos aspectos não formais da seguridade da posse da terra e sugerimos algumas alternativas que podem dar forma a novas políticas públicas que visem ampliar as potencialidades dos moradores para melhorar suas casas.

O contexto da legalização neste estudo: ZEIS e Prezeis

A regularização fundiária dos assentamentos sob disputa tem sido regulada pela Lei do Prezeis (Plano de Regularização das ZEIS), de 1987, que foi atualizada posteriormente em 1995 e 1997. Entretanto a efetividade quanto à transferência dos direitos de propriedade, do proprietário para os posseiros, tem estado abaixo das expectativas dos moradores.

O Prezeis parece ser um mecanismo atrativo para legalizar as invasões, uma vez que objetiva regularizar a situação fundiária de assentamentos sob disputa. Entretanto, pode-se contestar a eficácia desse plano quanto à legalização desses assentamentos. Em contrapartida, os mecanismos apresentados nas ZEIS – de canalizar os recursos destinados à melhoria dos assentamentos informais – parecem ser mais atrativos para os moradores, uma vez que nelas os recursos têm sido disponibilizados para a melhoria de tais áreas quase independentemente da finalização do processo de regularização fundiária. Apesar de os programas de melhoria habitacional e regularização acontecerem quase simultaneamente, a legalização fundiária tem sido feita em períodos que podem durar mais de quinze anos, enquanto as melhorias físicas nas ZEIS acontecem quase imediatamente após completado o plano urbanístico e aprovado seu orçamento.

O programa de urbanização das ZEIS tem atraído outras comunidades a solicitarem que a prefeitura de Recife declare suas áreas como ZEIS. Ao mesmo tempo, estas representam o único mecanismo para a regularização fundiária em Recife, em nível municipal.

Voltando ao trabalho aqui apresentado, os níveis de renda variam consideravelmente entre os entrevistados, assim como variam os níveis de educação e o número de pessoas por família. A maioria das casas está conectada às redes estaduais de água e eletricidade, condição que se assemelha à dos assentamentos legais, que compõem o restante da cidade.

Os materiais de construção utilizados nas casas variam numa escala que classificamos como: temporário, transitório e permanente. Uma variedade de perfis familiares e de casas foi utilizada no estudo para formar o arcabouço empírico no qual os problemas relativos à seguridade da posse da terra e os mercados habitacionais informais fossem estudados.

Apresentando as questões para discussão

A escola do pensamento sobre os direitos de propriedade advoga que o direito individual de propriedade é superior ao direito público sobre a terra, uma vez que o primeiro seria o único responsável pela ativação de economias e mercados. Entretanto a diferença sutil do que é legalmente determinado como público e como privado, quanto aos direitos de propriedade de terra, nem sempre é compreendida pelos moradores de invasões. As diferenças entre o que seja propriedade privada e domínio público são conceitualizadas pelos moradores, que alegam ter alguma forma de direito de posse/propriedade, mas tais conceitualizações não estão necessariamente baseadas nos direitos legais de propriedade. Tal diferença será mais bem ilustrada a seguir, a partir da análise dos direitos de propriedade sob as perspectivas dos moradores de terras com seguridade limitada, do ponto de vista ortodoxo.

As ações do Estado brasileiro nessa área dependem da natureza da propriedade da terra. Em terras privadas, ficam os proprietários responsáveis por tomar as medidas legais cabíveis, com o objetivo de reintegrar a posse de suas propriedades. Na ausência de tal iniciativa, pode o Estado utilizar-se do instrumento de usucapião urbano como forma de transferir os direitos de propriedade do antigo proprietário para os atuais posseiros. Em relação às terras públicas, dependendo de se tais terras estejam sob domínio do município, do estado ou da União, diferentes agentes atuarão no processo de negociação, na possível transferência de algum tipo de concessão de direito de uso, para o que, no Brasil, costuma-se aplicar a Concessão de Direito Real de Uso (CDRU). Na prática das invasões de terra, costuma-se dizer que as ocupações de terras públicas têm sido mais toleradas do que as de terras de propriedade privada, uma vez que proprietários privados têm atuado mais fortemente para evitar a consolidação de assentamentos informais em suas propriedades.

Uma análise qualitativa nas entrevistas realizadas com os moradores de invasão, realizadas no estudo que deu origem a este trabalho, sugere que, na realidade, as demarcações legais do que sejam propriedades públicas ou privadas não são sempre percebidas claramente pelos moradores de invasões, quando estes refletem sobre seus direitos de propriedade, porque tal distinção nem sempre é tão óbvia para eles. Antes de ocorrer uma invasão de terra, a terra comumente encontra-se desocupada, e os limites físicos que determinariam os direitos de propriedade privada – como, por exemplo, a demarcação de lotes – e os domínios públicos – como, por exemplo, a delimitação de áreas verdes, ou vias de circulação – não se encontram fisicamente demarcados. Durante as invasões de terra, são os invasores que demarcam os domínios públicos/privados quando delimitam seus lotes. A partir da construção de um abrigo, ou de qualquer estrutura física, os "becos" resultantes da subdivisão do terreno se configuram como domínio público, enquanto que os recém-divididos lotes se consolidam como domínio privado. Entretanto esses indicadores visíveis de domínio público e privado não ficam necessariamente ajustados ao desenho legal do loteamento aprovado pela prefeitura (na existência de um loteamento aprovado para a área), uma vez que o parcelamento do solo encontra-se no papel e a subdivisão do lote feita pelos invasores encontra-se fisicamente determinada no novo local de moradia.

Quando a terra a ser invadida encontra-se delimitada e cercada, claramente para demonstrar que os direitos de propriedade estão "assegurados", os moradores/invasores têm uma ideia precisa de que estão trespassando o direito de propriedade de outrem. Nesse caso, eles estariam de fato disputando o direito de possuir a terra à força.

Existem diversas combinações de arranjos de "propriedade" e percepções de direitos sobre a coisa possuída, pois tais arranjos e percepções são peculiares às experiências de cada morador. Tais experiências se encontram relatadas em De Souza (1998) e não serão objeto de análise deste trabalho. O que exploramos aqui são as diferenças entre as percepções dos moradores sobre propriedade e posse, em cada um dos cinco assentamentos estudados. Cada um desses assentamentos possui uma situação fundiária diferente e é explorado de acordo com a especificidade e localização da área.

Os estudos de caso

Os cinco assentamentos usados como estudos de caso serão apresentados brevemente, de forma a salientar as dimensões de mais difícil observação sobre seguridade da posse da terra que podem ser consideradas irrelevantes para um observador externo (como, por exemplo, um planejador, um pesquisador, ou um técnico da prefeitura), mas que são determinantes para os indivíduos que moram em favelas, quando determinam a imagem de seguridade da posse de suas respectivas propriedades.

SÍTIO GRANDE era de propriedade privada quando uma ocupação gradativa se iniciou nos anos 1940 (o morador mais antigo entrevistado neste estudo declarou residir lá desde 1950). Porém, somente após a primeira invasão organizada na área, que ocorreu em 1988, o então proprietário da terra solicitou uma ação de reintegração da posse, conseguindo essa reintegração, finalmente, em 1993. Naquele momento, algumas famílias foram expulsas e suas casas foram derrubadas por ação de tratores na área. Alguns políticos locais foram presos, ao tentarem impedir a derrubada das casas e consequente retirada das famílias, e um outro político foi ferido durante as lutas entre policiais e residentes. Diante de tanta violência divulgada pelas rádios e jornais locais, o Estado se sentiu obrigado a garantir a permanência dos moradores na área. Foi então que a COHAB-PE adquiriu a terra do proprietário e começou um processo de transferência dos direitos de propriedade. Até o presente momento, a COHAB-PE não definiu claramente que tipos de direitos de propriedade serão esses, nem como os residentes de Sítio Grande irão adquiri-los.

> "Eu demarquei o lote e aterrei ele. Nós falamos com Cristina (líder local) para pedir a permissão dela pra invadir aqui. Nós fomos os primeiros moradores da rua... Eu acho que pra alguém conseguir um lote aqui, tem que falar com Cristina, Estela, ou Dona Francisquinha, que moram por aqui também. Parece que aqueles barracos atrás do meu foram construídos porque Estela deu permissão a eles, já ela mora daquele lado. Mas ninguém pode mais construir mais barracos aqui, porque a COHAB vai entrar aqui e as construções foram proibidas... Eu ouvi uma estória que iríamos ser expulsos. Eles destruíram algumas casas perto do campo de futebol, mas eles não tocaram na gente. Então a COHAB veio e comprou o terreno. Eu espero que a gente não seja mais expulso daqui, mas eu não acredito muito nisso" (Luciana, 26 anos, residente de Sítio Grande desde 1992).

Existem áreas em Sítio Grande que são terras públicas, mas são classificadas como de proteção ambiental, sendo, portanto, proibida sua ocupação. Entretanto diversos aterros já foram feitos na área, para a construção de barracos, como no caso acima, de Luciana, que construiu sua casa numa área de mangue. Aterros em áreas de preservação ambiental não são tolerados por lei, mas é praticamente impossível impedi-los em áreas de invasão, como em Sítio Grande. Além disso, no momento da invasão, em 1988, já existia um loteamento aprovado pela prefeitura naquela área, no qual, no papel, as ruas estavam demarcadas, mas na realidade existia apenas mangue. Os invasores subdividiram o terreno em vários lotes, sem conhecimento do traçado viário para o loteamento, portanto as casas foram construídas sem respeitar o que deveria ser área de domínio público ou terrenos privados. As ocupações destinadas às vias públicas não são permitidas pela lei de uso do solo da cidade, porém as evidências demonstram que essas áreas foram ocupadas sem um controle efetivo.

A prefeitura de Recife admitiu que as casas construídas em áreas de preservação ambiental deveriam ser demolidas, porém não existem procedimentos definidos por parte dela para a área, nem por parte da COHAB-PE há definição de como e quando as casas serão retiradas dali. Os moradores não estão cientes de sua condição vulnerável e esperam que a COHAB-PE lhes dê algum tipo de seguridade da posse da terra.

Numa escala micro, os moradores não sabem distinguir as nuanças da Lei de Uso do Solo, nem identificar se tal terreno é ou não apropriado para a construção de suas casas, sob a ótica legal. Os moradores de Sítio Grande nada sabiam quanto à designação oficial do uso do solo da área. Sabiam que a COHAB-PE tinha adquirido a terra, porém não compreendiam as implicações técnicas e os efeitos dessa transação sobre a transferência dos direitos de propriedade do Estado para eles.

Existem outras variáveis que interferem qual os moradores desenvolvem sua percepção acerca da seguridade de sua propriedade que não se encaixam necessariamente nas normas e valores existentes sobre os direitos legais de propriedade, principalmente quanto às diferenças entre direito de propriedade em terras públicas e em terras privadas, como o caso de Sítio Grande indica.

Reconhecmos que, uma vez que a terra passou de privada/mista para pública (através da aquisição pelo Estado), isso pode ter contribuído para uma percepção ambígua, por parte dos moradores, sobre seus direitos de propriedade. Tal ambiguidade exemplifica a natureza sutil das percepções sobre seguridade da posse que exploramos neste trabalho. É justamente a falta de clareza acerca do significado de propriedade da terra, para os moradores, na falta de conceitualizações claras sobre a natureza da propriedade da terra, que este estudo de caso ilustra.

IRAQUE está contido num terreno de propriedade privada que não foi parcelado, e não há áreas públicas no terreno. Ao parcelar um terreno, o proprietário tem que transferir parte dele para domínio público, sob a forma de vias de acesso, praças etc. Como esse terreno não foi parcelado, toda a área pertence ao proprietário.

Assim como aconteceu em Sítio Grande, os moradores de Iraque afirmaram que homens armados foram enviados pelo proprietário do terreno durante os primeiros estágios da invasão (janeiro de 1991). Os moradores enfrentaram os homens armados, para evitarem ser expulsos, porém as implicações legais sobre propriedade e direito de uso da terra não são comumente conhecidas entre os primeiros. Eles declararam estar cientes de que a terra pertence a um proprietário, uma vez que ele tinha reclamado a reintegração da posse, porém não sabiam quais seriam as reais consequências e implicações da permanência deles na área.

O advogado dos residentes de Iraque declarou que, naquele caso, só restava ao município ou ao estado decidir quem deveria pagar a indenização que cabe ao proprietário, uma vez definido um preço pela terra onde Iraque foi instalada, evitando a expulsão coletiva dos moradores, pois o proprietário iniciou o processo legal quase imediatamente após o início da invasão, e os invasores não possuem nenhum direito legal sobre a terra.

Os moradores, como no caso de Sítio Grande, declararam não estar cientes das razões de sua possível expulsão. Ao contrário do que a escola do pensamento dos direitos de propriedade advoga, tal situação de inseguridade da posse da terra não evitou os investimentos feitos por eles para a consolidação de suas casas. Os níveis de consolidação das casas em Iraque variam de forma semelhante aos das outras quatro áreas de estudo, independentemente da situação fundiária dessas áreas. As disputas pela posse da terra limitaram as percepções individuais dos moradores sobre sua situação fundiária, porém, paradoxalmente, suas casas foram consolidadas.

> "... Eu posso ser expulsa a qualquer momento, não importa hora ou dia. Mas, eu tinha que construir minha casa. Eu não podia morar num barraco de plástico. Deixar meus filhos morando na lama? Se eu for expulsa, eu vou morar debaixo do viaduto, e é isso..." (Maria Lúcia, 30 anos, moradora de Iraque desde 1991)

A prefeitura de Recife declarou Iraque uma ZEIS, aumentando as expectativas das pessoas sobre a legalização da posse da terra. Porém, como nenhum serviço público permanente foi instalado na área (somente é coletado o lixo), os moradores não se sentiram seguros de sua permanência lá. No nível micro, a falta de indicadores mais visíveis de seguridade da posse (como, por exemplo, a falta de serviços públicos) não reduziu a capacidade dos indivíduos de investir e melhorar suas casas, uma vez que o assentamento tem sido consolidado por eles. Porém, no nível macro, entende-se que a terra está na iminência de ser recuperada pelo proprietário, tratando-se apenas de uma questão de tempo.

Sendo Iraque uma área com posse insegura, o inesperado alto nível de consolidação das casas exemplifica as relações confusas entre seguridade da posse da terra e consolidação da casa. Concluímos que o direito legal de propriedade garantiu ao proprietário o direito de reclamar a reintegração da posse de sua terra, porém a ausência de direitos de propriedade por parte dos moradores não os impediu de construírem e melhorarem suas casas.

ENTRA APULSO – Em termos legais, a terra em Entra Apulso é mista, ou seja, parte é de propriedade privada e parte de domínio público. As terras públicas correspondem às ruas projetadas para a área, enquanto as terras privadas correspondem aos lotes formalmente aprovados.

No nível local, os moradores não sabiam distinguir as diferenças entre propriedade privada e pública da terra, novamente, uma vez que, quando a terra foi invadida, estava totalmente desocupada. Os moradores declararam que tiveram que aterrar o mangue para construir suas casas, e a área era vista na época como "terra de ninguém".

Quando as disputas pela posse da terra se iniciaram, entre os posseiros e os supostos donos, em geral os moradores acreditavam que a terra pertencia à Marinha[1], uma vez que o assentamento foi aterrado por eles nas últimas três décadas, como indicado no testemunho de um deles, transcrito abaixo:

> "Eu sou o dono dos tijolos. Propriedade aqui, a gente não tem. Nós não somos os donos da terra. Eu sofri muito para construir esta casa aqui. Ela era de madeira. Ninguém sabe quem é o dono da terra. Eles dizem que ela pertence à Marinha. As pessoas não têm escritura aqui, mas elas dizem que são donas..." (Jobson, 45 anos, morador de Entra Apulso desde 1984)

O mercado imobiliário é muito ativo na região: tem havido uma crescente incidência de prédios de apartamentos para a classe média na área. Além disso, o Shopping Center Recife (SCR) – vizinho a Entra Apulso – que se declara o maior *shopping center* da América Latina, tem demandado mais terras para a expansão da área de seu estacionamento, além de já terem sido construídos novas vias de acesso para o SCR, através de pagamento de indenização pela retirada de barracos aos antigos moradores de Entra Apulso.

Os moradores admitiram ser inevitável a remoção de suas casas, como resultado de pressões do mercado imobiliário, apesar de a área já ter sido declarada uma ZEIS, serviços públicos terem sidos instalados e a prefeitura ter declarado que a legalização da posse nessa ZEIS está em sua fase final.

Porém, a inevitabilidade da remoção não significa para os moradores que eles tenham abdicado de seus direitos percebidos à indenização. Eles demonstraram ter os menores índices de declaração informal sobre seus direitos de propriedade em função de suas experiências quanto à remoção de famílias na área, porém, a crença nos direitos de indenização foi muito presente.

> "... Com o Shopping Center Recife, esta área melhorou muito, pois eles abriram novas ruas. Aqui, quem sobreviveu e ficou aqui, se beneficiou por causa do Shopping Center. Já que eu moro com minha família, eu quero uma outra casa, se eles decidirem abrir uma nova rua aqui. O Shopping Center Recife precisa de novas ruas aqui e eles as constroem. Aqueles que ficam por aqui se beneficiam dos investimentos. Eu agora tenho acesso a um sistema de ônibus muito bom e, eu não tinha isso antes." (Jobson, 45 anos, residente em Entra Apulso desde 1984)

Apesar de os moradores de Entra Apulso estarem passando por um processo de transferência de direitos de propriedade (usucapião e CDRU, dependendo de onde é aplicado, caso a caso), não estavam cientes da diferença entre os dois tipos de instrumentos, nem tinham ideia de qual tipo de direito à propriedade eles iriam conseguir.

---

[1] O termo correto seria Terras de Marinha, ou seja, sob o domínio da União, mas, para os moradores, a terra pertencia à Marinha, e este é o termo adotado neste trabalho para se adequar ao contexto aqui apresentado.

A distinção legal dos direitos de propriedade era, por outro lado, relevante para a prefeitura, responsável pela titulação da terra para os moradores. Talvez o fato mais relevante, para os propósitos deste trabalho, seja o de que os moradores não sabiam que poderiam adquirir seguridade da posse da terra. A compreensão inadequada sobre o significado dos direitos de propriedade indica que as pressões dos mercados imobiliários podem ampliar a percepção de insegurança, ficando, portanto, a percepção quanto à seguridade vulnerável aos mercados imobiliários. Assim sendo, para os moradores, sua remoção poderia ser retardada, mas não poderia ser evitada, em função das pressões do mercado. Além disso, a vulnerabilidade das percepções sobre seguridade pode se multiplicar em função de tal processo.

CORONEL FABRICIANO – Essa ZEIS é de domínio da prefeitura, e os moradores receberam uma CDRU em 1988 com validade por um período de 50 anos. Eles podem vender suas casas mediante aprovação por parte da prefeitura.

Entretanto os moradores de Coronel Fabriciano também declararam que, durante o período inicial de invasão da terra, tiveram que aterrar a área para construir suas casas, pois se tratava de uma área de mangue. O morador mais antigo entrevistado por nós declarou residir na área desde 1978. Segundo alguns outros, após a construção de algumas casas, diversos "proprietários" do terreno apareceram para reclamar seus "direitos" ante os invasores.

As disputas pela posse da terra foram intensas durante a construção de um viaduto (conhecido como Viaduto Tancredo Neves), por volta de meados dos anos 1980. Na época, a prefeitura tinha a intenção de construir uma praça no local de Coronel Fabriciano, porém os moradores conseguiram conquistar a referida CDRU.

A transferência dos direitos de propriedade em Coronel Fabriciano não ficou muito clara para os moradores em função das disputas passadas pela posse da terra (violência, sofrimento devido às lutas individuais para conseguir um terreno, materiais de construção e habilidades para construir), seguidos por um programa de autoconstrução organizado pela prefeitura, e finalmente a CDRU. Todas essas condições contribuíram para formar as percepções individuais sobre a seguridade da posse e foram mais significativas, para os indivíduos, do que o direito formal do título (um pedaço de papel para provar seguridade). Os moradores se referiam a esses eventos passados quando reclamavam seus direitos sobre o terreno e a casa (informalmente) e demonstraram certo grau de desconfiança nos poderes de um pedaço de papel em evitar tais eventos acontecerem novamente.

> "As pessoa aqui dizem que somos os donos, mas não é só porque a gente tem um documento, isso quer dizer que eu sou a dona. Antes da gente receber o papel, eu ouvi dizer que tinha uma viúva que era a dona do terreno. Então, é só por isso que eu me considero a dona do barraco que eu moro, mas do terreno, eu não sei. Eu não acho que a gente seja dono do terreno. Eu sei que eu recebi um papel dizendo que eu tenho a posse da terra, mas eu não me considero a dona. Quando Jarbas (Vasconcelos) nos deu o papel, ele disse que representava a posse da terra e que ela pertencia a gente. Foi muito sofrimento pra gente conseguir a terra, mas essas pessoas sempre aparecem. (Maria José, 41 anos, moradora de Coronel Fabriciano desde 1984)

Em relação à demarcação física dos domínios público/privado, os moradores apresentam uma ideia clara, pois os lotes foram redesenhados e demarcados pela prefeitura durante o programa de autoconstrução das casas. Entretanto, em relação aos direitos de propriedade da terra, fica confuso para eles entender que suas casas são de propriedade privada e os terrenos, de domínio da prefeitura. Os moradores estavam acostumados com a falta de direitos de propriedade, e a propriedade da casa era comumente reclamada por eles, independentemente da propriedade do terreno. Mas, uma vez que a terra foi legalizada, ficou difícil para eles aceitar essa forma de propriedade, e demonstraram estar desconfiados quanto à eficácia do instrumento.

MAURICEia é de domínio público e se caracteriza como uma área de preservação ambiental[2]. A terra foi ocupada pelos moradores sem a permissão/oposição de um proprietário, mas os moradores declararam ter confrontado a polícia, que tentou evitar a ocupação. Então, desde o início da invasão, houver disputas entre os moradores e o Estado.

Mauriceia não é uma ZEIS, nem poderá ser declarada como tal, uma vez que a ocupação da área é proibida, segundo a legislação em vigor. A falta de possibilidades futuras de legalização da terra não impediu os moradores de melhorarem suas casas, nem de consolidarem suas vizinhanças. As ameaças aos indivíduos, no nível pessoal, têm "forçado" a consolidação das casas, apesar da falta da seguridade da posse por parte dos moradores.

Eles declararam saber que a terra pertencia ao Estado, entretanto afirmaram que ela estava "desocupada", "abandonada" e não era apropriada para habitação nem para qualquer outro uso, em função da má qualidade do solo (uma vez que se tratava de uma área de mangue). O local foi aterrado e o terreno foi se expandindo. Após um certo número de aterros, os mais recentes passaram a ser entendidos como de propriedade privada, já que a aparência física do solo acrescido ao terreno se tornou passível de reclamação de direitos (seguridade), que podem ser comercializados no mercado.

> "Eu acho que as coisas duram o mesmo tempo, tendo ou não a propriedade. O invasor é um posseiro, o dono é o proprietário. Eu construí minha casa sem a propriedade porque eu vi os outros construindo suas casas de tijolo; não era justo que meu barraco caísse porque era feito de madeira. Então eu consegui ajuda de umas pessoas que me deram os tijolos e eu construí minha casa... Eu tenho vontade, mas eu não tive dinheiro pra melhorá-la mais, até agora. Mas eu vou construir um primeiro andar, qualquer dia. Se meus filhos trabalhassem pra alguém e recebessem 13° salário e férias, aí seria possível economizar algum dinheiro pra melhorar minha casa. Mas como eles trabalham com meu marido, eles só ganham pelos serviços que eles conseguem, de verão a verão." (Maria do Rosário, 60 anos, moradora de Mauriceia desde 1964)

A condição de ilegalidade da posse da terra não é suficiente para reduzir as afirmações dos moradores quanto à seguridade de suas posses, uma vez que eles têm consciência de que investiram capital, trabalho e tempo para melhorar seus terrenos. O solo utilizado no aterro, em conjunto com a casa construída, são evidências materiais suficientes para as suas declarações de seguridade. Nesse contexto, uma distinção entre propriedade privada e pública não faz sentido para os moradores, que se declaram donos (mesmo que ilegalmente). Além disso, e talvez de modo mais importante para este estudo, os mercados de terra já se encontram ativos (informalmente), apesar do fato de que a posse é legalmente insegura.

Num nível micro, não é a definição legal de seguridade da posse da terra que faz com que os moradores se sintam seguros em relação às suas propriedades imobiliárias, mas talvez sua necessidade de se abrigar, junto com sua família, combinada com a oportunidade para ter acesso à habitação informal e a disponibilidade de suporte (técnico, financeiro, de conhecimento e habilidades construtivas).

---

[2] Mauriceia fica localizada em terras de Marinha, sendo designada como uma área *non-aedificandi*; isto é, a prefeitura de Recife proíbe todo tipo de construção permanente na área.

Os moradores estão cientes de que suas casas pertencem a eles porque eles as construíram, as ocupam, e as mantêm. Para construir e melhorar suas casas, eles têm de conseguir mobilizar recursos, tais como: materiais de construção, crédito e mão de obra. Esse fato é a evidência que julgam necessária para justificar a ideia de que suas casas pertencem a eles próprios. Assim sendo, a consolidação das casas pode ser explicada por uma série desses fatores, que podem variar dependendo das experiências individuais de cada família, porém tais variações não contradizem os direitos percebidos sobre as casas. Ao contrário, tais variações (entre famílias diferentes, morando em locais diferentes e em tempos distintos) exemplificam a variedade das percepções da posse da casa. A relação entre a percepção da posse da casa e a consolidação existe independentemente dos diferentes contextos e percepções sobre a seguridade da posse da terra.

Implicações

Neste trabalho argumentamos que os moradores não medem a posse de suas casas em relação aos seus direitos legais para se qualificarem para a propriedade destas, mas sim em termos da ocupação. Eles demonstram sinais de seguridade da posse desde o início das invasões da terra, uma vez que barracos (ou qualquer outra estrutura física na intenção de construir um barraco que pode ter sua propriedade reclamada) são comumente comercializados entre os invasores.

Apesar de a seguridade da posse poder parecer um fator relevante para os moradores, ao darem continuidade ao processo construtivo de suas casas, existem outros fatores menos aparentes que também podem ser tão relevantes quanto a seguridade da posse. Por exemplo: eles afirmaram que tinham que consolidar suas casas para proteger os membros de suas famílias contra ocorrências externas ao processo habitacional, ou seja, tinham que se preocupar com a segurança de seus pertences e também a segurança pessoal de seus familiares. Outro aspecto que tem motivado os moradores a consolidarem suas casas tem sido o constante medo em relação à instabilidade econômica em que vivem. Por exemplo, um deles argumentou: "Uma casa é um investimento pro resto da vida e os empregos são incertos". Eles também afirmaram que fizeram os investimentos em suas casas devido à falta de opção, uma vez que não podem escolher para onde ir nem quando; dessa forma, a única opção seria investir e consolidar suas casas atuais, independentemente da situação fundiária delas.

Porém gostaríamos de salientar que, entre esses moradores, existe uma diferença entre as percepções sobre a seguridade dos investimentos feitos na casa e percepções de seguridade da posse da terra, pois eles declaram seus direitos à propriedade baseados nos investimentos feitos em suas residências. Além disso, benfeitorias feitas no terreno (por exemplo, um aterro ou a construção de uma casa) têm funcionado efetivamente para garantir uma indenização aos moradores, independentemente da situação fundiária. Dessa forma, a posse da terra e a propriedade de uma casa são dois conceitos complementares que os moradores têm percebido como diferentes, ao fazerem declarações sobre os seus direitos percebidos em relação à coisa possuída.

Por razões financeiras, a compra de uma casa numa área de invasão pode representar a única opção que os pobres urbanos tenham para encontrar uma casa para morar. Para os moradores entrevistados no estudo que deu origem a este trabalho, o risco de perder os investimentos feitos em tal transação "ilegal" foi raramente considerado um fator relevante. A necessidade de um abrigo acompanhada do desejo de evitar o pagamento de aluguéis pareceu ser tão relevante quanto a seguridade da posse. Além disso, a mercadoria que tem sido comercializada é a casa (já que ela é percebida como segura por aqueles que afirmam ter a posse), ao contrário da terra onde as casas estão construídas (percebida como insegura).

A disputa pela posse da casa parece ser mais tangível para os moradores, uma vez que eles sabem que construíram ou compraram as casas onde moram. Já a terra fica sujeita a disputas menos tangíveis uma vez que nem sempre fica claro para eles quem é o dono, ou quem poderá reclamar a posse/ou reintegração da posse da terra. Além disso, as decisões legais têm que ser tomadas na Corte (a não ser nos casos em que a reintegração da posse tenha sido conseguida na força).

Os problemas referentes à posse da terra ficam mais evidentes onde existe alguma ação de reintegração. Entretanto não se deve assumir que, uma vez que as disputas legais tenham sido encerradas, o medo de expulsão desaparecerá. As percepções sobre seguridade acontecem desde o início das invasões, já que muitos moradores têm vivenciado disputas sobre a posse e ameaças e, na maioria dos casos, sofrem ameaças durante as disputas pela posse.

Um título de propriedade representa uma garantia contra a expulsão dos moradores, que não receberiam indenização por seus investimentos. Entretanto a falta de títulos de propriedade não tem desencorajado os indivíduos de melhorarem as suas casas. Em geral, a capacidade de poupança, ou melhor, a incapacidade de poupar dinheiro, tem sido o principal obstáculo a ser ultrapassado pelos moradores, ao considerarem fazer melhorias nas suas casas com o propósito de consolidá-las. As pessoas mencionaram com frequência que seguridade da posse não tem nada, ou quase nada, a ver com a consolidação da casa.

Os moradores acreditam que a posse da terra deles seja muito vulnerável, não somente pela falta de títulos de propriedade mas também porque morar em áreas de invasão (ou em assentamentos informais), somente isso, já implica conotações depreciativas que limitam a seguridade da posse em si. Questões relativas à pobreza bem como às condições inadequadas de moradia estão comumente associadas aos assentamentos informais/ilegais. Tais conceitos têm efeitos negativos quanto à valorização das casas, diminuindo o significado das percepções de seguridade, uma vez que tais locais são, de fato, a opção, para os pobres, de encontrar casas para morar, na maioria das cidades brasileiras.

A inseguridade da posse da terra não é, portanto, o principal fator que impede os moradores de melhorarem suas casas. Porém, como já foi dito anteriormente neste trabalho, a falta de seguridade da posse pode ser relevante nos casos em que eles enfrentam ameaças eminentes de expulsão. Todavia, mesmo o medo de expulsão não limita sua capacidade, nem diminui seu desejo de construir uma casa usando materiais de construção mais permanentes.

O fato de os moradores expressarem seu desejo de possuir uma casa, entretanto, não significa que eles estejam buscando ser os donos da terra onde suas casas foram construídas: posse da casa e posse da terra são duas coisas distintas pelas quais os indivíduos têm que competir no mercado. O mercado, nesses termos, não está necessariamente relacionado ao binômio oferta e demanda, nem à situação ideológica em que o Estado o regularia. Nas invasões, ele está relacionado a competições, através de embates físicos, ameaças pessoais, trespasso dos direito de propriedade e disputas legais baseadas nas implicações legais da última questão. O trespasso do direito de propriedade e as disputas legais desafiam o direito à posse da terra, enquanto as disputas físicas e ameaças pessoais, no nível dos moradores, desafiam os direitos de possuir uma casa. Ao diferenciar os dois níveis de disputas sobre a coisa disputada, queremos salientar a importância das ameaças pessoais no nível micro (dos moradores), porque elas representam o principal problema imediato enfrentado pelos moradores, ao contestarem a posse de suas casas.

Os moradores estão preparados para enfrentar o proprietário de terras (tanto um indivíduo/ empresa, ou o Estado) numa disputa sobre a posse da terra, já que as alternativas são: aluguel, compra de uma casa, ou morar nas ruas. As pessoas têm evitado pagar o *foro*[3] mensal ou os aluguéis, ao morar nas invasões, uma vez que se tornam "*proprietárias*" de suas casas. A situação econômica instável dos indivíduos, aliada à dificuldade de sobreviver com seus baixos salários, os têm motivado a terem uma "casa própria" nas invasões.

Num nível macro e no âmbito das políticas públicas, a perspectiva da legalização da terra aparece como imperativa para a ativação das economias e dos mercados e isso tem sido considerado essencial para a propagação do paradigma da propriedade da terra. Porém, as nossas constatações sugerem um quadro diferente: a perspectiva da legalização vem sendo percebida diferentemente pelos que moram em invasões. A falta de consciência sobre os aspectos legais quanto à (in)seguridade da posse da terra não os tem impedido de consolidarem suas casas e se engajarem em transações de mercado.

Os aspectos mais importantes para este trabalho são os fatores que compõem a ideia de que a declaração de uma área em ZEIS ou outro tipo de mecanismo para legalizar/formalizar os mercados informais de habitação poderiam efetivamente reduzir o estoque total de terras informais (terras baratas, fora do mercado legal, sendo, portanto, atrativas para os indivíduos mais pobres), uma vez que elas representam um mercado mais acessível para a maioria dos moradores de favelas (apesar de serem ilegais), uma vez que são menos atrativas para o mercado formal.

Os casos investigados no estudo que deu origem a este trabalho indicam que, mesmo que desejáveis, assentamentos formalizados/legalizados, como Coronel Fabriciano, não alteram as percepções das pessoas quanto às questões de seguridade, nem aumentam sua capacidade de melhorar e consolidar as condições de suas casas. Em contraste, mesmo no caso de Mauriceia, em que os moradores não irão conquistar nenhum tipo de direitos formais, ou seguridade (de acordo com as leis brasileiras), eles não limitaram os investimentos feitos em suas casas nem ficaram fora dos mercados. Nosso conhecimento ainda é limitado quanto aos reais significados da seguridade da posse para indivíduos que moram em assentamentos contestados.

Conclusão

Tem-se advogado amplamente que a seguridade da posse da terra deveria ser promovida entre os moradores de assentamentos com seguridade limitada, tais como invasões. Entretanto o significado de "seguridade da posse" parece ter sido "importado" de uma prática mais ortodoxa de planejamento urbano e direito urbanístico, na qual o conceito de propriedade privada individual tem sido amplamente aceito. As percepções de seguridade, por outro lado, não incorporam necessariamente os mesmos valores e princípios de tais conhecimentos ortodoxos. De fato, as percepções sobre seguridade da posse envolvem entidades menos tangíveis (direitos de uso, em vez de direitos de propriedade, por exemplo).

[3] *Foro* refere-se a um pagamento anual feito por um indivíduo que ocupa terra pública, tal como um aluguel, pelo usufruto da terra onde o ocupante fixa residência ou da qual faz qualquer outro uso aprovado. Mas, para os respondentes, o uso da palavra foro aplica-se ao pagamento de aluguel para o proprietário ilegal de um imóvel construído ou comprado numa invasão com o intuito de alugar. Eu considero o uso não formal do termo, como utilizado pelos moradores de invasões.

Porém, as percepções das pessoas sobre a seguridade da posse da terra têm sido afetadas por fatores externos, tais como ameaças pessoais, capacidade econômica etc.

A importância da exploração do significado das questões referentes à seguridade da posse apresentadas neste trabalho para os planejadores urbanos e outros profissionais correlatos seria que temos atentado principalmente para a legalização da terra como uma barreira no mercado imobiliário habitacional. Entretanto, como não sabemos exatamente o que "seguridade" significa para os moradores de invasão/assentamentos informais, teríamos que revisar nossos conceitos sobre tal paradigma.

As implicações das constatações neste estudo se encontram resumidas a seguir:

- A promoção de títulos de propriedade individual não resolve os problemas de comodificação das propriedades e da substituição gradativa dos moradores mais pobres por moradores de níveis socioeconômicos mais elevados. A legalização da posse da terra, através de títulos individuais de propriedade torna a terra (que estava fora do mercado formal) em mercadoria comercializável no mercado formal. Isso automaticamente exclui as famílias mais pobres, em função das questões de preço de mercado mais elevado e, portanto, deveria ser evitado;
- Ao legalizar a terra, a questão legal/ilegal tem sido reforçada. Isso acontece porque a legalização, através de títulos individuais de propriedade, reduz o estoque total de terras ilegais/informais, que são menos atrativas para o mercado formal, sendo, portanto, mais acessíveis para as famílias mais pobres;
- A sobrevivência de um mercado de terras para a população de baixa renda depende da coexistência de ambos os mercados, o legal e o ilegal;
- Os recursos não deveriam ser concentrados para a legalização da terra como garantia de provisão de serviços públicos, uma vez que a legalização requer a alocação de muitos recursos financeiros, tempo (nos tribunais) e uso de pessoal altamente qualificado. As necessidades básicas parecem ser mais importantes para os moradores, como uma indicação de seguridade, do que seguridade da posse sob a forma de títulos individuais;
- As propriedades do conhecimento ortodoxo sobre seguridade da posse e mercados habitacionais deveriam ser refinadas a partir da utilização de abordagens alternativas nos estudos dos mercados habitacionais, como foi mostrado neste trabalho. O refinamento deveria emergir a partir dos contextos específicos onde houver ausência de direitos legais de propriedade.

Concluímos que existe uma relação entre percepção da posse da terra, consolidação dos assentamentos e melhorias habitacionais, mas tal relação é muito mais sutil do que costuma ser convencionado por aqueles que advogam o pensamento da escola dos direitos de propriedade. A capacidade individual de cada família, os processos construtivos e os processos de consolidação são tão relevantes quanto as percepções de seguridade da posse, para os moradores, ao fazerem julgamentos sobre a quantidade de investimentos a serem feitos em suas respectivas casas. Além disso, pode-se acrescentar ainda que o desejo de evitar ameaças pessoais, a si próprio e aos membros de sua família, é fator relevante por eles, ao justificarem investimentos.

A consolidação das casas tem sido conseguida a partir de uma combinação de diversos fatores, que envolvem direitos de propriedade, seguridade da posse da casa e respostas a questões de segurança pessoal. A relação dinâmica entre as questões de seguridade da posse e segurança tem capacitado os moradores de invasões para consolidarem suas casas num processo dinâmico e contínuo.

Referências bibliográficas

ALFONSIN, B. *Instrumentos e experiências de regularização fundiária nas cidades brasileiras*. Rio de Janeiro: IPPUR-FASE, 1997.

ANGEL, S. et al. (Eds.). *Land for housing the poor*. Singapore: Selected Books, 1983.

ASSIES, W. *To get out of the mud. Neighbourhood associativism in Recife, 1964-1988*. Amstërdam: CEDLA, 1991.

ASSIES, W. Reconstructing the meaning of urban land in Brazil. The case of Recife, Pernambuco. (102-117). In: JONES, G. e WARD, P. (Eds.). *Methodology for land and housing market analysis*. Londres: UCL Press, 1994.

BROMLEY, D. *Economic interests and institutions*. Oxford: Basil Blackwell, 1989.

BURGESS, R. Petty commodity housing or dweller control? A critique of John Turner's views on housing policy. *World Development*, v.6 n.9/10, *1105-1133,* 1979.

COASE, R. H. The problem of social cost. *Journal of Law and Economics*, n.3, 1-44, 1960.

DE SOUZA, F. A. M. *Perceived security of land tenure and low-income housing markets in Recife, Brazil*. (Tese de Ph.D). Oxford: Oxford Brookes University, 1998.

DE SOUZA, F. A. M. The future of informal settlements: Lessons in the legalization of disputed urban land in Recife. *GEOFORUM*, v. 32, 483-492, 2001b.

DE SOUZA, F. A. M. Land tenure security and housing improvements in Recife, Brazil. *Habitat International*. v.23, n.1, 19-33, 1999.

DE SOUZA, F. A. M. Perceived security of land tenure in Recife, Brazil. *Habitat International*, v.25, 175-190, 2001a.

DENZIN, N. K. e LINCOLN, Y. S. (Eds.). *Handbook of qualitative research*. Londres: Sage, 1994.

DEMSETZ, H. Towards a theory of property rights. *American Economic Review*, v.57, n.2, 347-359, 1967.

DE SOTO, H. *The mystery of capital. Why capitalism triumphs in the West and failed anywhere else*. Nova York: Basic Books, 2000.

DOEBELE, W. Urban land and macroeconomic development: Moving from "access for the poor" to urban productivity. (44-54). In: JONES, G. e WARD, P. (Eds.). *Methodology for land and housing market analysis*. Londres: UCL Press, 1994.

GILBERT, A. The costs and benefits of illegality and irregularity in the supply of land. (17-36). In BAROSS, P. e VAN DER LINDEN, J. (Eds.). *The transformation of land sypply systems in third world cities*. Aldershot: Avebury, 1990.

GILBERT, A. *The Latin American city*. Londres: Latin American Bureau, 1994.

GLASER, B. G. *Theoretical sensitivity: Advances in the methodology of Grounded Theory*. Mill Valley (California): Sociology Press, 1978.

GLASER, B. G. *Basics of Grounded Theory analysis*. Mill Valley (California): Sociology Press, 1992.

GLASER, B. G. e STRAUSS, A. L. *The discovery of Grounded Theory. Strategies for qualitative research*. Londres: Weidenfeld and Nicolson, 1968.

HARDOY, J. e SATTERTHWAITE, D. *Squatter citizen: life in the urban Third World*. Londres: Earthscan Publications Ltd, 1989.

IBGE. Censo 2000. Sinopse preliminar, IBGE. Brasil. In: http://www.ibge.gov.br (acesso em 2 de junho de 2001).

LEI 16113/95. Lei do PREZEIS, 1995. URB-Recife/SEPLAN. In: http://www.emprel.gov.br/emprel/f_urb.html/ (acesso em 23 de setembro de 1998).

LOSTÃO, S. S. *O PREZEIS: um processo de participação popular na formação da cidade*. (Dissertação de mestrado). Recife: MDU/Universidade Federal de Pernambuco, 1991.

MAIA, M. L. Land use regulations and rights to the city: Squatter settlements in Recife, Brazil. *Land Use Policy*, v.12, n.2, 177-180, 1995.

MAXWELL, D. e WIEBE, K. *Land tenure and food security: A review of the concepts, evidence, and methods*. (LTC Research Paper 129). Madison: Land Tenure Center/University of Wisconsin-Madison, 1998.

MOURA, A. S. de. Brasília Teimosa: The organisation of a low-income settlement in Recife, Brazil. *Development Dialogue*, n.1, 152-169, 1987.

PAYNE, G. *Urban land delivery and property rights in developing countries: A review*. Londres: IT/ODA, 1997.

SEPLAN-PCR. Indicador D1 - Uso da terra (Km). Recife: URB-Recife/SEPLAN, 1993. In: h*ttp://www.emprel.gov.br/pcr/ secplanejamento/habitat/mod01.html* (acesso em 23 de setembro de 1998).

SILVERMAN, D. *Interpreting qualitative data. Methods for analysing talk, text and interaction*. Londres: Sage, 1994.

STRAUSS, A. e CORBIN, J. *Basics of qualitative research. Grounded Theory, procedures and techniques*. Londres: Sage, 1990.

STRAUSS, A. L. *Qualitative analysis for social scientists*. Cambridge: Cambridge University Press, 1987.

UNCHS. *Land for housing*. Nairobi: United Centre for Human Settlements, 1987.

WERLIN, H. The slum upgrading myth. *Urban Studies*, v.36, n.9, 1523-1534, 1999.

Capítulo 7

Segregação Socioespacial e Forma Urbana: Belém no Final dos Anos 90

José Júlio Lima

Introdução

O crescimento urbano no Brasil tem se caracterizado por ocupações ilegais de terras e um crescente número de habitações subnormais adicionado a centros de formação histórica, através de morfologias que tipificam segregação socioespacial nas cidades brasileiras de norte a sul, especialmente no período dos anos 70 aos 90. Da década de 1980 à de 1990, a pobreza nas cidades piorou rapidamente, acentuando as desigualdades entre os grupos sociais. As grandes cidades da região norte do país, onde Belém está situada, apresentam as mesmas características das de outras regiões, no entanto têm certas especificidades. A supremacia regional dos dois centros metropolitanos de Manaus e Belém foi substituída, nas duas últimas décadas, por uma nova ordem na região. A mudança foi de uma extrema supremacia metropolitana, representada pela dominação, tanto em termos do tamanho da população urbana como da importância econômica, de Manaus e Belém, para um padrão urbano e regional desorganizado.

A cidade de Belém, foco deste capítulo, tem tido uma taxa de crescimento populacional relativamente baixa, quando comparada com taxas de crescimento absoluto no restante das outras cidades médias da região. A região metropolitana de Belém cresceu 3,69% anualmente entre 1970 e 1991, a menor taxa entre as quinze municipalidades mais populosas da Amazônia, quase a metade da de Manaus, 6,17%, o que permitiu que a supremacia de Belém fosse desafiada por Manaus (IBGE, 1992). As taxas de crescimento, no entanto, não permitem conclusões seguras sobre os processos internos de segregação socioespacial nos últimos anos da década de 1990. Sugerimos que uma análise da forma urbana pode mostrar os processos de segregação socioespacial de Belém na última década do século XX. Este capítulo traz inicialmente uma explicação dos conceitos de forma urbana e segregação socioespacial que usamos. Depois, apresentamos uma síntese dos aspectos contextuais presentes na formação da estrutura urbana de Belém[1], seguida por uma explicação dos métodos de análise utilizados em Belém. Após a apresentação das análises, discutimos como os resultados deste estudo podem ser posteriormente aplicados a outras cidades no Brasil.

[1] Estrutura urbana, neste capítulo, significa tanto aspectos espaciais, tais como o *layout* urbano e usos do solo, quanto aspectos sociais, como a localização de diferentes grupos sociais na cidade.

O conceito de forma urbana aplicado ao estudo de segregação socioespacial

Forma urbana e segregação socioespacial são conceitos-chave neste capítulo. Trazem conjuntamente aspectos teóricos e empíricos aparentemente distantes entre si, porém relacionados por nós para criarmos um referencial para análise da distribuição socioespacial da população na cidade de Belém. Forma urbana significa aqui a forma física do domínio público da cidade, incluindo os elementos arquitetônicos que ajudam a definir suas fronteiras. A forma urbana, como uma escala de análise, é complementar ao estudo da distribuição de usos do solo e estruturas socioeconômicas, utilizadas em planejamento urbano e regional. O estudo da forma urbana é facilitado por análises espaciais que permitem uma investigação detalhada da forma de assentamentos como um todo. Defendemos a posição de que o conceito de segregação socioespacial deveria ser enriquecido pela investigação da forma urbana, e propomos que, através de análises espaciais, a forma de Belém pode ser associada com a distribuição de grupos sociais na cidade e a criação de vantagens locacionais e segregação, também chamada de polarização social, ou exclusão.

O conceito de segregação socioespacial aparece na literatura de estudos urbanos para explicar "a crescente divisão na sociedade entre os *haves* e *have-nots* (aqueles que possuem e aqueles que não possuem); os socialmente incluídos e os excluídos, e ao encolhimento no tamanho dos grupos intermediários" (Hammet, 1998:15). Vários fatores são tomados para demonstrar o crescimento da segregação na cidade. Eles podem variar de acordo com o caráter e a intensidade dos processos sociais, os quais dependem de um número ainda maior de fatores. Musterd e Ostendorf (1998:1) apontam para a reestruturação econômica como um fator poderoso e mencionam que "a divisão racial ou étnica da população na sociedade é tomada como efeito dominante da própria segregação socioespacial e étnica em si" (idem). O exame das condições de acesso a facilidades, medidas em termos da distância física dentro de uma determinada área, também é recorrente em estudos de segregação (Talen, 1998). Nesses estudos, a identificação da acessibilidade é crucial para o entendimento do grau de segregação de moradores quando se examinam os efeitos da segregação. Para os propósitos das análises aqui empreendidas, a acessibilidade é tomada como uma medida de acesso no espaço entre diferentes partes da cidade e reflete o grau de mobilidade física e a percepção de acessibilidade possível para indivíduos, dadas as condições do *layout* da cidade. A análise da acessibilidade na forma urbana inclui a investigação do acesso geral de uma localização para qualquer outra localização na mesma cidade. Este estudo rejeita a análise simplista associada a modelos de acessibilidade de um ponto "A para um ponto B", comumente aplicada em modelos de uso do solo e planejamento de transportes; em vez disso, adota uma aproximação baseada no uso da metodologia de análise sintática do espaço, para associar acessibilidade com vantagens locacionais dentro da malha urbana.

Vantagens e desvantagens locacionais dentro da cidade são expressões usadas para se investigarem as consequências da segregação na escala da forma urbana. Desigualdades locacionais aparecem, por exemplo, quando empreendedores, orientados unicamente pelo mercado, localizam serviços apenas tendo em vista compradores em potencial oriundos da classe de renda mais alta e, da mesma forma, a provisão de serviços não está em equilíbrio com a demanda por esses serviços. Assim, a diferenciação de renda se torna um fator determinante para explicar algumas preferências locacionais, no entanto sugerimos, através da análise sintática, que outros fatores, voltados para características configuracionais da forma da cidade, também influenciam o grau de acessibilidade física efetiva a ser proporcionada aos moradores.

A forma urbana é mencionada em estudos de desenho urbano que enfatizam um nível detalhado de análise de áreas urbanas, esta referenciada como um fator que pode promover vida social mais como consequência do *layout* e suas propriedades topológicas e morfológicas (Magalhães, 1997) que de abordagens geográficas ou ecológicas usadas pela geografia humana (Knox, 1995). O estudo da forma urbana, em países desenvolvidos, é um campo já estabelecido na geografia e no desenho urbano (Whitehand e Larkham, 1992). O mesmo não pode ser dito sobre países em desenvolvimento: nestes, os estudos desenvolvimentistas e etnográficos das cidades nem abordam a forma urbana como um tipo a ser descrito nem como uma abordagem para o estudo de mudanças sociais nas condições de vida. A influência de estudos de desenho urbano no Brasil, assim como em outros países, é limitada pela fragilidade dos respectivos sistemas de planejamento e gestão urbana, o que parece ser uma consequência de padrões herdados baseados na regulamentação urbanística do zoneamento de usos do solo, nos quais não existe espaço para um grau menor de resolução para regulamentações urbanísticas.

A importância particular dos estudos sobre a forma urbana em países em desenvolvimento é que as características espaciais passam a ter um papel importante no funcionamento social da economia urbana. Estudos envolvendo distribuição de usos do solo e forma urbana indicam que a economia local depende do *layout* da cidade como um todo. Atividades de comércio varejista aparentemente estão localizadas onde há mais oportunidade para comercialização mais rentável e, consequentemente, mais vida social (Hillier, 1996). A importância da integração espacial de padrões de espaços abertos é tal que, quando as cidades crescem, há expectativa de que "forneçam oportunidade para interação, troca e vida comunitária" (Peponis et al., 1997:344).

A forma urbana pode, portanto, contribuir significativamente para melhorias na vida social dos assentamentos. Estudos locacionais da distribuição de usos do solo levam em consideração movimentos gerados a partir de um ponto, para outro, enquanto estudos da forma urbana podem ser usados para demonstrar, de forma mais explícita, como o movimento através do espaço é relevante para a economia das cidades (Hillier, 1996). As oportunidades de movimento para todos os grupos sociais na cidade, por sua vez, estão ligadas à geometria da cidade, criadas a partir das circunstâncias socioeconômicas. A correlação entre forma e uso do solo tem sido testada em contextos com limitados recursos. Em Santiago do Chile, a forma urbana parece relevante para o sucesso de projetos de melhoria urbana do tipo provisão de lotes urbanizados (*site and services*) em áreas informais, na periferia. Alguns estudos trazem elementos que demonstram que a criação de oportunidades para contato social tem trazido como consequência a revitalização da economia local devido às melhorias que a acessibilidade trouxe aos *layouts* (Desyllas et al., 1998).

A escolha dos métodos para o estudo das relações entre forma urbana e segregação socioespacial

Os efeitos da segregação socioespacial na forma urbana são analisados aqui em termos de vantagens e desvantagens locacionais, inerentes aos processos de distribuição dos grupos sociais em Belém. Os métodos empregados na análise buscam investigar o impacto da forma urbana, através de uma avaliação das relações entre o grau de acessibilidade no *layout*, caracterizado utilizando-se propriedades sintáticas e variáveis socioeconômicas. A intenção é investigar a acessibilidade e a falta de acessibilidade que resultam da forma da cidade e correlacioná-las com variáveis socioeconômicas. Para investigar as vantagens locacionais em Belém, a acessibilidade para as características espaciais gerais da estrutura urbana é tomada em consideração, mais que a acessibilidade "de" e "para" certas localizações ou entre localizações e facilidades (isto é, forma e distância – não apenas distância – são levadas em consideração na análise). Vantagens locacionais oriundas da forma urbana são relacionadas ao grau de acessibilidade entre localizações periféricas e o ponto mais importante da cidade (na maioria das vezes, o centro da cidade), e vice-versa. Acessibilidade é o resultado da combinação da rede de espaços e a provisão de transporte público. Para a análise da performance desse sistema de espaços abertos e provisão, é reconhecida a influência dos seguintes fatores:

- *a forma da cidade, constituída historicamente, através de forças planejadoras e espontâneas;*
- a provisão de infraestrutura, influenciada por prioridades históricas definidas por governos e por investimentos financeiros;
- a presença de transporte público (assumindo-se que tira vantagem do sistema viário para operar).

Para medir o grau de acessibilidade, as técnicas de análise sintática espacial são usadas para determinar se, ou em que extensão, a geometria da estrutura urbana facilita a acessibilidade "de" e "para" várias áreas da cidade, em vez da de uma localização específica a outra. As medidas produzidas pela sintaxe espacial dão conta das diferenças na acessibilidade e localização na forma urbana. A sintaxe espacial "analisa os padrões de conectividade, diferenciação e centralidade que caracterizam sistemas urbanos e as relações entre partes e o todo articulados" (Peponis et al., 1997:342).

Nas análises da sintaxe espacial, a acessibilidade pode ser medida através da conectividade, da integração e da inteligibilidade do *layout* urbano, representado por linhas axiais, que são as linhas mais longas e que em menor número podem ser traçadas para representar ruas e outros espaços abertos dentro do *layout* da cidade. Cada linha axial é considerada um passo entre um espaço e outro. A conectividade entre dois espaços ou ruas indica o número de conexões entre linhas que se interceptam.

A integração é a medida de sintaxe espacial que demonstra a relação de profundidade ou superficialidade de um sistema de espaços urbanos, como é visto de um ponto particular dentro ou fora de um espaço representado por uma linha axial. A profundidade do *layout* é medida através da comparação entre o número de mudanças de direção ou passos necessários para se ir de um espaço para outro. A integração local medida no *layout* de uma cidade apresenta aqueles espaços acessíveis com três mudanças de direção de qualquer espaço do sistema. O grupo das linhas mais integradas localmente é considerado o nível de acessibilidade do pedestre, enquanto a acessibilidade global leva em consideração quanto o sistema como um todo é acessível de fora dele. Os grupos com espaços mais integrados – representados pelas linhas axiais – formam núcleos de integração global (Hillier e Hanson, 1984). Vários estudos têm demonstrado que o conjunto de espaços mais integrados globalmente representa as localizações onde o movimento gerado pela configuração do espaço pode prever a localização de atividades comerciais e maior copresença social (Hillier, 1996). O núcleo de integração, sua forma, tamanho e abrangência, dependem da forma, das conexões e da geometria da estrutura urbana, assim como seu modo de crescimento.

Inteligibilidade é outra medida sintática, obtida através da correlação estatística entre conectividade e integração local ou entre integração local e global. A inteligibilidade de um sistema indica a relação do nível local, visível a partir de espaços localizados um passo (correlação de integração global e conectividade) ou três passos além (correlação entre integração global e local) a partir da localização de cada espaço. Globalmente, os espaços são meramente inferidos.

Para este estudo, três porções de Belém foram selecionadas: parte da Primeira Légua Patrimonial[2] (referida como Centro) e duas outras, localizadas na periferia – uma área localizada ao redor da principal junção viária, a certa distância do Centro Histórico (referida como Entroncamento) e outra caracterizada, pela localização de conjuntos habitacionais, como zona de expansão da cidade (referida como Augusto Montenegro, devido ao nome da avenida ali existente). As três áreas correspondem a padrões de ocupação típicos de cidades médias no Brasil. Procuramos investigar a existência e a caracterização de segregação espacial na cidade como um todo, comparando a área mais consolidada (Centro) com uma área de relativa fragmentação (Entroncamento) e uma totalmente fragmentada (A. Montenegro).

A caracterização da segregação socioespacial na cidade foi feita correlacionando-se medidas geradas pela sintaxe espacial e elementos socioeconômicos – renda, valores da terra e situação de ocupação dos domicílios. O *software* Axman foi usado para gerar medidas sintáticas – conectividade, integração local e global, e inteligibilidade – nas três áreas, representadas por grupos de linhas axiais desenhadas em plantas oficiais de Belém (veja Figura 1) (Codem, 1977, 1986; Celpa, 1997). A matriz com medidas sintáticas foi extraída e relacionada com dados do censo do IBGE de 1991 (IBGE, 1992). Para uma correspondência entre linhas axiais que ocupam um determinado setor, valores médios de integração de todas as linhas daquele setor foram utilizados em testes estatísticos de correlação e regressão. Medidas sintáticas foram testadas primeiro separadamente e, depois, junto com variáveis socioeconômicas. Os resultados fornecem uma descrição da forma urbana, tanto na escala da cidade como no nível detalhado das porções do centro e da periferia.

[2] Primeira légua patrimonial foi a primeira porção de terra que a Coroa portuguesa doou à municipalidade de Belém para formar a cidade. Hoje corresponde ao centro expandido da cidade, onde se localiza um centro histórico e a maioria da infraestrutura e dos serviços.

Figura 1

MAPA DE BELÉM BASEADO EM PLANTAS OFICIAIS,
MOSTRANDO O CENTRO DA CIDADE E A PERIFERIA.

Fontes: COGEP (1992), Codem (1986) e fotos aéreas tiradas em 1995 (Celpa, 1997).

Box 1

CONDIÇÕES DE MORADIA NA PERIFERIA DE BELÉM

A população do município de Belém foi estimada em 1995 pelo IBGE em 1.167.841 habitantes; em 1970 eram 633.374; e, em 1980, 933.287. A taxa de crescimento foi reduzida no período de 1970-1991. O outro município da região metropolitana de Belém, definido em 1979 pela Lei Federal n.14 – o município de Ananindeua – aumentou de 22.527 habitantes em 1970 para 273.525 em 1995. Os números estimados para os dois municípios em 2010 são 1.435.727 habitantes em Belém e 337.265 em Ananindeua (IBGE, 1992).

A periferia de Belém tem sido alvo de diferentes tipos de ocupação desde a década de 1950. Houve uma primeira tendência de distribuição de terras para instituições públicas por dois principais eixos por onde se supunha que a cidade cresceria. O Exército, a Marinha e instituições de pesquisas possuíam a região que era chamada de "cinturão institucional" da cidade. A natureza desse uso do solo (defesa através das forças armadas) criou restrições de acesso a muitas áreas. Nestas, posteriormente ocupadas em parte por conjuntos habitacionais, desde os anos 70 têm acontecido invasões de terra pela população de baixa renda. As consequências dessa ocupação informal são consideradas pela mídia e pelo governo como o "maior problema" da cidade. Invasões também ocorreram em áreas pertencentes principalmente ao setor privado e a instituições localizadas na periferia da cidade. Essas são as alternativas encontradas pela população de menor poder aquisitivo para conseguir abrigo em localizações próximas ao trabalho e obter as facilidades de dentro da cidade. A invasão de terras de propriedade institucional ou privada tanto para a construção de favelas como para a ocupação de unidades vagas em conjuntos habitacionais não-ocupados criou de uma população estimada de, no mínimo, 25.000 famílias em 1991 (Cogep, 1992:205) em toda a região metropolitana de Belém.

Na década de 1970, investimentos do Banco Nacional da Habitação (BNH), criado em 1964, começou uma ação efetiva para proporcionar moradias à população de baixa renda. Nesse momento, a periferização tanto formal quanto informal estava tornando-se mais intensa em Belém e nos municípios vizinhos. Os conjuntos habitacionais horizontais representaram apenas uma parte do esforço de providenciar moradia de baixo custo. Hoje há diversos tipos de conjuntos habitacionais, como blocos de apartamentos verticais e outras formas de intervenção resultantes da melhoria das favelas existentes, além da invasão de conjuntos habitacionais parcialmente ocupados. A maioria dos estudos de ocupação de Belém estabelece que o padrão de ocupação do principal núcleo da cidade e as invasões na periferia são explicados pela alta especulação do mercado imobiliário, que aumenta os valores do solo. A escassez de moradias sociais é o resultado das mudanças das políticas do governo central, com repercussões locais, e de iniciativas estaduais (Trindade Jr., 1998).

A provisão social de moradia estabeleceu seu espaço em Belém desde 1965, mas a Companhia Habitacional do Pará (COHAB/PA) construiu o primeiro conjunto habitacional em 1973. Além da companhia estadual, existem mais duas outras instituições que promovem unidades habitacionais e infraestrutura: o Instituto de Previdência e Assistência de Servidores do Estado do Pará (Ipasep) e a Caixa Econômica Federal (um banco governamental). Até 1991, a COHAB construiu 4.411 unidades em Belém e 17.608 em Ananindeua, o Ipasep promoveu 4.828 unidades somente em Belém e a CEF providenciou fundos para 12.333 unidades em todo o Estado do Pará. Comparando esses dados com a população urbana desses municípios em 1991 – 1.332.850 habitantes –, as quantidades significam que as realizações das políticas, em termos absolutos, são muito menores que as unidades necessárias. Referindo-se à população que mora em assentamentos informais, a comparação é bem menos favorável. Enquanto políticas de moradia promoveram quase 26.000 unidades em mais de vinte anos, quase o mesmo número de famílias encontrou espaços para residirem em áreas ilegais invadidas e quatro vezes esse número moram em baixadas na área central da cidade. O déficit de moradias, na região metropolitana, para as pessoas que ganham mais de dois salários mínimos foi estimado em 48.295 unidades em 1990. Incluindo-se pessoas que ganham mais de um salário mínimo, o déficit alcança 128.429 unidades habitacionais (Idesp, 1990).

Belém, um antigo centro regional na Região Amazônica Brasileira

De acordo com Browder e Godfrey, "uma vez basicamente entreposto comercial para a exportação dos recursos naturais abundantes da Amazônia, os centros metropolitanos da região não desfrutam mais de primazia urbana que possuíam em função de suas localizações regionais" (Browder e Godfrey, 1997:123). A economia local na região norte do Brasil tem trazido reveses para o desenvolvimento de Belém. Os projetos econômicos de exploração da província mineral localizada no estado do Pará não trouxeram benefícios diretos para a capital. A maioria das oportunidades de emprego criadas pelos projetos de mineração localizaram-se no sul do estado, longe da capital, e esses empregos foram ocupados por migrantes de outros estados. No final dos anos 90, a economia da cidade dependia quase inteiramente de atividades do setor terciário da economia, responsáveis por prover negócios e o aparato administrativo estatal localizado na cidade. A perda de importância de Belém como maior cidade da região, em favor de Manaus, e o estabelecimento de um sistema composto de vários centros com cidades de menor tamanho são descritos por Browder e Godfrey:

As elites locais de Belém simplesmente não têm sido capazes de competir com o capital nacional e internacional aplicado em Manaus desde a década de 1960 em resposta a políticas federais de subsídios para o crescimento do polo de crescimento da Zona Franca de Manaus (Browder e Godfrey, 1997:125).

A forma urbana apresenta um desequilíbrio entre o centro e a periferia, em termos de serviços providos. Essas diferenças entre o centro e a periferia são atribuídas, entre outros fatores, ao fracasso na implementação do controle do desenvolvimento (planos diretores e legislação urbanística) e a intervenções para melhoria de infraestrutura de responsabilidade do governo local, demonstrando uma preferência para atender a demandas de grupos da elite local. Isso tem resultado em priorização na alocação de serviços no centro, apesar do crescimento desenfreado da periferia, sem infraestrutura. Ao longo das últimas décadas, as soluções encaminhadas para os problemas urbanos de Belém têm sido ligadas a uma desconcentração de usos de comércio e serviços do centro para a periferia. Políticas para criação de empregos também são recomendadas, coordenadas para a criação de novos centros para serviços, localizados além dos limites da Primeira Légua Patrimonial. No entanto as políticas urbanas incorporadas à gestão da cidade têm insistido em padrões de desenvolvimento baseados na habitação e no transporte os quais não foram capazes de solucionar problemas criados com o aumento rápido da população na periferia. A provisão habitacional também tem sido problemática (ver Box 1). Uma avaliação do padrão de desenvolvimento urbano mostra que o estado e o mercado estão em coalizão para continuar o mesmo padrão de desenvolvimento que tem criado problemas de concentração de usos não-residenciais no centro e um déficit global de unidades habitacionais (Ipea, 1997).

Análise sintática da forma de Belém

Analisamos a possibilidade de movimento e, consequentemente, de acessibilidade entre porções da cidade através da sintaxe espacial. O centro da cidade apresenta, de acordo com nossa análise, um núcleo de integração formado pelas linhas mais longas responsáveis por conexões entre uma expansão do centro e bairros localizados nos limites da Primeira Légua

Patrimonial. Medidas locais de conectividade e controle mostram que tais linhas são responsáveis por boas conexões entre espaços vizinhos. A medida de integração local dos espaços ou linhas do centro da cidade mostram um sistema bem conectado em termos de acessibilidade com três passos, indicando que o *layout* do centro é possuidor de uma boa integração. Comparando a integração global com a local, as ruas e espaços do centro proveem potencial para que os residentes tenham boa acessibilidade e também um bom conhecimento da relação de sua localização no todo. Considerando o tamanho do sistema de linhas axiais (514 linhas), a formação de núcleos definidos por três mudanças de direções ou três passos apresenta um grande potencial para mobilidade dentro do sistema de linhas do centro. Isso é percebido principalmente através das medidas obtidas pela localização das linhas nos bairros com trama ortogonal regular definidos no começo do século XX (Figura 2).

Figura 2

MAPAS AXIAIS DO CENTRO DA CIDADE:
(a) INTEGRAÇÃO GLOBAL E (b) INTEGRAÇÃO LOCAL

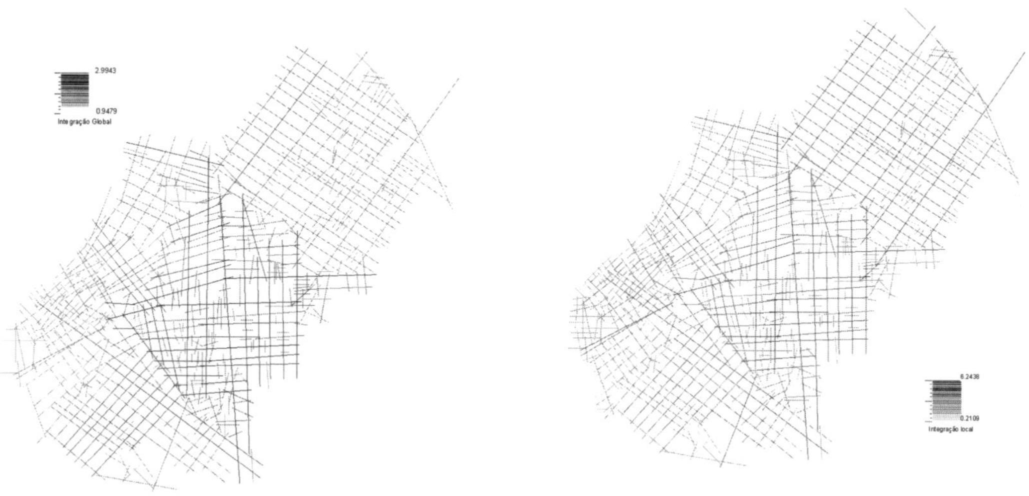

As análises das medidas sintáticas do Entroncamento mostram a importância da ligação principal entre a Primeira Légua Patrimonial e a periferia, na integração dos assentamentos localizados entre a forma urbana consolidada do centro e áreas fragmentadas na periferia. O núcleo de integração global é formado por poucas linhas ou espaços diretamente conectados para a ligação centro-periferia que corta o Entroncamento. Não existem grandes diferenças entre os valores das medidas sintáticas de conjuntos habitacionais e assentamentos informais localizados no entorno do Entroncamento (Figura 3).

Figura 3

MAPAS AXIAIS DO ENTRONCAMENTO:
(a) INTEGRAÇÃO GLOBAL E (b) INTEGRAÇÃO LOCAL

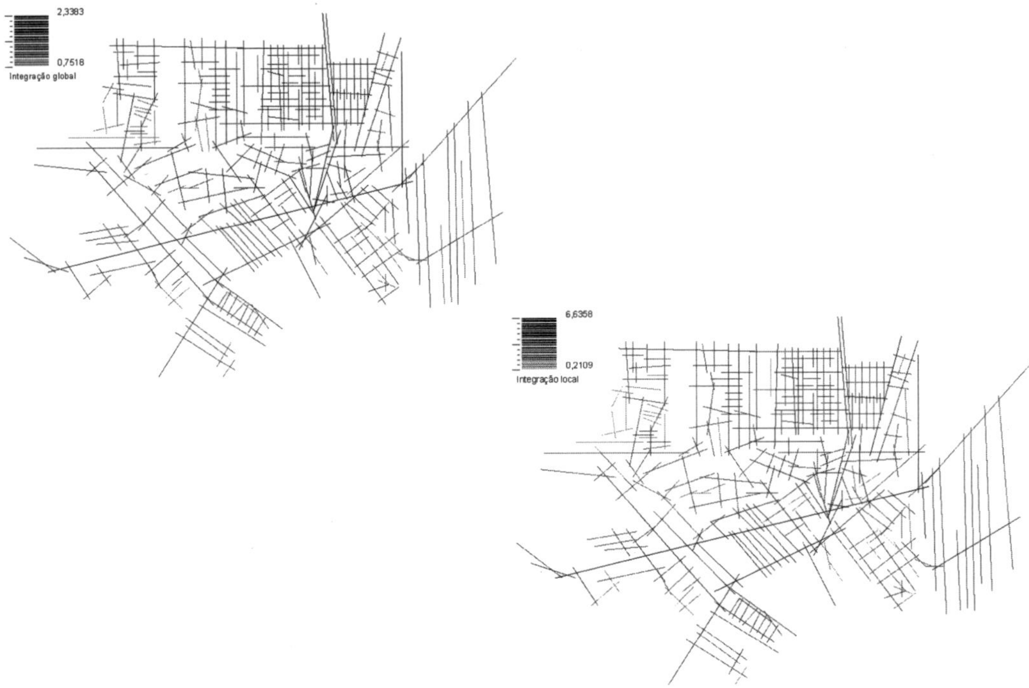

A acessibilidade na A. Montenegro depende diretamente das longas linhas axiais não--conectadas aos espaços adjacentes. Medidas sintáticas locais mostram que cada linha ou espaço tem poucas conexões com os espaços vizinhos. A medida de conectividade apresenta apenas relações limitadas entre espaços que formam os conjuntos habitacionais e as ocupações informais responsáveis por "bolsões" de ocupação na periferia. Na área da A. Montenegro, a integração global é mais significante para acessibilidade que a integração local, em consequência da concentração de melhorias viárias nas ligações entre o centro urbano e o resto do município. A periferia tem se tornado uma área através da qual se passa; não há espaços públicos de convívio. A localização esparsa dos conjuntos habitacionais não resulta em um *layout* coerente e contribui para a fragmentação e o isolamento dos "bolsões" de ocupação.

O núcleo de integração global na A. Montenegro (Figura 4) é formado por poucas linhas, entre as quais não há partes internas dos assentamentos, planejados ou espontâneos, localizados ao longo dos grandes eixos. Isso significa que o arranjo dos conjuntos habitacionais e a forma do sistema viário comprometem a performance global do arranjo como um todo: longos eixos ligam extremos do sistema, mas não formam ligações entre os assentamentos. Levando-se em consideração a extensão dos eixos e o tamanho do sistema viário como um todo, o grau de acessibilidade espacial na A. Montenegro não facilita a copresença social para os moradores, além de contribuir para que o espaço funcione como local de passagem para estranhos.

Figura 4

MAPAS AXIAIS DA PERIFERIA – AUGUSTO MONTENEGRO:
(a) INTEGRAÇÃO GLOBAL E (b) INTEGRAÇÃO LOCAL

A Tabela 1 compara medidas sintáticas e as relações entre elas. Em Belém, a inteligibilidade diminui com a fragmentação e a deformação do *grid* original do centro tradicional. No centro, a inteligibilidade é maior que na periferia; a inteligibilidade medida pela correlação (R^2) é 0,54. No Entroncamento, a inteligibilidade cai para 0,36 e, na A. Montenegro, é apenas 0,29. No centro, um observador que se move é capaz de inferir mais facilmente a lógica global da Primeira Légua se estiver no interior dela, o que não ocorre se ele estiver na periferia.

Tabela 1

INTELIGIBILIDADE NO CENTRO E NA PERIFERIA DE BELÉM, 1995

Áreas de estudo	Integração global / integração local	Integração global / conectividade
Centro (N=514)	0,54	0,34
Entroncamento (N=373)	0,36	0,24
A. Montenegro (N=316)	0,29	0,17

Obs.: Significância $p < ,0001$. N é o número de linhas axiais

Fonte: Mapa axial desenhado em mapas oficiais de Belém (Codem, 1986; Celpa 1997)

A análise mostra também dois importantes aspectos da forma da periferia. O primeiro é que os coeficientes das correlações são o resultado de um *layout* geral, em vez da forma específica de algum padrão e suas localizações. O segundo é que as condições de fragmentação significam que o *layout* dificulta a acessibilidade dentro da periferia e entre a periferia e o centro da cidade. Baixa inteligibilidade na periferia explica o padrão "pobre" de acessibilidade intraperiférica, restrita que está pela localização de conjuntos habitacionais e condomínios, sem ligações secundárias conectando--os com acessos secundários. As oportunidades para contato social nos conjuntos habitacionais e invasões dependem de deslocamentos até os eixos principais da periferia.

Comparando-se os fatores que caracterizam a acessibilidade intracentral com fatores responsáveis pelo baixo grau de acessibilidade intraperiférica, indicadores sintáticos demonstram que a forma do centro proporciona aos usuários mais oportunidades para contato social que as áreas da periferia. Coerência espacial no centro é o resultado da consolidação de um "*grid* deformado"[3], longas linhas que unem outros espaços criados pela consolidação desses diferentes *grids* e consequentes mudanças de direção na configuração como um todo. Longas linhas na periferia não facilitam acessibilidade interna, porque o padrão criado pela agregação dos conjuntos e áreas de invasão e pelos pontos isolados de acesso aos assentamentos. Essas longas linhas são usadas por um grande número de pessoas morando nos assentamentos, aqui vistos como desconectados pontos ao longo do eixo principal.

O uso de técnicas de sintaxe espacial nas áreas de estudo em Belém mostram que a evolução da cidade aconteceu através da agregação de diferentes padrões. O *grid* regular do centro foi responsável por um alto grau de acessibilidade intracentral. Outras ligações partindo do centro em direção à periferia proporcionam acesso centro-periferia. No centro da cidade, o fato de que subcentros estão ligados por longas linhas faz com que muitos espaços dentro dele estejam articulados nesses subcentros e coincidam com os espaços onde estão concentradas as rotas de transporte público.

A fragmentação na periferia resulta de uma combinação de fatores – incluindo direitos de propriedade da terra – que afetam a transformação de áreas rurais em urbanas e a construção de conjuntos habitacionais em glebas anteriormente ocupadas por fazendas. Indicadores sintáticos demonstram que a acessibilidade na periferia é restrita, tanto em consequência da fragmentação e do padrão interno dos *layouts* dos conjuntos habitacionais como pela deficiência do sistema de transporte público. Moradores necessitam andar por 2 km de pontos remotos nos assentamentos até a parada de ônibus localizada na rua principal. A baixa inteligibilidade da periferia mostra evidência da fragmentação: além de poucas ligações intraperiféricas, a acessibilidade é comprometida pela falta de articulação secundária entre os assentamentos, causa problemas para a integração global e, por extensão, para contatos sociais com estranhos. A forma construída fragmentada da periferia não apenas compromete a integração intraperiférica mas também tem impactos para a consolidação dos conjuntos habitacionais.

Efeitos da segregação socioespacial na forma urbana de Belém

Vantagens e desvantagens locacionais foram analisadas focalizando-se a acessibilidade através da relação entre indicadores sintáticos e indicadores socioeconômicos. Inicialmente, a diferenciação locacional de grupos sociais na cidade é evidenciada através da distribuição em função de níveis de renda, por setor censitário. O mapa do censo (Figura 5) apresenta a situação de Belém em 1991.

[3] Esse termo foi proposto por Hillier (1996) para referir-se ao resultado das diversas modificações que o *grid* de uma área urbana sofre ao longo do tempo.

Grupos de alta renda estão concentrados no centro e em condomínios de luxo na periferia, enquanto grupos de baixa renda estão localizados nas "baixadas" do centro e nas células periféricas.

Figura 5

MAPA MOSTRANDO MÉDIAS DE SALÁRIOS MÍNIMOS RECEBIDOS POR CHEFES DE FAMÍLIA, POR SETOR CENSITÁRIO EM BELÉM, 1991.

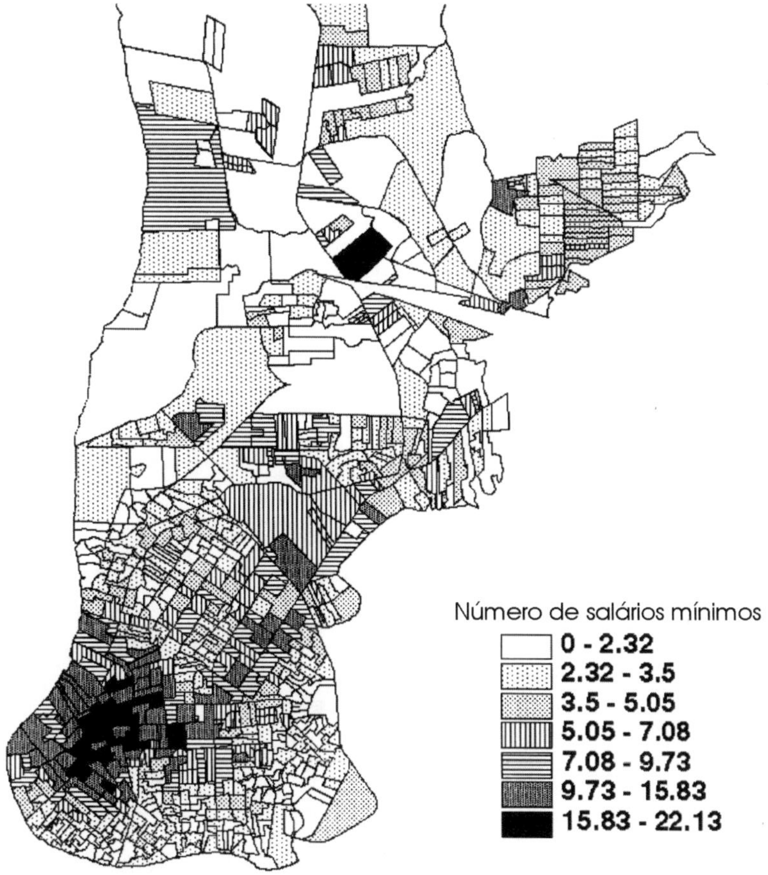

Fonte: Informações do censo do IBGE, 1991 e mapa (Ipea, 1997).

Nosso estudo da forma urbana analisou também valores locacionais por face de quadra, obtidos da planta genérica de valores do município de Belém. A valorização locacional, um dos fatores usados para o cálculo do IPTU, é definida pelo governo local de acordo com a provisão de infraestrutura na face da quadra. No centro, os valores vão de 100 a um máximo de 7.000 unidades fiscais (Figura 6). Localizações com os maiores valores estão no centro histórico da cidade, onde existe uma concentração de comércio varejista e serviços para a totalidade da região metropolitana (a linha vermelha nessa porção do território equivale ao valor máximo de 7.000 unidades fiscais). Aos eixos principais e áreas com *grids* regulares no centro são atribuídos valores mais altos que nas "baixadas", onde a valorização é baixa, coincidindo com população de baixa renda.

Figura 6

MAPA COM VALORES LOCACIONAIS*

Nota: *Os valores de face de quadra referem-se à valorização decorrente da existência de infraestrutura) no interior da Primeira Légua Patrimonial e na A. Montenegro.

Fonte: PMB (1995).

Na periferia, a maioria dos valores vai de 80 a 100 unidades fiscais (Figura 6). Condomínios são exceções, porque os valores atribuídos ao interior destes são os mesmos da via principal de acesso (301 unidades).

Integração local e conectividade, em vez de integração global, quando processadas correlações com valores locacionais, apresentam significantes correlações lineares ($P<0{,}0001$): no centro da cidade (R^2 = 0,06) e no Entroncamento (R^2 = 0,90) (Tabela 2). A configuração dessas áreas oferece vantagens locacionais que contornam a segregação social. Similaridades entre indicadores sintáticos e valores locacionais aparecem no nível local, provavelmente devido ao caráter local das intervenções para melhoria de infraestrutura urbana. Também sugere-se que o poder político de grupos de mais alta renda que moram no centro da cidade seja responsável por maiores demandas e melhor provisão de infraestrutura do estado (causando maior valorização), enquanto grupos de menor renda, sem influência política, recebem menos benefícios. A configuração acompanha essas constatações, o que está coerente com uma espécie de estratégia de grupos de mais alta renda para manter uma boa acessibilidade para áreas com comércio varejista dentro de distritos residenciais.

Integração local e valores locacionais não são correlacionados significativamente na periferia. Embora correlações significantes tenham sido obtidas entre integração global e valores locacionais (Tabela 2), a correlação linear é muito baixa para ser considerada conclusiva ($R^2 = 0,004$). Sugere-se ser isso resultado da baixa representatividade do grupo de valores muito baixos da periferia, explicados pelo baixo padrão de infraestrutura provido. Por um lado, os baixos valores locacionais indicam a falta de uma estratégia efetiva para integrar conjuntos habitacionais, verdadeiras ilhas de valorização na periferia, dissociados do sistema viário. Por outro lado, mostram como os assentamentos construídos pela iniciativa privada tiram vantagem das oportunidades locacionais providas na periferia pelas melhorias no sistema viário. Essa constatação pode ser mais bem entendida pelas grandes diferenças entre valores locacionais nos grandes eixos, onde condomínios estão localizados, em relação ao resto do sistema viário da periferia, onde os conjuntos habitacionais estão localizados.

Tabela 2

CORRELAÇÃO ENTRE INTEGRAÇÃO LOCAL E GLOBAL
E VALORES DE FACE DE QUADRA NO CENTRO E NA PERIFERIA DE BELÉM – 1991

Áreas de estudo	Integração global / valores de face de quadra	Integração local / valores de face de quadra	Conectividade / valores de face de quadra
Centro	Não significante	0,063 *	0,066 *
Entroncamento	0,098	0,098 *	0,103 *
A. Montenegro	0,004 **	Não significante	Não significante

Obs.: * significância $p < ,0001$; ** significante $p = 0,0776$

Fonte: Mapa axial desenhado em mapas oficiais de Belém (Codem, 1986; Celpa 1997).

As diferenças encontradas nas configurações do centro e da periferia assim como dos valores locacionais (os quais ajudam a um melhor entendimento da segregação socioespacial) têm consequências para o caráter circular do sistema fiscal. Porque a infraestrutura é pouca, a valorização é baixa. São necessárias ações que possam eliminar esse caráter autolimitador do sistema de taxação e investimentos. No centro, efeitos negativos da distribuição desigual de infraestrutura aparentemente são suavizados pelas vantagens proporcionadas pela configuração do *layout* como um todo; na periferia, parece não haver condições para que a forma urbana diminua efeitos negativos pela distribuição desigual de infraestrutura. A situação fiscal na cidade, sob a luz desses resultados, aparentemente leva à formulação de que os grupos de baixa renda do centro não recebem benefícios da infraestrutura em localizações particulares; recebem, na verdade, benefícios proporcionados pela forma global do centro.

Outras comparações entre indicadores sintáticos e indicadores socioeconômicos também proporcionam acurada evidência de segregação socioespacial na forma urbana, em parte através do uso de dados censitários associados com dados gerados pela sintaxe espacial. Gráficos de dispersão apresentados na Figura 7 e na Figura 8 apontam correlações de inteligibilidade em áreas definidas por setores censitários[4] classificados de acordo com renda e quantidade de espaço doméstico indicado pelo número de habitantes e número de cômodos.

Figura 7

GRÁFICOS DE DISPERSÃO*

Nota: *Com a inteligibilidade (integração global e local) nas áreas de estudo, de acordo com segmentos de renda selecionados: a) com mais de 10 salários mínimos de renda, e b) com menos de 5 salários mínimos de renda.

Fonte: IBGE, 1992 e mapas axiais.

---

[4] Para que fosse possível esta análise, foram tomados os valores médios de indicadores sintáticos do *layout* de porções do território que são áreas cobertas por setores censitários e correlacionados com os indicadores socioeconômicos.

Figura 8

GRÁFICOS DE DISPERSÃO

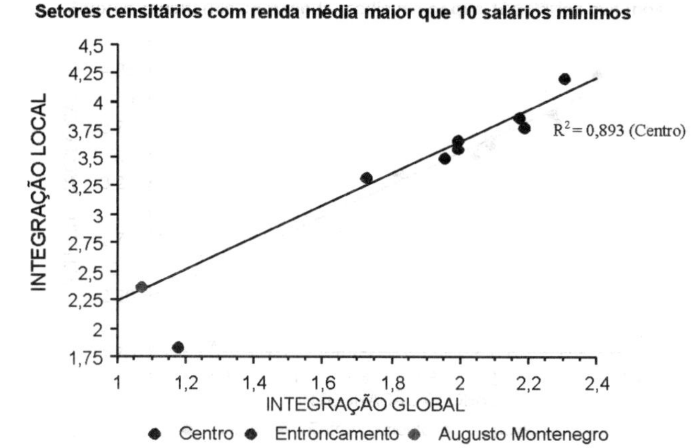

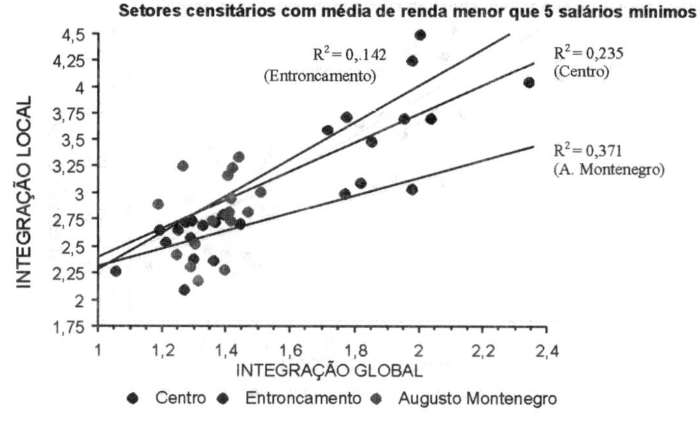

Nota: *Com a inteligibilidade (integração global e local) nas áreas de estudo, de acordo com segmentos de ocupação da residência selecionados: a) com menos de 4,5 pessoas por domicílio, e b) com mais de 4,5 pessoas por domicílio.

Fonte: IBGE, 1992 e mapas axiais.

A correlação de indicadores sintáticos – inteligibilidade resultante da integração global e da integração local – com renda, no centro, dá evidência de que o status social associado à localização de diferentes grupos sociais pode predizer acessibilidade. Comparando-se os gráficos de dispersão da Figura 8, vê-se que a inteligibilidade nas áreas onde moram grupos de maior renda é maior que em áreas onde mora população de menor renda. No centro, áreas com moradores de maior renda têm um coeficiente de inteligibilidade (R^2) de 0,893, enquanto o coeficiente em áreas de menor renda é apenas 0,235. Esses coeficientes mostram que a acessibilidade é uma vantagem oferecida aos grupos de maior renda no centro (e não na periferia). A inteligibilidade na periferia mostra que a acessibilidade representa um valor alto para aqueles que podem escolher seus locais de moradia (condomínios). O contrário pode ser inferido em termos de conjuntos habitacionais, resultando principalmente dos padrões do sistema viário e da provisão de transporte analisados em termos de valores locacionais.

Examinando-se esses resultados à luz dos mapas de integração global e local no centro e na periferia, vê-se que a acessibilidade é mais associada a maiores extratos de renda no centro que na periferia. Isso é explicado com mais consistência através dos resultados das análises feitas com a sintaxe espacial; o *grid* é mais consolidado no centro que na periferia, onde existe hierarquia e fragmentação na forma urbana.

A investigação da inteligibilidade em localizações de acordo com o número de habitantes por unidade proporciona outras evidências de como a forma está relacionada à segregação socioespacial. Os setores censitários com um número baixo de pessoas por unidade são caracterizados por serem residências de grupos com status social maior; no centro, existem nove setores onde o número médio de habitantes por unidade é maior que 4,5 e, na A. Montenegro, existem 13 setores com essas características. No centro, a inteligibilidade dessas localizações é maior ($R^2 = 0,907$) que a inteligibilidade de setores com o mesmo número médio de habitantes por unidade na periferia ($R^2 = 0,79$). Essas diferenças na inteligibilidade confirmam que, na periferia, a segregação socioespacial indicada pela quantidade de espaço doméstico está menos associada com vantagens locacionais. Tais resultados também demonstram que a quantidade de espaço doméstico é mais importante no entendimento de segregação socioespacial que diferenças de renda (Figura 8).

Um exame das localizações com unidades residenciais com mais de 4,5 moradores por unidade mostra que grupos sociais com menor status social tanto no centro como no entroncamento ($R^2 = 0,291$ e $R^2 = 0,304$, respectivamente) habitam áreas com índices de inteligibilidade menores que os da A. Montenegro. Paradoxalmente, ali a inteligibilidade em localizações de grupos de alto status social é menor que a inteligibilidade de localizações com grupos sociais de menor renda: $R^2 = 0,079$ para alto status social contra $R^2 – 0,604$ para baixo status social. Isso pode ser explicado pela falta de integração dos condomínios fechados não consolidados com o entorno. No entanto essa evidência de desvantagem locacional não afeta os residentes de maior status dos condomínios da periferia, uma vez que dependem de transporte privado para contornar o problema. Para residentes de conjuntos habitacionais, o nível de inteligibilidade não pode ser considerado uma vantagem suficiente, devido à deficiência do transporte público para servi-los. Dessas comparações, pode ser inferido que, no centro, a inteligibilidade é positivamente associada com o status social dos grupos, enquanto na periferia isso não é claro.

Altos índices de inteligibilidade na área da A. Montenegro são acompanhados por baixos níveis de integração global e local, mostrando que a segregação socioespacial da periferia é resultante também dos *layouts* dos conjuntos. Integração global e local na periferia, comparada com valores do centro, mostram os efeitos da fragmentação no *layout*. Na periferia, o acesso fácil é restrito para os espaços vizinhos: nenhuma atenção tem sido dada pelas autoridades para melhorar a acessibilidade no sistema viário.

Esses resultados proporcionam um entendimento mais detalhado das relações entre acessibilidade e segregação socioespacial e diferenças dos padrões de segregação socioespacial entre o centro e a periferia. Os gráficos de dispersão dos indicadores sintáticos e a distribuição espacial de grupos sociais de acordo com a quantidade de espaço doméstico também mostram que, na escolha do local de moradia, a acessibilidade parece ser um valor importante para classes de maior renda que moram no centro. Lá existem correlações que demonstram inteligibilidade com altos níveis de significância; indicadores de espaço doméstico mostram o desejo de grupos sociais de maior renda estarem localizados onde existe melhor acessibilidade tanto globalmente quanto localmente. No mesmo gráfico de dispersão, baixa inteligibilidade na localização de unidades com baixa densidade de ocupação é característica dos condomínios na periferia, em parte devido ao fato de os assentamentos não serem conectados com os entornos e, em parte, devido ao *layout* interno. Portanto melhores padrões no espaço da periferia não são acompanhados por melhor acessibilidade.

As análises das relações entre indicadores sociais e padrões da forma urbana sugerem explicações de como vantagens e desvantagens locacionais levam à segregação socioespacial. Os resultados podem ser divididos em dois grupos. O primeiro trata da acessibilidade e contém resultados dos indicadores sintáticos empregados para o estudo da forma urbana *per se*, e o segundo apresenta resultados que permitem um entendimento da natureza da segregação na cidade. O segundo grupo combina resultados das análises de acessibilidade pelo uso da sintaxe espacial com os efeitos socioespaciais dos padrões de distribuição de infraestrutura na cidade. As análises apontam tendência para decrescer a acessibilidade intracentral, intraperiférica e em nível urbano como um todo e distinguem a forma de segregação socioespacial do centro da que ocorre na periferia.

A acessibilidade na cidade como um todo é problemática, devido à descontinuidade entre o *layout* do centro e o da periferia. As poucas ligações entre o centro e a periferia não estão integradas no *layout* formado pela agregação de novos assentamentos na periferia. O acesso da periferia para o centro dá-se quase inteiramente em uma única via. A acessibilidade intracentral é melhor que a intraperiférica, o que é explicado no estudo pela maior inteligibilidade do *layout* do centro em relação aos índices encontrados nas duas outras áreas. O centro é compacto, com porções integradas entre si através de longas ligações. A inteligibilidade no centro também é associada com vantagens locacionais criadas pela provisão de infraestrutura e pela consequente valorização da terra.

Foi visto também que a acessibilidade intraperiférica é afetada pela localização de assentamentos e pelos seus arranjos viários internos, isoladamente e em associação com o todo. A inteligibilidade em conjuntos habitacionais é comprometida pela falta de consolidação dos assentamentos nos seus entornos e na forma da periferia como um todo. Baixa densidade de ruas na periferia, por sua vez, coincide com baixa acessibilidade. A falta de ligações secundárias entre as diferentes partes da periferia faz com que os assentamentos criem partições isoladas dentro da periferia como um todo: conjuntos habitacionais, por exemplo, são completamente isolados entre si, mesmo daqueles localizados na vizinhança imediata. A deficiência do sistema viário em integrar a periferia é evidenciada pela baixa inteligibilidade, o que causa, na periferia, restrições à acessibilidade a espaços vizinhos: localizações de grupos de altos e de baixos status são afetadas. Embora existam vantagens locacionais no interior dos condomínios, a forma da periferia como um todo causa problemas para os moradores de maior renda.

As análises mostram que, em Belém, existe segregação socioespacial em relação à acessibilidade tanto no centro, mesmo com sua forma urbana compacta, como na periferia, em parte como consequência de sua forma urbana fragmentada. A exploração de relações entre indicadores espaciais e indicadores socioeconômicos, especialmente na distribuição de valores locacionais relacionados a renda e a quantidade de espaço doméstico mais que em relação a infraestrutura, sugere que existe uma segregação socioespacial mais minuciosamente expressa, que resulta da diferenciação de moradores de diferentes status sociais convivendo muito proximamente. Isso, em parte, é resultado da forma compacta e densa do centro e, em parte, das maneiras pelas quais os grupos sociais tiram vantagem dos aspectos locacionais da distribuição de infraestrutura, especialmente da provisão de transporte público possibilitado pelo sistema viário central. A coexistência de diferentes grupos sociais no centro significa que o mesmo alto padrão de infraestrutura e a forma do *grid* possibilitam mobilidade para diferentes grupos sociais indiferenciadamente. A importância da configuração do *grid* no centro é demonstrada pela integração local medida, que indica a formação de núcleos e a importância das ligações viárias entre estes.

A correlação de integração com quantidade de espaço doméstico mostra dois aspectos dos efeitos da provisão de infraestrutura no caráter do sistema viário. O primeiro é político, e está relacionado à distribuição da infraestrutura. Evidencia que os provedores de serviços não levam em consideração que os padrões de distribuição causam vantagens locacionais para localizações específicas, no entanto a análise sugere que os benefícios são distribuídos e usados por diferentes grupos devido à forma urbana do centro. O outro é ligado ao "ciclo fiscal", segundo o qual valores locacionais parecem ser indiretamente relacionados à renda, já que são ligados ao acúmulo histórico representado pelas vantagens locacionais. Uma vez que a arrecadação é baixa nas localizações sem infraestrutura, menos é gasto com infraestrutura. Assim, o sistema de arrecadação e priorização de infraestrutura pode ser visto como refletindo e reforçando padrões de segregação socioespacial na distribuição de grupos sociais na cidade.

Discussão

Segregação espacial e fragmentação são conceitos comumente utilizados para descrever a distribuição de grupos sociais nas cidades de países em desenvolvimento. Neste estudo, tais conceitos foram adaptados para avaliar a performance ou contribuição da forma urbana nesses processos: o papel da estrutura física da cidade reforçando segregação e condições de iniquidade social, especialmente na periferia, em um nível detalhado de análise não relacionado ao processo de planejamento da cidade. É certo que fragmentação e informalidade na forma construída das cidades brasileiras são consequências da forma como os governos centrais e locais têm encarado os problemas urbanos. Pouco é conhecido sobre os padrões internos de ocupação dentro do centro urbano e das relações socioespaciais em áreas de ocupação formal ou, ainda mais, em áreas informais. As novas possibilidades ou alterações da estrutura social das periferias no Brasil, especialmente de cidades médias, estão formando um *mix* social, para o qual Valladares (1995) relaciona mudanças na capacidade de aquisição habitacional e na provisão de espaços comerciais e mesmo residenciais.

Os resultados do estudo aqui apresentado sobre segregação socioespacial na cidade de Belém são importantes, por explicarem, em grande parte, como as políticas públicas afetaram o crescimento de cidades médias e grandes no Brasil por volta do final da década de 1990. A investigação dos padrões de crescimento das cidades brasileiras durante os anos 80 conduzida por Ribeiro e Lago (1995) trouxe conclusões sobre as consequências espaciais de políticas de desenvolvimento econômico do governo central e também de governos locais. O paradigma da periferia no desenvolvimento de áreas metropolitanas no Brasil foi caracterizado pelos autores como uma díade centro/periferia, criada por um movimento de expulsão e atração em relação à ocupação periférica. De fato, o termo *periferização* tem sido usado não apenas para cobrir o *locus* mas também "um processo de segregação e diferenciação social em um espaço de causas econômicas, políticas e culturais" (Ribeiro e Lago, 1995:373). No entanto, as diferenças espaciais, na escala da análise da forma urbana e em função da distribuição da população entre centro e periferia, não criam uma "imagem socialmente homogênea". Pelo contrário, o processo de acumulação econômica, incluindo a distribuição de renda e os resultados no plano espacial, revelam a hierarquia corrente na sociedade brasileira. Ribeiro e Lago enfatizam que, nos anos 80, "intervenções do Estado na alocação de investimento urbano é considerado um mecanismo central para o estabelecimento do padrão de crescimento periférico, embora estudos apontem para o papel relevante do mercado imobiliário, seus agentes e suas práticas" (ibid.).

Os argumentos de Ribeiro e Lago (1995) são baseados na noção de padrão periférico, a partir do exame de fatores atuais da reestruturação urbana e mudanças de valores imobiliários. A expressão espacial dos efeitos do capital imobiliário é vista na fragmentação social e espacial na cidades brasileiras. Além das explicações de cunho econômico acerca das mudanças no meio ambiente construído das periferias das metrópoles brasileiras, outros aspectos dos seus padrões de desenvolvimento merecem atenção. Estes incluem o impacto da taxação e de investimentos públicos, até a influência de grupos de alta renda.

De maneira geral, a periferia urbana, em contraste com a forma compacta dos centros, apresenta características distintas. Em si, a fragmentação reflete uma grande desigualdade na distribuição de renda. Na periferia, grupos sociais distintos, definidos no Brasil, principalmente por níveis de renda e acesso a educação, moram lado a lado. A periferia, anteriormente considerada pelos autores marxistas como o território de reprodução de mão de obra (Mautner, 1991), expande-se com um padrão de ocupação diferente daquele visto na década de 1980. A distribuição da pobreza na paisagem urbana, e ao redor de condomínios de luxo, assim como a emergência de novas formas de segregação, apareceram em função do empobrecimento da classe média, que procurou localizações periféricas para morar, em conjuntos habitacionais, caracterizando uma diversidade social nas periferias urbanas próprias da década de 1990, em Belém. Nas décadas anteriores (1960 e 1970), apenas o pobre ia para a periferia, expelido dos centros das cidades pela ação direta do estado (através de remoção de favelas ou obras pontuais), ou através das ações indiretas (mecanismos de regulação, taxação e valorização imobiliária). População vinda da área rural e migrantes de outras regiões que antes ocupavam o centro de outras cidades também procuravam a periferia. No final dos anos 90, no entanto, a periferia não era exclusivamente localização de conjuntos habitacionais e locais onde ações de regularização de ocupações aconteciam: passaram a existir novas formas de desenvolvimento do mercado imobiliário em periferias ainda mais distantes. Ao mesmo tempo que o contrário acontecia, porções cada vez maiores de população pobre retornavam para o centro da cidade.

Governos locais têm concentrado investimentos na provisão de melhorias no sistema viário, mas a localização de projetos habitacionais em porções cada vez mais afastadas do centro não foi acompanhada por investimento na melhoria do sistema de transporte público. Isso, junto com a dinâmica de mistura social que seguiu a mudança de ocupantes de renda média para conjuntos habitacionais já citada, tem resultado no padrão de fragmentação socioespacial detectado. Em

Belém, como em outras cidades médias ou mesmo em grandes cidades, essas áreas são as que mais necessitam de integração, através de comunicações físicas entre assentamentos fragmentados ou de conexões locais entre as células, e transporte público mais eficiente para áreas onde existem mais empregos localizados. Os padrões de consumo da classe média alta nos condomínios, no entanto, têm causado um certo tipo de distribuição de usos do solo que fomenta a localização de lojas de varejo na periferia e um sistema viário para atender ao transporte privado para o centro. Melhoria física na periferia não irá beneficiar diretamente grupos de menor renda, a não ser que exista investimento em transporte público de qualidade e integração do sistema viário para aumentar a acessibilidade na estaca urbana global. A capacidade dos governos locais de prover serviços de transporte tem sido restrita pela limitada capacidade de arrecadação do município, e isso tem resultado também em reduzido investimento em infraestrutura.

A análise de Belém demonstra que a fragmentação na forma urbana é, em parte, uma consequência das formas pelas quais as políticas de infraestrutura são implementadas. Drenagem e saneamento não são coordenados através da implantação de habitação ou provisão de novas áreas. O déficit habitacional tem se tornado um grande problema, afetando o desenvolvimento urbano. Mesmo quantitativamente, os programas habitacionais não têm obtido sucesso (ver Box 1). Em Belém, o déficit habitacional é estimado em 600.000 unidades (*O Liberal*, 1999). Acrescente-se a isso o efeito da implementação de políticas e o emprego ou a falta de mecanismos de regulação (a forma da cidade aparenta ser, em parte, consequência de problemas relacionados à falta de regulação). A priorização financeira como parte da gestão urbana necessita ser investigada para possibilitar um entendimento mais preciso dos aspectos espaciais da segregação. Contrastando com a deficiência das finanças em outras cidades latino-americanas, os governos locais no Brasil têm recebido maior atenção nesse aspecto a partir da Constituição de 1988 (Cammack et al., 1993; Mello, 1993). Entre outras medidas adotadas, está o aumento no número de taxas que as municipalidades podem arrecadar diretamente. A questão parece ser como esses recursos são gastos.

Conclusão

Os estudos da forma urbana (isto é, a forma física do espaço público da cidade) não são suficientes para se entender segregação sem considerarem-se as circunstâncias políticas nas quais a estrutura urbana (isto é, forma física mais distribuição socioespacial) é constituída. Os métodos de análise descritos neste capítulo proveem medidas comparáveis obtidas da gestão urbana (valorização locacional), informação socioeconômica do censo e atributos da forma urbana. Os resultados, como em outros estudos, confirmam que a localização apenas não pode explicar a diferenciação socioeconômica. O estudo demonstra que a distribuição de valores é evidência de como a segregação é, em parte, afetada pela forma, o que nos permite afirmar que o estudo da forma urbana pode contribuir para o entendimento da segregação, isso se outras variáveis também forem consideradas.

Em relação à investigação da forma urbana, deve-se aceitar que há benefícios advindos da forma compacta da cidade. Embora isso pareça ter relevância para a ocupação do centro da cidade, parece também ter limitada aplicabilidade para o desenvolvimento das cidades brasileiras, onde o crescimento urbano é principalmente resultado de crescimento periférico, caracterizado por segregação e fragmentos, em lugar de uma busca por compacidade. A acessibilidade parece ser restrita devido à forma da periferia, em vez de ser resultado de limites impostos pela localização *per se*, e poderia ser atenuada por vias locais que promovessem integração entre os assentamentos, trazendo, assim, serviços para tais localidades. Esses resultados desafiam assertivas comuns sobre segregação socioespacial obtidas de análises com métodos espaciais convencionais.

Nas áreas fragmentadas da periferia, no nível global, existe uma falta de conexões entre novos *layouts* e a malha urbana. O padrão de ocupação em condomínios e em conjuntos habitacionais pressupõe que a viabilidade econômica dos ocupantes não depende da localização em si, mas do arranjo interno dos assentamentos e de suas conexões tanto físicas como de consumo com o todo da cidade. No caso da viabilidade de condomínios fechados, a propriedade do carro, combinada com vias de ligação, é mais importante que a localização em si. A simples acessibilidade para uma via e ligação é considerada pelos empreendedores como capaz de produzir uma localização bem-sucedida, do pondo de vista econômico, tendo em vista o sucesso do condomínio. Já a segregação nos conjuntos habitacionais é criada pela falta de conexões com a malha de vias no entorno combinada à falta de transporte público. Deve ser reconhecido que a segregação espacial não é completamente explicada pelas medidas sintáticas empregadas; ela deve-se ao fato de haver uma grande distância, em termos de configuração da malha, entre o padrão fragmentado e hierarquizado da periferia e o padrão da Primeira Légua Patrimonial. Essa dificuldade foi ultrapassada metodologicamente com o uso dos valores de frente de quadra utilizados para o cálculo do IPTU. Os fatores espaciais que contribuem para o estabelecimento do valor, quando comparados com as informações socioeconômicas, mostram que a forma urbana tem um papel de destaque na segregação social.

Os resultados deste estudo podem contribuir para a formulação de políticas públicas mais responsáveis. Sintetizando, ele explorou possíveis relações entre aspectos espaciais da forma urbana e disparidades sociais na provisão de infraestrutura. Valores de frente de quadra, da planta genérica de valores, revelam que a iniquidade é diminuída ou acentuada por condições de acessibilidade mais que pela localização em si, no centro e na periferia. Os problemas com o planejamento e a gestão de controle urbanístico e da gestão da forma urbana necessitam levar em consideração como a forma da cidade poderia promover a acessibilidade e, por conseguinte, emprego e oportunidades sociais para os habitantes. Isso deveria ser feito a partir de quando regras de zoneamento, decisões sobre a localização de conjuntos habitacionais e a provisão de infraestrutura são definidos.

Referências bibliográficas

BROWDER, J. e GODFREY, B. *Rainforest cities: Urbanization, development and globalization of the Brazilian Amazon*. Nova York: Columbia University Press, 1997.

CAMMACK, P.; POOL, Da e TORDOFF, W. *Third world politics. A comparative introduction*. Londres: Macmillan, 1993.

CELPA (Centrais Elétricas do Estado do Pará). *Mapa de Belém*. Belém: CELPA, 1997.

CODEM (Companhia de Desenvolvimento e Administração de Belém). *Plantas de Belém em 1977*. 1977.

CODEM (Companhia de Desenvolvimento e Administração de Belém). *Fotografias Aéreas de Belém*. 1986.

COGEP (Coordenadoria Geral e de Planejamento da Prefeitura Municipal de Belém). *Diagnóstico do Plano Diretor de Belém*. Belém: Prefeitura Municipal de Belém, 1992.

DESYLLAS, J., GREENE, M. e HILLIER, B. Santiago de Chile. The spatial form of a rapidly growing city. Research report. Homepage: <http://doric.ucl.ac.uk/web/spacesyntax/research/sanditagoarticle.html>, 1998.

HAMNET, C. Social polarisation, economic restructuring and welfare state regimes. (15-27). In: MUSTERD, S. e OSTENDORF, W. (Eds.). *Urban segregation and the welfare state*. Londres: Routledge, 1998.

HILLIER, B. Cities as movement economies. *Urban Design International*, v.1, n.1, 41-60, 1996.

HILLIER, B. e HANSON, J. *The social logic of space*. Cambridge: Cambridge University Press, 1984.

IBGE (Instituto Brasileiro de Geografia e Estatística). *Censo de 1991*. Rio de Janeiro: IBGE, 1992.

IDESP (Instituto de Desenvolvimento Social do Estado do Pará). *Avaliação das intervenções do poder público na questão habitacional no Estado do Pará*. Belém: IDESP, 1990.

IPEA (Instituto de Pesquisas Econômicas Aplicadas). *Gestão do uso do solo e disfunções do crescimento urbano*. (Relatório de Pesquisa). 1997.

KNOX, P. *Urban social geography*. Harlow: Longman, 3ª ed., 1995.

MAGALHÃES, C. Marginal integration as a survival strategy. (10.1–10.11). In: *Space Syntax First International Symposium Proceedings – v.1*. Londres: Bartlett School, University College London. 1997.

MAUTNER, I. *The periphery as a frontier for the expansion of capital*. (Tese de Ph.D). Londres: University College London, 1991.

MELLO, D. Resource mobilization strategies for urban development in Brazil. (227-252). In: CHEEMA, G. (Ed.). *Urban management: Policies and innovations in developing countries*. Londres: Praeger, 1993.

MUSTERD, S. e OSTENDORF, W. Segregation, polarisation and social exclusion in metropolitan areas. (1-14). In: MUSTERD, S. e OSTENDORF, W. (Eds.). *Urban segregation and the welfare state*. London: Routledge, 1998.

O LIBERAL, 04 de setembro de 1999. Homepage: <http://www.oliberal.com.br>

PEPONIS, J.; ROSS, C. e RASHID, M. The structure of urban space, movement and copresence: The case of Atlanta. *Geoforum*, v.28, n.3-4, 341-358, 1997.

PMB (Prefeitura Municipal de Belém). *Mapas de valores de testada referentes a 1995*. Belém: 1995.

RIBEIRO, L. e LAGO, L. Restructuring in large Brazilian Cities. *International Journal of Urban and Regional Research*. v.19, n.3, 369-382, 1995.

TALEN, Anselin. Assessing spatial equity: And evaluation of measures of accessibility to public playgrounds. *Environment and Planning A*, v.30, n.4, 595-613, 1998.

TRINDADE JR., S. *A cidade dispersa*. (Tese de PhD). São Paulo: Universidade de São Paulo, 1998.

VALLADARES, L. Introduction. *International Journal of Urban and Regional Research*, v.19, n.3, 339-341, 1995.

WHITEHAND, J. W. R. e LARKHAM, P. J. (Eds.). *Urban landscape. International perspectives*. London: Routledge, 1992.

CAPÍTULO 8

REVISITANDO A REVITALIZAÇÃO URBANA NO RIO DE JANEIRO: DO PROJETO URBANO À GESTÃO URBANA

Claudio Acioly Jr.[1]

Introdução

Este artigo enfoca as estratégias de desenvolvimento urbano levadas a cabo pela Prefeitura do Rio de Janeiro nos anos 90, durante os quais o governo local empreendeu ações inovadoras que resultaram em consideráveis melhorias na gestão urbana da cidade. Um dos objetivos é revelar alguns dos processos internos e medidas tomadas pelo governo local para gerar recursos e concretizar uma gestão efetiva e necessária para colocar em marcha programas multissetoriais e projetos estratégicos, simultaneamente, em diversos locais da cidade. O envolvimento indireto do autor com os programas Rio Cidade e Favela Bairro, através de um programa de capacitação em longo prazo, permitiu uma observação dos participantes e avaliação direta com os técnicos municipais encarregados de diferentes projetos. Sem nenhuma ambição para formular uma teoria sobre gestão urbana, o autor explicitamente tenta apresentar, para uma ampla audiência, as peculiaridades e características específicas dos programas, mostrando como alguns deles foram administrados e os resultados alcançados. Tenciona recuperar lições aprendidas e memória institucional que, de outra forma, seriam circunscritas à prefeitura e àqueles envolvidos diretamente no programa.

O texto sugere que mudanças fundamentais têm acontecido nas políticas públicas para a cidade. Argumenta que essas mudanças não poderiam ter sido concretizadas sem que houvesse medidas de apoio, capacitação e reestruturação organizacional bem como mudanças institucionais necessárias para apoiar novos enfoques aos problemas urbanos. O artigo sugere que a reestruturação organizacional, a formação de grupos de trabalho interdepartamentais para melhor articulação na elaboração e implementação de políticas, a descentralização de certa autoridade para níveis submunicipais e a capacitação de pessoal – entre outras coisas – resultaram em consideráveis melhorias na performance do governo local. A análise dessa experiência é particularmente importante, dado o fato de que a população expressou uma aprovação ampla das políticas de desenvolvimento urbano, tendo como resultado o surpreendente resultado das eleições de 1996, que garantiram a continuação do partido político governante pela primeira vez na história

[1] Claudio Acioly Jr. é arquiteto e planejador urbano e membro da equipe de profissionais do IHS-Institute for Housing and Urban Development Studies, Rotterdam, Holanda. O autor deseja registrar a valiosa contribuição de vários gerentes de projeto e funcionários da prefeitura do Rio de Janeiro com quem trabalhou de 1996 até a data de hoje, no âmbito da cooperação institucional entre o IPP e o IHS. Um agradecimento especial a Verena Andreata, ex-diretora presidente do IPLANRio e do IPP.

da cidade. O documento demonstra que tal resultado deu continuidade à equipe, às políticas e à cultura organizacional, que, na prática, estabelecem a base para processos de revitalização urbana bem-sucedidos e planejamento do desenvolvimento em longo prazo.

As mudanças mais substanciais que esses programas apresentaram em relação às políticas anteriores se referem à promoção de princípios de consolidação e revitalização urbana (em contraposição a políticas de remoção e demolições) e também ao envolvimento das organizações da sociedade civil nas fases de preparação e implementação do projeto, apesar de o nível de participação não poder ser comparado ao que é encontrado em outros governos locais brasileiros mais politicamente progressistas, como, por exemplo, Porto Alegre, onde uma prática de orçamento participativo institucionalizada atualmente viabiliza a participação pública na definição de políticas públicas, através da priorização de investimentos municipais na cidade. No Rio de Janeiro, associações de bairro receberam um espaço mais limitado para participar na preparação dos projetos, o que permitiu, às vezes, rejeição de propostas formuladas pela prefeitura. Porém, isso representa um avanço nas políticas municipais da cidade. Existe outra notável mudança de atitude com respeito às favelas – assentamentos informais. Pela primeira vez, opta-se por um programa de melhoramento das favelas em nível da cidade – com investimentos públicos pesados e participação do setor privado no planejamento e implementação do projeto – e reconhece-se a exclusão física e social a que está sujeita a população favelada e também as oportunidades para consolidação e integração desses assentamentos na cidade. Através do programa "Favela Bairro", o município abandonou as ideias de reassentamento, expulsão e "tolerância" que caracterizaram políticas municipais até o início dos anos 90.

O texto descreve alguns mecanismos organizacionais e administrativos estabelecidos para tornar o governo local mais eficiente, do ponto de vista financeiro. Também apresenta uma análise de diferentes programas e intervenções estratégicas, como o Plano Estratégico da Cidade, o Favela Bairro – Programa de Melhoria de Assentamentos Informais – e o Rio Cidade – Programa de Revitalização Urbana. Estas são intervenções em nível de cidade que trouxeram mudanças significativas ao tecido urbano, com notáveis melhorias no funcionamento da cidade. A articulação entre esses programas, os atores envolvidos e os mecanismos de coordenação bem como a participação da sociedade civil são descritos mais adiante. Os êxitos, bem como as falhas, são avaliados em função de possíveis direções futuras e são identificadas as questões que ainda necessitam ser direcionadas para o desenvolvimento da cidade.

O contexto urbano, social e político

O Rio de Janeiro é a segunda maior cidade brasileira e uma das duas cidades mais importantes do país, juntamente com São Paulo. A cidade é conhecida pela beleza peculiar e o ambiente natural – tendo a composição geográfica como seu mais importante ativo e uma imagem que atrai turistas de todo o mundo. Também é sede de muitas instituições de pesquisa e conhecimento acumulado, possuindo um significativo parque industrial, especialmente nos setores petroquímico e naval. A cidade do Rio de Janeiro é um importante centro comercial e financeiro, com um setor de serviços bem estabelecido, especialmente nos domínios financeiro e tecnológico, oferecendo uma ampla variedade de serviços em cultura, lazer e turismo, que dá à cidade um perfil internacional. Em 1960, perdeu seu título de capital brasileira para Brasília, o que resultou na migração das instituições e serviços do governo federal, ainda que a cidade continue acomodando a sede de muitas agências do governo federal.

Em termos econômicos, o PIB da Prefeitura do Rio de Janeiro, no fim dos anos 90, era de aproximadamente US$ 50 bilhões, para uma população de aproximadamente 6 milhões de habitantes. A região metropolitana do Rio possui cerca de 11 milhões de habitantes, distribuídos entre treze municípios, com uma área total de 7,4 mil km^2 (incluindo a Prefeitura do Rio de Janeiro) e um PIB de aproximadamente de US$ 80 bilhões. Em conjunto, as prefeituras do Rio de Janeiro e São Paulo acomodam, aproximadamente, 20% da população brasileira e suas economias são responsáveis por mais de 20% do PIB total do país. O eixo Rio-São Paulo, de 429 km, é de fato o coração da industrialização do Brasil e o motor do desenvolvimento do país.

Apesar do seu potencial econômico, a região metropolitana do Rio de Janeiro é marcada por desigualdades marcantes. As disparidades entre o centro metropolitano e a periferia exacerbam exclusão social e pobreza. É nos municípios periféricos que uma proporção significativa de famílias de baixa renda e uma força de trabalho não especializada encontram moradia e têm acesso a terra barata. Esse fenômeno materializa ainda mais uma severa estratificação socioespacial em nível metropolitano. A concentração de riqueza, emprego, serviços e diversão no município central resulta num volumoso e contínuo trânsito da periferia para o Rio de Janeiro.

No início dos anos 90, a cidade do Rio de Janeiro confrontou-se com uma crescente tensão social e impactos sociais diretos da séria recessão enfrentada em todo o país. Assentamentos de baixa renda e, mais especificamente, as favelas se tornaram o foco de violência e insegurança, com o narcotráfico praticamente estabelecendo um poder paralelo e o controle local, em detrimento de normas municipais e regimento da lei. As associações de moradores dos assentamentos, que foram muito ativas durante os anos 80, estavam sob contínua tensão e os residentes locais estavam sujeitos a intimidação, medo, sendo muitas vezes surpreendidos no meio de um tiroteio entre gangues e forças policiais.

A cidade estava enfrentando uma desintegração social e espacial, quando um novo governo municipal assumiu em 1993, com a determinação de restabelecer a governabilidade urbana e abordar, nas suas raízes, o que se chamava "desordem urbana" e "exclusão social". A decisão foi atuar firmemente e tirar vantagem da mobilização popular espontânea e das demonstrações contra todo tipo de problemas sociais, violência e insegurança na cidade. Havia um movimento da sociedade civil, clamando pela paz social, que mobilizava opinião pública e apoio cada vez mais amplo.

O setor informal havia invadido os logradouros públicos, com os vendedores ambulantes, extensivamente, em toda a cidade, colocando o espaço público em risco. Espaços públicos e áreas de pedestres, até em bairros famosos, como Copacabana e Ipanema, haviam sido tomados por vendedores de ruas, carros, extensões ilegais de lojas e negócios, sem deixar espaços para os pedestres caminharem.

As finanças municipais não estavam bem organizadas e faltava eficiência devido ao fato de que o cadastro da cidade tinha se tornado obsoleto, depois de anos de negligência e falta de atualização. A arrecadação de renda havia declinado e a estrutura do governo local dava mostras de estagnação, estando incapaz de dar respostas aos desafios enfrentados pela segunda maior cidade do Brasil. A população não tinha confiança no governo local e o moral da equipe era baixa, com salários que não correspondiam às responsabilidades (Acioly e Andreatta, 1998).

Era um momento em que havia um clamor popular pela segurança, harmonia e animação dos espaços públicos. Organizações da sociedade civil estavam unidas para recapturar a imagem da cidade e lutar por ordem social. Existia uma série de manifestações públicas, que criaram oportunidades para a população e suas organizações envolverem-se no desenvolvimento de uma visão de cidade presente e do futuro. Também houve uma mudança nos contextos político e econômico externos causada pelo novo plano de estabilização econômica do Governo Federal (Plano Real) – que conseguiu controlar a inflação e trazer estabilidade de preços e política monetária –, algo que os brasileiros vinham esperando por toda uma década. O governo municipal tirou vantagem dessas externalidades para desempenhar um papel pró-ativo contra o que foi denominado pela política municipal como "desordem urbana".

A ação municipal foi facilitada pelo considerável grau de autonomia financeira, administrativa e política que um município brasileiro goza, em comparação ao que ocorre em muitas outras nações em desenvolvimento e até mesmo nas desenvolvidas. As prefeituras brasileiras têm tanto poder que Davey (1996) as coloca potencialmente entre as mais abrangentes e independentes no mundo. Os municípios no Brasil têm uma autonomia protegida pela Constituição e detêm o poder, entre outras coisas, para determinar suas próprias organizações e funções, têm prefeitos e vice-prefeitos eleitos diretamente, têm poder para determinar sua própria Constituição Municipal (Lei Orgânica) e têm autonomia para explorar suas receitas. Uma cidade como o Rio de Janeiro tem um potencial enorme para gerar seus próprios recursos e receitas se uma adequada gestão pública e políticas coerentes forem colocadas em prática. Paradoxalmente, a autonomia municipal representa um obstáculo dentro de um contexto de "conurbação" e metropolização, como o do Rio de Janeiro, porque se torna muito difícil alcançar uma estreita cooperação e coordenação, indispensável entre governos independentes locais em setores como gestão ambiental urbana, transporte público, provisão de infraestrutura e planejamento do desenvolvimento econômico.

Medidas para cumprir performance institucional e gestão do setor público melhorada

A prefeitura se reestruturou internamente e uma nova estrutura de gestão foi estabelecida para facilitar e aumentar a coordenação horizontal e transversal. Funcionários municipais de primeiro escalão e chefes de agências municipais se reuniam regularmente com o prefeito para discutir a políticas de ação intersetorial e interinstitucional visando à implementação de uma política de governo coesa. Esse grupo foi chamado "G54" e o grupo de funcionários de segundo escalão foi denominado "G260". Os números indicavam a quantidade de técnicos e funcionários envolvidos em cada grupo de trabalho. Ficou provado posteriormente que esses grupos eram importantes ferramentas de gestão, articulação e comunicação com o prefeito dentro do governo municipal. O papel de cada grupo foi claramente definido. G54 dedicava-se às políticas e tinha um caráter político forte, enquanto G260 tinha um caráter mais executivo e dedicava-se às questões operacionais. Apesar disso, este último ajudou na construção da equipe com relação às metas da política municipal e estratégias desenhadas.

Cinco grupos de macrofunções foram formados, de acordo com áreas centrais de desenvolvimento: desenvolvimento social, desenvolvimento econômico, desenvolvimento urbano, gestão da cidade e finanças. Cada grupo era liderado por uma secretaria municipal para conduzir as políticas governamentais, chegar-se a uma estratégia municipal articulada e, por isso, responder ao prefeito pela organização e implementação. O grupo de desenvolvimento urbano era liderado pela secretaria de Urbanismo e o secretário era um arquiteto com grande conhecimento da cidade e seus problemas, Luís Paulo Conde, que foi posteriormente eleito prefeito da cidade, em 2000.

A ênfase foi dada a políticas urbanas que trabalhavam para a reabilitação de espaços públicos e a integração de assentamentos informais no tecido urbano. A ação municipal e os investimentos públicos deveriam ser igualmente divididos entre todo o território da cidade, significando que gastos do orçamento municipal deveriam ser distribuídos espacialmente, abandonando-se antigas práticas de intervenção seletivas e populistas. O princípio foi abordar as discrepâncias encontradas entre bairros, em termos de investimentos públicos, infraestrutura, qualidade do espaço e qualidade de vida e reverter os processos de deterioração física via investimento público. Esse enfoque foi articulado com as ações e iniciativas do programa assumidas nos espaços dos grupos de macrofunções de desenvolvimento econômico e social.

Tal instrumento de gestão proporcionou integração e coordenação horizontal, o que facilita a eficiência e o melhor uso de recursos, a tomada de decisão e o estabelecimento de metas comuns. Reuniões de gestão entre o primeiro e o segundo escalões das várias secretarias municipais aconteciam regularmente (pelo menos uma vez ao mês) e eram organizadas por tema. Nessas reuniões, os temas eram discutidos e políticas públicas definidas, estabelecendo-se os papéis de cada secretaria e agência municipal e simplificando tanto a coordenção quanto a alocação de recursos. O prefeito e os principais funcionários municipais que conduziram as secretarias engajavam-se em discussões estratégicas e desenvolviam visões comuns nas reuniões do G54 que, posteriormente, eram desenvolvidas em termos administrativos e operativos em um nível mais baixo da administração municipal. Tudo isso estava articulado com a criação de uma gestão financeira estrita, uma arrecadação de rendimentos eficiente e um bom sistema de informação da cidade, objetivando fornecer ao prefeito a informação atualizada e necessária para a tomada de decisão.

Uma das medidas mais inovadoras foi a criação da Controladoria Geral do Município (CGM), ou "unidade de controle financeiro", que foi legalizada em dezembro de 1993 aproximadamente um ano depois que a nova administração assumiu (Lei 2.068/1993). Isso foi inspirado pelo Escritório Geral de Contas do governo americano, uma entidade autônoma que cuida exclusivamente de contas públicas. A CGM, no Rio de Janeiro, foi uma importante ferramenta criada pelo prefeito – que fora professor de economia – para controlar gastos municipais, renda e fornecer a tempo declarações financeiras para um planejamento municipal de investimento apropriado. Cada programa, ação ou iniciativa que requeria alocação municipal de recursos foi devidamente checada e imediatamente integrada ao controle orçamentário e às projeções financeiras. Essa iniciativa trouxe transparência ao governo municipal, face a face com outros poderes políticos, como o Conselho Municipal Eleito (Câmara Municipal), o Tribunal de Contas e a população em geral. Esse foi um instrumento usado pelo prefeito para prevenir corrupção e minimizar fraudes na sua administração. O município do Rio de Janeiro foi, de fato, o primeiro município no Brasil a ter uma entidade desse tipo, encarregada exclusivamente do controle interno das finanças municipais. O principal papel da CGM é preparar contabilidade, orçamentos, controle patrimonial e operacional de toda a administração municipal, resguardando a eficiência na gestão e uso dos rendimentos públicos. Também apoia o Tribunal de Contas, que é o lugar onde as finanças municipais recebem a auditoria final. A missão da CGM é tornar a administração municipal transparente, ao mesmo tempo que ajuda a reduzir os gastos públicos e promove eficiência e eficácia nas atividades do município. Isso funcionou porque o município conseguiu gerar volumoso excedente que lhe permitiu autofinanciar diversas intervenções urbanas.

Um dos mais importantes sistemas da CGM é o Sistema de Informações Gerenciais (SIG), que pode fornecer, dentro de alguns segundos, informação estratégica para a tomada de decisões; por exemplo: o valor total dos rendimentos públicos arrecadados através de cada um dos seus principais impostos (municipais, estaduais e federais), a receita e os gastos totais de cada mês, indicando quando se tem um déficit ou um excedente, os gastos realizados por diferentes organizações municipais e funções do governo etc. Até mesmo o grau das obrigações municipais, numa base diária, bem como os dez maiores projetos sob implementação pelo município podem ser conhecidos através do SIG.

Apesar de que algumas medidas reorganizacionais nunca tinham sido formalizadas em termos de decreto municipal aprovado pela Câmara Municipal, a verdadeira implementação dessas medidas ganhou um caráter de fato. Foi o que aconteceu com o estabelecimento da figura das subprefeituras, definidas como filiais territoriais descentralizadas do governo municipal. Cada subprefeitura foi encarregada de uma ou mais regiões administrativas. Tornou-se um importante nível de interface entre a demanda local, os processos políticos locais e o governo municipal. O "sub-prefeito" era indicado pelo prefeito – como um cargo de confiança – e lhe era concedida a tarefa de articular as ações de diferentes agências municipais dentro do seu território, desenvolver uma resposta municipal à demanda local e conduzi-la dentro da estrutura municipal. Um obstáculo crítico, nessa forma descentralizada de gestão urbana, foi a falta de um orçamento municipal descentralizado e a falta de autoridade dos subprefeitos para realmente decidir sobre alocação de recursos e tomar decisões estratégicas em nível local.

As mudanças nas políticas e nas práticas de gestão financeira fizeram a prefeitura mais rápida na resposta a externalidades, facilitando decisões rápidas, no que se referia a política, investimentos, programas, segurança pública e modernização do aparato municipal. Além da coordenação, dentro dos grupos de macrofunção e da gestão ativa das finanças municipais, a prefeitura lançou um processo de planejamento estratégico através do qual as organizações da sociedade civil participaram e propiciaram novas ideias e novos enfoques para melhorar as condições de vida na cidade. O plano estratégico da cidade envolvia organizações da sociedade civil, associações de bairro, associações dos moradores dos assentamentos, organizações do setor privado, agências do setor público, universidades, igrejas representativas, uniões de profissionais etc. A assembleia permanente do plano estratégico juntou mais de 1.500 representantes em discussões contínuas, que levaram à solução de muitos problemas urgentes do Rio (Plano Estratégico para a Cidade do Rio de Janeiro, 1996). Esse foi o primeiro plano estratégico formulado na América Latina e apresenta uma visão pragmática das oportunidades e ameaças enfrentadas pela cidade do Rio de Janeiro. Diversos outros programas foram desenhados e imediatamente colocados para aprovação e execução Um resultado é a construção de uma "rodovia urbana estratégica", denominada "Linha Amarela", ligando as áreas oeste e norte da cidade, um investimento de US$ 250 milhões, administrado por um sistema de parceria público-privada (PPP).

Uma agência municipal com desempenho de setor privado: IPP (ex-IPLANRIO)

Para melhorar o desempenho da sua estrutura, um governo municipal deve ter a seu dispor mecanismos e instituições capazes de dar respostas rápidas, flexíveis e na hora certa aos problemas urbanos. Esse é exatamente o caso do IPLANRio, Instituto Municipal de Planejamento e Informação, o qual foi reestruturado e denominado posteriormente IPP-Instituto Municipal de Urbanismo Pereira Passos. O IPLANRio era uma instituição subordinada diretamente ao gabinete do prefeito e responsável pelo desenvolvimento e gestão de indicadores urbanos, pela formulação e implementação de projetos de revitalização urbana, disseminação de informação e pela manutenção e atualização do cadastro físico e fiscal da cidade. A exemplo do IPPUC de Curitiba e EMURB de São Paulo, o IPLANRio detinha um grau de autonomia típico das autarquias e sua subordinação direta ao Executivo tornava vital seu papel de suporte à formulação e execução de políticas municipais assim como ao monitoramento dos processos urbanos na cidade, dando subsídio, através de conhecimento e informação, para a tomada de decisão.

O cadastro digital da cidade e a gestão dos indicadores econômicos e sociais bem como o monitoramento das favelas (assentamentos informais) são parte de incontáveis tarefas executadas pelo IPLANRio. O cadastro das favelas e as análises socioeconômicas sempre foram fontes importantes para os estudiosos da urbanização informal na cidade. O IPLANRio trabalhava em estreita relação com organizações do setor privado e associações comunitárias na implementação de diversos projetos de revitalização urbana, tais como os programas Rio Cidade e Favela Bairro.

O papel do IPLANRio foi instrumental e estratégico para modernizar a gestão da informação e criar um sistema de apoio às decisões para a prefeitura. Com acesso direto ao gabinete do prefeito e com a flexibilidade e mobilidade similar às organizações do setor privado, o IPP conseguia sempre atrair profissionais qualificados e manter uma posição de liderança dentro do aparato municipal. Ele elaborava projetos urbanos, contratava profissionais ou instituições para implementação e formulação de projetos e dava apoio à implementação desses projetos trabalhando conjuntamente com outras agências e secretarias municipais, tais como as secretarias de Obras Públicas, Habitação, Urbanismo e também a Agência CETRio de Gerenciamento de Tráfico/Trânsito e Companhia Municipal de Eletricidade. O IPLANRio era um membro ativo dos grupos de trabalho interdepartamentais de macrofunções como a de desenvolvimento urbano. A "informatização" do registro de terrenos da cidade, a organização do banco de dados, o registro computadorizado do imposto sobre propriedade e do imposto sobre serviços e coleta e distribuição de importantes dados sociais, físicos e econômicos foram funções que ganharam importância fundamental na política urbana da prefeitura.

Em 1997, o IPLANRio foi reestruturado e dividiu-se em duas agências: uma estritamente relacionada com informática, cadastro fiscal e contabilidade financeira, que herdou o nome original – IPLANRio –, e outra chamada IPP – Instituto Urbano Municipal Pereira Passos, vocacionada para o planejamento urbano, a formulação e manutenção de indicadores urbanos, projetos estratégicos e estudos do setor urbano e gestão de programas. O IPP ficou subordinado à Secretaria Municipal de Urbanismo, assim perdendo seu papel estratégico e autônomo dentro da estrutura da prefeitura. A ideia de subordinar as ações municipais à Secretaria de Urbanismo acabou resultando numa perda de agilidade e flexibilidade nos processos de formulação, gerenciamento e execução de projetos e programas estratégicos. Do ponto de vista da administração pública, poderíamos dizer que houve um retrocesso nessa reestruturação. O gabinete do prefeito perdeu um instrumento de ação importante na gestão da cidade.

De qualquer forma, o IPP mantém o Sistema de Informação Geográfico e o mapa digital da cidade. Consequentemente continua cumprindo um papel instrumental no desenvolvimento e atualização do registro de terrenos da cidade e uma base de dados, orientada geograficamente, unida à base do imposto territorial. Atualmente isso representa uma significativa fonte de renda municipal, que equivale a aproximadamente US$ 1 bilhão. A prefeitura do Rio dificilmente depende de transferências dos governos Estadual e Federal, que representavam, no fim dos anos 90, cerca de 32% do orçamento municipal. A partir de 1993, a receita local vinha aumentado a um nível que permitiu à prefeitura construir uma reserva de US$ 1 bilhão para investimentos, os quais foram usados para lançar os programas Favela Bairro e Rio Cidade. A cidade também emitiu bônus municipais e os vendeu no mercado internacional, gerando um excedente de US$ 125 milhões. Esses rendimentos foram fundamentais para se iniciarem programas de desenvolvimento municipal bem como para financiar seus planos de investimento. A renda procedente das aplicações das reservas no mercado financeiro aumentou de US$ 26 milhões, em 1993, para US$ 323 milhões, em 1995. Em 1998, as fontes de renda do município chegaram a R$ 3,6 bilhões ou US$ 2,1 bilhões.

A forma inteligente como foi executada a gestão financeira permitiu à prefeitura dar início à execução de dois programas municipais de grande impacto – Favela Bairro e Rio Cidade – com seus próprios recursos. Tais programas tiveram impacto em todos os níveis e ganharam enorme apoio popular, a ponto de influenciarem significativamente os resultados das eleições municipais de 1996, permitindo a um partido governante e um "candidato da situação" serem reeleitos pela primeira vez na história da cidade. Sem dúvida, esse fato facilitou a continuidade das políticas, dos programas e fundamentalmente de quase toda a equipe técnica e gerencial. O "Programa Favela Bairro" concentrou-se na melhoria das favelas e sua integração física, jurídica e social na cidade, através de investimentos públicos em infraestrutura, serviços comunitários, gestão do espaço público, participação e legalização da posse da terra. O "Programa Rio Cidade" objetivava a revitalização dos principais corredores e eixos estruturadores da cidade, situados em bairros consolidados por meio de investimento público e voltados à modernização da infraestrutura e recuperação de sua imagem e caráter urbano. Os dois programas deram um salto de qualidade na forma e no desenho urbano assim como na implementação da iluminação pública, de equipamentos urbanos, sinalização visual das ruas e espaços públicos, gestão do trânsito, pavimentação, vias de pedestres, ciclovias, etc.

Ambos os programas mostraram novas formas de desenho arquitetônico e urbano na remodelação do entorno construído, bem como estimularam o envolvimento do setor privado na concepção de projetos e na futura implementação destes. Isso significa que a prefeitura tinha que fortalecer a capacidade da sua equipe técnica para gerenciar programas e implementação de projetos que envolvem uma diversidade de atores públicos, privados e da comunidade e cuidar bem de tudo isso. Uma estrutura de gestão de programas e projetos foi estabelecida para monitorar todo o ciclo de projeto, desde sua concepção e desenvolvimento até a entrega final à população. A maioria desses programas foi financiada diretamente pelo orçamento municipal. O programa Favela Bairro recebeu uma contrapartida financeira (40%) do Banco Interamericano de Desenvolvimento (aproximadamente US$ 180 milhões).

Plano Estratégico do Rio: Inovando na elaboração e implementação

O Plano Estratégico do Rio de Janeiro foi baseado nos mesmos enfoques e metodologias de planejamento usados na formulação e implementação do Plano Estratégico de Barcelona. De fato, vários consultores de Barcelona trabalharam na elaboração do Plano do Rio. Uma parte vital do processo foi o envolvimento direto das organizações da sociedade civil durante todo o processo e a mobilização de recursos financeiros do setor privado para financiar todo o processo de planejamento estratégico. Diversos grupos de trabalho foram estabelecidos e tinham, entre seus membros, representantes de universidades, igrejas, associações de moradores, setor privado industrial e associações de comerciantes, associações de profissionais etc. Os grupos de trabalho priorizaram temas, estabeleceram uma nova visão para a cidade e realmente estabeleceram mecanismos para ação.

O plano menciona o envolvimento direto de 305 pessoas no Conselho da Cidade e no seu próprio Conselho de Diretores, representando renomadas organizações comunitárias, acadêmicas, privadas e públicas. Cento e nove pessoas participaram ativamente da preparação do diagnóstico da cidade, enquanto 323 se envolveram na análise das propostas para a cidade. Vinto e cinco especialistas diferentes foram contratados para preparar estudos dos setores (Plano Estratégico para a Cidade do Rio de Janeiro, 1996).

O plano mobilizou agências dos governos estadual e federal e crescentemente envolveu atores do setor privado não somente no seu financiamento mas também na implementação de diversas estratégias e projetos. Um grupo de trabalho bastante ativo que congregou vários economistas formou a base para a criação de uma nova "Secretaria Municipal", estritamente relacionada às questões do trabalho e emprego. A nova Secretaria concentrou-se na capacitação de trabalhadores e mercados de trabalho. Essa ênfase, conjuntamente com o montante de obras e investimentos públicos de grande impacto, acabou fazendo com que o Rio tivesse um dos mais altos índices de emprego entre as importantes cidades no Brasil ao fim da década de 1990. O índice de desemprego na cidade caiu para 5,8%, contra o índice nacional de 7,7% (*O Globo*, 2000).

Revitalização Urbana: revitalizando espaços públicos através do programa Rio Cidade

O principal objetivo desse programa foi a reestruturação urbana e a revitalização de eixos estruturadores de bairro, geralmente ruas comerciais vitais situadas em bairros consolidados da cidade e que eram importantes para a formação de uma imagem local e para a cidade do Rio de Janeiro como um todo. Estudos anteriores conduzidos pelo IPLANRio revelaram que, em várias áreas da cidade, a deterioração física se processava simultaneamente ao declínio econômico. A má qualidade do ambiente urbano e deficiências na iluminação pública, equipamentos urbanos, planejamento da paisagem e inadequada provisão de infraestrutura e espaços públicos para pedestres e veículos requeriam intervenção pública urgente. O programa foi particularmente dirigido à resolução da precariedade dos espaços públicos que se encontravam obstruídos, abandonados e deteriorados, tornando sua utilização e a circulação de pedestres um esforço desagradável e, muitas vezes, perigoso.

A prefeitura decidiu abrir o processo de planejamento e o desenho de alternativas às organizações do setor privado, proporcionando uma oportunidade única às firmas consultoras, de engenharia e planejamento de participar na remodelação dos espaços públicos da cidade. Juntamente com o IAB – Instituto dos Arquitetos do Brasil –, a prefeitura organizou, através do IPLANRio (e posteriormente IPP), uma competição pública para desenvolver sugestões metodológicas, ideias e estratégias de revitalização urbanas. A resposta foi surpreendente.

Na primeira fase do Programa Rio Cidade, quinze escritórios de planejamento e arquitetura foram selecionados e depois contratados para, mais adiante, desenvolverem suas ideias e transformá-las em projetos reais. O IPLANRIO (agora IPP) coordenou o processo em nome do prefeitura e articulou ações acordadas com outras agências municipais. O IPP desempenhou um papel vital na coordenação transversal entre os vários agentes envolvidos. A articulação entre agências de utilidade pública municipais, concessionárias, bem como outros parceiros públicos (municipais, estaduais e até federais), entidades privadas e da comunidade requeriam uma capacidade de gerenciamento para implementar um programa dessa magnitude e executar projetos complexos simultaneamente, dentro de um tempo determinado pela ordem eleitoral (quatro anos). Para cada projeto, um gerente de projetos foi designado, para administrar o ciclo completo do projeto até a entrega final do seu resultado à cidade. Os gerentes do projeto Rio Cidade eram responsáveis por todo o processo de formulação e implementação, tendo um papel pivô na articulação entre os vários atores da comunidade, políticos, públicos e privados. Esse foi um passo inovador que ajudou a tornar o programa eficiente na resolução de problemas, gestão do tempo e uso de recursos, quando comparado a outras experiências da prefeitura. Apesar de não possuir autonomia sobre seu orçamento de projeto, o gerente era um fiscal e, ao mesmo tempo, articulador e monitor da formulação e execução dos projetos tanto pelas firmas de planejamento e arquitetura quanto das empresas de construção.

Diferente de outros projetos de revitalização previamente implementados na cidade, o Programa Rio Cidade estimulou o envolvimento de associações de bairros, que participaram ativamente, em todo o ciclo do projeto, da concepção até sua implementação final. Isso foi um novo aspecto importante do programa. Foi mais propriamente um novo passo para se obter mais transparência na elaboração e implementação do plano por meio de um processo consultivo. Várias sugestões e objeções dos residentes, comerciantes e associações de empresários foram incorporadas nos projetos finais. Às vezes, os projetos eram totalmente rejeitados e forçados à reformulação, tal como aconteceu no bairro do Leblon. Isso proporcionou novas dinâmicas para a participação da sociedade civil e fortaleceu a apropriação pública do programa. Esse canal de comunicação permitiu ao IPP monitorar mais de perto como residentes locais e pequenos comerciantes estavam desenvolvendo mais interesse nas obras municipais nas suas áreas residenciais e apresentando uma demanda mais articulada na gestão do espaço público. O crescente interesse e o desejo de expressar opinião durante os encontros públicos e consultas podem ser percebidos como um sinal de crescimento da autoestima entre a população diretamente afetada pelos projetos. Além disso, o IPP passou a manter um canal contínuo de comunicação com os moradores das áreas do projeto (e fora delas também) através de cartas, chamadas telefônicas e conversas que eram gravadas, arquivadas, encaminhadas dentro da prefeitura – envolvendo outros departamentos e secretarias – e finalmente respondidas, de volta, ao cidadão envolvido.

Os principais pontos da política eram promover uma consolidação urbana nas áreas vitais da cidade, através de projetos estratégicos "pontuais" e abdicar dos enfoques de "urbanismo completo da cidade" e "reconstrução urbana" que caracterizavam intervenções municipais anteriores. O programa financiou uma série de projetos de revitalização estratégica que eram executados em vários bairros da cidade, de forma simultânea. Apesar da preocupação com os vínculos entre os projetos Rio Cidade e o bairro onde eles estavam situados, a integração e possíveis sinergias entre projeto e desenvolvimento integral do bairro não foram bem articuladas e trabalhadas dentro de uma política municipal. É interessante notar que o Programa Rio Cidade confiava na criatividade nativa e nos recursos locais retirados diretamente do orçamento da cidade. Toda a cidade foi sujeita a ações de revitalização e a ideia foi irradiar urbanidade cercando os pontos focais de intervenção do programa. Os comerciantes locais se envolveram progressivamente no processo de revitalização e responderam positivamente, com um quantidade significativa de investimentos privados na melhoria na construção, renovação de fachadas, recuperação das ruas comerciais, atração de negócios e gestão do espaço urbano. Todos os quinze projetos da primeira fase foram implementados, resultando numa renovação completa da rede de infraestrutura, gestão e planejamento do espaço público, redesenho dos equipamentos urbanos e difusão, com alto grau de aprovação popular. Cerca de 150 praças e parques públicos foram reabilitados no processo.

Uma nova licitação pública foi organizada e vinte outras áreas foram incluídas em uma competição de ideias e projetos em bairros que foram posteriormente sujeitos a iniciativas de revitalização urbana propulsionadas por um programa de investimento público sólido. Na verdade, a prefeitura, através do IPP, tem um banco de dados de projetos urbanos suficiente para deixar a cidade em contínuo processo de renovação urbana para os próximos dez anos. Recursos financeiros têm sido alocados para financiar a segunda fase do Programa Rio Cidade, que é igual à primeira fase – custando o equivalente de US$ 150 milhões –, vindos diretamente do orçamento municipal. Tendo como base a experiência e lições aprendidas com esse programa, a prefeitura lançou o RIO-MAR, programa de gestão da faixa costeira, formulado para reabilitar os espaços públicos situados no litoral da cidade. A melhoria do mundialmente famoso Parque do Flamengo – desenhado pelo arquiteto Burle Marx e conhecido como um dos maiores parques urbanos do mundo – foi elaborada visando um processo global de conservação e restauração. Isso implica a recuperação do seu ativo vegetal e amenidades públicas, a renovação do Museu de Arte Moderna, o aprimoramento das facilidades esportivas públicas e melhoria na segurança pública.

Integração de assentamentos informais: reconquistando a cidadania

Em 1994, o governo municipal criou a Secretaria Municipal de Habitação (SMH), cuja meta era formular e implementar um política de habitação municipal que pudesse fornecer soluções sustentáveis às várias facetas dos problemas de habitação surgidos na cidade. Diferentes programas foram desenhados para dirigir os problemas das famílias de baixa renda que residiam em favelas e assentamentos informais ou glebas de terra ocupadas ilegalmente (assentamentos irregulares e clandestinos). Foram elaborados programas de gestão e manutenção dos conjuntos habitacionais, executados dentro do marco do sistema financeiro da habitação (SFH) e Banco Nacional da Habitação (BNH), no período 1964-85. Os problemas das famílias que viviam em assentamentos situados em áreas de alto risco e pessoas desabrigadas vivendo sob viadutos também foram objeto da nova política habitacional. Um programa específico – chamado Programa Favela Bairro (SMH, 1995) – foi desenhado para dirigir os problemas das favelas. O programa foi lançado e financiado inicialmente pelo orçamento municipal, mas, no último estágio, a prefeitura conseguiu aumentar seu orçamento em mais de US$ 300 milhões, graças ao empréstimo conseguido junto ao Banco Interamericano de Desenvolvimento (BID), desde que os investimentos não excedessem inicialmente a US$ 2500.00 por família (primeira fase do programa).

O programa não começou do nada, já que o conhecimento sobre os problemas das favelas já tinha sido assimilado por parte do aparato municipal. A pesquisa do censo de 1991 já tinha descoberto a existência de 412 favelas. Dois anos depois uma pesquisa do IPLANRio revelou 570 assentamentos, que alojavam uma população estimada em 1,3 milhão de habitantes de baixa renda ou 21,6% da população do Rio. Isso revelou também uma produção pobre de infraestrutura e serviços públicos e, em alguns casos, existia uma total ausência de qualquer tipo de serviços municipais. A maioria das favelas era densamente ocupada, com má acessibilidade e uma configuração urbana irregular, uma grave carência de espaço público e áreas de lazer e socialização. A ocupação da terra não estava regularizada e, em muitos casos, havia situação crítica de risco. As pesquisas descobriram uma considerável mudança nos tipos de materiais utilizados para construção das moradias. Uma diminuição da madeira e materiais recicláveis e um aumento dos tijolos de cerâmicas e estruturas de concreto foram evidências de um processo de consolidação tolerado pelos governos municipais anteriores. As favelas aumentaram em densidade e tinham se expandido para os morros inclinados e áreas altas, causando destruição das florestas, degradação ambiental e aumento dos riscos de deslizamento. As fortes chuvas de 1995 mostraram a vulnerabilidade das muitas favelas, causando um considerável prejuízo material e perdas de vidas.

A seleção dos assentamentos para melhoria seguiu um conjunto de critérios que levou em consideração: (1) o tamanho da favela, (2) o grau de dificuldade para a melhoria física, (3) o nível de infraestrutura no lugar, e (4) as necessidades dos moradores. Isso teria um efeito direto sobre (5) todo o custo do melhoramento. Indicadores de urbanização foram desenvolvidos e, no final, mais de 100 favelas foram excluídas e 85 foram priorizadas para ação imediata.

O principal objetivo do programa Favela Bairro é integrar assentamentos informais na cidade formal, através de iniciativas de melhoria dos assentamentos. Isso significava transformar as favelas em bairros habitáveis, onde se encontrariam estradas e vias de acesso, títulos de terra, serviços públicos e comunitários e amenidades, como em qualquer outro lugar da cidade. A prefeitura abordou a exclusão social com um sólido pacote de investimento público que envolveu a população local, diversas agências municipais, organizações não-governamentais e associações de profissionais, bem como firmas privadas de consultoria, arquitetura e planejamento.

Similarmente ao que ocorreu no Programa Rio Cidade, a prefeitura também inovou no Favela Bairro em vários aspectos. Em 1994, uma competição pública de ideias e metodologias para melhoramento das favelas foi organizada em parceria com o Instituto Brasileiro de Arquitetos (IAB), baseada na qual a SMH selecionou as quinze primeiras melhores propostas submetidas por firmas locais de planejamento e arquitetura. Essas propostas foram premiadas com um contrato para desenvolver planos de melhoramento em assentamentos pré-selecionados, recebendo a instrução clara de trabalhar conjuntamente com as comunidades, no desenho dos planos e para a delineação dos planos de ação. Posteriormente essas propostas e ideias foram publicadas em livro pela prefeitura.

O programa enfatizava a integração física como passo fundamental para gerar um processo de melhoria da qualidade de vida e de moradia nos assentamentos, priorizando a acessibilidade, a abertura e pavimentação de ruas e principais acessos e a definição de espaços públicos e equipamentos comunitários, tais como creche, parque desportivo, praças e *playgrounds*. Ele deu ênfase à gestão do espaço público, deixando o domínio privado/doméstico fora dos seus pacotes prioritários de intervenção e investimento público. O ponto de partida foi sempre um "plano" de intervenção na morfologia e configuração urbana da favela, através do qual se definia claramente o domínio público e o privado. Esse era o passo essencial para a formalização futura da posse da terra e direitos de cidadania dos moradores. O programa, assim, intencionava transformar os bens imobiliários dos residentes das favelas em propriedade imobiliária registrada em cadastro e, portanto, sujeita ao imposto municipal, mas ao mesmo tempo que reconhecia seus direitos de acesso e provisão de infraestrutura e serviços públicos. O princípio do programa está baseado nos eixos: cidadania implica direitos e deveres para ambos, cidadão e Estado (Acioly, 1997).

Para implementar o programa, a SMH criou uma estrutura de gestão de programa e estabeleceu mecanismos de coordenação transversal e entre as agências, para cuidar de todo o processo de planejamento, desde sua formulação até sua implementação e a finalização dos trabalhos em cada uma das favelas selecionadas. Assim como o programo Rio Cidade, os gerentes de projeto assumiram um papel importante no processo de desenvolvimento dos projetos e posterior execução.

As licitações eram executadas de acordo com os princípios estabelecidos e normas para licitação pública no Brasil e, novamente, o IPP se destacava na preparação da documentação da licitação, análise, contratação etc. O processo de implementação era também tema de licitação pública, e os contratados eram selecionados de acordo com sua experiência, atestação de capacidade, preços e capacidade de gestão para executar obras públicas dessa natureza. A Figura 1, a seguir, ilustra, de forma diagramática, as relações entre atores e o papel de pivô que assumem os gerentes de projeto no sistema de gestão, articulação, monitoramento, fiscalização e facilitação das operações de planejamento e execução de projetos tão complexos, como, por exemplo, coordenar as equipes de planejamento (elaboração de projetos e planos de intervenção), aprovar e articular os projetos de rede de infraestrutura (aprovar junto às concessionárias e definir detalhes técnicos), supervisionar as construtoras (atividades de construção, execução de projeto, especificações) e as associações de bairro (beneficiários e usuários finais).

Até fins da década de 1990 mais de 450.000 moradores já haviam sido beneficiados pelo programa. No total, o Programa Favela Bairro, juntamente com o Programa Bairrinho e os programas de melhoramento realizados nas quatro maiores favelas, como Rocinha, por exemplo, beneficiaram 115 assentamentos, a um custo total de US$ 450 milhões. Como foi dito anteriormente, US$ 180 milhões foram mobilizados através de um empréstimo do Banco Interamericano de Desenvolvimento e US$ 28 milhões da Caixa Econômica Federal–CEF, para a melhoria das grandes favelas. O restante foi retirado diretamente do orçamento municipal. A segunda fase do Programa Favela Bairro priorizou 70 favelas, enquanto o Bairrinho 30 favelas, alcançando aproximadamente um total de 120 assentamentos. O custo estimado foi de US$ 320 milhões para uma população total de 400.000 pessoas.

O Programa Favela Bairro obteve um alto grau de satisfação dos beneficiários diretos e também uma significativa aprovação pública da população da cidade. Observações feitas em campo e a supervisão de seguimento dos projetos mostra que os investimentos municipais estão gerando investimentos individuais privados na melhoria habitacional e na renovação do edifício. Os moradores também estão se envolvendo na gestão e manutenção de alguns dos benefícios proporcionados pelo programa. Em alguns assentamentos, líderes da comunidade local e equipe municipal informam que o narcotráfico está se realocando em outros lugares, já que a abertura das estradas e uma melhor acessibilidade colaboram para uma total integração das favelas com bairros limítrofes. No complexo das favela do Boréu e Chácara do Céu, é obvio que a maior transparência espacial e o fácil acesso da polícia e segurança pública a partes mais altas e anteriormente inacessíveis dos assentamentos têm resultado em menos violência e tráfico de drogas. "Um implícito, mas não muito explicitamente articulado, objetivo do Programa Favela Bairro tem sido de neutralizar a influência do crime organizado nas favelas do Rio e trazer de volta a presença do Estado nessas áreas, restabelecer governabilidade e restaurar autoridade municipal, junto com suas leis, normas e valores depois de décadas de negligência" (Acioly et al., 1999). A Prefeitura do Rio de Janeiro parece ter tido êxito parcialmente fazendo isso, mas essa questão requer uma análise muito mais profunda das causas e consequências do tráfico de drogas localizado nas favelas cariocas.

Tentativa de tornar-se uma cidade global no século 21

Desnecessário dizer que a década de 1990 proporcionou uma experiência única em termos de planejamento e gestão de projetos urbanos complexos, programas ambientais e projetos de infraestrutura de grande escala. Pode-se afirmar que a capacidade do governo local fortaleceu-se não somente para conduzir o desenvolvimento futuro da cidade, mas também para coordenar a participação de vários atores e parceiros. Além disso, a estrutura institucional foi significativamente melhorada, com um considerável esforço para estabelecer uma estrutura de gestão profissional dentro da prefeitura. As finanças municipais têm sido bem organizadas, permitindo à prefeitura colocar-se numa posição confortável quando comparada à de outras cidades brasileiras. Isso tem aumentado a credibilidade do governo local em relação às agências de financiamento internacionais, como o Banco Interamericano de Desenvolvimento (BID) e a União Europeia, facilitando o acesso a empréstimos (e recursos financeiros) de certa magnitude e permitindo a continuação de importantes programas municipais. A base de impostos do Rio de Janeiro tem melhorado e é razoavelmente precisa, com um vínculo direto entre os cadastros físico e fiscal e o sistema de informação da cidade. Um programa em andamento de mapeamento digital sob responsabilidade do IPP está criando uma base cadastral precisa e deverá proporcionar ao Executivo municipal elementos importantes para tomada de decisão de aspectos espacial-econômicos, com retroalimentação e cenários imediatos baseados em SIG (Sistema de Informação Geográfica). Todas estas iniciativas de gestão e administração representam um grande esforço da prefeitura para marcar a posição do Rio de Janeiro na rede mundial de cidades.

Figura 1

A Câmara Municipal tem apoiado e aprovado as iniciativas do governo local para expandir a participação do setor privado na gestão de certos serviços municipais. Concessões públicas por um período de até 10 e 30 e, em alguns casos, 50 anos têm sido aprovadas para a construção e gestão de facilidades de estacionamento subterrâneo, a rede de esgoto na Barra da Tijuca, a Rodovia Urbana Linha Amarela (com o primeiro sistema de pedágio do Brasil), a rede de fibra ótica etc. As parcerias de caráter público e privado (PPP) têm sido aplicadas na transferência de direitos de construir, gerando "mais-valia" e ajudando a promover projetos de renovação e preservação em diversas partes da cidade. O plano estratégico da cidade é outra ferramenta, concentrando-se na mobilização de recursos do setor privado – nacionalmente e internacionalmente – para permitir a cidade continuar investindo nos setores de pesquisa e conhecimento, infraestrutura, bem como no seu turismo e nos ativos naturais ambientais. O governo local quer consolidar a imagem de uma cidade de bom funcionamento que se preocupa com a qualidade de vida de seus habitantes, o que explica a atenção especial dada pelas intenções municipais à quantidade, qualidade e imagem do seu espaço público. Como Rotterdam, Berlin e outras principais cidades europeias, o Rio de Janeiro está lançando competições de desenho seletivas para atrair arquitetos estrangeiros reconhecidos para ajudar o governo local a desenhar projetos líderes para o programa de revitalização do centro da cidade, que inclui a realização de projetos de teleportos, ressurgimento de moradias nas áreas do centro, desenvolvimento das áreas costeiras, revitalização da antiga área portuária, dos bairros centrais e do centro urbano como um todo. A legislação tem sido ajustada, calçando o caminho para densificação e revitalização e o retorno da moradia nas áreas do centro de cidade. A prefeitura está particularmente atenta aos desenvolvimentos do Mercosul, o mercado comum do cone sul da América Latina, e objetiva usar sua imagem para atrair o estabelecimento de filiais e sedes de importantes corporações transnacionais. Além disso, a administração da cidade está sempre preparada para acolher grandes eventos, como os Jogos Olímpicos (perdeu para Sydney), o congresso do IULA (União Internacional de Autoridades Locais), os Jogos da América Latina, os Jogos Pan-Americanos e outros tipos de eventos esportivos que dão combustível adicional ao marketing da cidade.

Enquanto se deve dar crédito à administração do Rio pelo aparente sucesso na renovação urbana, que tem efeito direto no posicionamento econômico da cidade, no fim dos anos 90 ainda existiam muitas questões a serem resolvidas, no que diz respeito a exclusão social e pobreza urbana. Apesar de estar naquele momento com a menor taxa de desemprego, entre as principais aglomerações urbanas no Brasil, a cidade ainda está longe de resolver desigualdades críticas dentro do seu tecido urbano, particularmente quando sua região metropolitana é levada em conta. Existe esperança para mudanças, quando se considera o estabelecimento da Secretaria Municipal do Trabalho e as diversas iniciativas de capacitação e atualização profissional de seus quadros e da força de trabalho na cidade, em função de melhorar a qualidade da força laboral na cidade. Como desafio para o governo local resta a segurança pública e os problemas de criminalidade e violência que ainda coexistem com todas essas histórias de êxitos que levam o Rio de Janeiro ao século 21.

Conclusões e lições aprendidas

No lado político, a continuidade das políticas, dos técnicos municipais, da cultura organizacional e da equipe de trabalho dentro da prefeitura pode ser vista como um dos pontos vitais para o sucesso do processo de revitalização urbana no Rio de Janeiro. Pesquisas de opinião realizadas dentro de campanhas políticas durante as eleições de 2000 enfatizavam a significativa aprovação pública das mudanças positivas introduzidas na cidade pela administração municipal, a partir de 1993. De acordo com a pesquisa feita pelo JB-Data UFF-America Online, o prefeito tinha um extraordinário grau de aprovação – 68,6% da população considerava sua administração boa ou excelente (*JB*, 2000). Essa tendência deveria resultar na sua reeleição nas eleições municipais (2000) e promover uma continuidade sem precedente de um partido governante por três períodos de quatro anos ou um total de doze anos desde 1993. Poucas cidades no Brasil têm gozado dessa situação. Curitiba é o caso mais bem conhecido, com o prefeito Jaime Lerner ocupando a cadeira de prefeito por três diferentes períodos de quatro anos desde 1971, conseguindo eleger seu sucessor na maioria das ocasiões, o que garantiu uma continuidade única nas políticas e na administração municipal. As histórias de sucesso de Curitiba e sua gestão ambiental e urbana estão associadas diretamente a essa continuidade. Porto Alegre é outra cidade que tem sido governada por quatro períodos consecutivos de quatro anos pelo mesmo partido político – PT (Partido dos Trabalhadores) –, permitindo que a gestão da cidade goze de continuidade e apoio popular substancial. A população de ambas as cidades relata alto grau de satisfação com a gestão municipal, que é validada nas eleições municipais e que permite a institucionalização do planejamento em longo prazo no nível do governo local. É curioso notar que a população carioca, em uma eleição histórica, no ano 2000, decidida nos últimos momentos e por uma margem bastante pequena de votos, vota pelo retorno do prefeito que deu origem a toda essa reestruturação administrativa e de políticas urbanas, e não pela continuidade daquele que foi seu arquiteto e posterior sucessor na prefeitura. Sem sombra de dúvida a continuidade dos processos internos de gestão e o papel do IPP e desses programas na gestão urbana da cidade merecem ser revistos em um novo artigo, para se confirmarem algumas das conclusões aqui tomadas com base nos anos anteriores.

No que diz respeito à gestão, a reestruturação das finanças municipais e o rígido controle sobre as receitas e gastos municipais que foram estabelecidos no início da primeira administração (1993) no Rio geraram à prefeitura um montante de recursos internos essenciais para lançar programas de revitalização em toda a cidade. Fundos adicionais de agências de financiamento nacionais e internacionais foram adicionados aos orçamentos dos programas-chave da prefeitura. Na verdade, a disponibilidade de recursos, combinada com um tipo de planejamento orientado à ação, apoiados por uma prefeitura verdadeiramente autônoma e com vontade política, impulsou as mudanças experimentadas pelo Rio de Janeiro. Esses elementos deveriam ser considerados como uma condição *sine qua non* para intervenções urbanas bem-sucedidas numa cidade da magnitude e complexidade do Rio de Janeiro. Inovações nos níveis de gestão de programa e projeto, como as descritas para os programas Rio Cidade e Favela Bairro, deveriam ser vistas como um esforço integral para estabelecer, no nível municipal, uma gestão ao estilo do que pratica o setor privado, orientada por resultados e eficiente na utilização dos recursos. Este artigo desvenda os vínculos entre as mudanças na gestão e eficiência do setor público, mas deve-se anotar que existe a necessidade de investigar mais além esses vínculos e descobrir evidências concretas e dados empíricos que nos ajudem a medir o "rendimento" dos governos locais e seus esforços para melhorar sua capacidade de atender às várias demandas e externalidades do ambiente externo.

Sob o aspecto do planejamento, a experiência do Rio de Janeiro dá ainda mais evidências de que, para lidar com o rápido crescimento de metrópoles com dinâmicas e tamanho do Rio de Janeiro, um governo local deve distanciar-se da tradicional figura estática do plano diretor. Devem-se abandonar os paradigmas do modernismo que defendem, entre outras coisas, estritas regulamentações e zoneamento, demolições e reassentamentos. Um tipo de planejamento flexível, que retome os princípios dos planos de ação e grandes projetos integrados focalizados em lugares estratégicos da cidade, parece fornecer melhores instrumentos para reestruturação urbana e envolvimento direto do cidadão na gestão de sua cidade e seu bairro. De qualquer modo, deve-se levar em consideração que a estrutura municipal com sua tradição e mais de quinhentas leis e normas em uso representaram um imenso obstáculo a ser superado. O caso do Rio de Janeiro mostra que a reestruturação organizacional, a coordenação transversal, a forte liderança e treinamento, o fortalecimento e atualização profissional dos técnicos municipais são a chave para superar as barreiras da tradição e da estagnação institucional. Além disso, o plano estratégico da cidade encorajou a desregulamentação e a flexibilização do planejamento e conseguiu estabelecer um importante vínculo entre o pensamento econômico, o investimento público, o privado e a intervenção no planejamento urbano.

Quando se abordam a exclusão social e a pobreza urbana através da melhoria e integração das favelas na cidade formal, então algumas limitações de enfoque começam a tornar-se evidentes. O reconhecimento do potencial das favelas e dos assentamentos informais e o desenho e implementação de um programa de melhoria das áreas informais da cidade assim como o programa de regularização são verdadeiramente avanços significativos na gestão da cidade, especialmente quando se considera que esses programas fazem parte de uma política municipal de habitação. A mobilização de fundos adicionais do Banco Interamericano de Desenvolvimento (BID) e a União Europeia, para implementar os programas Favela Bairro e Bairrinho, é uma garantia para dar continuidade a um programa de larga escala e de complexidade como o Favela Bairro. De qualquer forma, ficou provado que a Secretaria de Habitação não estava preparada para assumir toda essa responsabilidade de gestão operacional e financeira, o que forçou a contratação de uma consultoria de gestão privada (gerenciadora) para a gestão do programa. A simultaneidade de tantas intervenções e projetos e os requisitos demandados pelo BID exigiam a prática de gerenciamento matricial, relatórios e gestão financeira, a fim de garantir os desembolsos planejados e o cumprimento dos prazos. Essa medida coloca em risco a formação e a capacitação de recursos humanos "internos" necessários para o gerenciamento de projetos municipais, dificultando a apropriação de processos de gestão e procedimentos típicos quando se trabalha com financiamentos externos por parte do quadro de funcionários municipais. O enfoque utilizado pelo IPP na condução do Programa Rio Cidade, responsabilizando-se pelo gerenciamento total do programa, fornece melhores indicações de que o setor público é perfeitamente capaz de gerenciar um ciclo completo de projetos num programa de revitalização urbana de múltiplos projetos, incluindo consultas nos bairros e articulação horizontal e vertical dentro do aparato institucional da prefeitura.

Os projetos do Favela Bairro ainda se concentram no melhoramento físico e investimentos pesados em infraestrutura, limitando a participação dos moradores na fase de preparação do projeto, embora a ortodoxia do pensamento que diz que "investimentos públicos geram investimentos privados" permaneça em ambos os casos, do programa Rio Cidade e o do Favela Bairro. Vale a penar ressaltar que a segunda fase do programa Favela Bairro enfatiza o desenvolvimento socioeconômico, dirige-se à geração de emprego e apoia o estabelecimento de microempresas, de uma maneira bem estruturada. Resta saber se a estrutura municipal estará adequada a essa mudança. Outra limitação do programa é que a regularização final e a integração legal não têm sido feitas, apesar do fato de que aproximadamente 22.000 famílias já haviam recebido seu título de terra em diferentes assentamentos informais em 2000. Procedimentos complexos, custosos e demorados de regularização da terra estão impedindo a integração total das favelas na cidade formal, portanto impedindo que o programa Favela Bairro alcance um dos seus objetivos fundamentais.

É notável que uma significativa quantidade do orçamento municipal tem sido alocada para áreas e bairros que nunca haviam sido beneficiados por investimento público pesado. No entanto a disparidade ainda continua entre as zonas sul e norte da cidade. E, apesar do sucesso aparente de diversos programas municipais, como o Programa Favela Bairro e os pacotes de investimentos públicos pesados nas áreas mais pobres do Rio de Janeiro, o governo municipal está longe de resolver os níveis críticos de exclusão econômica, física e social na cidade. Além disso, a dicotomia entre o Rio de Janeiro e sua região metropolitana se alargou ainda mais e deve levar a violência urbana a níveis que afetam severamente a segurança pública na cidade.

A economia do Rio de Janeiro tem se recuperado parcialmente, e relativamente o baixo nível de desemprego levou otimismo à sua população, que está respondendo positivamente aos programas de revitalização urbana. A violência diminuiu nos assentamentos informais onde se deu a intervenção municipal e onde se dá continuidade às ações complementares, mas está muito longe de ser resolvida na cidade como um todo. A questão que se coloca é simples: se um simples governo local tem os meios e instrumentos para resolver um problema que é estrutural da sociedade brasileira e vai além da jurisdição do seu território. Vários outros problemas que não podem ser resolvidos sozinhos pelo governo local do Rio, tais como problemas ambientais, congestionamento de trânsito, transporte público, sistemas de esgoto, continuam sem ser resolvidos, porque exigem o trabalho articulado e sintonizado com outras prefeituras da região metropolitana. A solução para a poluição industrial, a contaminação das fontes de água, a sedimentação da baía de Guanabara e a qualidade do ar depende da coordenação do governo da cidade com outros níveis de governo e também com os municípios vizinhos da região metropolitana. Não obstante os êxitos dos programas municipais, tentar resolver sozinho seus maiores problemas não dará ao Rio uma solução sustentável a muitos dos seus problemas e colocará em perigo sua posição de cidade mundial no século 21.

Bibliografia

ACIOLY JR., C., EDELMAN, D. e PROCEE, P. Sustainable urban development and the urban poor in Rio de Janeiro. *In:* Mattingly, M., Fernandes, E., Davila, J. e Atkinson, A. (Eds.). *The challenge of environmental management in urban areas.* Londres: Ashgate, 1999.

ACIOLY JR., C. e ANDREATTA, V. Linking training & human resources development in Rio de Janeiro. *IHS News*, v.13, n.3, 1-2, outubro de 1998.

ACIOLY JR., C. *A urbanização de assentamentos informais e a gestão do meio ambiente urbano*. Trabalho preparado para o "National Policy Seminars on Urban Environmental Management and Municipal Government in Angola and Guinea-Bissau". Economic Development Institute, World Bank, mimeo., 1997.

DAVEY, K. *Urban management: The challenge of growth*. Avebury: Ashgate Publishing, 1996.

JB (Jornal do Brasil). *Rio Caminha para o Segundo Turno*, p.3, 17 de setembro de 2000.

O GLOBO. Rio abriu 187 mil vagas entre março e julho. Economia, p.32, 9 de setembro de 2000.

SECRETARIA MUNICIPAL DE HABITAÇÃO (SMH). *Política Habitacional da Cidade do Rio de Janeiro*. Rio de Janeiro: Prefeitura da Cidade do Rio de Janeiro, 1995.

PLANO ESTRATÉGICO PARA A CIDADE DO RIO DE JANEIRO. *Rio Sempre Rio. Imprensa da Cidade.* 1996.

Capítulo 9

Melhoria Física e Integração Social no Rio de Janeiro: O Caso do Favela Bairro[1]

Jorge Fiori
Elizabeth Riley
Ronaldo Ramirez

Introdução

Já há muito tempo, as favelas do Rio de Janeiro são reconhecidas como uma das mais visíveis manifestações de pobreza na cidade e como um símbolo das desigualdades sociais. As favelas vêm fazendo parte da paisagem carioca nos últimos cem anos e foram tema de várias políticas, programas e projetos que buscaram, de maneira diversificada, removê-las ou absorvê-las na estrutura da cidade (ver, por exemplo, Baumann Burgos, 1998). Até agora, nenhuma destas iniciativas foi exitosa e, com os níveis crescentes de pobreza, desigualdade e violência relacionada à droga nas últimas duas décadas, as divisões existentes entre as favelas e o resto da cidade se aprofundaram ainda mais. Apesar de que as favelas do Rio de Janeiro não abriguem de maneira uniforme as pessoas mais pobres entre os setores de mais baixa renda, seus moradores têm serviços e infraestrutura abaixo do padrão, saúde precária, nível educacional baixo, emprego incerto, renda baixa e instável e sofrem estigma social e violência (Gilbert, 1995). Foi nesse contexto que o programa de melhoria Favela Bairro foi lançado pelo Governo Municipal do Rio de Janeiro em 1994, visando fornecer as condições necessárias para que as favelas fossem vistas como bairros da cidade (SMH, 1995b). O Favela Bairro é um entre muitos programas que constituem a política de habitação da cidade neste periodo, mas é ele que tem a maior concentração de recursos, a maior escala e o mais alto perfil político. Ele visa melhorar todas as favelas de tamanho médio do município (entre 500 e 2.500 famílias cada uma), as quais, juntas, compreendem aproximadamente um terço de todas as favelas do Rio, mas abrigam cerca de 60% da população total de favelas da cidade (SMH, 1999a).

Todos os projetos do Favela Bairro têm um número grande de componentes, que o torna o mais ambicioso e abrangente dos programas de melhoria em grande escala nos países em desenvolvimento. Esses componentes incluem: instalação e melhoria da infraestrutura de água e saneamento, e redes de iluminação pública e doméstica; reflorestamento; abertura e pavimentação de ruas, praças

[1] Esta é uma versão ampliada e modificada do artigo "Favela Bairro and a New Generation of Housing Programmes for the Urban Poor", dos mesmos autores, publicado no GEOFORUM, Vol. 32, Nº 4, 521-531, 2001, adaptado com permissão da Elsevier Science. O artigo se baseia nos resultados de uma pesquisa financiada pelo Department for International Development (DFID) do governo do Reino Unido, mas os pontos de vista e opiniões aqui expressos são apenas dos autores.

e passeios; eliminação de danos naturais; construção de novas habitações para o reassentamento básico; instalação de sistemas de coleta de lixo; início dos processos de regularização de posse de terra; construção e reforma de prédios e uso subsequente destes como creches, centros comunitários e centros de geração de renda e de treinamento; construção e operação de novas instalações de esporte e lazer; construção de estabelecimentos comerciais (quiosques); e construção e operação de centros de aconselhamento social e urbano.

No cenário internacional, o Favela Bairro está recebendo atenção e reconhecimento consideráveis como um programa de melhoria exemplar que visa reduzir a pobreza urbana. Evidentemente, as iniciativas governamentais para reduzir a pobreza estão longe de serem novas, mas o que faz a diferença agora é a escala dessas iniciativas, seus objetivos ambiciosos e sua complexa organização institucional e política. Tais iniciativas refletem a prioridade que vem adquirindo entre os formuladores de políticas, agências internacionais, ONGs e organizações comunitárias o tema da redução da pobreza.

Embora durante a década de 1980 e início dos anos 90 a pobreza tenha permanecido notoriamente ausente das agendas políticas nacionais e internacionais, desde meados da década de 1990 esse problema se tornou uma das prioridades de organizações tais como o Banco Mundial, as agências das Nações Unidas e vários bancos de desenvolvimento. Esse ressurgimento de interesse tem sua origem no crescimento da pobreza e da desigualdade em relação às décadas anteriores, e grande parte do debate tem se centrado no impacto das políticas de ajuste estrutural. Muito se tem escrito sobre o conceito de pobreza (ver, por exemplo: Amis, 1995; Chambers, 1997; Jones, 1999; Wratten, 1995) e muito se tem argumentado que ela significa muito mais do que apenas ausência de renda, abrangendo também fatores tais como saúde precária, acesso deficiente a serviços essenciais, vulnerabilidade e insegurança. De acordo com o International Forum of Urban Poverty (Fórum Internacional de Pobreza Urbana) (1998), entende-se pobreza como um processo multidimensional, influenciado por condições culturais, interpretado subjetivamente pelas pessoas pobres, vivido diferentemente pelas pessoas de acordo com seu gênero, sua idade, sua origem étnica e sua capacidade, incluindo muitas formas de consumo que vão além das considerações de renda e do conceito de linhas de pobreza.

Além da ampla aceitação de uma compreensão mais qualitativa de pobreza, também parece haver alguma convergência sobre o que deve ser feito para reduzir esse problema. Embora permaneça limitado o apetite por examinar as causas da pobreza, há uma aceitação geral da necessidade de crescimento econômico, de reforma das estruturas legislativas, de descentralização e reforma governamental e de investimento na saúde, na educação e na infraestrutura de saneamento.

Essa convergência está crescentemente evidente nos documentos de política governamental e nas agendas e estratégias das agências internacionais, que expressam abordagens similares, conceitos comuns e uma linguagem amplamente compartilhada. Essa mesma tendência começa a surgir de uma maneira gradativa no campo da habitação. Esta – em sua multidimensionalidade e suas ligações há muito estabelecidas com a saúde, a segurança pessoal, a geração de renda, a produtividade, o nível educacional etc. – é, mais uma vez, reconhecida como tendo um papel crucial na luta contra a pobreza. Por meio de uma análise da literatura sobre pobreza urbana e política social urbana, e da investigação de programas e práticas que tipificam a abordagem atual da política habitacional, buscamos identificar os elementos mais comumente considerados como essenciais para a redução da pobreza.

Em busca de um marco analítico e propositivo

São sete as dimensões ou elementos centrais de uma nova geração de políticas de habitação e redução da pobreza que queremos sugerir para um marco interpretativo. A primeira é proveniente da literatura sobre a natureza e o conceito de pobreza. É o reconhecimento de que a pobreza é um fenômeno complexo e multifacetado, vivido diferentemente por diferentes grupos e pessoas e que significa muito mais do que baixa renda. Em consequência, há também um reconhecimento da necessidade de desagregar a categoria de pobres, que não deve ser vista como homogênea e, além disso, alguns grupos precisam ser destacados para atenção especial das políticas públicas, como, por exemplo, o caso das mulheres e crianças, que frequentemente são mais vulneráveis à pobreza que os demais. Em segundo lugar, como característica essencial da nova agenda emergente, se coloca a necessidade de uma abordagem multissetorial, tanto em nível de projeto como de política, para poder atender de uma maneira coordenada e eficiente às múltiplas dimensões da pobreza. Em terceiro, está a questão da escala da necessidade social e a escala da cidade como mutuamente condicionadas. Trata-se de que os projetos sejam implementados a uma escala tal que venham a ter um impacto na cidade como um todo, atuando como um meio de reduzir as desigualdades entre bairros ricos e pobres. Em quarto lugar, parece haver uma renovação de interesse na questão do desenho, especialmente de espaços públicos e prédios, promovendo-se a necessidade de um desenho urbano e arquitetônico de qualidade como um veículo para integração tanto física como social. O conceito de parcerias públicas-privadas é o quinto elemento, no qual se defende que existam ganhos de eficiência e benefícios de custos ao se envolverem empresas privadas no planejamento, na implementação, no financiamento e na manutenção da infraestrutura e de serviços para os setores pobres. O sexto elemento é o da reforma estatal, que enfatiza a necessidade da descentralização governamental, da reforma fiscal, da reforma de estruturas legislativas e de todas as iniciativas que visam tornar o governo – sobretudo local – mais eficiente e transparente, e a legislação urbana menos problemática e contraditória. Finalmente, as questões da participação cidadã e da democratização do estado local talvez sejam as mais reconhecidas como elementos essenciais de qualquer iniciativa voltada para a pobreza, enfatizando a necessidade de dar aos pobres e à sociedade civil em geral poderes reais de tomada de decisão. Tal participação não é mais apenas um meio de facilitar a realização de projetos, mas sim de fortalecer e, portanto, de levar adiante a democratização do estado local para garantir uma mudança duradoura e sustentável.

Nenhum desses elementos das políticas de habitação e redução da pobreza são novos. Eles todos apresentam "novidades" já familiares. O que é realmente novo, no entanto, é a combinação deles e a ênfase na busca de um ciclo virtuoso de relações sinergéticas que podem, continuamente, condicionar cada uma das dimensões indicadas e, portanto, determinar a qualidade e a extensão da política como um todo. A discussão aqui apresentada desses elementos e sua interação visa fornecer uma estrutura conceitual para a análise de experiências como Favela Bairro tanto quanto usar o exemplo desse programa para refletir sobre as ambições e as ambiguidades de uma nova geração emergente de políticas, particularmente no que diz respeito às problemáticas questões da participação e democratização das estruturas de decisão e gestão. A hipótese básica aqui sugerida – ela também nada nova – é que as políticas voltadas para a redução sustentável e em ampla escala da pobreza devem ser implementadas no contexto de reformas institucionais que continuamente fortaleçam mecanismos para distribuição de poder, descentralização e democratização. Isso é mais do que uma decisão política e depende do fortalecimento das organizações da sociedade civil e dos movimentos populares. Certamente os processos participativos iniciados fora da esfera do estado são a pedra angular das reformas institucionais. São eles que tanto podem possibilitar as relações sinergéticas anteriormente mencionadas como ser reforçados por elas. A participação e a reforma institucional surgem, dessa maneira, como uma condição e uma expressão das novas políticas e das novas sinergias, atuando como ponto de partida e ponto de chegada, em uma lógica que é tanto de cima para baixo como de baixo para cima.

Tal marco, que é tanto analítico como propositivo, reconhece que as características específicas de cada um dos componentes centrais das políticas irão variar em relação ao tempo e ao lugar, refletindo a importância dos diferenciados contextos sociais, econômicos e políticos. Ele também enfatiza as complexidades de desenvolver e implementar essa abordagem das políticas antipobreza, especialmente quando se considera a sensibilidade política dos componentes. O desafio, certamente, está no fato de que a reforma institucional e a democratização das instituições – que são o cerne dessa nova geração de políticas – são, por definição, específicas em relação ao tempo e ao contexto. Elas são a materialização de relações de poder concretas e a expressão de circunstâncias sociais e políticas específicas, contraditórias e conflitantes. Daí a impossibilidade de replicação mecânica destes processos e políticas como um modelo. Isso seria a negação do que caracteriza a nova geração de políticas e ignoraria os fatores que as tornam tanto necessárias como possíveis. O que nós podemos argumentar é que há certos parâmetros e elementos que, em suas manifestações específicas, estão crescentemente presentes em qualquer lugar e devem ser parte de qualquer tentativa séria de redução e erradicação da pobreza, particularmente por meio de políticas urbanas e de habitação. Em vez de um modelo para uma nova geração de políticas, sugerimos uma abordagem metodológica que, enraizada em processos de participação social e impulsionada por estes, é e deve ser traduzida em um conjunto de políticas específicas para contextos específicos.

Política de habitação e favelas no Rio de Janeiro (1980-94)

Com a eleição de Leonel Brizola para governador do Estado do Rio em 1982, houve uma exacerbação de políticas populistas, com programas massivos para construir escolas e legalizar a posse da terra. Enquanto as iniciativas anteriores de políticas não-convencionais de habitação no Rio foram experimentais e de pequena escala em suas abordagens, o governo Brizola lançou uma campanha intensa para instalar sistemas de água e esgoto em todas as favelas do Rio e, na verdade, cerca de 250.000 pessoas foram beneficiadas. Ainda mais ambicioso foi o programa "Cada Família, Um Lote", para legalização da posse da terra, que foi concebido não apenas para legalizar mas também para trazer melhorias a um milhão de lotes em favelas e posses ilegais em todo o estado. No entanto, menos de 23.000 escrituras foram expedidas (Araújo, 1988) e concluiu-se o processo de melhoria em apenas duas favelas. Enquanto isso, o governo municipal estava também ativo nas favelas, através da Secretaria Municipal de Desenvolvimento Social (SMDS), estabelecida em 1979 especificamente para trabalhar com a população de baixa renda. Em 1982, foi lançado o "Projeto Mutirão", por meio do qual o trabalho comunitário poderia empreender um processo de melhorias limitado, especialmente de infraestrutura de saneamento. Além disso, a SMDS começou a construir e operar creches nas favelas do Rio e trabalhar com a companhia de coleta de lixo municipal (Comlurb) para estabelecer sistemas de remoção de lixo. No entanto, ao longo da década de 1980, os programas municipais e estaduais para melhorar as condições de habitação das populações de baixa renda estiveram sujeitos a uma administração de baixa qualidade, paternalismo, conflitos políticos e fontes de recursos escassas, produto de décadas de ditadura e da fragmentação e marginalização da política de habitação após o fechamento do BNH.

Durante a década de 1980, a porcentagem de pessoas que viviam abaixo da linha de pobreza no Rio aumentou de 27,2 por cento para 32,5 por cento; o Rio se tornou a cidade com o número absoluto mais alto de pessoas de baixa renda no Brasil, permanecendo em cerca de 3,64 milhões e tendo o índice mais alto de desigualdade, com um coeficiente de Gini de 0,673 em 1990 (Cardoso e Lago, 1993). Por toda a década, a população que vivia em favelas cresceu em 50,5 por cento (Lago, 1992) e, além disso, houve um crescimento acentuado da violência dentro das favelas e em torno delas, associado com o tráfico ilegal de drogas e o estilo violento e repressivo das forças policiais. Enquanto isso, o Movimento Nacional para a Reforma Urbana estava influenciando o formato da nova Constituição Federal de 1988, e novos instrumentos legislativos foram desenvolvidos para melhorar as condições de habitação e, acima de tudo, estabelecer o controle do governo local sobre o uso da terra. No Rio, o prefeito então recém-eleito enfrentou esses desafios por meio de um plano diretor (aprovado em 1992 na gestão do prefeito Marcelo Alencar) e, posteriormente, um plano estratégico para a cidade, reconhecendo a necessidade de se voltar para o problema da habitação para setores de baixa renda não por meio de intervenções localizadas, mas sim como parte de uma estratégia de desenvolvimento urbano para toda a cidade. Para atingir esse objetivo, criou-se, em 1993, a Secretaria Municipal de Habitação (SMH), com programas para legalizar as posses, expedir títulos de propriedade, incentivar o uso de terrenos baldios para habitação social, transferir a população que vivia em áreas de risco natural e melhorar as favelas da cidade (SMH, 1993). Em 1994, havia 661 favelas no município, abrigando quase um milhão de pessoas (IBGE, 1994).

Muitas pessoas com posições-chave na equipe envolvida com o desenvolvimento da política de habitação da cidade trabalhavam inicialmente para a SMDS e outras agências municipais e usaram seu conhecimento dos problemas das favelas na concepção do programa de melhoria Favela Bairro. Antes da criação da SMH, um pequeno grupo de empregados municipais se encontrava informalmente para discutir que elementos deveriam ser incorporados em um projeto-modelo de melhoria multissetorial. Essencialmente, seu objetivo era trabalhar a grande escala e ir além das abordagens limitadas e fragmentadas que dominaram a década de 1980 e envolveram apenas um número reduzido de atores no município. Devido às atividades desse grupo, no momento em que a Secretaria de Habitação foi formalmente estabelecida, a política de habitação do Rio de Janeiro já estava esboçada e o programa Favela Bairro delineado.

Os conceitos de pobreza e de pobre no Favela Bairro

O conceito de pobreza que informa o programa Favela Bairro, para além de uma compreensão quantitativa estreita, reflete a mistura complexa de necessidades, privação econômica e marginalidade cultural, física e social que caracteriza as condições de vida nas favelas do Rio. O crescimento recente tanto da violência como da pobreza urbana no Rio foi acompanhado pela tendência histórica de concentração espacial da pobreza e acentuou a estigmatização das favelas, sobretudo pelos meios de comunicação de massa. Dadas as marcadas divisões entre as populações de baixa e alta renda – mesmo em situacões em que "compartem" as mesmas áreas – não é surpreendente que os objetivos do Favela Bairro se centrem em conceitos tais como inclusão e exclusão sociais e físicas. De acordo com um funcionário da SMH, por exemplo, o Favela Bairro "... permite que as pessoas concretizem seus sonhos, ele dá uma chance para que as pessoas tenham acesso à cidade por meio da qual elas podem realizar suas aspirações... isto está ligado a necessidades imediatas mas vai muito além ao incorporar novos valores e permitir a construção de novos cidadãos".

Embora os objetivos do Favela Bairro se baseiem na visão de uma cidade integrada, sem desigualdades marcantes, entre os diversos atores do programa há um cepticismo compreensível com relação à possibilidade de que seus projetos possam tornar tal visão uma realidade. De acordo com o morador de uma favela submetida ao processo de melhoria, por exemplo, sua favela "... está agora mais integrada fisicamente com as redondezas, mas ela sempre será uma favela para as pessoas que vivem dentro dela ou em volta dela. Leva muito tempo para mudar a maneira pela qual uma comunidade é vista, a maneira pela qual sua identidade é percebida". Portanto, embora muito da linguagem oficial sobre o programa se refira a conceitos tais como cidadania, muitos entrevistados reconheceram que os moradores da favela só seriam cidadãos na medida em que pudessem conhecer e exercitar seus direitos, e isso seria um processo político e social longo e complexo que depende da formação de novos valores e atitudes de todos os lados.

Apesar de o Favela Bairro expressar uma compreensão da pobreza como um fenômeno social e cultural complexo, que vai além da dimensão econômica, o programa não explicita uma visão da pobreza como um universo heterogêneo e de experiências variadas. A proposta original do programa não foi um produto de pesquisa participativa das condições e necessidades dos moradores de favela ou mesmo de um processo de consulta que tenha envolvido a comunidade ou os grupos não-governamentais. Em vez disso, como mencionado anteriormente, o Favela Bairro ganhou forma por meio das experiências de um pequeno grupo de funcionários municipais cujo trabalho nas favelas do Rio durante a década de 1980 os colocou em contato diário com as demandas de moradores de favela por melhores serviços públicos e infraestrutura de saneamento. Essas demandas foram a característica básica dos projetos de melhoria do Favela Bairro, tendo cada projeto compartilhado o objetivo de satisfazer às necessidades dos moradores da favela como um coletivo, por meio do fornecimento de serviços e infraestrutura coletivos. Como tal, o Favela Bairro não se destina explicitamente às pessoas mais vulneráveis, tentando entender a condição de sua pobreza e enfrentando-a; em vez disso, trata as favelas como fenômenos relativamente homogêneos.

A fraqueza dos componentes sociais do Favela Bairro foi uma crítica recorrente feita pelos entrevistados, que falaram sobre a ênfase que foi dada à melhoria física, em detrimento de se voltar para as variadas necessidades sociais, culturais e econômicas dos moradores de favela. Embora os entrevistados reconhecessem a importância de melhorar as condições físicas e ambientais, foi considerada frágil a capacidade do programa de atuar sobre os níveis de renda, dar acesso a emprego e disponibilizar instalações culturais. Ainda que os programas de geração de renda e emprego do Favela Bairro fossem considerados pela maioria dos entrevistados como essenciais e em geral bem realizados, foi dito que eles eram limitados por causa da ausência de recursos e da incapacidade de atacar as causas estruturais do desemprego e dos baixos salários, tanto no nível da cidade como no nacional. De acordo com um dos participantes da ONG Bento Rubião, "tudo, em uma certa medida, reduz a pobreza; se você permite que uma pessoa venda doces na esquina de uma rua então você está reduzindo a sua pobreza, mas isto não terá qualquer impacto estrutural". No entanto o fortalecimento, após 1997, das iniciativas de geração de renda do Favela Bairro foi amplamente elogiado e alguns entrevistados reconheceram que eram sérias as intenções da Secretaria do Trabalho (SMTb), embora tenha sido bastante reconhecida sua incapacidade de elevar a renda e as oportunidades de emprego para mais do que algumas pessoas afortunadas.

Apesar de o Favela Bairro ser mais eficaz em satisfazer às necessidades coletivas dos moradores por serviços e infraestrutura e menos em se voltar para aqueles com necessidades específicas, isso não significa que o programa não tenha impacto na pobreza dentro das favelas nas quais é implementado. Não apenas ele fornece, embora em uma escala insuficiente, vagas em creches, projetos para idosos, analfabetos, jovens e crianças, assim como oportunidades de emprego e de geração de renda, mas também a infraestrutura básica e os serviços instalados destinam-se a reduzir alguns dos problemas fundamentais dos grupos de baixa renda, com benefícios sociais evidentes provenientes do processo de melhoria.

Quando os entrevistados foram questionados sobre a capacidade do Favela Bairro de atingir as famílias que necessitam mais de apoio, houve um amplo reconhecimento de que ele é limitado nesse particular, pois suas fontes e seu foco são essencialmente voltados para satisfazer às necessidades coletivas. Por exemplo, assim se expressou um membro do Grupo dos 16 (organização de líderes das favelas participantes da primeira etapa do Favela Bairro): "acho que a gente gostaria muito se as necessidades individuais pudessem ser satisfeitas, mas a metodologia do Favela Bairro o que trata é o contexto geral. Sua finalidade não é melhorar as condições particulares dos indivíduos, uma determinada casa ou algo assim." As creches, os centros comunitários, as instalações esportivas, os cursos de treinamento e de alfabetização, as cooperativas e os quiosques visam, no entanto, dar conta das necessidades de grupos específicos e, para tirar vantagem desses projetos sociais, os moradores têm de satisfazer certos critérios e estabelecer seu nível de necessidade. Portanto existe algum direcionamento de alocação de recursos para grupos específicos, por exemplo, oferecendo vagas em cursos de alfabetização básicos ou vagas em creches para crianças de famílias chefiadas por mulheres. Além disso, de acordo com as entrevistas com moradores de favela e pessoas que trabalham em nível de projeto, o reassentamento de famílias que vivem em áreas de risco natural usualmente garante que algumas das famílias mais pobres (que tendem a se congregar nas áreas menos desejáveis e mais inseguras) se beneficiem com as novas unidades habitacionais ou com a compensação financeira para comprar propriedades alternativas que sejam seguras.

Ao satisfazer às demandas históricas dos moradores de favelas do Rio por infraestrutura e serviços básicos, de acordo com um morador, o Favela Bairro se volta para "...tudo que nós no movimento popular sempre quisemos que fosse feito" e atende a algumas das necessidades mais sentidas pelos pobres. Além disso, embora o programa não dê atenção explícita à compreensão da heterogeneidade da pobreza, na prática – sobretudo na implementação de seus componentes sociais –, ele se volta para as necessidades de alguns dos grupos mais vulneráveis que vivem nas favelas do Rio.

Multissetorialidade nos projetos e na política do Favela Bairro

Quando se consideram os componentes apenas do trabalho de melhoria física, é evidente que os projetos do Favela Bairro são multissetoriais. Há, no entanto, uma generalizada percepção entre os diversos atores envolvidos de que a melhoria física por si própria não é suficiente e que, embora ela possa melhorar a qualidade de vida, apenas as iniciativas educacionais, de treinamento e de geração de renda podem garantir o desenvolvimento e a integração social. No início do programa, a tendência para a melhoria do ambiente físico foi reforçada pelas prioridades de financiamento do

Banco Interamericano de Desenvolvimento (BID) e, mesmo quando o banco foi persuadido a alocar recursos para a construção de prédios para projetos sociais, os fundos para a implementação de tais projetos tiveram de vir de outras fontes[2]. No entanto, no decorrer do tempo, os componentes explicitamente sociais do Favela Bairro se fortaleceram, especialmente após a criação da SMTb, em 1997. Além disso, dentro da SMH, a equipe de política social também se fortificou com o passar do tempo, embora ainda permaneça comparativamente pequena. Na verdade, de acordo com a gerente do Favela Bairro, "... a maneira clientelística anterior de trabalhar com as favelas criou pouco interesse, ou capacidade, por novas abordagens para o desenvolvimento social". Como resultado, embora os projetos do Favela Bairro sejam multissetoriais na combinação do físico e do social, eles ainda revelam uma forte tendência para o aspecto físico. Esta tendência é também reforçada durante a implementação de projetos complexos, no que um conjunto de pressões e restrições conspiram contra os longos e difíceis processos de desenvolvimento social e dão a arquitetos e engenheiros o controle sobre o formato final de cada projeto.

Muitos entrevistados identificaram problemas de procedimento e práticos como limitantes da natureza multissetorial dos projetos do Favela Bairro. Por exemplo, um dos arquitetos responsáveis pelo projeto da favela do Formiga argumentou que a padronização da concepção do projeto, favorecida pela SMH, debilitou a inovação e o desenvolvimento de projetos para cada comunidade e suas diversas necessidades. Ele afirmou que "...é impossível que se possa desenvolver sempre um projeto-modelo tendo em vista a heterogeneidade de favelas e suas localizações, às vezes, extremamente difíceis. Se um projeto padronizado é implementado, termina-se fazendo alterações que são, na verdade, deformações." A quantidade e a qualidade da informação disponível para a concepção do projeto foram também criticadas. O coordenador-geral de uma firma de engenharia ambiental, por exemplo, comentou que "... o material de pesquisa que fornece informação para o desenho e o planejamento do projeto é frequentemente de baixa qualidade, criando muitos problemas de construção e problemas de coordenação entre os diferentes componentes de um projeto".

Outros problemas experimentados em nível do projeto e que contribuíram para debilitar a eficácia do programa foram atribuídos às pressões de tempo inerentes ao Favela Bairro. Um dos coordenadores dos projetos na SMH considerou que as pressões de tempo não permitiram que fossem estabelecidas as parcerias necessárias para o fortalecimento dos componentes sociais dos projetos do Favela Bairro. Uma técnica do instituto de planejamento municipal IPLANRIO (agora conhecido como o Instituto Pereira Passos – IPP) acredita que a rapidez com a qual os projetos tiveram de ser planejados fez com que não houvesse uma avaliação adequada das necessidades da comunidade e tendeu a limitar as possibilidades de uma abordagem multissetorial. Além disso, os procedimentos de licitação adotados pela SMH foram criticados. O resultado é a frequente interrupção das obras enquanto se aguarda por mais recursos, a redução na qualidade e a eliminação de alguns componentes do projeto, afetando, dessa maneira, o equilíbrio integrado da intervenção.

[2] O Favela Bairro gasta um máximo de US$ 4.000 por família. A maior parte desses custos (60 por cento) é coberta pelo BID e o restante é oriundo de recursos municipais. Além disso, a implementação dos projetos sociais é financiada pela secretaria municipal correspondente ao serviço que se presta (às vezes com apoio do governo federal, de fundações privadas e similares). O Favela Bairro, entretanto, financia a construção dos prédios em que os serviços são fornecidos. De maneira similar, para grandes obras que ocasionalmente fazem parte dos projetos do Favela Bairro, tal como a canalização de rios, podem vir recursos orçamentários de outros programas e secretarias. Busca-se também o apoio de empresas privadas para atividades específicas associadas com projetos determinados, e os proprietários de terra locais (privados e públicos) são encorajados a ceder áreas, sem compensação, para uso do programa.

A multissetorialidade no nível do projeto também se refere às relações estabelecidas entre os vários atores e agentes envolvidos e a forma como participam do processo decisório e de gerenciamento. Muitos dos entrevistados enfatizaram o papel importante que tiveram os escritórios de arquitetura, cujo trabalho, embora elogiado, foi amplamente considerado (inclusive pelos próprios arquitetos) como nem sempre compatível com uma abordagem integrada. Falta de experiência de trabalhar em favelas na escala do Favela Bairro e, de uma maneira multissetorial, pouca capacidade de trabalhar de uma maneira participativa e tendência para uma abordagem orientada mais para aspectos físicos e de desenho, foram alguns dos problemas levantados pelos entrevistados.

Quanto à multissetorialidade em nível de política, a SMH está encarregada do desenvolvimento e da administração do Favela Bairro, e seus funcionários são responsáveis por supervisionar o estágio de desenho do projeto, o próprio trabalho de melhoria, a regularização fundiária, a política social e a política de manutenção, entre outras funções. Durante a fase de desenho do projeto, os escritórios de arquitetura trabalham em consulta com os moradores da favela para elaborar os projetos e obter aprovação da comunidade. Durante as obras de construção, participam firmas de construção privadas, arquitetos, firmas de consultoria de engenharia, empresas de serviços e várias secretarias governamentais. Uma vez concluída a obra, a operação das várias instalações sociais construídas pelo Favela Bairro é realizada por uma gama de secretarias municipais (de maneira mais significativa, a SMTb e a SMDS), que frequentemente subcontratam ONGs locais. Como tal, a função da SMH é supervisionar e administrar o programa, coordenar a gama de atores, reportar-se ao BID e tentar sensibilizar outras secretarias municipais para se envolverem. Para essa última função, ela utiliza dois fóruns de macropolítica (macrofunções) criados para estimular e institucionalizar a formulação de políticas multissetoriais. Na verdade, com o passar do tempo, a SMH foi bem-sucedida em persuadir algumas secretarias que nunca antes trabalharam com favelas a participarem do Favela Bairro.

A despeito dos arranjos institucionais complexos, o Favela Bairro não revela uma abordagem integrada para formulação ou implementação de uma política que envolva uma gama de secretarias governamentais no financiamento, planejamento, implementação e administração comuns de todos os aspectos do programa. Em lugar disso, com algumas secretarias (por exemplo, Cultura, Assuntos Urbanos e Meio Ambiente), a SMH tem uma relação de cooperação, enquanto com outras (SMTb e SMDS), a relação é mais próxima e pode ser descrita como de coordenação. Em outras palavras, a SMH permanece solidamente no controle de todos os aspectos do Favela Bairro, orientando a busca de novos parceiros no governo municipal, mas, ao mesmo tempo, mantendo um firme controle na direção do programa. De acordo com um funcionário da SMH, "... por meio da SMH o controle sobre a política e o orçamento de habitação é centralizado, mas a execução da política é descentralizada, embora as definições e as decisões relacionadas aos projetos sejam sempre tomadas dentro da SMH."

Embora a SMH possa ser criticada por não compartilhar o poder (político) na extensão que poderia fazê-lo, deve-se também reconhecer que, em termos das iniciativas anteriores no campo da habitação, o Favela Bairro envolve uma gama tão ampla de atores como nunca se observou antes no Rio. A cultura prevalecente no governo ainda favorece o planejamento e a intervenção setorial, e várias secretarias, sobretudo as que nunca trabalharam com população de favelas, mantiveram-se relutantes à multissetorialidade, como uma questão de princípio. De acordo com um funcionário da SMH, "...é muito complexo obter integração interna no setor público; há muitos conflitos de poder", enquanto, de acordo com outro, "...o que existe é a ideia de integração, mas há uma resistência a ela em todos os níveis e ninguém foi capaz de romper as barreiras que impedem uma verdadeira integração."

Escala e integração na cidade

Em meados de 1999, o Favela Bairro funcionava em 82 favelas de porte médio. O programa está agora em sua quarta fase, na qual outras 66 favelas serão beneficiadas. Mas, embora o programa esteja sendo realizado em um grande número de assentamentos, por causa dos atrasos sofridos durante as fases iniciais do programa, até meados de 1999, o processo de melhoria tinha sido concluído em apenas 12 favelas. A Tabela 1 mostra o número de pessoas e famílias atingidas em cada uma das três fases anteriores; a primeira se concentrou em favelas relativamente simples e consolidadas de cerca de mil famílias, e as fases subsequentes estenderam-se a assentamentos maiores e mais complicados.

Tabela 1

NÚMEROS DE BENEFICIÁRIOS DO FAVELA BAIRRO

Fase	Número total de famílias beneficiadas	Número total de pessoas beneficiadas	Área afetada (hectares)
Fase 1	15.058	55.251	158,40
Fase 2	28.782	97.825	247,30
Fase 3	25.386	83.945	298,29
Total	69.226	237.021	703,99

Fonte: SMH (1999b).

De acordo com um acadêmico do IPPUR/UFRJ, o "...aspecto mais notável do Favela Bairro, em contraste com as abordagens anteriores, é sua escala". O que foi obtido por esse programa já é mais ambicioso e de uma escala maior do que tudo que tinha sido feito no Rio ou em qualquer parte do Brasil. Embora sejam poucos os projetos totalmente concluídos, o número de favelas nas quais o Favela Bairro está sendo realizado é muito grande. É especialmente notável que isso tenha ocorrido em um período relativamente curto, de cinco anos.

A escala não é, no entanto, meramente uma questão de número de projetos. Embora o programa demonstre um forte compromisso com o projeto físico como um instrumento para lidar diretamente com os problemas da pobreza, seu objetivo vai além de melhorar as condições de vida dos moradores de favela, para atingir o propósito mais amplo de integração social à escala da cidade. Como tal, o Favela Bairro ilustra uma interpretação de escala que abrange uma visão da cidade como um veículo para a integração de uma parcela substancial da população tradicionalmente segregada e excluída. Mais do que a capacidade ou não de estimular a integração física e social, o que o programa exibe é uma forte imagem de como a cidade deve ser e de como a melhoria das favelas poderia contribuir para isso. No Rio, sempre houve uma tendência – especialmente por parte da imprensa – de se verem as favelas em termos de seu impacto negativo sobre o resto da cidade e sobre as classes médias. O Favela Bairro está agora tentando redefinir essa percepção. Dessa maneira, o programa Favela Bairro deve ser entendido "...no contexto do crescimento da população de favela, da violência e do crime, do aumento da pobreza e do desemprego, como uma percepção de que não se pode melhorar a cidade sem melhorar as favelas e de que, como ilustrado pelo Plano Diretor, é necessário construir pontes entre os diferentes grupos sociais e os diferentes territórios da cidade" (funcionário da SMH). O Favela Bairro teve um certo efeito na mudança de percepção das favelas na cidade, pois "...forçou a cidade como um todo a ter uma posição em relação ao tema das favelas e em relação a uma política que envolve uma quantidade considerável de recursos fiscais" (Ibase).

Um aspecto que contribui muito para a mudança social e a integração é a alteração na conduta do tráfico de droga que o Favela Bairro visa obter. Esse objetivo não aparece entre aqueles oficialmente declarados do programa, mas foi considerado uma das prioridades do Favela Bairro pela equipe da SMH e por outros atores. De acordo com a fundadora do programa, por exemplo, "não são os projetos urbanos que integram a sociedade, eles podem facilitar a circulação, mas é tudo. Se você não se confronta com firmeza aos traficantes de droga, a integração não irá ocorrer". De maneira similar, a gerente do Favela Bairro afirmou que "o impacto mais negativo das favelas sobre o resto da cidade vem da violência do tráfico de drogas" e, portanto, desarmar os traficantes por meio da transformação do ambiente construído leva a um comportamento modificado entre os traficantes e a polícia, com vantagens imediatas tanto nas favelas como no resto da cidade. Essa "...redução da violência por meio do estabelecimento da ordem urbana" surge como um dos componentes mais importantes, segundo a gerente do Favela Bairro, em termos de seu objetivo de integrar as favelas à cidade.

O potencial do Favela Bairro para diminuir o poder e a violência do tráfico de droga foi, no entanto, questionado por muitos entrevistados. De acordo com a uma acadêmica do IUPERJ, o programa não pode trazer mudanças fundamentais porque as forças policiais brasileiras permaneceram intocáveis pelas reformas institucionais de 1988 e ainda refletem as táticas e as estruturas da era da ditadura. Essa preocupação foi também reproduzida por pessoas que vivem e trabalham nas favelas do Rio. Um dos participantes da ONG Bento Rubião afirmou que a segurança pública "...é um motivo forte para transformar as favelas em bairros, não do ponto de vista da cidadania, mas sim para deixar os carros de polícia entrarem nas favelas." De maneira similar, um dirigente da Mangueira disse que o "Favela Bairro... se baseia em uma grande ideia, reforçar os nossos direitos de cidadania, mas não nos reprimir. Nós precisamos de vias para permitir o acesso de ambulâncias, comércio, caminhões de lixo e similares, mas não apenas para permitir a repressão policial". Portanto, embora a intervenção do Favela Bairro em espaços públicos – removendo barreiras e dedicando novos espaços para uso comunitário – possa fazer com que os traficantes de drogas sejam inibidos e se tornem menos visíveis, é limitada a capacidade do Favela Bairro de mudar a conduta da polícia.

A possibilidade de esse programa realmente obter a integração entre as favelas e a cidade formal foi questionada também, por outras razões, por vários dos entrevistados. Embora reconhecendo a capacidade do Favela Bairro de reduzir algumas das barreiras físicas entre as favelas e a cidade, o arquiteto vinculado ao projeto da favela do Formiga, por exemplo, declarou que "...este discurso de integração é complicado porque a integração física não pode levar à integração social. Nós tentamos dar à melhoria física as características apropriadas para facilitar a integração, mas não diretamente levar à integração através das obras de construção". Os entrevistados que vivem nas favelas também questionaram a ideia de que as melhorias, por si sós, pudessem levar à integração.

Por exemplo, um pastor da favela do Formiga argumentou que a integração real demanda mudança cultural e que, embora seja possível passar a chamar as favelas de bairros, não é fácil mudar o que elas são na percepção que delas tem o resto da cidade.

Outra questão levantada, sobretudo pelos moradores, foi o problema da criação de novas taxas para os serviços públicos. Um membro de uma das associações de moradores do complexo da Mangueira, argumentou que "se o Favela Bairro realmente veio para melhorar as condições de vida mas também para nos cobrar pela transformação da Mangueira em um bairro, é preciso lembrar que a maioria de nós ganha apenas em torno de dois salários mínimos".

A cidade é um nível eficaz para se planejarem e formularem as políticas públicas. Avaliar e enfrentar as necessidades da cidade de uma maneira integrada é fundamental para evitar uma maior segregação social e física. Intervenções de grande escala garantem um uso mais eficiente de recursos e economias não apenas financeiras mas também em termos de tempo e de recursos humanos. Permitem também neutralizar o perigo da segregação crescente que está associada a projetos isolados e de pequena escala e reforçada por eles. É evidente que a escala e a integração estão mutuamente condicionadas mas, embora a abordagem e as ambições do Favela Bairro sejam muito claras a respeito disso, os ganhos efetivos estão ainda por vir.

Desenho e uso do espaço público no Favela Bairro

Na operacionalização do objetivo de integração social, o Favela Bairro revela uma ligação forte quanto ao papel que o espaço público pode ter de aproximar as pessoas, enfatizando a importância de uma arquitetura urbana de qualidade. Esse espaço é usado pelo Favela Bairro como o instrumento principal para garantir que os projetos tenham um impacto nos bairros vizinhos e na cidade como um todo. Novas vias, novas praças, novos prédios e novas instalações são concebidos para romper as barreiras que há muito tempo vêm separando as favelas do resto da cidade, permitindo que pessoas que nunca entraram em uma favela possam visitá-las, seja para fazer uso de suas vias públicas, seus espaços de lazer ou seu comércio. É também importante enfatizar que as barreiras entre as favelas e o resto da cidade não são apenas sociais, baseadas em preconceito e medo, mas também físicas e resultado, entre outras coisas, dos muros e outros obstáculos que o tráfico de drogas ergue para proteger seu território da polícia e de gangues rivais, isolando, assim, os moradores da cidade e a cidade das favelas. Tais barreiras, de acordo com a gerente do Favela Bairro, "... reforçam a identidade delas como favelas". Assim, o espaço público é usado pelo programa tanto como um mecanismo simbólico como prático para gerar integração física e social.

Além disso, a arquitetura, o projeto físico e o espaço público servem como alguns dos instrumentos centrais para gerar mudanças físicas e sociais nas próprias favelas, introduzindo símbolos da cidade formal e do estado em ambientes com sua própria história espacial e cultural. Pretende-se que as novas vias melhorem o acesso a serviços de emergências, deem acesso ao comércio e a serviços essenciais; os novos serviços e as instalações sociais façam com que os moradores reavaliem sua opinião sobre o estado e sobre eles próprios como cidadãos que merecem tratamento igualitário; os novos espaços comunitários sejam um instrumento para diminuir o domínio dos traficantes de droga. Esses objetivos não são, no entanto, imunes a críticas. Alguns moradores acreditam que as novas vias e os novos espaços públicos criados pelo Favela Bairro não vão diminuir o poder dos traficantes de droga, mas, conforme ja referido anteriormente, vão servir apenas para aumentar a repressão da polícia sobre moradores inocentes. Outros críticos questionam se a lógica e os símbolos espaciais e físicos da cidade formal poderiam ou deveriam ser introduzidos nas favelas, sugerindo a necessidade das favelas de preservarem suas próprias e distintivas identidades e culturas. Assim, o Favela Bairro levanta a questão de como integrar e submeter as favelas a processos de melhoria sem destruir as características que deram a elas sua identidade diferenciada.

Parcerias público-privadas no Favela Bairro

No que se refere à evidência de estabelecimento de parcerias no Favela Bairro, o forte controle exercido pela SMH sobre o programa também afetou o envolvimento de atores privados, não--governamentais e comunitários. Em nível do projeto, todos esses atores são evidentes nas favelas, com o setor privado especialmente envolvido no planejamento e nas obras de construção, com as organizações não-governamentais sendo contratadas por várias secretarias municipais para implementarem os projetos sociais e com a comunidade tendo certa influência na direção dos projetos. No entanto, nem em nível do projeto nem do programa, tal envolvimento pode ser conceitualizado como uma parceria se o termo é entendido como processo conjunto de tomada de decisão, administração e avaliação de riscos. Em termos dos setores privados e não-governamentais, seu envolvimento no Favela Bairro se dá por meio de acordos contratuais, com cada um deles fornecendo um serviço particular, em troca de uma quantia. A exceção foi o envolvimento inicial dos escritórios de arquitetura no Favela Bairro quando, em 1994, foi feita uma concorrência aberta em que os arquitetos puderam submeter ideias e princípios para servir de base para o desenvolvimento do programa. Esse processo de consulta, no entanto, não envolveu grupos não-governamentais ou comunitários e, uma vez que os princípios do programa foram estabelecidos, o envolvimento maior dos arquitetos se deu através de concorrências para projetos específicos de melhoria.

Para implementar projetos amplos e ambiciosos de melhoria, é necessário para a SMH que outros atores governamentais e não-governamentais participem. Contudo, não se pode dizer que é apenas esse pragmatismo que motiva a SMH a trabalhar com outras agências e atores; ele também reflete o objetivo maior do Favela Bairro de integração fisica e social na escala da cidade. As parcerias no Favela Bairro são vistas pela SMH não apenas como um instrumento de capturar recursos adicionais necessários mas também como um meio de promover a mudança social na cidade. De acordo com um funcionário, "o Favela Bairro tenta estabelecer parcerias tanto com o setor público como com ONGs e empresas privadas porque nós temos de envolver a sociedade como um todo em uma proposta para o desenvolvimento de processos sociais dentro das favelas". Para entender, entretanto, a natureza e a debilidade das parcerias até aqui formadas no Favela Bairro, devemos também considerar que as relações históricas entre as ONGs e o governo no Rio vêm sendo caracterizadas por suspeita mútua e falta de confiança e, no que se refere ao setor privado, não há uma tradição forte de filantropia na cidade.

O Favela Bairro no contexto da reforma do Estado local

Os processos de reforma institucional e legislativa, evidenciados ao menos no papel pelo Plano Diretor e pelo Plano Estratégico da cidade, fizeram com que fosse possível à SMH implementar um programa de melhoria em uma escala nunca antes vista no Rio (ou em qualquer parte do Brasil). A Constituição Federal de 1988 deu aos municípios novos poderes decisórios e fiscais, que foram particularmente vantajosos para os municípios urbanos maiores, como o Rio. Ao assegurar empréstimos do BID, a SMH foi capaz de capitalizar a disposição por uma reforma urbana e os novos mecanismos legislativos disponíveis para promover um planejamento integrado da cidade. As duas macrofunções, estabelecidas pelo governo municipal, forneceram um marco institucional para promover com alguma eficácia uma política e um planejamento multissetoriais. A importância financeira e política do Favela Bairro facilitou que a SMH persuadisse uma ampla gama de atores municipais para trabalharem no programa, alguns dos quais se tornaram fortes aliados, compartilhando a visão de cidade da SMH e a preocupação com a pobreza. Além disso, o Favela Bairro utilizou as reformas legislativas no que se refere ao status das favelas, permitindo que elas fossem declaradas "zonas de interesse especial" e, portanto, isentas da regulamentação urbana em vigor.

Como tal, pode ser visto que as reformas do Estado, desde o final da década de 1980, foram fundamentais tanto para o desenvolvimento como para a implementação do Favela Bairro, criando um ambiente suscetível a um planejamento mais inovador. De maneira similar, as reformas realizadas permitiram que começassem a surgir algumas sinergias por meio das quais se tornaram possíveis abordagens multissetoriais em níveis de projeto e de política, respondendo a facetas múltiplas de pobreza e de exclusão no Rio, reforçando a necessidade de um envolvimento maior de empresas do setor privado e ONGs e fortalecendo, assim, a capacidade do Favela Bairro de trabalhar em escala. Isso não significa que as estruturas reguladoras e legislativas no Rio sejam inteiramente simpáticas aos trabalhos do Favela Bairro. Por exemplo, regras que regulam os acordos e os contratos estipulam que as firmas que entram com o preço mais baixo devem ganhar os contratos de construção, o que muitas vezes prejudicou a qualidade e a quantidade do trabalho realizado. Há, no entanto, evidência de alguma flexibilidade para experimentação no que se refere à regularização da posse da terra, com normas especiais sendo desenvolvidas para permitir que sejam concedidos, aos moradores da favela, direitos de uso de longa duração, evitando, assim, os procedimentos complexos e burocráticos que governam a concessão de títulos de propriedade.

Sem dúvida, o aprofundamento da institucionalização de novas abordagens multissetoriais, de grande escala e participativas, será uma das questões decisivas para o futuro do Favela Bairro e a sustentabilidade dos processos e objetivos que se propõem.

Participação no Favela Bairro e a democratização do Estado local

Talvez a área mais frágil da reforma estatal refira-se à democratização do governo do Rio. Apenas em meados da década de 1980, o Brasil como um todo retornou a um governo democrático e, apesar da impressionante evidência de descentralização governamental, o estado permanece extremamente poderoso e impositivo na sua abordagem de governo. No Favela Bairro, isso está refletido em todo o programa, tanto em sua formulação (sem consulta a ONGs ou grupos comunitários locais e sem um estudo para entender as percepções dos moradores de seus problemas e de suas necessidades) quanto em sua implementação. Em nível do projeto, programa-se que seja feita uma apresentação inicial para os moradores, durante o estágio de planejamento e por meio de consultas com os arquitetos; os planos finais para um projeto também têm de ser aprovados em um encontro geral de moradores antes de o processo de melhoria ter início. Na realidade, no entanto, registrou-se que o interesse dos moradores em geral surge apenas quando o processo de melhoria já está em realização e afetando diretamente suas vidas. Por outro lado, a tendência é que a associação de moradores de cada favela domine as negociações com os arquitetos, as firmas de construção, os supervisores e a SMH, sendo, em geral, considerado que os moradores não têm capacidade para entender os planos de melhoria apresentados pelos arquitetos. Como resultado, grande parte do envolvimento dos moradores no Favela Bairro está relacionada a indivíduos que se aproximam das associações e de supervisores locais para expressar suas preocupações e seus desejos uma vez que a construção esteja em execução. Esse processo é também facilitado por vários moradores que são selecionados e treinados pela SMH para atuarem como agentes de política habitacional, fazendo a ligação entre a SMH, os escritórios de construção no local, os moradores e as associações de moradores durante a fase de construção e também educando os moradores de favela em seus direitos como "cidadãos".

Os projetos do Favela Bairro mostram uma abordagem limitada e desigual em relação à participação da comunidade, sendo esta o resultado de perspectivas variadas por parte de diferentes escritórios de arquitetura quanto ao envolvimento da comunidade. O escopo e a importância limitados da participação da comunidade é tambem reflexo dos objetivos utilitários e pragmáticos que inicialmente motivaram a inclusão de mecanismos de participação no Favela Bairro. No início do programa, a participação se dava com a finalidade de garantir a cooperação dos moradores e, desse modo, a implementação bem-sucedida dos projetos. De acordo com um funcionário da SMH, "...concebeu-se a participação no Favela Bairro como uma maneira de consolidar os projetos e não como uma finalidade em si". Com o tempo, no entanto, a finalidade da participação mudou, na medida em que a equipe de política social da SMH ganhou credibilidade e fortalecimento político. No momento dessa investigação, de acordo com a gerente do Favela Bairro, o objetivo da participação da comunidade é tanto "...para mudar o comportamento das pessoas, desenvolvendo um sentido de cidadania ... [como] para garantir a sustentabilidade do processo de melhoria ao envolver a comunidade na manutenção e expansão do que se conseguiu com o Favela Bairro". Essa mudança, que se distancia do aspecto puramente pragmático, está refletida nos novos métodos para a participação colocados em prática em 1999, incluindo a divisão das favelas em blocos, cada um deles com um representante eleito para assistir a grupos de trabalho temáticos, com o objetivo de fazer um levantamento das necessidades e dos problemas dos moradores antes de se iniciarem as obras de um projeto.

Apesar dessa mudança em direção a uma maior percepção do valor que a participação da comunidade pode adicionar aos projetos, todos os atores no Favela Bairro (incluindo a comunidade) apresentam uma certa relutância em aceitar a capacidade dos moradores da favela de tomarem decisões estratégicas que afetam a operação dos projetos e do programa como um todo. Isso tem de ser entendido no contexto de uma desvalorização permanente das organizações comunitárias e de sua manipulação para finalidades políticas por um período de décadas, debilitando, desse modo, a autoconfiança e a capacidade de organização da comunidade, assim como a confiança dos moradores no estado. Tem sido também crucial o poder crescente do violento tráfico de droga no Rio, que se infiltra diretamente ou indiretamente nas organizações comunitárias, fazendo com que as associações de moradores de favelas se tornem tão poderosas que o Estado não pode mais ignorá-las e, ao mesmo tempo, em muitos casos, repressivas, não-democráticas e não-representativas de suas comunidades (ver, por exemplo: Leeds, 1998; Zaluar, 1998). De acordo com uma ONG do Rio, por exemplo, "...o poder dos traficantes de droga e o medo das pessoas de classe média têm impedido que as associações de moradores se tornem participantes legítimos no poder decisório". Portanto as mudanças recentes na metodologia de participação também refletem um desejo por parte das autoridades de gerar novas organizações comunitárias (comissões em bloco) que não são dominadas pelo comércio de droga.

Visto que as atitudes do governo municipal do Rio em relação à participação da comunidade permanece dominada pela suspeita e pelo ceticismo, acoplado com os problemas e conflitos experimentados durante a implementação dos projetos do Favela Bairro, não é surpreendente que haja pouca pressão popular por uma maior democratização do governo no Rio. As reformas institucionais dentro do governo municipal não incluíram o estabelecimento de mecanismos permanentes de compartilhamento de poder com a sociedade civil. A forte cultura de autoritarismo no Rio, a infiltração do tráfico de drogas nas associações de moradores de favelas e a manipulação política e a cooptação das organizações comunitárias não favoreceram o surgimento de uma tendência à democratização e à transmissão de poder à sociedade civil. Conforme uma das ONGs do Rio, a cultura de autoritarismo nessa cidade "...permeia todos os níveis e todos os grupos da sociedade, de políticos, de pessoas que formulam as políticas, de técnicos, de intelectuais e das organizações populares e de seus líderes". No entanto, há evidências de que o Favela Bairro despertou um certo anseio por parte das organizações nas favelas por um maior poder na formulação de políticas. Já no início do programa, os presidentes de 16 associações de moradores de favelas (o já referido Grupo dos 16) criaram um grupo informal para pressionar a SMH no momento de considerar os problemas de manutenção da infraestrutura e dos serviços do Favela Bairro. Com o tempo, no entanto, e refletindo muito claramente os problemas relacionados à participação e à democratização no Rio, o grupo desenvolveu laços demasiado estreitos com a SMH e foi criticado por colocar em risco sua independência e seu potencial crítico.

Conclusões

No contexto do Rio de Janeiro, em que cem anos de política governamental não foram suficientes para livrar a cidade da desigualdade e da pobreza manifestada em suas favelas, o Favela Bairro representa um avanço considerável em termos de abordagem do problema. O programa se baseia em um reconhecimento da importância da exclusão social e física e da desigualdade existente no Rio e também orienta parte de seus recursos para grupos particularmente vulneráveis. Ele revela um forte compromisso com projetos multissetoriais como um meio de ter um impacto direto na vida dos pobres e de suas necessidades heterogêneas, dando muita ênfase ao espaço público, à arquitetura e ao projeto físico como veículos para integração social. Talvez o mais importante de tudo é que o programa foi implementado a uma grande escala e se baseia em uma visão de cidade integrada em que sejam reduzidas as disparidades históricas entre ricos e pobres.

O programa é, evidentemente, marcado por várias contradições e problemas práticos. No entanto é de particular relevância para o debate internacional sobre a pobreza a abordagem que ele promove no que se refere à participação comunitária. A participação, como aqui entendida e defendida, deve servir não apenas para melhorar a operação dos projetos mas também para fortalecer o poder dos pobres e despossuídos e atuar como catalisador para a democratização das estruturas de governabilidade. No caso do Favela Bairro, ficam evidentes as complexidades para se estimular a participação, mesmo que isso seja feito com a finalidade única de facilitar a operação do projeto. Embora poucas cidades possuam áreas de assentamentos tão uniformemente dominadas por traficantes de droga e associadas com a violência como o Rio, o Favela Bairro também revela as dificuldades – que não são exclusivas do Rio – de operacionalizar o conceito de participação no contexto da suspeita e falta de confiança largamente difundidas entre a sociedade civil e o governo.

A falta de participação comunitária permeia todos os aspectos do programa, enfraquecendo, por exemplo, a capacidade dos projetos de satisfazerem às demandas dos moradores, debilitando a eficácia e a rapidez das obras de construção e ameaçando as possibilidades de manutenção de longa duração da infraestrutura e dos serviços. No entanto mais séria ainda é a lacuna que se revela entre os objetivos do Favela Bairro de unificar uma cidade desigual e fortalecer a cidadania dos moradores das favelas e a prática real, que falha em possibilitar aos mesmos moradores acesso a poderes decisórios efetivos. O Favela Bairro, sem dúvida, levará a melhorias reais nas vidas dos moradores de favelas, dando a estas acesso a uma gama ampla de serviços e de infraestrutura que nunca se viu antes. Até o momento, no entanto, o programa perdeu a oportunidade de atuar como um catalisador para processos mais amplos de democratização do estado e das estruturas de governabilidade, que são essenciais não apenas para a implementação de projetos bem-sucedidos, mas também e acima de tudo para garantir a continuidade da política e uma redução da pobreza que seja substancial e sustentável em longo prazo.

Talvez uma das contribuições importantes do programa Favela Bairro – contradizendo, de alguma forma, seu próprio nome – tem sido ajudar a consolidar a percepção de que as favelas são uma parte diferente mas integrante da cidade; na verdade, elas são bairros, embora necessitem de melhorias. Em vez de ampliar a cidade formal e suas regulamentações nos espaços irregulares da "não-cidade", o desafio que se coloca para programas de grande escala como o Favela Bairro é contribuir para o "refazer" da cidade como um todo e o "redesenho" de suas instituições. Em vez de uma integração que possa ser entendida como sinônimo de homogeneização, o desafio é criar uma cidade com integridade – múltipla, diversa e inclusiva. Aqui reside a grande complexidade da nova geração de programas de melhoria de grande escala; aqui reside, também, o potencial e a radicalidade de sua ambição. Uma ambição que só pode ser abordada por meio do aprofundamento contínuo dos processos de participação social e de democratização política.

Post-Script

Terminamos de escrever a primeira versão deste artigo pouco antes das últimas eleições municipais e da mudança de administração na cidade do Rio de Janeiro. De lá para cá o programa Favela Bairro foi claramente secundarizado no quadro das prioridades do novo governo e entrou em franco declínio. Mais do que atualizar o artigo, documentando e discutindo a evolução do Favela Bairro nesta nova conjuntura, o que nos interessa aqui é tecer umas breves considerações sobre as possíveis razões para o tão rápido declínio de um programa com todas as características que anteriormente identificamos. Uma mudança tão abrupta sem dúvida requer uma análise que em muito excede este *post-script*.

As razões imediatas para a marginalização do Favela Bairro são bem conhecidas. Apesar de o programa ter sido iniciado no primeiro mandato do prefeito César Maia – que muito se orgulhava de todos os aspectos de um programa que considerava exemplar –, ele teria ficado fortemente identificado com o mandato seguinte, do prefeito Paulo Conde. Na campanha de 2000, César Maia deixa de reivindicar a paternidade do Favela Bairro e logo após a sua vitória se distancia do programa.

Em vários artigos e declarações, tanto o prefeito como os seus secretários, vinculados à questão urbana e habitacional, expressaram uma visão crítica do Favela Bairro, quase sempre denunciando a forma pela qual seus objetivos iniciais teriam sido desvirtuados pela administração anterior.

Para eles, o Favela Bairro teria se transformado em um programa caro, com excessiva ênfase nos elementos físicos, dominado por considerações arquitetônicas e esquecido dos seus componentes sociais. O que se segue é também conhecido e bem documentado: uma política urbana e habitacional fragmentada; uma política social urbana incongruente; uma política de favelas com todos os velhos cacoetes das intervenções parciais, isoladas e clientelistas e que desconecta os componentes físicos dos sociais; uma volta, inspirada pelas questionáveis elucubrações de um Hernan de Soto, à questão da regularização fundiária e de títulos de propriedade como a nova panaceia.

Ironicamente, depois de criticar a arquitetura cara do Favela Bairro, a nova administração estabelece como seu projeto urbano emblemático o desenvolvimento da zona portuária, com áreas de lazer e comerciais, habitação especulativa e, claro, mais um museu Guggenheim. Tudo feito com a participação de arquitetos de renome internacional... Quanto ao Favela Bairro, em grande parte pelo acordo já assinado com o BID no final da administração anterior, continua, porém, a passos lentos. Mais significativo, entretanto, é o retorno deste programa ao que foi a primeira geração de programas de urbanização de favelas, já muito analisada, avaliada e criticada, tanto no Brasil como no exterior: intervenções isoladas e, agora sim, enfocadas exclusivamente na infraestrutura física.

O surpreendente não é o que pensou e fez o atual prefeito a respeito do Favela Bairro. O surpreendente, a nosso ver, é que um programa da ambição e escala do Favela Bairro; de altíssima visibilidade; com anos de experiência; com recursos inéditos; com apoio massivo da população de favelas, da opinião pública em geral e da mídia; com a participação de várias organizações da sociedade civil; com um reconhecimento internacional sem paralelo para um programa deste tipo; e com realizações e logros inquestionáveis, possa ter sido tão rapidamente secundarizado, sem nenhuma convulsão ou oposição efetiva. De que nos fala um tão rápido apagar das luzes? Que questões coloca sobre as condições de continuidade e sustentabilidade deste tipo de programa?

A verdade é que o Favela Bairro, no que tinha de melhor, era um programa que não só não se prestava às práticas tradicionais de apropriação clientelista dos dividendos políticos da ação pública, como efetivamente questionava e buscava levantar uma alternativa a este modelo de intervenção. Talvez se possa dizer que assim como o novo prefeito não logrou apropriar-se do programa, tampouco pôde fazê-lo o prefeito anterior, haja vista o resultado da eleição e o comportamento eleitoral de várias áreas de favela afetadas pelo programa. Pareceria que as relações clientelistas, que sem dúvida seguiram preponderantes, estiveram mais mediatizadas por outras ações, acordos e promessas do que pelo Favela Bairro. Mas se era difícil apropriar-se, por que foi tão fácil desfazer-se?

Aqui nos parece importante retomar a nossa hipótese central sobre qual seja a pedra angular desta nova geração de políticas e programas urbanos contra a pobreza e do edifício de sinergias sustentáveis que busca construir. Argumentamos que ela se localiza na reestruturação institucional e do Estado local e na radicalização de processos democratizantes e participativos que são ao mesmo tempo condição e expressão destas novas institucionalidades. Acreditamos que foi na fragilidade destas "fundações" que se viabilizou a facilidade do abandono.

As novas estruturas de decisão e gestão não eram ainda suficientemente autossustentáveis e os processos participativos excessivamente limitados, tanto para poder impulsioná-las como para construir e reproduzir a vontade política para uma ação tão estratégica e ambiciosa como a que se propunha o Favela Bairro. Mais uma vez, a continuidade da ação pública ficou ao ritmo e sabor da vontade dos governantes.

O Favela Bairro promoveu uma ampla gama de iniciativas coordenadas e complexas que, apesar disso, não chegaram a adquirir nem a solidez nem a profundidade necessárias para transcender mudanças abruptas na direção e condução do Estado local. Das "macrofunções", que incipientemente buscavam alavancar uma mais ambiciosa multissetorialidade, aos processos de organização e representação da população por blocos que timidamente buscavam contornar formas de representação popular desvirtuadas pelo controle do narcotráfico, nenhuma destas iniciativas logrou "criar raízes". Coloca-se aqui também a velha questão do tempo e ciclo das transformações institucionais e da alternância de governo.

Seria ingênuo, entretanto, considerar que foi simplesmente um problema de falta de tempo. Conforme indicamos no nosso artigo, a questão da participação, que consideramos a central do ponto de vista da sustentabilidade política de um programa como o Favela Bairro, foi concebida de uma maneira eminentemente instrumental. Mesmo a participação por blocos se constitui sobretudo como uma forma alternativa de consulta, do que como veículo de participação ativa em dinâmicas de decisão e gestão local. Seria errado, não obstante, assumir que o Favela Bairro se opunha ou bloqueava intencionalmente uma participação popular mais efetiva. Uma análise detalhada da falta de participação – algo que não pretendemos nem podemos fazer aqui – tem certamente que explorar outros fatores, além do próprio Favela Bairro.

Talvez não seja exagerado afirmar que nas últimas duas décadas pouco de novo tem acontecido em termos das formas de organização, representação e participação da população de favelas. O "Grupo dos 16", a que fizemos referência, nunca se ampliou nem ganhou suficiente força, representatividade e autonomia para se transformar num verdadeiro interlocutor das agências de governo. O fenômeno realmente novo é a presença e poder do narcotráfico e o controle que excerce sobre as velhas estruturas de representação, em particular as associações de moradores. Ele, sim, se transformou num grande interlocutor ao nível das favelas, numa relação com o poder público que oscila entre um clientelismo corrupto e a violência descontrolada.

É interessante notar que se bem o narcotráfico não se opôs ao Favela Bairro, mesmo porque era popular entre os moradores, tampouco o conseguiu transformar num espaço de troca de favores. Utilizou mesmo seu "poder de veto" quando algum aspecto de um projeto interferia em suas áreas de ação. Por outra parte, se o Favela Bairro implícita ou explicitamente bem identificava o tema do narcotráfico e da violência nas favelas como uma questão central a ser tratada pelo programa, pecou de ingenuidade ao assumir que a urbanização e a presença da ordem pública que ela traria seria a forma mais direta de atacar o problema. O sintomático disso é o fato que em toda a discussão da multissetorialidade e das macrofunções nunca se introduziu explicitamente a participação dos responsáveis pela política de segurança e pelo confronto à violência do narcotráfico.

Hoje não pode haver dúvida nenhuma de que qualquer política pública que trate com favela e pobreza na cidade do Rio tem que partir da premissa de que esta é uma realidade inteira e perversamente permeada pela violência do narcotráfico. Uma violência que não só afeta as condições de vida dos moradores de favela mas que gera novas formas de sociabilidade, que acentua estigmas e preconceitos sobre favelas, que envenena as relações das populações locais com o poder público e que – central para o que estamos aqui discutindo – inibe e distorce imensamente as formas de organização e participação popular. Talvez os analistas de favela não tenham sido ainda capazes de entender em profundidade como se articulam os processos de mobilização e participação popular em favela com a dinâmica do narcotráfico. Nós certamente nos incluímos entre estes e de maneira autocrítica podemos dizer que subestimamos no ano 2000 – tanto na pesquisa como nos artigos que escrevemos – o impacto que a presença do narcotráfico estava tendo sobre o Favela Bairro em geral e sobre os processos participativos em particular.

O Favela Bairro, entretanto, não fracassou. Abriu de fato um novo capítulo na história das políticas de favela na cidade do Rio de Janeiro. Além do realizado, acumulou uma experiência riquíssima tanto ao nível das agênciais governamentais como das organizações da sociedade civil que dele participaram. Acreditamos que ganhou um lugar na memória da cidade e dos cidadãos do Rio e que em algum momento se reativará.

Tanto seus êxitos como fracassos nos deixam muitas lições. Há questões tanto de concepção como de organização que necesitam ser repensadas à luz dessa experiência. Talvez a mais importante lição, entretanto, seja a de que um programa que foi considerado tão ambicioso na formulação de uma estratégia de ação integrada, multissetorial e em grande escala para a urbanização das favelas e a redução da pobreza no Rio, terminou, ironicamente, pecando por falta de ambição! Ainda quando de uma forma ou outra identificou ou tocou nos elementos mais importantes para uma tal estratégia, e deu passos gigantescos em relação às práticas anteriores, terminou optando por determinados "atalhos" – em nome ora de certas opções ideológicas, ora de um certo "realismo" e pragmatismo – que debilitaram as ambições e, em última instância, a própria continuidade do programa.

A inserção do tema da violência e do narcotráfico no seio de uma política integrada e multissetorial; a questão – tão evidente no tema do narcotráfico mas também relevante para outras áreas de intervenção – dos limites da ação local e a necessária coordenação com os níveis estadual e nacional; a questão central da criação e defesa de espaços para o surgimento de novas formas de organização e participação popular; são algumas das lacunas que a experiência do Favela Bairro revelaram. São também alguns dos desafios que qualquer experiência séria de ataque sistemático aos problemas das favelas e da pobreza terá que enfrentar.

No geral, a experiência do Favela Bairro nos mostra o caráter essencialmente político da construção de alternativas e estratégias sustentáveis de redução da pobreza urbana. Também nos mostra que não é possível aprofundar os processos democráticos e participativos – meio e fim de qualquer estratégia sustentável – sem correr os riscos inerentes às dinâmicas políticas, complexas e conflitivas. A sedução pelos atalhos – seja o de um discurso tecnocrático-pragmático, seja o da despolitizada busca pelo pseudoconsenso, seja o dos fantasiosos "mistérios do capital" sobre os quais fala De Soto, ou seja uma combinação destes – tem sistematicamente falhado em produzir qualquer resposta significativa e sustentável aos problemas das favelas e da pobreza. É no enfrentamento dos riscos políticos que o Favela Bairro tão fortemente desvelou – mas nem sempre enfrentou – que se funda não só a continuidade do próprio programa e dos seus objetivos, mas a possibilidade de uma cidade mais inclusiva.

Bibliografia

ABREU, M. de Almeida. *Evolução urbana do Rio de Janeiro*. Rio de Janeiro: IPLANRIO, 1987.

AMIS, P. Making sense of urban poverty. *Environment and Urbanisation*, v.7, n.1, 145–158, 1995.

ARAUJO, M. Silva Muylaert de. *As práticas de execução do Programa Cada Família, Um Lote*. (Tese não publicada). Rio de Janeiro: IPUR-UFRJ, 1988.

ARCHIDIOCESE DO RIO DE JANEIRO. Moradia do pobre no Rio de Janeiro. *Cadernos de Pastoral 1*. Rio de Janeiro: Secretariado Pastoral, 1979.

BAUMANN BURGOS, M. Dos parques proletários ao Favela Bairro: As políticas públicas nas favelas do Rio de Janeiro. *In:* ZALUAR, A. e ALVITO, M. (Eds.). *Um século de favela*. Rio de Janeiro: Fundação Getulio Vargas, 1998.

CARDOSO, A. e LAGO, L. Corrêa do. Pobreza urbana e condições habitacionais na periferia metropolitana do Rio de Janeiro. *Cadernos IPPUR/UFRJ*, ano VII, n.2, 67-78, 1993.

CAVALLIERI, P. F. *Favelas cariocas: Mudanças na infraestrutura. Quatro Estudos*. Rio de Janeiro: IPLANRIO, 1986.

CHAMBERS, R. *Whose reality counts? Putting the first last*. Londres: Intermediate Technology Publications, 1997.

DFID. *Eliminating world poverty: A challenge for the 21st century*. (DFID White Papers). Londres: DFID, 1997.

FIORI, J. Why Favela Bairro. *In:* FIORI, J. e HINSLEY, H. (Eds.). *Transforming cities: Design in the favelas of Rio de Janeiro*. Londres: AA Publications, 2001.

FIORI, J.; RILEY, E. e RAMIREZ, R. *Urban poverty alleviation through environmental upgrading in Rio de Janeiro*. Londres: Urban Development Planning Unit, 2000.

GILBERT, R. Rio de Janeiro: The make-up of a modern megacity. *Habitat International*, v.19, n.1, 91–122, 1995.

GUIMARÃES, A. Passos. As favelas do Distrito Federal. *Revista Brasileira de Estatística*, Ano XIV, n.55, 250–277, 1953.

IBGE. *Anuário Estatístico do Brasil*. Rio de Janeiro: Instituto Brasileiro de Geográfica e Estatística, 1994.

IFUP. *IFUP Programme Document*. International Forum of Urban Poverty, UNCHS/HABITAT, http://www.unchs.org/ifup, 1998.

JONES, S. Defining urban poverty. An overview. *In:* JONES, S. e NELSON, N. (Eds.). *Urban poverty in Africa*. Londres: Intermediate Technology Publications, 1999.

LAGO, L. Corrêa. Política urbana e a questão habitacional: Novas tendências face à crise econômica brasileira. *Caderos IPPUR/UFRJ*, Ano VI, n.1, 41–47, 1992.

LEEDS, E. Cocaína e poderes paralelos na periferia urbana brasileira: Ameaças à democratização em nível local. *In:* ZALUAR, A. e ALVITO, M. (Eds.). *Um século de favela*. Rio de Janeiro: Fundação Getulio Vargas, 1998.

OZANIRA, M. da Silva e Silva. *Política habitacional Brasileira*. São Paulo: Cortez, 1989.

PAMUK, A. e CAVALLIERI, P. F. Alleviating urban poverty in a global city: New trends in upgrading Rio de Janeiro's favelas. *Habitat International*, v.22, n.4, 449–462, 1998.

PARISSE, L. *Favelas do Rio de Janeiro, Evolução-Sentido*. (Caderno do CEH-PHA 5). Rio de Janeiro: 1969.

PORTO, H. R. Rio de Janeiro: Os movimentos populares urbanos de 1964 a 1988. *Proposta*, n.67, 59–65, 1995.

RECIFE DECLARACION. *Urban poverty: A world challenge*. HABITAT II Recife International Meeting on Urban Poverty, 1996.

SMH. <www.rio.rj.gov.br/habitacao> homepage da Secretaria Municipal de Habitação. Rio de Janeiro: 1999b.

SMH. *Bases da política habitacional da cidade do Rio de Janeiro*. Rio de Janeiro: Secretaria Extraordinária de Habitação, 1993.

SMH. *Cidade Inteira. A política habitacional da cidade do Rio de Janeiro*. Rio de Janeiro: Secretaria Municipal de Habitação, 1999a.

SMH. *Favela Bairro*. Rio de Janeiro: Secretaria Municipal de Habitação, 2ª Ed., sem data.

SMH. *Política habitacional da cidade do Rio de Janeiro*. Rio de Janeiro: Secretaria Municipal de Habitação, 1995b.

SMH. *Programa Favela Bairro. Especificação para laboração de projetos*. Rio de Janeiro: Secretaria Municipal de Habitação, 1995a.

UNDP. *Cities, people and poverty: Urban development cooperation for the 1990's*. (UNDP Strategy Paper). Nova York: UNDP, 1992.

VALLADARES, L. do Prado. *Passa-se uma casa*. Rio de Janeiro: Zahar Editores, 1978.

VANDERSCHUEREN, F.; WEGELIN, E. e WEKWETE, K. *Policy programme options for urban poverty reduction: A framework for action at the municipal level.* (Urban Management Programme Paper n.20). Washington, DC: Banco Mundial, 1996.

WORLD BANK. *Cities without slums, Action plan for moving slum upgrading to scale*. Washington, DC: Banco Mundial, 2000.

WRATTEN, E. Conceptualising urban poverty. *Environment and Urbanisation*, v.7, n.1, 11–36, 1995.

ZALUAR, A. Crime, medo e política. In: ZALUAR, A. e ALVITO, M. (Eds.). *Um século de favela. Rio de Janeiro: Fundação Getulio Vargas,* 1998.

Capítulo 10

Paradoxos da Modernidade: O Rio de Janeiro do período joanino, 1808-1821*

Luciana L. Martins
Mauricio A. Abreu

1. Introdução: a Metrópole na Colônia

Em 14 de janeiro de 1808, um navio de guerra chegou à baía da Guanabara trazendo notícias inquietantes: toda a família real portuguesa e a corte, escoltadas por uma pequena esquadra britânica, estavam a caminho do Rio de Janeiro, a capital da colônia. A frota havia deixado Lisboa no final de novembro, após a invasão francesa da Península Ibérica, com ordens do Príncipe Regente de permanecer nos trópicos até que a paz retornasse à Europa[1]. Juntamente com o equipamento necessário para a instalação da burocracia imperial portuguesa nos trópicos (incluindo a imprensa, anteriormente proibida na colônia), a frota também trazia os tesouros mais preciosos da família real. As autoridades no Rio teriam menos de dois meses para preparar a cidade para a chegada do grupo real, que aportou em Salvador em 21 de janeiro e, no Rio, em 7 de março (Oliveira Lima, 1908:48; O'Neil, 1809; Smith, 1839; Santos, 1981:167-8).

Embora o Rio tivesse sido a capital do Brasil por mais de 45 anos antes da chegada da corte portuguesa exilada, era, em 1808, um núcleo urbano de tamanho médio, com uma população estimada de 50-60.000 pessoas (Pizarro e Araújo, 1948:126; Luccock, 1820:41; Santos, 1981:58). A cidade fornecia um porto seguro e um conveniente ponto de escala para os veleiros que se destinavam às Índias Orientais, sul da África e Austrália (Bauss, 1981:75-6; Martins, 1998:142-3). Embora as modestas instalações do Rio tivessem, aparentemente, atendido às necessidades tanto dos habitantes brasileiros quanto dos humildes viajantes[2], foram consideradas insuficientes para a comitiva real. Ao ouvir as notícias da iminente chegada da corte ao Rio, o vice-rei – Conde dos Arcos – imediatamente tomou providências para forçar os senhorios e locatários a desocupar as melhores residências disponíveis. Ao mesmo tempo, os governadores das províncias próximas foram instruídos para que aumentassem o suprimento de provisões para a cidade (Abreu, 1996a:33).

---

* Os autores agradecem a Silvia Martins a ajuda com a tradução.

[1] O plano de evacuar a família real portuguesa para o Brasil, em caso de distúrbios na Europa, não era novo, tendo sido recomendado, a princípio, em 1580, a D. Antônio (pretendente ao trono português), durante a crise dinástica que resultou na união, sob Felipe II, das coroas de Portugal e Espanha. A tensão política com a Espanha, característica comum da história portuguesa a partir da restauração de 1640, deu ensejo a propostas similares em três outras ocasiões (Oliveira Lima, 1908:38).

[2] George Staunton (1797:154) forneceu uma simpática descrição da cidade em seu relato da viagem da embaixada britânica à China, a qual começa com as seguintes palavras: "o Rio de Janeiro dificilmente será superado devido à amplidão e segurança de seu porto, ou sua conveniência para o comércio, e a riqueza e fertilidade da região circundante."

A chegada da comitiva real portuguesa em março de 1808 e o fluxo ininterrupto de outros navios portugueses nos meses seguintes aumentaram a população do Rio em aproximadamente 15.000 pessoas, ou seja, cerca de 30% da população (Oliveira Lima, 1908:125). A família real permaneceu no Rio até 1821, quando a agitação política em Portugal provocou o seu retorno a Lisboa. Durante esse período, a sociedade brasileira sofreu uma série de notáveis transformações. Politicamente, o status do Brasil foi elevado, com a criação do "Reino Unido" com Portugal em 1815. Economicamente, esse foi um período de mudança dramática, uma vez que a produção de café iniciou sua rápida expansão, a manufatura (antes proibida pelos portugueses) começou a se desenvolver e os portos brasileiros foram abertos ao comércio exterior.

Como capital do império português entre 1808 e 1821, o Rio sentiu o efeito dessas transformações. Os limites físicos da cidade rapidamente se expandiram; a população urbana quase dobrou (Mappa, 1870:137); a economia urbana cresceu e diversificou-se; e a vida cultural da cidade sofreu mudanças significativas. Historiadores têm divergido em suas interpretações quanto ao significado desse momento para o desenvolvimento da cidade. A opinião tradicional é que esse período significa um divisor de águas na história do Rio. Mudanças materiais na paisagem urbana são, assim, representadas como sintomas da transformação de uma sociedade colonial voltada para si mesma numa sociedade capitalista moderna, associada, acima de tudo, com o refinamento dos valores culturais de sua elite (Edmundo, 1939-40). Essa visão significa que estruturas e valores arcaicos foram simplesmente substituídos por novos, impostos do exterior. Uma interpretação alternativa sugere que longe de prenunciar a transição de posto avançado colonial para uma cidade do mundo moderno, a chegada da corte portuguesa ao Rio, na verdade, fortaleceu suas tradições coloniais e assim "retardou" sua modernização (Karasch, 1985:148). Apesar de todas as diferenças evidentes, ambas as interpretações compartilham uma estrutura temporal comum, que se apoia no movimento de uma era pré-moderna/colonial para outra moderna/capitalista. Elas se fundamentam no paradigma da modernização, em que a cidade colonial é situada como um estágio de transição entre o "tradicional" e o "moderno" (ver Yeoh, 1996:4-5). Nessa narrativa teleológica de progresso, o processo de modernização iguala-se ao movimento do colonialismo ao capitalismo industrial, uma história basicamente completada pela independência do país em 1822, a abolição da escravatura em 1888 e o fim do império em 1889.

Neste trabalho, oferecemos outra perspectiva da relocação da corte portuguesa e seu significado para o desenvolvimento do Rio de Janeiro. Entre 1808 e 1821, a vida social e econômica do Rio foi governada por uma variedade de códigos sociais contraditórios, cada qual associado com um tipo específico de temporalidade (cf. Santos, M., 1994:45-6; Lepetit e Pumain, 1993)[3]. Em primeiro lugar, havia a temporalidade do próprio regime colonial brasileiro, fortemente associado a uma estrutura econômica baseada na propriedade da terra e na escravidão, que alguns autores consideram um modo de produção distinto (Gorender, 1978; Cardoso, 1980). A segunda temporalidade é associada ao *Ancien Régime* português, uma estrutura social caracterizada pelo domínio de uma nobreza ostentatória e dilapidadora, sempre em busca de privilégios, cargos públicos e favores (Godinho, 1975; Fragoso e Florentino, 1998). Mudando-se para o Brasil em 1808, essa classe trouxe consigo suas prerrogativas e gostos "refinados". A terceira temporalidade refere-se ao capitalismo

[3] Como ficará claro, o termo "temporalidade" (como foi usado no trabalho de Milton Santos, 1994, por exemplo) refere-se aos ritmos da vida social, que são congenitamente espaciais bem como temporais. Esse uso complementa o recente trabalho de Doreen Massey (1999) e de outros geógrafos anglófonos sobre a constituição espaço-temporal da sociedade.

industrial, um novo fenômeno que estava, então, associado mais de perto à Grã-Bretanha e seus esforços para ampliar os mercados consumidores de além-mar. Considerando-se o choque dessas três temporalidades simultâneas, pode-se começar a apreender o que ocorreu no Rio entre 1808 e 1821. Foi certamente mais complexo do que uma mera transição de um tempo arcaico ou tradicional para um moderno: as contradições do processo sugerem diferentemente. Durante esse período, por exemplo, as posições de colônia e metrópole foram invertidas, o absolutismo português era apoiado pelo liberalismo britânico, e uma economia de mercado desenvolveu-se lado a lado com a expansão da escravatura (Abreu, 1996a).

Além disso, queremos questionar a rotulação muito simplificada da sociedade brasileira no início do século XIX como "pré-moderna" e "fechada". Fazemos isso reexaminando duas hipóteses que justificam muitos relatos da história brasileira.[4] A primeira delas refere-se ao legado da dominação portuguesa, que seria considerada responsável – dado o isolamento da colônia em relação a outras potências europeias – pela introspecção e atraso cultural da sociedade colonial brasileira. Embora essa percepção da administração colonial portuguesa não seja completamente inexata, ela certamente não traduz toda a história. Como um porto, o Rio esteve "aberto" (ainda que ilegalmente), durante séculos, às culturas dos quatro cantos do império português, inclusive as colônias portuguesas na China e na Índia. Os costumes e as maneiras das pessoas, a arquitetura e decoração dos prédios, a mobília e a vegetação que cobria a cidade tinham traços dessas aventuras orientais.

A segunda hipótese relaciona-se à crença, tida como certa, na superioridade das mercadorias europeias e no desejo universal dos brasileiros de adquiri-las. Nas palavras de um viajante britânico contemporâneo, "o sistema colonial, que havia sido estritamente preservado até a chegada da corte, manteve o país num estado de desconhecimento de muitos dos belos artigos da manufatura britânica, agora tão avidamente comprados por todos" (Caldcleugh, 1825:53). O que Caldcleugh não menciona, entretanto, era quão restrito o mercado para bens europeus era realmente. A demanda por novidades foi satisfeita quase que inteiramente depois que os primeiros carregamentos de mercadorias foram desembarcados de navios estrangeiros, criando rapidamente um mercado superestocado (Platt, 1972:25). De fato, os europeus do norte tinham um trabalho relativamente árduo (com a ajuda da aristocracia portuguesa) para conseguir clientes permanentes. Embora seja tentador culpar o "atraso" da sociedade brasileira por essa falta de interesse, como muitos viajantes estrangeiros contemporâneos fizeram, pode-se também considerar a possibilidade de os objetos europeus não exercerem uma atração automática sobre uma sociedade (ou, pelo menos, parte dela) acostumada a consumir diferentes tipos de produtos (cf. Thomas, 1991:205-6). Durante séculos, a diminuta elite brasileira havia sido bem aprovisionada com tecidos indianos e porcelana chinesa e, no final do século XVIII, os produtos britânicos já estavam expostos nos mercados da cidade. A fim de que esse tipo de comércio pudesse ser lucrativo para os capitalistas europeus, entretanto, a quantidade de consumidores para mercadorias europeias importadas teria que ser expandida. Na verdade, novos gostos e manias deveriam ser introduzidos. Se se quiser entender como modernidades diferentes tomaram forma através do globo, a autonomia relativa das sociedades locais tem que ser levada em consideração.

Neste trabalho, focalizamos a dinâmica espacial da vida no Rio durante o período de treze anos no qual foi capital do império português – uma "cidade imperial" nas colônias. Como Mary Karasch

---

[4] Típica é a afirmação de Alan Manchester (1933:72) sobre o Rio nesse período: "O contato com o mundo exterior acordou a tórpida colônia: novas pessoas, novo capital, e novas ideias entraram".

(1985:129) afirma, a situação do Rio era única: "seria a única cidade colonial a confrontar seus senhores com a desconfortável realidade de três séculos de regime colonial". Mesmo que outras cidades coloniais, como Calcutá, Sydney ou Cairo, possam ter tido aspirações imperiais, elas próprias nunca assumiram o papel de metrópoles imperiais. Nosso objetivo no que se segue é entender esse momento particular de transformação urbana como um produto da interseção de processos globais – redes de comércio global, escravidão e capitalismo industrial. Porém, mais do que retratar a geografia histórica da cidade como um espaço passivo para a conquista e expansão da Europa do norte, avaliamos até que ponto o dinamismo de sua vida relativamente autônoma foi modelado por uma distinta geografia da globalização local (cf. Ogborn, 2000:67). Nesse processo, consideraremos as implicações da provocativa afirmação de Anthony King, de que "a modernidade não nasceu em Paris, mas sim no Rio" (King, 1991a:8).

2. Paradoxos da modernidade

Como podemos dar sentido ao Rio de Janeiro "imperial", uma cidade colonial que se tornou capital metropolitana, onde o liberalismo britânico apoiou o absolutismo português e uma economia de mercado estava sendo consolidada simultaneamente com a manutenção da escravidão? Tal combinação de circunstâncias parece quase ininteligível, se entendida a partir de relatos não-espacializados da modernidade, que tendem a ocultar as relações do "centro" – o Ocidente – com o resto do mundo (Featherstone, 1995:147). Estudos recentes sobre o papel do império na formação da metrópole europeia enfatizam as complexas geografias de encontros e trocas culturais, que são características da modernidade (cf. King, 1990; Jacobs, 1996; Driver e Gilbert, 1999). Além disso, como diz Hardman (2000:69), "novas perspectivas têm enfatizado a permanência, em longo prazo, do antigo sistema e a inércia e resistência dessas sociedades [europeias] àqueles movimentos que são peculiares à modernidade".

O relacionamento problemático entre escravatura e modernidade é um caso a ser considerado. Em recente entrevista sobre o trabalho de C.R.L. James sobre a revolução haitiana, Stuart Hall chamou a atenção para a concepção de James sobre a escravidão no Caribe como parte integral da modernidade global. Como Hall enfatiza, a conquista de James foi mostrar que

> "...a escravidão não funciona como uma espécie de remanescente arcaico, pertencente a uma idade anterior, que, de alguma forma, a modernidade capitalista não conseguiu abolir – por ser insuficientemente racional, ou insuficientemente moderna. Longe disso. São exatamente as mais arcaicas relações sociais que são preservadas no sistema moderno." (Hall e Schwartz, 1998:23)

Segundo Hall, o ponto-chave do argumento de James é a percepção de que "a história da modernidade revoluciona <u>tudo</u>". Enquanto no Caribe esse processo levou a uma situação revolucionária, no Brasil teve consequências diversas: na Bahia, por exemplo, houve uma série de rebeliões populares (até certo ponto inspiradas pela revolução haitiana), notavelmente a revolta Malês[5], em Salvador (Reis, 1988:87). Em contraste, a própria resistência de escravos no Rio era mais individualizada, principalmente tomando a forma de violência pessoal, incêndios criminosos e roubos, em vez de ser uma ação coletiva organizada. Isso tornou a vida dos senhores de escravos da cidade uma batalha diária com os seus escravos. Como Mary Karasch (1987:325-6) aponta, a

---

[5] Referente a muçulmanos que falam árabe.

fim de se entender o caráter da revolta de escravos, no Rio, no início do século XIX, temos que considerar as origens culturais da população escrava (que eram diferentes daquelas do povo da Bahia), bem como as particularidades das redes sociais e políticas dentro da cidade imperial. O que é importante, no atual contexto, é que os povos africanos escravizados não mais podiam confiar em suas prévias maneiras de entender o mundo. Oficialmente, na verdade, eles não podiam nem mesmo lamentar suas perdas. A fim de sobreviver (e muitos pereceram; ver Karasch, 1987:92-110), eles tinham que estar ativamente engajados em criar a sua cultura mais uma vez, o que é, em si própria, uma atitude marcadamente moderna. Isso não significa que eles abandonaram inteiramente suas antigas tradições; eles, criativamente, as transformaram e adaptaram a fim de sobreviver numa situação nova[6].

Narrativas eurocêntricas do "desdobramento" da modernidade caracteristicamente ocluem as espacialidades inter-relacionadas que são parte essencial do processo de modernização. A crescente literatura sobre pós-colonialismo, entretanto, convidou-nos a repensar as espacialidades tanto do império quanto do urbanismo. Como Driver e Gilbert (1998:13) argumentam,

> "Nos encoraja a considerar as maneiras como a experiência da modernidade na Europa refletiu ou representou o encontro europeu com o mundo além. A experiência imperial ajudou a moldar as paisagens econômica, social, política e cultural dos próprios poderes imperiais, e não apenas aquelas dos países que colonizaram."

As culturas consumistas que floresceram nas modernas cidades europeias, tais como Londres do século XVIII ou Paris do século XIX, dependeram do afluxo de mercadorias, artigos exóticos, informação e pessoas de várias partes do mundo (Featherstone, 1995:151). Algodão, açúcar e café – para mencionar somente algumas das exportações brasileiras que se tornaram parte da vida moderna europeia – eram quase que totalmente produzidos pelo trabalho escravo. Ao mesmo tempo, os abolicionistas europeus insistiam em que os códigos morais metropolitanos eram diferentes dos seus contrapartes coloniais e superiores a eles. Como Françoise Vergès (1999:5) nos relembra, embora os senhores de escravos nas colônias frequentemente tivessem uma recepção cordial na França ou na Inglaterra, era melhor acusá-los do que refletir sobre o lugar da escravidão no coração da Europa:

> "Era melhor afirmar que a escravidão ocorria em lugares distantes onde o comportamento "civilizado" era esquecido. A escravidão corrompia senhores e escravos, arguíam os abolicionistas, e a abolição evitaria que a corrupção invadisse o corpo da República. A denúncia da escravidão era a *mise-em-scène* da batalha entre a virtude (a metrópole) e a corrupção (a colônia)."

A purificação do centro também envolvia a purificação de sua história: não é, portanto, coincidência que os intelectuais europeus do século XIX estivessem também reescrevendo seu próprio passado, mais notadamente através da ideia de "Renascença" como uma época histórica. O período da Renascença, como Jerry Brotton (1997:47-8) afirma, estava associado a clássicos "ideais de pureza, integridade, indagação desinteressada e humanitarismo" que incluíam uma "percepção predominantemente rejeitada do império marítimo português... com suas confusas,

[6] Aqui se faz necessário colocar as tradições num contexto: a maioria dos escravos no Rio veio do centro-oeste da África. Como Karasch aponta, durante séculos eles tinham lidado com diversidade étnica, desenvolveram tradições religiosas comuns e partilharam formas culturais: essas habilidades também seriam empregadas no Brasil.

híbridas histórias de trocas comerciais, culturais e sexuais com diferentes culturas". Em particular, o desenvolvimento do tráfico escravo da África ocidental no século XVI foi considerado como um "mais do que intragável aspecto do desenvolvimento do império português" em vez do que ele na realidade era – o modelo do nascente comércio de escravos que se tornou "primordial para a economia em desenvolvimento da nova Europa moderna" (Brotton, 1997:47). Como Vergès enfatiza, a escravidão "havia sido o primeiro sistema econômico em uma ordem global. Ela moldou as relações entre seres humanos; definiu as maneiras pelas quais o trabalho manual, status social e riqueza eram vistos. Globalização significava a deportação e a venda de seres humanos".

Uma assertiva comum na literatura recente sobre globalização e pós-modernidade é que "nós" estamos agora vivendo em um mundo globalizado onde "a humanidade disse adeus a esse mundo que poderia, com alguma credibilidade, ser visto como um mosaico cultural, de peças separadas, com arestas resistentes e bem definidas" (Hannerz, 1991:107). Se tal mundo ordenado alguma vez existiu, foi dentro das fronteiras da Europa hegemônica ou, mais provavelmente, nas estruturas imaginárias da teoria social europeia. Como Mike Featherstone (1995:131) argumenta,

> "...esta imagem de uma comunidade tradicional com seu alto nível de integração normativa e ordem [e nós acrescentaríamos, de limites bem definidos], que tem sido tão influente na construção da imagem da sociedade é, naturalmente, grandemente nostálgica. Sua visão de harmonia anterior e simplicidade apresenta um quadro de queda em desgraça que ressoa com a popularidade das descrições da infância como uma fase de inocência perdida que tornou-se popular no despertar do Movimento Romântico do século XIX. Ela reduziu as sociedades pré-modernas ao achatamento e imobilidade. Que as unidades sociais podem estar aptas a existir, sem um alto nível de integração normativa, mal é considerado."

A ênfase na novidade da experiência de deslocamento e hibridismo que se encontra em pronunciamentos contemporâneos sobre a condição pós-moderna reflete, em parte, a contínua influência de tal assertiva sobre a pureza e a falta de limites de "comunidades tradicionais". A experiência da mudança cultural rápida e da troca associadas, na Europa e América do Norte, com a pós-modernidade, tem uma ressonância para os povos do resto do mundo, colonizados pelo Ocidente (Morley e Robins, 1995:217; Schwarz, 1999:269). Na verdade, a partir de uma perspectiva "global", a experiência norte-europeia é a exceção, não a norma: como as geografias históricas de cidades coloniais tais como Delhi (King, 1976) e Cingapura (Yeoh, 1996) atestam, as relações espaciais que constituíram a experiência de outros lugares e regiões são múltiplas e complexas. Conforme Doreen Massey (1999:281) afirma, um "reconhecimento espacial (em vez de temporal) da diferença, em contraste, reconheceria que o 'Sul' poderia não só estar nos [o Norte] seguindo mas poderia ter sua própria história para contar".

A exposição, a seguir, da geografia histórica do Rio do início do século XIX pretende ser uma contribuição para a compreensão de tal versão.

3. O Rio de Janeiro e a geografia do comércio global

As transformações do Rio de Janeiro depois de 1808 necessitam, primeiramente, ser colocadas no contexto mais amplo do desenvolvimento do comércio marítimo em uma escala global. Como Platt (1972:24-5) aponta, em relação aos mercados latino-americanos,

> "...é crença geral que os mercados latino-americanos eram novos e não testados, que eles eram explorados por um grupo de ignorantes, e que eram continuamente inundados por todo tipo de manufaturados britânicos desde o dia em que os portos foram abertos ao comércio do norte europeu. Mas havia, na verdade, uma larga experiência dos mercados latino-americanos que remontava, em escala substancial, ao final do século XVII: vários comerciantes que abriram filiais no Brasil ou nas Repúblicas depois de 1808 eram as mesmas pessoas que haviam conduzido o comércio através das Índias Ocidentais, Espanha ou Portugal durante o período colonial; a resposta inicial aos mercados da América Latina independente deveria ser descrita mais como uma interrupção dos padrões tradicionais de comércio, a serem reinstalados numa escala ligeiramente expandida depois que o entusiasmo houvesse diminuído."

O Rio de Janeiro gozava uma situação particularmente favorável, dado seu papel estabelecido como um porto de escala para navios europeus em rotas transatlânticas. O pronto acesso às instalações do porto contribuiu para o avanço dos interesses britânicos na Índia assim como para a proteção das rotas comerciais em direção a Calcutá, Bombaim e Cantão (Bauss, 1981:75). A viagem de navegação do Rio à Cidade do Cabo durava de 30 a 50 dias; até a Índia, de 105 a 150 dias; à China, de 120 a 180 dias; e à Austrália de 70 a 90 dias (Bauss, 1981:79). Esse esquema de rotas de navegação, em função do vento e dos padrões de correntes encontrados no Atlântico Sul, foi originalmente estabelecido por navegantes portugueses (Martins, 1998:142-3).

Entretanto, o papel do Rio como porto de escala para os navios britânicos não foi mero resultado de ventos e correntes marítimas favoráveis. Do final do século XVIII ao início do século XIX, o comércio britânico expandiu-se rapidamente através do globo. Relações mais próximas com Portugal favoreciam comerciantes, expedidores, industriais e o almirantado britânicos. Os direitos à utilização dos portos brasileiros do Rio de Janeiro, Salvador e Recife haviam sido assegurados aos britânicos nos tratados anglo-lusitanos do século XVII (Bauss, 1979). No final do século XVIII, a extensão da influência comercial das colônias portuguesas atraía, cada vez mais, a atenção britânica, especialmente devido às dificuldades no relacionamento com a Espanha e a América espanhola (Graham e Humphreys, 1962: xxvi). Além disso, a abertura dos portos de Goa, Diu e Damão (na atual Índia) ao comércio europeu, decretada nos tratados portugueses de 1783 e 1788, permitiu que negociantes britânicos transportassem produtos asiáticos em naus portuguesas da Índia para Lisboa. Os mercados do Brasil, da África portuguesa e da Europa eram, assim, supridos com tecidos e especiarias da Índia, bem como com porcelana e chá da China (Bauss, 1981:78). As próprias mercadorias britânicas circulavam nos mercados do Rio no final do século XVIII, como Staunton (1797:157) registrou: "as lojas do Rio estavam repletas de manufaturados de Manchester e de outros produtos britânicos, inclusive de gravuras inglesas, tanto sérias como caricaturas".

Os portos do império português também tinham importância estratégica para os britânicos. Na China e na Índia eles ajudaram os britânicos a frustrar planos franceses. A colonização da Austrália também se beneficiou do suporte logístico fornecido pelos portos brasileiros, particularmente pelo do Rio de Janeiro. Em 1808, o ano da chegada da corte portuguesa, o Rio tornou-se sede do quartel-general da base sul-americana da Marinha Real Britânica. Nas costas da América do Sul, a principal atribuição da Marinha Real era proteger a navegação britânica contra interferências tanto de governos soberanos como de piratas. A Marinha deveria, também, participar da campanha contra o tráfico de escravos (Bauss, 1981:78; Martins, 1998:142-3). Mas o ponto principal aqui é que, enquanto o papel do Rio na rede global de comércio e poder certamente se intensificou nas primeiras décadas do século XIX, as origens desse papel remontam, pelo menos, ao século XVII.

A segunda rede marítima na qual o Rio teve importante papel é relacionada ao movimento de pessoas e investimento ligado ao tráfico de escravos. Desde o final do século XVIII, o Rio havia se tornado o mais importante porto de escravos do Brasil (Curtin, 1969:240-1). O tráfico de escravos do Atlântico causou um impacto estrutural na vida econômica e social tanto na África quanto nas Américas. Na África, cativos obtidos através de conflito militar eram a maior fonte de suprimento de escravos. O desenvolvimento do tráfico refletiu, e reproduziu, a influência política e econômica de alguns grupos africanos sobre outros. Havia também uma crescente demanda por trabalho escravo no próprio continente africano, a qual transformou a escravidão de uma atividade doméstica tradicional em um crescente empreendimento comercial (Florentino, 1997:102-3). Enquanto isso, no Brasil – e, particularmente, no Rio de Janeiro – havia uma duradoura acomodação entre a elite mercantil e os comerciantes de escravos mais poderosos. Não poderia ser de outra maneira: além dos altos riscos de qualquer aventura transatlântica, o tráfico de escravos também exigia grande investimento de capital inicial. Havendo estendido sua influência social e econômica através de alianças familiares e sociais, os mercadores de escravos ocupavam posições proeminentes no governo, gozando de privilégios políticos (Florentino, 1997:204-208).

Examinando cuidadosamente os arquivos do comércio de escravos no Rio, Florentino (1997) chama a nossa atenção para relações espaciais particulares de uma economia colonial, focalizada simultaneamente nos mercados europeus e nos portos africanos. Em vez de mover-se através de alguma sequência de "estágios", de pré-capitalista a capitalista, ou de arcaica para moderna, a economia urbana do Rio estava articulada a uma rede de economias e sociedades que atravessava o Atlântico (Figura 1). A chegada da família real, em 1808, acrescentou um elemento novo a esse já complexo conjunto de relações econômicas, sociais e culturais.

Figura 1

O RIO DE JANEIRO E AS ROTAS MARÍTIMAS

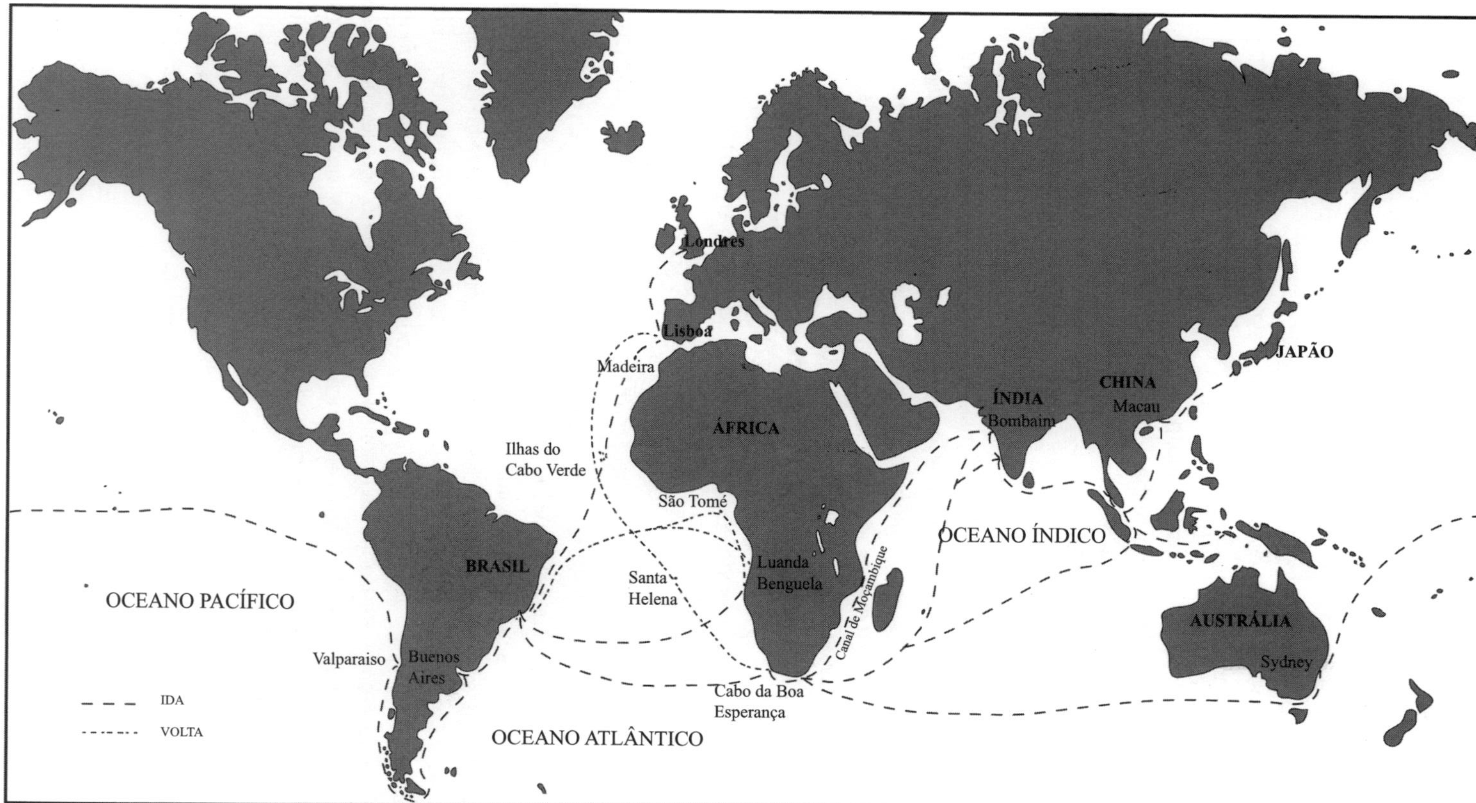

Fontes: C.J. Bartlett. *Great Britain and Sea-Power, 1815-1853* (Oxford: Clarendon, 1963)
M. Florentino. *Em Costas Negras* (São Paulo: Companhia das Letras, 1997)
A.J.R. Russell-Wood. *A World on the Move: The Portuguese in Africa, Asia, and America, 1415-1808* (Manchester: Carcanet/Calouste Gulbenkian Foundation, 1992)

4. Rio, 1808: a família real encontra sua colônia

Tendo chegado ao Rio de Janeiro, em março de 1808, o Príncipe Regente imediatamente se defrontou com vários problemas da maior importância: era necessário reestabelecer, de imediato, a burocracia real, lidar com a difícil situação de Portugal e reorganizar, de sua nova capital no Atlântico Sul, a administração de todo o império (Oliveira Lima, 1908). Era, também, imperativo considerar como a cidade poderia funcionar como a nova sede da corte, o que não era uma tarefa simples: embora o Rio fosse um porto comercial modesto, relativamente bem equipado para atividades de importação-exportação, faltava-lhe a infraestrutura social e material de uma capital europeia.

Segundo muitos visitantes da cidade, no século XVIII o Rio colonial era um lugar de contrastes. Emoldurado por imponentes montanhas cobertas por florestas tropicais, a cidade localizava-se à margem de uma baía extensa e abrigada, limitada a oeste por um imenso manguezal. A compacidade urbana contrastava vivamente com a vastidão do entorno. Tais contrastes propiciavam ao visitante as primeiras impressões surpreendentes: a exuberância natural oferecia um claro contraponto para o ambiente urbano nada espetacular[7]. Em primeiro lugar, o Rio era uma cidade quase completamente dependente da sua população africana – a maioria escravizada, poucos libertos. Era desse contingente que provinha a maior parte dos pedreiros, vendedores ambulantes, carregadores de lixo, acendedores de lampiões, lixeiros, empregados domésticos, jardineiros, concubinas, vaqueiros, caçadores, pescadores, carregadores, estivadores, arrieiros, marinheiros, artesãos, músicos e artistas (Karasch, 1987:185-213). Embora os escravos fossem ubíquos, era nas ruas, praças e mercados da cidade que eles tinham uma oportunidade de se socializar com seus pares bem como de ganhar a vida mascateando grãos e gêneros alimentícios (Karasch, 1987:58). A presença de escravos na cidade simplesmente não podia ser ignorada; na verdade, dado o número absoluto de negros africanos, os visitantes europeus frequentemente comparavam a chegada ao Rio com o desembarque em costas africanas. O pequeno número de brancos encontrado nas ruas incluía policiais, responsáveis pelo controle do espaço urbano da escravidão; mulheres brancas da elite local raramente eram vistas.

A paisagem urbana do Rio tinha muitas características de uma típica cidade colonial portuguesa. Embora lhe faltasse um plano viário rígido, em contraste com a cidade colonial espanhola, sua morfologia urbana estava longe de ser inteiramente irregular (Abreu, 1996b). Ainda que diferentes funções urbanas estivessem espalhadas pela cidade, era na rua Direita, principal artéria da urbe, que se concentrava o comércio importador-exportador, motor da economia urbana. Seguindo uma tradição medieval portuguesa, os artesãos (ou, pelo menos, aqueles que eram autorizados por Portugal a exercer atividades na colônia) localizavam-se no coração da cidade, em ruas que eram, consequentemente, nomeadas em função de seus ofícios, um traço comumente percebido por visitantes estrangeiros[8]. A compacidade da forma da cidade era função de uma variedade de fatores, incluindo a necessidade de defesa contra invasores, a existência de extensos manguezais

[7] Expressões de desagrado em relação à cidade do Rio e de deleite quanto ao seu entorno natural eram uma resposta comum entre os viajantes europeus no Brasil. Para um relato das primeiras impressões de Charles Darwin sobre a cidade durante a viagem do Beagle, ver Martins (2000).

[8] Os relatos a seguir são sugestivos: "há um costume aqui, que parece merecer ser imitado em todos os locais de comércio e negócios, de que todas as pessoas da mesma profissão ocupam a mesma rua ou distrito; e um desvio dessa regra raramente é visto nesta cidade" (Anderson, 1795:20); "Aqui artesãos e comerciantes conduzem seus negócios em diferentes partes da cidade, determinadas ruas sendo reservadas para comércios específicos: aqui você encontrará uma rua inteira de armeiros, outra de alfaiates, uma terceira de carpinteiros etc." (Barrington, 1796:31-2).

na periferia imediata, o estado precário das estradas e, finalmente, a falta de qualquer sistema de transporte público (Figura 2). Somente os habitantes mais ricos podiam se dar o luxo de adquirir chácaras nos arredores da cidade, normalmente utilizadas como residências de veraneio.

Figura 2

PLANTA DA CIDADE DO RIO DE JANEIRO, cf. 1808, PUBLICADA EM 1817

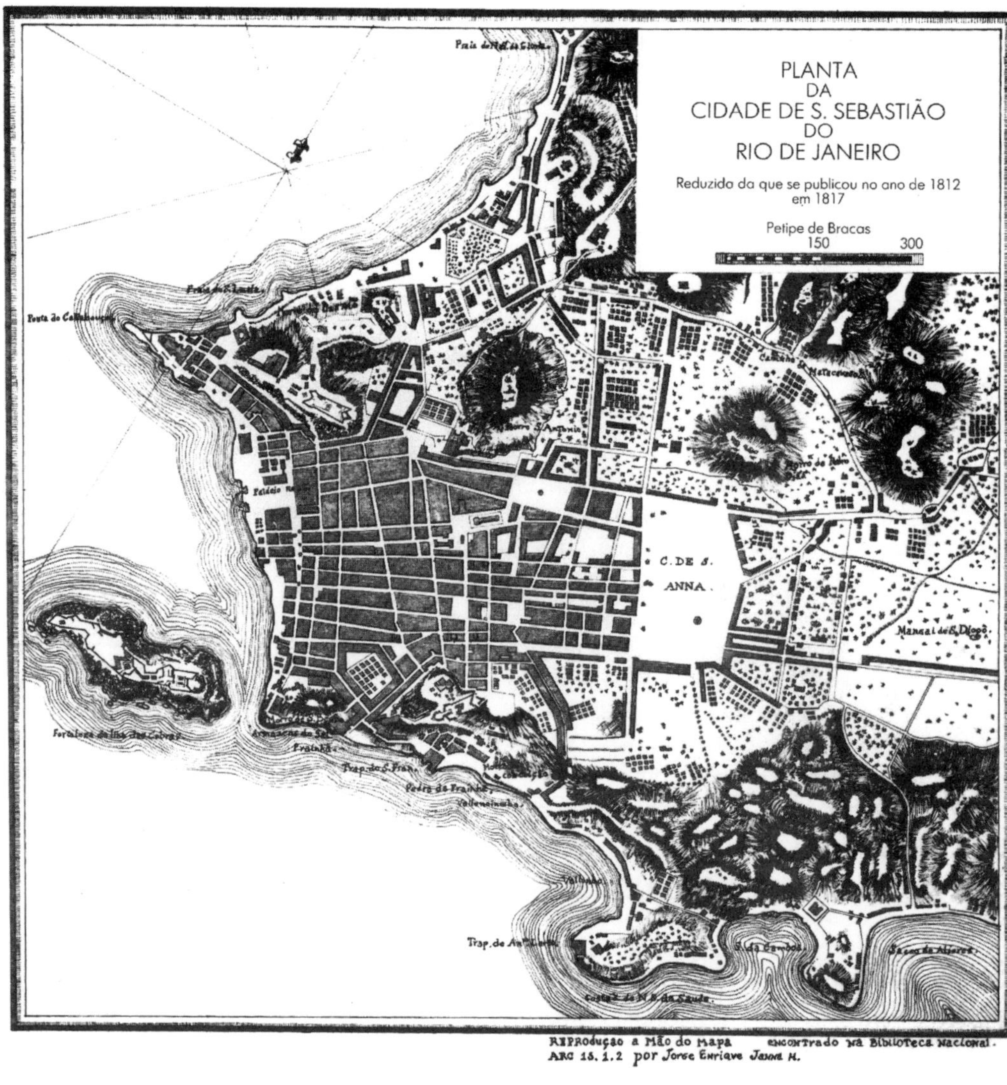

(Reproduzida de ABREU, M. A. *Evolução Urbana do Rio de Janeiro*. Rio de Janeiro: IplanRio/Jorge Zahar, 1987).

O meio ambiente construído tinha uma aparência bastante indiferenciada antes da chegada da corte, em 1808. Com exceção do palácio do vice-rei, dos mosteiros e de alguns templos religiosos, a grande maioria dos prédios era muito similar. As distinções, quando havia, podiam ser encontradas no número de andares (os mais altos eram os mais próximos do porto) e no material empregado (que seguia uma escala descendente de pedra e cal, usados pela população mais rica, a taipa de mão, taipa de pilão, e finalmente, pau-a-pique e argamassa). Oratórios eram encontrados em praticamente todas as esquinas e serviam como úteis pontos de referência para os habitantes da cidade. Os visitantes frequentemente comentavam sobre a presença de gelosias, vestígios das cidades mouras transplantados para os trópicos, que separavam o espaço público do privado e permitiam que as mulheres confinadas vislumbrassem a vida da cidade sem serem vistas (Algranti, 1997:97-8).

Além do Passeio Público, um elemento "moderno" introduzido pelo vice-rei Luís de Vasconcelos no final do século XVIII em uma lagoa aterrada, não havia outros parques públicos no Rio de Janeiro. O Passeio Público propiciava um conveniente abrigo do sol forte; lá, maracujás brasileiros eram combinados com árvores asiáticas (tais como manga, jaca, e jambo), juntamente com *flamboyants* de Madagascar, compondo uma típica vista "tropical". Além disso, nas extremidades do terraço, com vista para a baía, havia dois pavilhões adornados com painéis decorativos representando vistas do porto, trabalhos com conchas retratando a flora e a fauna nativas, e pinturas dos principais produtos do país (Cruls, 1965:194-207; Staunton, 1797: 162-4; Santos, A. M., 1994:132). O padrão das composições das vistas do porto, atribuídas ao pintor brasileiro Leandro Joaquim, atestam a influência dos gostos orientais na sociedade brasileira. Como A. M. Santos (1994:138-140) apontou, doze lojas chinesas já estavam estabelecidas no Rio no final do século XVIII.

Contrastando com a verdejante paisagem ao redor, havia poucas árvores na cidade. Muitas ruas eram pavimentadas e a iluminação pública com óleo de baleia começava a ser empregada nas vias principais O suprimento de água, entretanto, era precário, uma vez que a cidade dependia apenas de uma fonte (Staunton, 1797:156; Abreu, 1992). O saneamento era deficiente: ignorando regulamentações municipais, os habitantes habitualmente jogavam os detritos nas ruas e no mar. Como as valas de drenagem estavam constantemente obstruídas, enchentes eram um acontecimento comum, especialmente nos meses de verão (Karasch, 1987:129). A pouco sofisticada infraestrutura era apenas um dos problemas que afligiam a recém-chegada corte, em 1808.

Precisamos, agora, considerar em que medida a chegada da corte produziu mudanças fundamentais na paisagem e na sociedade cariocas.

5. Um lugar; um tempo; múltiplas temporalidades

É geralmente aceito, conforme já salientamos anteriormente neste trabalho, que, após a chegada da corte ao Rio, a população da cidade tenha aumentado em cerca de 15.000 pessoas, um acréscimo de mais de um terço (Oliveira Lima, 1908:195; mas veja Cavalcanti, 1997). Esse súbito incremento demográfico teve o efeito de intensificar a colisão de temporalidades, isto é, os contraditórios ritmos espaciais e temporais que caracterizavam o Rio do início do século XIX, acelerando, em particular, a necessidade de intervenção urbana.

A primeira e mais imediata crise foi no setor de habitação. Tendo menos de dois meses para transformar um porto comercial na sede da corte real, o vice-rei não tinha outra opção senão improvisar. O pequeno palácio que havia abrigado os escritórios da administração colonial foi então interligado ao fronteiro Convento Carmelita, e todo o complexo foi transformado na nova residência real. A fim de acomodar a nobreza e seus servos, diversos prédios foram requisitados, incluindo conventos, mosteiros, hospitais, sacristias e até a prisão. Simultaneamente, a instituição medieval da aposentadoria foi revivida, uma medida que permitiu que os cortesãos obtivessem a posse das melhores residências da cidade[9].

A demanda por acomodações gerou duas respostas. A primeira reação, originada entre os habitantes locais, foi defensiva. Cientes da possibilidade de terem suas residências confiscadas pela população recém-chegada, os antigos habitantes praticamente pararam de construir novas casas e deixaram semiacabadas as que estavam em construção. Consequentemente, a densidade populacional aumentou, juntamente com o preço dos aluguéis. A segunda resposta, por outro lado, originou-se dos recém-chegados mais ricos. Quando ficou claro que a estada da corte no Rio seria mais longa do que se esperava, eles começaram a investir pesadamente na construção de residências melhores, mais apropriadas às suas necessidades e demandas sofisticadas. Influenciados por novas práticas urbanas, como no caso da Delhi do início do século XIX (cf. King, 1976: 94), suas residências foram construídas longe do velho e congestionado centro urbano, nos subúrbios mais saudáveis e menos densamente povoados (notadamente Glória, Botafogo, Catumbi e São Cristóvão). Isso iniciou um processo de descentralização das classes mais abastadas da cidade, o qual se cristalizaria a partir dos anos 1840, com a introdução dos primeiros sistemas de transporte urbano.

Os efeitos do incremento populacional não se limitaram ao setor residencial. O súbito aumento da demanda por prédios comerciais, notadamente pelos comerciantes britânicos, mais do que dobrou o preço dos aluguéis nas principais artérias da cidade, tornando, assim, quase impossível para os comerciantes locais permanecerem nessas localizações privilegiadas (Biblioteca Nacional, 1808). A competição com estrangeiros, entretanto, não estava restrita a decisões locacionais intraurbanas. A abertura dos portos do Brasil a navios estrangeiros (especialmente britânicos), em 1808, levou a um estancamento quase total do tráfego comercial sob bandeira portuguesa. Com pouca indústria própria, Portugal extraía a maioria de seus lucros comerciais no Brasil de taxas e comissões impostos ao comércio, das atividades de frete e de seu papel monopolista de entreposto comercial entre a colônia e outros países europeus (Oliveira Lima, 1908:192). Com a abolição desses direitos metropolitanos, navios de todas as nações (os franceses inicialmente excluídos) puderam estabelecer comércio diretamente com o Brasil, e isso causou profundos impactos sobre os fluxos comerciais anteriores. Em 1810, com a assinatura do Tratado de Comércio e Navegação com a Grã-Bretanha, mesmo os interesses portugueses no Brasil tornaram-se secundários em relação aos dos britânicos, uma vez que as tarifas agora impostas às mercadorias britânicas eram menores do que as que incidiam sobre as mercadorias importadas de Portugal. Como Oliveira Lima (1908:382) apontou, houve uma diminuição substancial no número de navios portugueses entrando no porto do Rio – de 1214 navios em 1810 para 212 em 1820. Considerado pelo Conde de Palmela, um diplomata português, como "o mais injurioso e mais desigual já assinado entre duas na-

[9] A aposentadoria podia ser ativa ou passiva. A primeira referia-se aos direitos aristocráticos de tomar posse legal de propriedade pertencente a terceiros, incluindo não só prédios mas também carruagens, artigos de luxo, e mesmo escravos. A última referia-se aos direitos que certos indivíduos ou instituições conservavam de manter propriedade ou mercadorias custodiadas por aqueles que possuíam o privilégio da aposentadoria ativa. No Rio, por exemplo, esse direito era concedido à Santa Casa de Misericórdia, após numerosas queixas ao Príncipe Regente: eles alegavam que o confisco de seus bens diminuía sua renda. A prática de confiscar prédios para a acomodação da nobreza somente foi abolida pelo Príncipe Regente, em 1818 (cf. Fazenda, 1923:42).

ções independentes" (*apud* Oliveira Lima, 1908:380), o Tratado de 1810 foi o preço pago pelo apoio britânico à preservação da dinastia Bragança (Manchester, 1933:92).

O crescimento do comércio transformou o Rio numa movimentada cidade comercial cuja influência estendeu-se sobre grande parte do território brasileiro. Comentando a complexa rede de relações comerciais que haviam encontrado na cidade, os naturalistas bávaros von Spix e von Martius (1824:182-5)[10] afirmaram que a "importação de produtos e manufaturas europeus pelo Rio de Janeiro estende-se a todas as carências humanas imagináveis", um ponto que eles ilustraram enumerando todos os produtos importados – de salsichas e sedas a escravos – dos quatro cantos do mundo. Na verdade, no que se referia às colônias portuguesas na África e na Ásia, o Rio havia assumido o papel outrora representado por Lisboa. Todo o comércio português com a China e a Índia, por exemplo, estava centralizado na cidade, de onde as mercadorias eram reexportadas para a capital imperial anterior, para outros portos europeus e também para o resto da América (Oliveira Lima, 1908:366). No despertar desses desenvolvimentos comerciais, foi fundado o Banco do Brasil, companhias de seguro fizeram sua entrada no palco, novos armazéns e silos foram construídos próximo ao porto e as atividades da alfândega alcançaram uma escala operacional sem precedentes. A cidade também tornou-se mais cosmopolita. Além dos embaixadores acreditados, representantes estrangeiros, e dos 24.000 cidadãos portugueses que von Spix e von Martius (1824:143-7) estimaram haver chegado ao Rio entre 1808 e 1817, vários outros trabalhadores, de nacionalidades diversas, foram encorajados a instalarem-se na cidade, incluindo mecânicos e construtores de navios ingleses, serralheiros suecos, engenheiros alemães, artistas e operários de fábrica franceses.

A abertura da economia e o correspondente aumento na competição também afetaram a estrutura do setor industrial. Restrições à produção local estavam em vigor desde 1785, quando o governo de Lisboa proibiu o desenvolvimento de manufaturas no Brasil, a fim de proteger os industriais e comerciantes da metrópole. Consequentemente, e com exceção do estaleiro naval, toda a produção manufatureira existente na cidade antes da chegada da corte estava nas mãos de um limitado número de corporações de ofício, sendo as mais importantes as de sapateiros, alfaiates, carpinteiros, tanoeiros, pedreiros, e, até que foi proibida de trabalhar na cidade, em 1766, para evitar contrabandos, também a dos ourives. A abertura da economia brasileira a fornecedores estrangeiros em 1808 não só pôs fim a essa situação como deu ensejo a uma série de paradoxos econômicos.

Por um lado, restrições à manufatura foram abolidas por Decreto Real e alguns passos foram dados para promover o desenvolvimento da indústria local, incluindo a fundação do Colégio Real das Fábricas e a abertura de uma manufatura de tecidos pelo próprio Estado. O primeiro, criado para apoiar artesãos portugueses recém-chegados, cujas lojas haviam sido destruídas pelo exército francês invasor, pretendia ser um centro de treinamento industrial e de desenvolvimento de técnicas produtivas, especialmente em têxteis: teares e outros equipamentos foram importados de Portugal com esse objetivo (Silva, 1975:111-4; Belchior, 1993). Entretanto, ambas as iniciativas tiveram pouco sucesso. O fracasso do Real Colégio das Fábricas foi eventualmente selado quando o prédio que ele ocupava ao sopé do Morro do Castelo foi destruído por um deslizamento de terra. Embora a fábrica de tecidos fosse mais bem-sucedida, caminhava na contramão do tempo e mesclava uma grande força de trabalho escrava a poucos mestres artesãos livres. Condenada por sua ineficiência econômica, a fábrica foi obrigada a fechar em 1822, corroída pela competição ultramarina e por uma péssima administração (Biblioteca Nacional, 1822).

---

[10] Von Spix e von Martius eram membros da missão científica que acompanhou a Arquiduquesa Leopoldina da Áustria na sua viagem ao Brasil em 1817, para casar-se com D. Pedro, herdeiro do trono.

Por outro lado, incentivos (sobretudo aduaneiros) foram dados a uma variedade de empresas manufatureiras privadas, produtoras de tecidos a papel, de chapéus a bebidas, resultando daí o surgimento de inúmeras fabriquetas na paisagem urbana. Formações econômicas híbridas, essas fábricas fundiam a estrutura corporativa artesã com os trabalhos escravo e assalariado e, em alguns casos, mesclavam também o trabalho na fábrica com o trabalho em domicílio (Andrade, 1980). Mesmo com proteção governamental, entretanto, muitas delas não conseguiram competir com importações estrangeiras e fecharam após alguns anos no negócio. Essa competição acabou também por afetar as antigas corporações de ofício. A despeito da contínua pressão que exerceram sobre o governo para impor maiores barreiras tarifárias à importação de mercadorias estrangeiras, notadamente os sapateiros (Biblioteca Nacional, 1821), as corporações não conseguiram modificar essa situação desfavorável e foram finalmente extintas por um decreto governamental, em 1824.

A rápida transformação da colônia também criou problemas para o relacionamento entre portugueses e brasileiros. Um deles foi o de prover empregos e privilégios suficientes para os que haviam acompanhado o soberano ao Rio. Não só a corte tinha que ser provida de auxiliares, mas os nobres precisavam receber aquilo a que tinham direito e os funcionários públicos pleiteavam a manutenção de seus cargos (Armitage, 1836:14-7). Como resultado, o Rio de Janeiro rapidamente adquiriu uma máquina governamental exagerada, cujo número Luccock (1820:41) estimou em mil servidores públicos e outros mil dependentes da corte. Essa estrutura burocrática foi descrita por Silva (1975:18) como um "autêntico labirinto" e nela as relações entre a nobreza portuguesa recém-chegada e a elite brasileira existente estavam longe de ser fáceis. Por um lado, a decisão do Príncipe Regente de criar um departamento de polícia responsável pelas obras públicas, sob o controle direto do governo real provocou tensões com as autoridades governamentais do município, que se sentiram excluídas das decisões de política urbanística (Macedo, 1956). Diferenças entre portugueses e brasileiros também passaram a ser frequentemente definidas em bases de linhagens e raças, criando atritos. Como Karasch (1985:143) aponta,

> "Embora muitas famílias brasileiras admitissem ter remotos ancestrais africanos ou indígenas, elas eram consideradas brancas pelas normas da sociedade carioca. Quando a nobreza portuguesa chegou, ela adicionou uma nova dimensão à ênfase na ancestralidade e passou a reclamar precedência em cargos públicos em relação à elite brasileira devido ao seu nascimento português nobre e à cor branca. Na verdade, muitos portugueses, fossem nobres ou funcionários, tratavam a elite brasileira como gente de cor e discriminavam-na. Quando os nobres voltaram a Portugal, a elite brasileira assumiu o lugar no topo e pôde usufruir também dos títulos de nobreza que a separariam do resto da população."

Na altamente estratificada sociedade do Rio, a preeminência era reivindicada pela elite portuguesa, cuja alvura e nobreza de linhagem colocavam-na no topo da hierarquia social. Os critérios que determinavam o status outorgado a outros grupos eram baseados, em ordem de prioridade, na propriedade de terra e de escravos; na educação (especialmente instrução em medicina, direito, ou sacerdócio); e, finalmente, no trabalho manual (lojistas, artesãos e artífices: ver Karasch, 1985:143). Além de estabelecer barreiras à mobilidade ascendente de imigrantes e pessoas libertas, essa estrutura social também impedia o desenvolvimento de atividades produtivas.

Um exemplo adicional da colisão de temporalidades no Rio do início do século XIX, evidente na vida diária da cidade, era a multiplicação de rituais e cerimoniais públicos. Procissões religiosas eram uma visão comum no Rio colonial e continuaram a sê-lo quando a cidade se tornou sede da corte lusitana. Além dos principais eventos do calendário cristão celebrados simultaneamente em todo o império português, cada cidade tinha suas próprias festividades religiosas, de acordo com o calendário da devoção local, e o do Rio era dos mais movimentados. Embora as autoridades vigiassem a população durante as procissões religiosas, esses acontecimentos também forneciam oportunidade para diversos tipos de manifestações e, frequentemente, os escravos terminavam fazendo seus próprios "carnavais". Como a polícia colonial havia proibido danças africanas em locais públicos, esses eventos religiosos proporcionavam uma das poucas ocasiões em que a população africana podia executar rituais religiosos (sincréticos) livre de perseguições (Karasch, 185:131). Com a chegada da corte, entretanto, novos rituais públicos foram introduzidos e as ruas do Rio transformaram-se em palco para a promoção de demonstrações públicas da rígida ordem hierárquica do *Ancien Régime* português. Todavia, nem sempre os esforços da nobreza portuguesa para impor seu senso de ordem hierárquica tinham o efeito desejado. O viajante norte-americano Brackenridge (1819:122) chegou a relatar:

> "Não é costume, neste país, guardar qualquer emblema de distinção para ser usado somente nos dias de cerimônias ou gala. Nada me surpreendeu mais do que o número de pessoas que vi nas ruas com condecorações de um ou outro tipo; eu não pude deixar de pensar que, sendo exibidas com tanta frequência, elas devem deixar de conferir dignidade ou importância a quem as usa."

A temporalidade específica do *Ancien Régime* era mais comumente experimentada em cerimônias governamentais e monárquicas. A construção de estruturas arquitetônicas efêmeras, tais como arcos de triunfo, era um traço comum dos desfiles reais através da cidade (Rodrigues, 1996:94). Além disso, todo aniversário de membro da família real, todo funeral de cortesão, servia de motivo para um feriado público. O grande número de feriados, que interrompiam o fluxo dos negócios, exasperava em particular os comerciantes e varejistas britânicos. Acostumados com a disciplina da temporalidade capitalista (Thompson, 1967), eles eram obrigados a fechar suas portas, algumas vezes por vários dias consecutivos, e foi para atender a suas queixas que o Príncipe Regente pressionou o Bispo para reduzir o número de feriados religiosos no Rio. Indivíduos protestantes, por sua vez, eram apenas tolerados pela hierarquia católica (cf. Manchester, 1933:85-6). A despeito dessas atitudes e dos crescentes esforços do governo britânico para suprimir o tráfico de escravos no Brasil, os comerciantes britânicos integraram-se bastante à temporalidade local da escravidão. A maioria possuía seus próprios escravos e não era incomum os residentes britânicos colocarem notícias nos jornais denunciando fugas de cativos, anunciando a venda de escravos que sabiam falar inglês, ou ainda vendendo negócios "juntamente com tudo o que faz parte deles"[11]. A maioria dos naturalistas-viajantes europeus também estava pronta a empregar escravos como assistentes e guias em suas viagens de coleta (Martins, 2001).

6. A transformação de paisagens e de sensibilidades

As condições econômicas e sociais tanto moldaram as formas espaciais da cidade quanto foram moldadas por elas. Como Anthony King afirmou (1991b:150-1), "ambientes e espaço construídos são mais do que uma "mera representação da ordem social" ou um "mero ambiente" no qual as relações e ações sociais têm lugar; a forma física e espacial na verdade constitui, bem como

[11] Os seguintes anúncios forneciam exemplos: "Richard Bate, que vive em uma chácara na Glória, de onde um escravo escapou..." (*Gazeta do Rio de Janeiro*, 6 de janeiro de 1819); "[William] Smith, que possui uma grande ferraria, bem como uma cocheira e cavalos para alugar no Largo detrás da Sé (16/6) está vendendo os itens acima mencionados em leilão, em lotes separados, incluindo diversos escravos com profissão e falando inglês" (*Gazeta do Rio de Janeiro*, 14 de julho 1819); "uma grande fábrica de escrivaninhas pertencente a [William] Hardman, na rua dos Barbonos, está à venda com bancos e ferramentas para 50 artesãos, um estoque de madeira, seis serradores escravos, dois viradores de feno, todos artesãos de primeira, e um menino para ajudar na fábrica" (*Gazeta do Rio de Janeiro*, 7 de janeiro de 1818).

representa, a existência social e cultural: a sociedade é em grande parte constituída pelos prédios e espaços que cria". No processo de tornar-se uma cidade que era agora sede de corte moderna, os significados simbólicos tanto do mundo aristocrático quanto do capitalista tiveram que ser ordenados materialmente – e foram também contestados – através da paisagem da cidade.

Além dos problemas de infraestrutura enfrentados por ocasião da transferência da corte portuguesa para a colônia, inúmeras diferenças culturais precisaram também ser enfrentadas. A exibição pública de dignidade e grandeza reais sempre foi importante no Rio. Todavia, como muitos observadores comentaram, o estabelecimento da corte transformou bastante o caráter desses rituais públicos (Luccock, 1820; Leithold, 1820). Em 1818, quando o Príncipe Regente foi formalmente aclamado Rei D. João VI, numa magnífica celebração pública que durou vários dias, o contraste com a recepção miserável com que ele havia sido acolhido dez anos antes não poderia ter sido maior. Ainda que a família real e seu séquito, adornados em seus trajes mais preciosos, uma vez mais desfilassem por ruas cobertas de pétalas de flores, e embora as janelas de prédios públicos e particulares estivessem novamente adornadas com colchas de damasco indianas e cobertas de sedas chinesas, as diferenças já eram surpreendentes; o principal evento teve lugar em um enorme e suntuoso palco, especialmente montado para a ocasião na praça principal da cidade, e as cerimônias religiosas, agora realizadas na ricamente decorada Capela Real, contrastavam vivamente com a pobreza da Igreja de Nossa Senhora do Rosário e São Benedito, templo modesto, pertencente a uma irmandade negra, o qual, na falta de fundos oficiais para a construção de uma catedral apropriada, servia de sede episcopal da cidade em 1808 (Biblioteca Nacional, 16 de janeiro de 1808; Santos, 1981).

Uma década após sua elevação ao status de capital do império português, o Rio havia se transformado, pelo menos aos olhos dos visitantes europeus. Assim, Maximilian (1820:25), príncipe de Wied-Neuwied, pôde declarar que "várias melhorias foram também feitas na cidade; ela perdeu muito de seu caráter original e assumiu, agora, uma semelhança maior com as cidades europeias". Von Spix e von Martius (1824:133-4) chegaram mesmo a dizer:

> "Se qualquer pessoa, considerando que este é um continente novo, descoberto há apenas três séculos, imaginasse que a Natureza aqui é inteiramente selvagem, poderosa e indomada, ela acreditaria, pelo menos aqui na capital do Brasil, que estava em outra parte do globo, tanto a influência da antiga e iluminada Europa apagou, neste ponto da colônia, o aspecto de vastidão característico das Américas, dando-lhe uma aparência mais refinada. A linguagem, as maneiras, a arquitetura e o influxo de produtos industrializados de todas as partes do globo deram uma aparência europeia ao Rio de Janeiro."

Eles tinham razões para acreditar nisso. Embora a mudança estrutural da economia fosse uma questão de mais longo prazo, as alterações na aparência da cidade podiam ser vistas em todos os lugares. Em seus esforços para transformar uma vila colonial em uma cidade imperial, as autoridades do Rio impuseram uma taxa de 10% nos rendimentos das propriedades privadas (Biblioteca Nacional, 27 de junho de 1808) e deram incentivos à ocupação de uma área nova, adjacente à cidade (a Cidade Nova), criada pelo aterro parcial de um grande pântano. Também ampliaram a rede de iluminação pública, melhoraram as comunicações com os subúrbios, estabeleceram redes de drenagem mais eficientes e tentaram apagar todo os vestígios da paisagem urbana "oriental" do Rio; por exemplo, ordenaram que as janelas com gelosias e as sacadas fossem removidas e substituídas por tipos de janelas "apropriados" (Vianna, 1892). Embora o problema de abastecimento de água não fosse propriamente novo, como testemunhava a correspondência anterior entre as autoridades coloniais e Lisboa, a chegada da Corte levou o Príncipe Regente a incentivar a exploração de fontes alternativas de água nas colinas circundantes, um esquema que havia estado em pendência por muitas décadas (Abreu, 1992). A punição física de escravos em praça pública também foi proibida, por ser considerada incompatível com os modernos costumes europeus: os pelourinhos, no centro de muitas praças tornaram-se, assim, desnecessários, e as chicotadas eram, na maioria das vezes, restritas ao pátio da prisão, conhecido como Calabouço (Luccock, 1820:90; Karasch, 1895:133).

Gradualmente, os espaços da cidade também foram reorganizados para se adaptarem a um novo modelo de sociedade urbana. Com sensibilidade estética europeia, o Príncipe Regente criou a Academia Imperial das Artes, onde artistas franceses foram empregados, a fim de retratar cenas e costumes da corte portuguesa nos trópicos, bem como treinar uma nova geração de pintores brasileiros nas maneiras francesas, ou, nas palavras de von Spix e von Martius (1824:155), "despertar e animar a disposição dos brasileiros para as artes". Como Flora Süssekind (1990:39) sugere, o resultado da Missão Francesa foi duplo: introduzindo uma nova técnica pictórica europeia, forneceu uma nova maneira de ver o país e classificar seu povo e suas paisagens. Além disso, criando um Brasil pictórico e histórico, os artistas franceses ajudaram a construir uma imagem que representaria uma parte formativa da configuração romântica da paisagem brasileira como nação. O estilo francês (agora conhecido como neoclássico) foi também aplicado ao projeto de novos prédios, fazendo um contraste marcante com a arquitetura colonial mais antiga. Um exemplo notável dessa nova arquitetura foi a Praça do Comércio, planejada por Grandjean de Montigny para abrigar a Bolsa de Valores, mas nunca usada para esse fim.

Outras instâncias da introdução de novas instituições no Rio imperial incluem o estabelecimento de estudos de Medicina, Engenharia e Contabilidade em nível universitário, preenchendo um hiato de quase trezentos anos entre a América portuguesa e a espanhola; a criação de uma Biblioteca Pública, um Jardim Botânico e um Museu de História Natural; o estabelecimento da Imprensa Régia, que publicou não só decretos governamentais e a *Gazeta do Rio de Janeiro*, o primeiro jornal brasileiro, mas também um total de mil livros no período de 1808 a 1821 (Camargo e Moraes, 1992). A paisagem urbana também foi transformada pela construção de um novo e imponente teatro; a proliferação de modernas residências luxuosas habitadas pela nobreza – cujos projetos contrastavam vivamente com os das casas coloniais existentes –; a construção de quartéis militares bem ventilados e iluminados; e, finalmente, a transformação de uma casa de campo no Palácio Real, uma oferta feita ao Príncipe Regente por um próspero comerciante local. Novos e mais refinados gostos europeus, que resultaram em considerável aumento no número de costureiras e cabeleireiros (principalmente franceses) trabalhando na cidade, podiam também ser percebidos na crescente presença de mulheres da classe alta em eventos públicos e sociais e na introdução de novas formas de práticas de saúde e *divertissements,* tais como banhos de mar, corridas de cavalos e regatas (Oliveira Lima, 1908:202-242)[12].

Tais intervenções na paisagem social e cultural do Rio refletiam o esforço da corte portuguesa para levar a cidade ao status de uma moderna capital imperial. No entanto, em muitos outros aspectos, o Rio de Janeiro continuava a ser moldado por processos e relações usualmente associados com o seu estatuto "colonial". Acima de tudo, permanecia, predominantemente, uma cidade de escravos. Como os próprios von Spix e von Martius (1824:134) enfatizaram, o "exterior europeu do Rio de Janeiro" era tingido pela clara visibilidade de sua população africana escravizada:

---

[12] Exemplos dessas novas modas podem ser encontrados em anúncios na *Gazeta do Rio de Janeiro* em 1812 e 1813 de uma "barca para banhos de mar" e chamados para o público assistir a regatas (ver *Gazeta do Rio de Janeiro*, 19 de setembro de 1812; 25 de maio de 1814).

> "Mas o viajante logo é lembrado de que ele está em uma estranha parte do mundo, pela variada multidão de negros e mulatos, que, como classe trabalhadora, encontram-no quando ele põe o pé na costa. Para nós essa visão era menos agradável do que surpreendente. A natureza degradada, abrutalhada desses homens, seminus e desafortunados, ofende os sentimentos do europeu, que acabou de deixar a sede das maneiras polidas e das formas agradáveis."

7. Perturbadoramente visível: a vida dos escravos no Rio de Janeiro

Evidência contemporânea sugere que houve um considerável crescimento no tráfico negreiro depois de 1808. A demanda por trabalhadores nas plantações de café, que se expandiam, continuava grande; além disso, escravos eram cada vez mais requisitados para atender às necessidades da comunidade urbana em expansão, de serviços domésticos a grandes obras públicas. Em 1821, a população escrava da província do Rio de Janeiro havia atingido um total de 171.775. Desses, 36.182 viviam nas cinco oficialmente reconhecidas "freguesias urbanas" da cidade, que haviam crescido 200% desde 1808 (Mappa, 1870:137; Florentino, 1997:44-50; Algranti, 1988:31-2). O mercado escravo do Valongo, na paróquia de Santa Rita, era uma das áreas mais movimentadas do Rio (Rodrigues, 1996:96-103). Visitantes europeus demonstravam atitudes ambivalentes e, algumas vezes, voyeurísticas em relação à escravidão[13]. Embora fossem críticos da instituição, muitos deles – como exemplificado pelos comentários de von Spix e von Martius, acima – não escondiam seus próprios preconceitos em relação aos escravos africanos; "essa classe da população, não importa quão útil possa ser, não é certamente ornamental" (M'Leod, 1817: 11). A maioria dos europeus, especialmente nos seus relatos publicados de visitas à cidade, tendia a negligenciar a sofisticada hierarquia, a segregação racial e os diferentes níveis de cooperação que havia entre os senhores de escravos, os povos africanos e seus descendentes no Rio[14].

Neste trabalho, nosso foco é na espacialidade da instituição da escravidão como existia no Rio. Segundo Karasch (1987:4), comerciantes e proprietários usualmente diferenciavam os escravos baseados nos locais de nascimento destes (África ou Brasil). Dentro dessas categorias, outras distinções eram feitas: enquanto os escravos brasileiros eram classificados pela cor (isto é, Antônio crioulo ou Maria parda), os africanos eram identificados pela sua nacionalidade de origem (isto é, Antônio Angola ou Maria Moçambique), uma vez que, segundo a perspectiva dos donos, todos os africanos eram negros. O grau de assimilação forneceu outras oportunidades para que distinções fossem feitas: "negro novo" definia o novo africano, enquanto "boçal" se aplicava tanto ao africano novo quanto ao que não havia aprendido português ou hábitos e costumes brasileiros depois de muitos anos como escravo. Em contraste, "ladino" era o termo apropriado para um africano que falasse português e se comportasse como um africano assimilado.

A maioria dos escravos no Rio, nas duas primeiras décadas do século XIX, foi importada do centro-oeste da África (Cabinda, Angola e Benguela), seguida por um número crescente do leste da

---

[13] Para relatos de imagens europeias do século XIX sobre a escravidão brasileira, ver Honour (1989:137-146) e Bell (1998).

[14] Como Linebaugh e Rediker (1990:226) argumentam em relação à classe operária no início da era moderna, "historiadores que, consciente ou inconscientemente, pressupõem diferenças estáticas e imutáveis entre trabalhadores negros e brancos, irlandeses e ingleses, escravos e livres na era moderna, frequentemente deixaram de estudar os reais pontos de contato, superposição e cooperação entre seus tipos idealizados. Sem tal cooperação, naturalmente, a economia do mundo transatlântico nunca poderia ter funcionado".

África (equivalente ao atual sul da Tanzânia, norte de Moçambique, Malawi e nordeste da Zâmbia) no despertar dos esforços britânicos para suprimir o tráfico de escravos na África ocidental (Figura 3) (Karasch, 1987:15-6; Florentino, 1997:78-82). Essas regiões eram habitadas por milhares de grupos étnicos diferentes. Os senhores de escravos rotineiramente traçavam distinções quanto aos seus atributos morais: por exemplo, enquanto os Angicos ou Monjolos (da região ao norte do rio Zaire) tinham a reputação de ser um povo bonito, astuto e corajoso, dado à revolta e à resistência se maltratado, os do Congo eram frequentemente considerados os melhores escravos, hábeis na agricultura, artesanato e trabalhos domésticos (Karasch, 1987:18-9). Em contraste, africanos da costa do Gabão tinham péssima reputação entre os comerciantes; eram considerados intolerantes à escravidão e frequentemente suicidas. A existência de tantas nacionalidades escravas no Rio não era acidental: temendo o exemplo da revolução haitiana, há evidência de que os escravos eram importados de regiões onde diferentes línguas eram faladas, a fim de evitar rebeliões organizadas (Abreu, 1996a:37).

Figura 3

"NEGROS BENGUELA, ANGOLA, CONGO E MONJOLO"

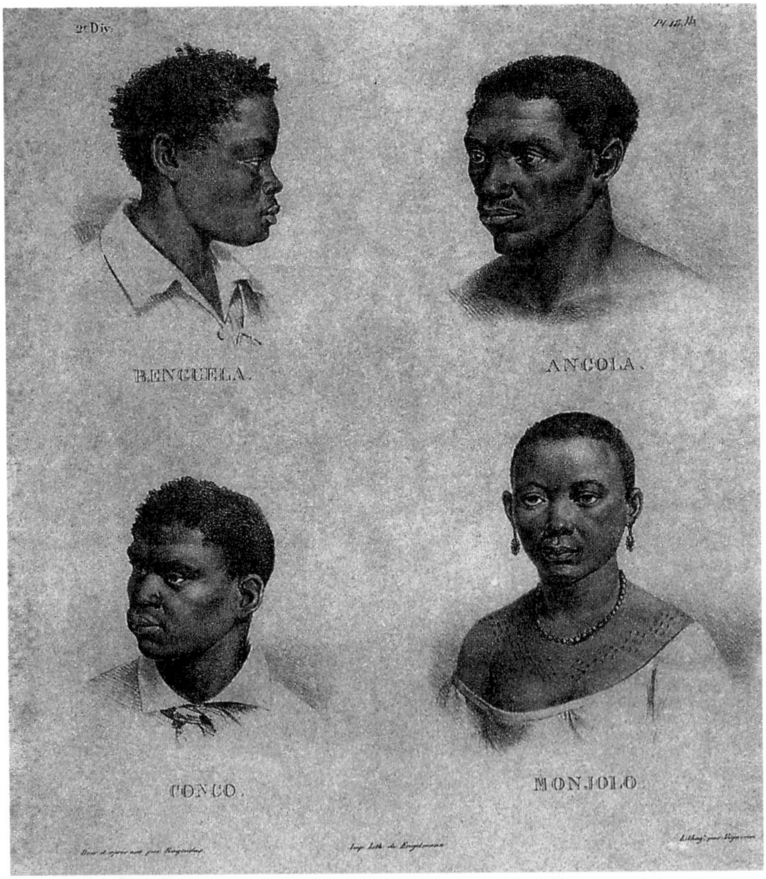

(Gravura de Pierre Roch Vigneron no livro *Voyage pittoresque dans le Brésil*, de Maurice Rugendas. Paris: Engelman, 1835.)

O estudo da geografia diferenciada das origens dos escravos africanos no Rio forneceria material para outro trabalho, e nosso objetivo aqui é mais específico: considerar como eles estabeleceram relações de conflito ou cooperação com outros grupos urbanos, como as diferenças entre a população escrava foram negociadas quando esses povos chegaram ao Rio como escravos, e como novas vidas (e novas geografias) foram necessariamente criadas a partir desses encontros. Ainda assim é importante que reconheçamos, *a priori*, que a escravidão urbana tinha uma característica que a diferenciava substancialmente da sua contraparte rural: o fato de que somente cidades (e especialmente as cidades grandes) forneciam condições para o aparecimento de um tipo muito especial de escravidão, a escravidão de ganho, um sistema pelo qual os senhores de escravos lucravam com a grande demanda que havia de todos os tipos de trabalho manual/físico na economia urbana e obrigavam seus escravos, que tinham que ser registrados para isso, a procurar diariamente nas ruas uma ocupação paga e a trazer para casa uma soma de dinheiro estipulada. Como Algranti (1988:49) salientou, a escravidão de ganho era uma solução conveniente tanto para escravos quanto para senhores; estes transferiam para os escravos a responsabilidade pela reprodução de boa parte de sua força de trabalho, enquanto os escravos gozavam de um grau de liberdade que nunca teriam nas plantações, porque as cidades não tinham feitores. O sistema era muito lucrativo para os senhores, uma vez que havia muitos que viviam apenas do trabalho de um ou dois escravos de ganho, enquanto que, para os próprios escravos, o sistema acenava com a possibilidade (distante) de economizar uma quantia que excedesse o devido ao senhor e, finalmente, comprar sua liberdade (cf. Algranti, 1988:52).

Além da oportunidade de socialização, as ruas do Rio permitiam que os escravos de ganho comprassem alimentos, bebidas e numerosos outros serviços (barbeiros, curandeiros etc.) de seus pares. A aglomeração de escravos nas áreas públicas da cidade era, entretanto, um constante ponto de atrito entre as autoridades da cidade. Distúrbios públicos ocorriam diariamente, especialmente perto das fontes de água, e roubos também eram comuns, uma situação que foi atribuída, por alguns autores (Algranti, 1988:165), às altas somas que os senhores de escravos exigiam que seus cativos trouxessem para casa diariamente.

A polícia era, assim, parte rotineira da vida da cidade. O policiais eram popularmente conhecidos como morcegos, porque eram autorizados por seus regimentos a "esconder-se em locais isolados, silenciosamente, a fim de poderem escutar qualquer rixa ou revolta, aparecendo subitamente no local da desordem" (Macedo, 1956:31-2; Algranti, 1988:39). As rondas da polícia eram particularmente eficientes contra aqueles que praticavam a capoeira, uma arte marcial que era símbolo da cultura africana, uma mistura de luta e dança, que os escravos orgulhosamente apresentavam nas ruas e era usada como meio de defesa. Segundo Algranti (1988:169), "os negros eram presos em pleno dia por assobiarem como capoeiras, usarem um casquete com fitas amarelas e encarnadas – símbolos dos capoeiras – e por carregarem instrumentos musicais utilizados em seus encontros".

Os escravos não eram a única fonte de preocupações: os libertos eram sempre vistos com suspeita pelas autoridades e frequentemente recebiam o mesmo tipo de tratamento (Algranti, 1988:123-9). Além de serem proibidos de se aglomerarem em certas partes da cidade, escravos e libertos estavam sempre sob estrita vigilância, o menor distúrbio resultando na sua punição ou encarceramento. Segundo Oliveira Lima (1908:979) "reinava na capital se não um terror negro, uma apreensão bastante forte de um levante de gente de cor". A prevalência da repressão policial também tinha um aspecto mais direto. A relutância dos senhores de escravos em liberar seu trabalho para o estado ocasionalmente levava as autoridades a tomar os escravos à força. A necessidade de obras públicas exigia mão de obra, e não era incomum que o estado utilizasse a mão de obra de escravos aprisionados com esse propósito (Algranti, 1988:80-1).

O tecido urbano do Rio do início do século XIX era, assim, formado por uma complexa rede de sinais sociais, econômicos, políticos e culturais, cada um associado a um tipo particular de temporalidade. Membros da nobreza portuguesa, a elite brasileira existente, imigrantes europeus, libertos e escravos usavam e interpretavam o espaço da cidade de maneiras diferentes. Para os aristocratas recém-chegados, as ruas serviam de palcos, onde seus rituais de poder podiam ser representados. Para os comerciantes locais, que tinham que se esforçar para manter seus negócios, ante a competição dos comerciantes europeus, elas eram uma fonte de sobrevivência sob ameaça. Para os escravos, entretanto, a vida urbana representava simultaneamente uma esperança remota de liberdade e um espaço de repressão.

8. Conclusão

Este relato sobre sociedade e espaço no Rio de Janeiro entre 1808 e 1821 demonstra que lugares são moldados por múltiplos processos de encontro e troca, numa variedade de escalas espaciais e temporais. Nosso foco na negociação de limites entre a elite metropolitana, seus súditos coloniais e capitalistas europeus dentro do Rio imperial pretende ser uma contribuição aos atuais interesses nas geografias históricas da modernidade e da globalização. Nosso argumento é que, enquanto esse período efetivamente inaugurou a modernidade no Brasil, ele não foi o modelo de modernidade puro, racional, iluminado, legado pelo liberalismo europeu; na verdade, essa utopia efetivou-se no coração da própria metrópole europeia. O momento do início do século XIX inaugurou uma modernidade diferente, caracterizada por alguns como uma modernidade real, um sistema no qual a escravidão era intrínseca à modernidade capitalista, combinando elementos de reação e progresso (Hall e Schwarz, 1998:23). O hibridismo da cidade colonial não era um produto da difusão de valores metropolitanos "modernos" em sociedades "tradicionais": era uma parte integral de sua modernidade. A descrição dos naturalistas von Spix e von Martius (1824:134) dos aspectos da cidade do Rio, em certo sentido, sintetizaram as ansiedades europeias em relação à natureza paradoxal do urbanismo do Rio: tendo deixado "a sede das maneiras polidas e formas agradáveis", o europeu era ofendido pela visão de "uma multidão variada de negros e mulatos", uma visão que revelava (sob o "exterior europeu" da cidade) a estranheza dessa "região do mundo" que o Rio representava.

Recentemente, o Museu Histórico Nacional do Rio de Janeiro abrigou uma grande exposição chamada "D. João VI: um rei aclamado na América", organizada em colaboração com a Comissão Nacional para as Comemorações dos Descobrimentos Portugueses[15]. Os organizadores tinham por objetivo fornecer uma avaliação crítica da experiência histórica brasileira através do "reexame" do papel do Príncipe Regente na construção da nação no início do século XIX (Daddario, 1999). Caminhando através das salas do museu, os visitantes maravilhavam-se ante os artefatos expostos: começando com os painéis elípticos de Leandro Martins e *souvenirs* comemorativos produzidos para registrar a chegada da corte, eram apresentados à visão do Rio através de olhos europeus (na realidade, principalmente franceses), seguida de uma mostra de ordens e medalhas militares, porcelana antiga, mobiliário e, finalmente, retratos da dinastia portuguesa reinante. O que foi mais marcante,

[15] A exposição ocorreu no Museu Histórico Nacional, Rio de Janeiro, de 10 de setembro a 31 de outubro de 1999. Fora antes apresentada em Lisboa.

entretanto, foram as ausências, subjugadas pela narrativa universal. Em particular, a obliteração de muitas versões diferentes, daqueles milhões que chegaram ao Rio como mercadoria, alguns com os cortesãos portugueses em 1808; ou daqueles que já estavam no Rio, que testemunharam com espanto (e, algumas vezes, com raiva) a transformação forçada das paisagens da cidade. No início do século XXI, essas outras vozes também merecem ser ouvidas.

Bibliografia

ABREU, M. A. A cidade, a montanha e a floresta. In: ABREU, M. A. (Ed.). *Natureza e sociedade no Rio de Janeiro.* Rio de Janeiro: Secretaria Municipal de Cultura, Turismo e Esportes, 1992.

ABREU, M. A. *Evolução Urbana do Rio de Janeiro*. Rio de Janeiro: IplanRio/Jorge Zahar, 1987.

ABREU, M. A. Le Rio de Janeiro du début du dix-neuvième siècle et ses différentes temporalités. *Bulletin de l'Association de Géographes Français,* n.73, 30-8, 1996a.

ABREU, M. A. Pensando a cidade no Brasil do passado. *In:* CASTRO, I. E., GOMES, P. C. C. e CORRÊA, R. L. (Eds.). *Brasil: Questões atuais da reorganização do território*. Rio de Janeiro: Bertrand Brasil, 1996b.

ALGRANTI, L. M. Famílias e vida doméstica. In: SOUZA, L. M. (Ed.). *História da vida privada no Brasil: Cotidiano e vida privada na América portuguesa, v.1*. São Paulo: Companhia das Letras, 1997.

ALGRANTI, L. M. *O feitor ausente: Estudos sobre a escravidão urbana no Rio de Janeiro, 1808-1822*. Petrópolis: Vozes, 1988.

ANDERSON, A. *A narrative of the British embassy to China, in the years 1792, 1793 and 1794*. Londres: J. Debrett, 1795.

ANDRADE, R. A. *Burocracia e economia na primeira metade do século XIX: A junta do comércio e as atividades artesanais e manufatureiras na cidade do Rio de Janeiro - 1808/1850.* (Dissertação de Mestrado). Niterói: UFF, 1980.

ARMITAGE, J. *The history of Brazil, from the period of the arrival of the Braganza Family in 1808, to the abdication of Don Pedro the First in 1831.* Londres: Smith, Elder & Co., 1836.

BARRINGTON, G. *A voyage to Botany Bay with a description of the country, manners, customs, religions etc. of the natives.* Londres: C. Lowndes, [1796].

BAUSS, R. Rio de Janeiro: Strategic base for global designs of the British Royal Navy, 1777-1815. In: SYMONDS, C. L. (Ed.). *New aspects of naval history.* Annapolis: Naval Institute Press, 1981.

BAUSS, R. The critical importance of Rio de Janeiro to British interests, with particular attention to Australia in her formative years, 1787-1805. *Journal of the Royal Australian Historical Society,* n.65, 145-72, 1979.

BELCHIOR, E. O. O Colégio Real de Fábricas do Rio de Janeiro. *Revista do Instituto Histórico e Geográfico Brasileiro,* n.154, 7-20, 1993.

BELL, L. To see or not to see: Conflicting eyes in the travel art of Augustus Earle. In: CODELL, J. F. e MACLEOD, D. S. (Eds.). *Orientalism transposed: The impact of the colonies on British culture.* Aldershot: Ashgate, 1998.

BIBLIOTECA NACIONAL. Alvará determinando a imposição de décima nos prédios urbanos da Corte, cidades, vilas e lugares notáveis situados a beira-mar do Estado do Brasil e demais domínios à exceção dos da Ásia. (Mss. I-6,13,14 n. 7). Rio de Janeiro: 27 de junho de 1808.

BIBLIOTECA NACIONAL. Edital do Senado da Câmara do Rio de Janeiro regulamentando os preparativos à recepção da Família Real Portuguesa. (Mss. II-35,4,1, n. 1). Rio de Janeiro: 16 de janeiro de 1808.

BIBLIOTECA NACIONAL. Informação acerca do estado da fábrica de tecidos de algodão da Lagoa Rodrigo de Freitas. (Mss. I-32,13,11.). Rio de Janeiro: 3 de maio de 1822.

BIBLIOTECA NACIONAL. Representação de Joaquim José Gomes e outros mestres sapateiros a Sua Alteza Real solicitando sustar a importação de produtos de seu ofício, facultada a estrangeiros, pelos graves prejuízos que acarretava à classe e à nação. (Mss. II-34,26,21). Rio de Janeiro: julho de 1821.

BIBLIOTECA NACIONAL. Representação dos moradores do Rio de Janeiro contra a subida dos aluguéis. (Mss. II-34,25,24). Rio de Janeiro: [1808].

BRACKENRIDGE, H. M. *Voyage to South America, performed by order of the American Government, in the years 1817 and 1818 in the frigate Congress.* Baltimore: John D. Troy, 1819.

BROTTON, J. *Trading territories: Mapping the early modern world.* Londres: Reaktion Books, 1997.

CALDCLEUGH, A. *Travels in South America, during the years 1819-20-21; containing an account of the present state of Brazil, Buenos Ayres, and Chile, v. 1.* Londres: John Murray, 1825.

CAMARGO, A. M. A. e MORAES, R. B. *Bibliografia da Impressão Régia do Rio de Janeiro, 2v.* São Paulo: Editora da Universidade de São Paulo/Editora Kosmos, 1992.

CARDOSO, C. As Concepções acerca do sistema econômico mundial e do antigo sistema colonial; a preocupação obsessiva com a extração do excedente. In: LAPA, J. R. A. (Ed.). *Modos de produção e realidade brasileira.* Petrópolis: Vozes, 1980.

CAVALCANTI, N. O. *A cidade de São Sebastião do Rio de Janeiro: As muralhas, sua gente, os construtores (1710-1810).* (Dissertação de Doutorado). Rio de Janeiro: Universidade Federal do Rio de Janeiro, 1997.

CRULS, G. *Aparência do Rio de Janeiro, v.1.* Rio de Janeiro: José Olympio Editores, 1965.

CURTIN, P. *The Atlantic Slave Trade: A Census.* Madison: University of Wisconsin Press, 1969.

DADDARIO, H. A figura histórica de D. João foi mal-avaliada. *Gazeta do Rio,* Suplemento Especial, n.6, 10 de setembro de 1999.

DRIVER, F. e GILBERT, D. Heart of empire? Landscape, space and performance in imperial London, *Environment and Planning D: Society and Space,* v.16, *11-28*, 1998.

DRIVER, F. e GILBERT, D. Imperial cities: overlapping territories, intertwined histories. In: DRIVER, F. e GILBERT, D. (Eds.). *Imperial cities: Landscape, display and identity.* Manchester: Manchester University Press, 1999.

EDMUNDO, L. *A Corte de D. João VI no Rio de Janeiro, 1808-1821, 3v.* Rio de Janeiro: Imprensa Nacional: 1939-1940.

FAZENDA, J. V. *Antiqualhas e memórias do Rio de Janeiro.* Rio de Janeiro: IHGB, 1923.

FEATHERSTONE, M. *Undoing Culture: Globalization, Postmodernism and Identity.* Londres: Sage, 1995.

FLORENTINO, M. *Em Costas Negras: Uma História do Tráfico de Escravos entre a África e o Rio de Janeiro.* São Paulo: Companhia das Letras, 1997.

FRAGOSO, J. e FLORENTINO, M. *O arcaísmo como projeto: Mercado atlântico, sociedade agrária e elite mercantil no Rio de Janeiro, c. 1790 c. 1840.* Rio de Janeiro: Sette Letras, 1998.

GODINHO, V. M. *Estrutura da Antiga Sociedade Portuguesa.* Lisboa: Arcádia, 1975.

GORENDER, J. *O Escravismo Colonial.* São Paulo: Ática, 1978.

GRAHAM, G. S. e HUMPHREYS, R. A. (Eds.). *The Navy and South America, 1807-1823: Correspondence of the Commanders-in-Chief on the South American Station.* Londres: [Navy Records Society], 1962.

HALL, S. e SCHWARZ, B. Breaking bread with history: C.L.R. James and The Black Jacobins. *History Workshop Journal,* n.46, 17-31, 1998.

HANNERZ, U. Scenarios for peripheral cultures. In: KING, A. D. (Ed.). *Culture, globalization, and the world-system.* London: Macmillan, 1991.

HARDMAN, F. F. Errant cities: Images of labour from the nineteenth-century Brazilian urban-industrial Northeast. *Journal of Latin American Cultural Studies,* v.9, 59-71, 2000.

HONOUR, H. *The image of the black in western art: From the American Revolution to World War One, Part one.* Cambridge, Mass: Harvard University Press, 1989.

JACOBS, J. M. *Edge of Empire: Postcolonialism and the city.* Londres: Routledge, 1996.

KARASCH, M. C. Rio de Janeiro: From colonial town to imperial capital (1808-1850). In: ROSS, R. e TELKAMP, G. J. (Eds.). *Colonial cities: Essays on urbanism in a colonial context.* Dordrecht: Martinus Nijhoff Publishers, 1985.

KARASCH, M. C. *Slave life in Rio de Janeiro, 1808-1850.* Princeton: Princeton University Press, 1987.

KING, A. D. *Colonial urban development: Culture, social power and environment.* Londres: Routledge & Kegan Paul, 1976.

KING, A. D. Introduction: Spaces of culture, spaces of knowledge. In: KING, A. D. (Ed.). *Culture, globalization, and the world-system.* Londres: Macmillan, 1991a.

KING, A. D. The global, the urban, the world. In: KING, A. D. (Ed.). *Culture, globalization, and the world-system.* Londres: Macmillan, 1991b.

KING, A. D. *Urbanism, colonialism, and the world economy: Cultural and spatial foundations of the world urban system.* London: Routledge, 1990.

LEITHOLD, T. *Meine Ausflucht nach Brasilien, oder Reise von Berlin nach Rio de Janeiro und von dort zurück.* Berlim: Maurerschen Buchhandlung, 1820.

LEPETIT, B. e PUMAIN, D. (Eds.). *Temporalités urbaines.* Paris: Anthropos, 1993.

LINEBAUGH, P. e REDIKER, M. The many-headed Hydra: Sailors, slaves, and the Atlantic working class in the eighteenth century. *Journal of Historical Sociology,* v.3, 225-52, 1990.

LUCCOCK, J. *Notes on Rio de Janeiro, and the southern parts of Brazil; taken during a residence of ten years in that country, from 1808 to 1818.* Londres: Samuel Leigh, 1820.

M'LEOD, J. *Narrative of a voyage in His Majesty's late ship Alceste, to the Yellow Sea.* London: John Murray, 1817.

MACEDO, R. *Paulo Fernandes Viana. Administração do primeiro Intendente Geral da Polícia.* Rio de Janeiro: Serviço de Documentação do DASP, 1956.

MANCHESTER, A. K. *British preeminence in Brazil: Its rise and decline.* Chapel Hill: University of North Carolina Press, 1933.

MAPPA da população da Côrte e provincia do Rio de Janeiro em 1821. *Revista do Instituto Histórico e Geográfico Brasileiro*, Tomo 33, Parte 1, 135-42, 1870.

MARTINS, L. L. A naturalist's vision of the tropics: Charles Darwin and the Brazilian landscape. *Singapore Journal of Tropical Geography,* v.21, 19-33, 2000.

MARTINS, L. L. Navigating in tropical waters: British maritime views of Rio de Janeiro, *Imago Mundi: the International Journal for the History of Cartography,* v.50, 141-55, 1998.

MARTINS, L. L. *O Rio de Janeiro dos viajantes: O olhar britânico, 1800-1850.* Rio de Janeiro: Jorge Zahar Editor, 2001.

MASSEY, D. Spaces of politics. In: MASSEY, D., ALLEN, J. e SARRE, P. (Eds.). *Human Geography Today.* Cambridge: Polity Press, 1999.

MAXIMILIAN, Prinz of Wied-Neuwied. *Travels in Brazil, in 1815, 1816 and 1817.* Londres: Henry Colburn & Co., 1820.

MORLEY, D. e ROBINS, K. *Spaces of identity: Global media, electronic landscapes and cultural boundaries.* Londres: Routledge, 1995.

O'NEIL, T. *A concise and accurate account of the proceedings of the squadron under the command of Rear Admiral Sir W. Sidney Smith in effecting the escape and scorting the Royal Family of Portugal in the Brazils on November 29, 1807.* Londres: T. O'Neil, 1809.

OGBORN, M. Historical geographies of globalisation, c. 1500-1800. In: GRAHAM, B. e NASH, C. (Eds.). *Modern historical geographies.* Harlow: Longman, 2000.

OLIVEIRA LIMA, M. *D. João VI no Brasil, 1808-1821, 2v.* Rio de Janeiro: Typ. do Jornal do Commercio, 1908.

PIZARRO, J. S. A. e ARAÚJO. *Memórias históricas do Rio de Janeiro, v.7.* Rio de Janeiro: Imprensa Nacional, 1948.

PLATT, D. C. M. *Latin America and British Trade, 1806-1914.* Londres: Adam & Charles Black, 1972.

REIS, J. J. Uma balanço dos estudos sobre as revoltas escravas da Bahia. In: REIS, J. J. (Ed.). *Escravidão e Invenção da Liberdade: Estudos sobre o Negro no Brasil.* São Paulo: Editora Brasiliense, 1988.

RODRIGUES, J. Festa na chegada: O tráfico e o mercado de escravos no Rio de Janeiro. In: SCHWARCZ, L. M. e REIS, L. V. S. (Eds.). *Negras imagens: Ensaios sobre cultura e escravidão no Brasil.* São Paulo: Estação Ciência/Edusp, 1996.

RUGENDAS, Maurice. *Voyage pittoresque dans le Brésil.* Paris: Engelman, 1835.

SANTOS, A. M. Os painéis elípticos de Leandro Joaquim na pintura do Rio de Janeiro setecentista. *Gávea: Revista de História da Arte e Arquitetura,* v.11, 130-49, 1994.

SANTOS, L. G. *Memórias para servir à história do Reino do Brasil, v.1.* Belo Horizonte/São Paulo: Editora Itatiaia/ Editora da Universidade de São Paulo, 1981.

SANTOS, M. *Técnica, espaço, tempo.* São Paulo: Hucitec, 1994.

SCHWARZ, B. Afterword. Postcolonial times: The visible and the invisible. In: DRIVER, F. e GILBERT, D. (Eds.). *Imperial cities: Landscape, display and identity.* Manchester: Manchester University Press, 1999.

SILVA, M. B. N. Análise de estratificação social: O Rio de Janeiro de 1808 a 1821. *Boletim USP*, n.7, 1975.

SMITH, S. *Memoirs of Admiral Sidney Smith, 2v.* Londres: Richard Bentley, 1839.

STAUNTON, G. *An authentic account of an embassy from the King of Great Britain to the Emperor of China, v.1.* Londres: G. Nicol, 1797.

SÜSSEKIND, F. *O Brasil não é longe daqui: O Narrador, a Viagem.* São Paulo: Companhia das Letras, 1990.

THOMAS, N. *Entangled objects: Exchange, material culture, and colonialism in the Pacific.* Harvard: Harvard University Press, 1991.

THOMPSON, E. P. Time, work-discipline and industrial capitalism. *Past & Present,* v.38 1967.

VERGÈS, F. Colonizing citizenship. *Radical Philosophy,* n.95, 3-7, 1999.

VIANNA, P. F. Abreviada demonstração dos trabalhos da Polícia em todo o tempo que serviu o desembargador do Paço Paulo Fernandes Vianna. *Revista do Instituto Histórico e Geográfico Brasileiro,* n.55, Parte 1, *373-80*, 1892.

VON SPIX, J. B. e VON MARTIUS, C. F. P. *Travels in Brazil, in the Years 1817-1820: Undertaken by command of His Majesty the King of Bavaria, v.1.* Londres: Longman, Hurst, Rees, Orme, Brown, and Green, 1824.

YEOH, B. S. A. *Contesting space: Power relations and the urban built environment in colonial Singapore. Kuala Lumpur: Oxford University Press,* 1996.

Capítulo 11

Sustentabilidade em Discurso e Prática: Implicações das políticas de desenvolvimento e de conservação em regiões biodiversificadas no Brasil[1]

Stefania Abakerli

1. Introdução

Unidades de conservação têm sido consideradas uma das principais estratégias de conservação da natureza. Esse modelo está estritamente baseado em uma ideologia preservacionista e negativa sobre a relação sociedadenatureza (Nash, 1989) e foi concebido no final do século XIX nos Estados Unidos, quando o país se deparava com um rápido processo de ocupação de fronteiras territoriais e de urbanização. Com as unidades de conservação, vastos remanescentes dos ecossistemas cênicos norte-americanos passaram a ser "protegidos" da ocupação e alteração humana, com o principal objetivo de preservar a natureza para a admiração e prazer da emergente sociedade urbano-industrial, que estava perdendo seu contato diário com o meio natural (Sellars, 1997).

Apesar da importância da estratégia de unidades de conservação para orientar o desenvolvimento sustentável de regiões biodiversificadas, tais como florestas, áreas úmidas, zonas costeiras, mangues e cerrado, na prática, medidas de comando e controle sobre o acesso aos seus recursos naturais têm sido largamente aplicadas, principalmente em relação às atividades de subsistência de populações extrativistas, ribeirinhas e pescadoras tradicionais, chamadas neste trabalho de populações artesanais residentes. É significativo notar que, apesar da existência de um complexo sistema internacional de categorias de unidade de conservação, o modelo predominante tem sido o de parque nacional – o mais restritivo e de maiores implicações sociais, mudando percepções sobre o principal propósito de áreas protegidas.

O uso indevido de áreas protegidas para a conservação da natureza tem resultado em um quadro de tensões sociais, refletindo o desinteresse de organizações internacionais financiadoras e de governos pelas dinâmicas socioeconômicas artesanais. Em vez de informar a definição e implementação de políticas de desenvolvimento capazes de integrar suas três dimensões social, econômica e ambiental, a designação de unidades de conservação restritivas tem representado

[1] Agradecimentos: Embora eu seja responsável pela pesquisa e pelo texto, este trabalho é, de varias maneiras, um esforço coletivo. Benedicto, Rosane, Priscila, Mariane, César, Rosângela, Rita, Merege e Diegues, obrigada pelo estímulo e suporte do início ao fim. Adriana Allen e Nadia Taher, obrigada pela dedicação e orientação. A bolsa Sir Henry Herbert Bartlett da Universidade de Londres foi fundamental para a pesquisa de campo. Edesio Fernandes, obrigada pelo apoio em publicar este artigo. Obrigada a todos e todas no Maranhão que me deram suas visões e informações sobre os Lençóis Maranhenses. Este artigo é dedicado às populações artesanais dos Lençóis e ao meu pescador, André Herzog.

uma *racionalidade politicamente viável* na qual o uso utilitário da natureza através da ciência e do turismo iria assegurar a integridade de regiões consideradas de grande valor ecológico ou, na linguagem atual, com alta diversidade biológica.

A transposição desse paradigma para países em desenvolvimento tem ocorrido quase sempre sem uma abordagem criteriosa dos aspectos sociais, econômicos e ecológicos existentes. Marcado pela negligência em reconhecer e incluir as populações residentes nos processos decisórios, esse modelo tem interferido diretamente nas dinâmicas existentes de manejo dos recursos naturais e, ao longo do tempo, tem contribuído para a perda da diversidade biológica dessas regiões (West e Brechin, 1991). De acordo com Gómez-Pompa e Kaus (1992:273),

> "conservacionistas tradicionais, por outro lado, observam os valores estéticos, biológicos e ecológicos da mesma terra, porém não necessariamente percebem as pessoas. Frequentemente eles falham em observar os efeitos de ações passadas e presentes, em diferenciar entre tipos de uso humano e em reconhecer o valor econômico de usos sustentáveis".

Com efeito, unidades de conservação restritivas têm sido sistematicamente implementadas em regiões consideradas com alta diversidade biológica, sob a crença de que seus ecossistemas ainda se encontram intactos (Diegues, 1994). A ironia dessa visão está no fato de que a maioria dessas regiões naturais vem sendo ocupada e alterada há gerações pelas chamadas populações artesanais e sociedades "pré-capitalistas" (McNeely, 1995). Caracterizadas por baixas pressões de desenvolvimento – resultado de uma economia local de pequena escala, de baixos padrões de consumo e de poluição, muitas dessas populações têm manejado os recursos naturais dentro de uma complexa organização social diretamente relacionada a relações próprias com a natureza, contribuindo para a manutenção, e muitas vezes melhoria, da diversidade dos ecossistemas locais (Sachs, 1999).

Diante da criação de unidades de conservação excludentes, essas regiões têm passado por transformações estruturais, principalmente em relação ao controle sobre os recursos naturais (Wells e Brandon, 1995). A disputa de interesses tem se dividido em dois focos inter-relacionados. Por um lado, a proteção integral da diversidade biológica tem sido o principal objetivo de políticas preservacionistas, através de instrumentos e estratégias de acesso restritivas à presença humana. Por outro, a riqueza cênica da paisagem tem interessado a empreendimentos orientados pelo lucro imediato, através do turismo, por exemplo. Nesse complexo "ambiente politizado", a maioria das populações artesanais moradoras tem sido excluída das esferas de decisão, perdendo o controle sobre os recursos naturais e, consequentemente, sobre a base de seu modo de vida. O resultado visível tem sido a promoção de tensões que comprometem a capacidade das populações residentes de fortalecerem suas atividades socioeconômicas e qualidade de vida sem afetar a manutenção da diversidade ecológica local, capacidade essa definida como "modos de vida sustentáveis" (Chambers, 1985; Scoones, 1998).

Este artigo argumenta que o não-reconhecimento e a não-incorporação do conhecimento ecológico e das dinâmicas socioeconômicas de populações artesanais residentes em regiões biodiversificadas, por esse modelo de "proteção" da natureza, têm promovido um processo histórico de exclusão social, aumento da pobreza e degradação ambiental. Configurando medidas reativas, esse modelo tem justificado a continuidade de políticas de desenvolvimento social e ambiental problemáticas bem como legitimado os interesses de uma minoria sobre o controle dos recursos naturais.

Entender as raízes e as implicações dessa racionalidade de desenvolvimento e de "proteção" ambiental sobre o modo de vida de populações artesanais residentes e sobre a diversidade ecológica dessas regiões pode ser um primeiro passo para a elaboração de uma política de desenvolvimento justa e responsável, capaz de promover modos de vida sustentáveis em países em desenvolvimento.

Essas questões são analisadas no contexto específico do Parque Nacional dos Lençóis Maranhenses, no Brasil[2]. A região possui aproximadamente trinta mil habitantes, espalhados em 264 localidades, e apresenta uma das maiores diversidades culturais e naturais do país. Entretanto, o contexto regional é, hoje, protagonista de mudanças sociais e ambientais estruturais, resultado da introdução de políticas questionáveis de desenvolvimento econômico, seguidas de paliativos de "proteção" ambiental. Essas mudanças têm promovido tensões entre vários atores sociais – um quadro alarmante e emergente, que pode representar um desafio para a elaboração de uma política de desenvolvimento regional sustentável, capaz de evitar o que vem ocorrendo na maioria das regiões costeiras brasileiras já impactadas por essa *racionalidade* de controle sobre a natureza em benefício de uma minoria.

Este artigo está dividido em duas seções principais. A primeira examina o contexto sob o qual foi criado o modelo de áreas naturais protegidas nos Estados Unidos bem como as implicações e as dimensões de poder implícitas nesse modelo. A segunda seção investiga o estabelecimento das primeiras unidades de conservação no Brasil, e analisa os diversos interesses e relações de poder que influenciaram a designação do Parque Nacional dos Lençóis Maranhenses. Focando uma vila de pescadores artesanais, Atins estuda os impactos do atual processo de "desenvolvimento" na região sobre as suas dinâmicas socioeconômicas e as estratégias das populações residentes frente a novas realidades: as práticas "comerciais" de exploração dos recursos naturais, a construção de uma rodovia interestadual e a introdução do turismo como alternativa econômica.

A proposta deste trabalho é ampliar o debate acerca das implicações dessa racionalidade sobre o modo de vida de populações artesanais e a diversidade biológica de regiões consideradas de alto valor ecológico, objetivando informar a elaboração de políticas de desenvolvimento socialmente inclusivas, ambientalmente responsáveis e economicamente justas, que promovam modos de vida sustentáveis em países em desenvolvimento.

2. As políticas de desenvolvimento e de conservação em regiões biodiversificadas em países em desenvolvimento

2.1. Raízes do modelo de parque nacional nos Estados Unidos

O movimento norte-americano de criação de áreas naturais protegidas como parques nacionais tem suas raízes no século XIX, a partir da consolidação capitalista e conquista do considerado "selvagem" território do Oeste. Naquela época, de acordo com Nash (1989:35):

[2] Este artigo é parte de um processo que se iniciou em 1997, quando visitei pela primeira vez a região do Parque Nacional dos Lençóis Maranhenses no Brasil. Nessa época, foi observado que o desenvolvimento da região estava ocorrendo sem uma política governamental clara em relação à manutenção da diversidade ecológica local e sem o envolvimento das populações residentes nos processos decisórios. O tema deste artigo é uma tentativa de investigar profundamente esses aspectos. Em julho de 1999, foi conduzida uma pesquisa de campo na região focando em Atins, uma vila de pescadores artesanais.

> "A maioria do território requerido pelos Estados Unidos era 'selvagem'. A disponibilidade dos recursos naturais era dominante no mito norte-americano durante um século após a independência...Nesse contexto geográfico, progresso era definido como um sinônimo de crescimento, desenvolvimento e conquista da natureza."

Essa visão levou à criação do decreto do *Homestead Act*, em 1862, através do qual todo cidadão norte-americano poderia obter propriedade de até 70 hectares de terra devoluta que tivesse cultivado (Diegues, 1994:25). Esse processo resultou em transformações profundas na natureza, ocasionadas por atividades como desmatamento, mineração, construção de estradas e barragens, para satisfazer à expansão da agricultura e da indústria modernas emergentes. Em dez anos, o ônus ambiental e social desse processo de desenvolvimento de fronteira tornou-se evidente, diante de uma sensação geral de incerteza.

Nesse contexto, *Yellowstone*, o primeiro parque nacional do mundo, foi criado em 1872, determinando uma concepção específica sobre a relação sociedade-natureza que iria influenciar decisivamente o movimento ambiental moderno, principalmente em países em desenvolvimento. Para Sellars (1997:16), com o tempo esse conceito constituiu uma *racionalidade politicamente viável* para o movimento protecionista a favor de parques nacionais, no qual o uso utilitário dos recursos naturais pelo desenvolvimento do turismo asseguraria a integridade da natureza.

Apesar do tom aparentemente democrático desse discurso de "proteção" da natureza, a criação de parques nacionais tem servido a outros interesses, inclusive corporativos. Estimulando a criação de áreas protegidas e o desenvolvimento do turismo, corporações privadas, através de relações estreitas com o governo federal, definiram o tipo de uso do solo e a economia da nova fronteira do Oeste. A criação de Yellowstone foi diretamente influenciada pela Companhia de Trens do Pacífico Norte, que, buscando estabelecer um monopólio de comércio ao longo do novo território do Oeste, pressionou o governo a designar uma área sob controle federal, impedindo possíveis requerimentos de acesso àquela propriedade. Nas palavras de Sellars (1997:9-10),

> "Tendo uma paisagem magnífica como principal fonte de lucros, o turismo surgiu no final do século XIX como uma estratégia econômica de controle sobre a terra para investimentos de negócios privados. O sucesso de tal investimento dependia ... da preservação do cenário em si e da *cooperação* (minha adição) do governo federal em relação à gestão e desenvolvimento de vastas áreas no Oeste".

Dentro da lógica predominante no início do movimento de parques nacionais nos Estados Unidos, é significativo o não-reconhecimento do manejo dos recursos naturais por parte das populações nativas, bem como dos seus direitos ancestrais sobre seu território. Parques eram estabelecidos em áreas consideradas "selvagens e vazias", exacerbando um processo iniciado durante a conquista do Oeste, de exterminação dos nativos norte-americanos e de transferência dos sobreviventes para reservas "suficientemente apropriadas para o uso dos índios", de acordo com o pensamento sociopolítico da época (Diegues, 1994).

Como Sellars (1997:290) argumenta, "começando com a construção de estradas e hotéis em Yellowstone, a história do desenvolvimento e uso de parques nacionais para turismo se estendeu por mais de um século, refletindo e mudando percepções sobre o propósito de unidades de conservação".

Nesse contexto, a integração entre as ciências sociais e naturais como base legítima do desenvolvimento sustentável de regiões com alta diversidade biológica e sociocultural, capaz de apoiar a conservação da natureza e o estabelecimento de práticas econômicas responsáveis de manejo e uso dos recursos naturais, tem-se configurado como o maior desafio às políticas ambientais.

2.2. *Implicações do modelo norte-americano de preservação em países em desenvolvimento*

Foi exatamente essa racionalidade de desenvolvimento corporativo e de preservação que influenciou as políticas ambientalistas em países em desenvolvimento, apesar das marcantes diferenças entre seus quadros social, cultural, econômico, político e ambiental (West e Brechin, 1991; Wells e Brandon, 1995).

A adoção desse modelo reativo de conservação da natureza nesses países tem se caracterizado por conflitos sociais sobre o acesso e controle dos recursos naturais de regiões tradicionalmente habitadas. Precisamente, uma das características mais marcantes dos países em desenvolvimento é a coexistência entre suas populações artesanais e uma sociedade urbano-industrial. Consideradas sociedades pré-capitalistas, por viverem em regiões onde a lógica de consumo e lucro não foi integralmente incorporada, muitas dessas populações têm desenvolvido complexas dinâmicas socioambientais diretamente relativas ao seu modo de vida (McNelly, 1995).

Ao longo da história, muitas dessas populações artesanais têm manejado suas regiões de maneira a obter benefícios coletivos conhecidos como "regimes de propriedade comum" (*common property regimes*). Assim, através da definição e contínua aceitação de uma série de acordos estabelecidos pela comunidade, comportamentos individuais têm sido regulados e práticas coletivas de uso dos recursos naturais têm sido respeitadas, de maneira a garantir a continuidade de seu modo de vida (Ostrom, 1990). Além disso, muitas dessas populações têm apresentado características similares como sistemas econômicos de pequena escala baseados na produção de subsistência, na diversificação e na combinação de diversas atividades – pesca, extrativismo, agricultura (Berkers, 1999). Essas práticas de manejo e dinâmicas socioeconômicas, somadas a um rico conhecimento sobre os ciclos da natureza, têm resultado em baixos impactos nos ecossistemas, contribuindo diretamente para uma efetiva "conservação" dessas regiões.

A constatação irônica é que são exatamente essas regiões, habitadas e alteradas durante décadas por gerações de populações artesanais, que vêm sendo transformadas em unidades de conservação. Isso não seria tão problemático se o processo político-decisório não fosse excludente e restritivo em relação ao acesso dessas populações aos recursos naturais.

Sem reconhecer e mesmo sem relacionar o fato de que a diversidade biológica de tais regiões deve-se em grande parte aos seus habitantes artesanais, muitos governos (financiados por organizações preservacionistas), ao designarem unidades de conservação, têm focado a apropriação pública ou privada de extensas áreas naturais, seguida pela restrição de acesso aos recursos naturais pelas populações residentes e, então, pelo estabelecimento de medidas compensatórias de geração de renda e substituição de suas técnicas artesanais de manejo. Apesar dessas duas últimas medidas soarem positivas, diversas prioridades e alternativas econômicas revelam-se paliativas, definidas e implementadas sem avaliações criteriosas, principalmente das mudanças e potenciais impactos provocados no modo de vida das populações locais e, assim, na natureza (IIED, 1994). A título de exemplo, Diegues (1994:19) esclarece que "grande parte do orçamento das unidades de conservação é usada para a fiscalização e repressão..., e muito pouco para melhorar a vida e a manutenção das populações tradicionais que, se organizadas e estimuladas, poderiam contribuir para a conservação das áreas protegidas".

É significativo notar que, ao interferir na viabilidade do modo de vida artesanal, essa racionalidade política não apenas negligencia um vasto conhecimento sobre a ecologia dessas regiões, mas contribui para a degradação ambiental. A expulsão dos moradores tem resultado em abuso e exploração ilegal dos recursos naturais por multinacionais e grandes indústrias madeireiras, mineradoras e empresas turísticas, em sinal de desrespeito à legislação ambiental e inconsistência da execução desta. Além disso, programas inadequados de reassentamento, somados à perda de autonomia econômica das populações, têm levado a um uso extensivo das áreas de conservação e de seus arredores pelos então moradores expulsos, assim como a conflitos com os administradores das unidades (Ghimire e Pimbert, 1999; Bidol e Crowfoot, 1991).

A conservação da natureza, sob essa perspectiva, tem servido muito mais a organizações preservacionistas de países industrializados (que já devastaram a maior parte de suas áreas naturais) e aos grupos dominantes em países em desenvolvimento (que usam essa bandeira para obter ajuda financeira de fundos internacionais voltados à proteção da natureza) do que às populações residentes, que têm habitado essas regiões por gerações, sem as devastarem (Ghimire, 1999).

Cabe esclarecer que não presumimos que todas as populações artesanais vivam em completa harmonia com seu meio natural, o que seria menosprezar a complexidade, dinâmica e heterogeneidade desses povos e da própria natureza. A questão aqui levantada é o vazio (*gap*) entre a base teórica da racionalidade moderna sobre conservação e os resultados atingidos. Como afirmam West e Brechin (1991:17),

> "a real tragédia é que com base na simples definição de unidade de conservação, as populações residentes [em áreas protegidas restritivas] em países em desenvolvimento têm sido deslocadas ou proibidas de suas práticas tradicionais de uso dos recursos do parque, sendo deixadas a sofrer severas privações e impactos sociais, sem qualquer tipo de documentação provando que elas estavam degradando esses recursos".

Vale observar que os resultantes conflitos socioambientais em países em desenvolvimento têm raízes políticas e econômicas relativas às características de um modelo de desenvolvimento e de conservação largamente influenciado pelos interesses da chamada ordem econômica mundial (Descola, 1996). As dimensões de poder implícitas nessa racionalidade política serão agora examinadas.

2.3. Dimensões de poder de um ambiente politizado

Por trás das implicações da racionalidade política sobre o modo de vida de populações artesanais e a integridade ecológica de suas regiões, está o papel do *poder* de condicionar as interações sociedade-natureza e o controle sobre os recursos naturais (Hannigan, 1995; Descola, 1996; Bryant e Bailey, 1997)[3].

[3] Embora a questão da relação sociedade-natureza seja brevemente analisada sob o viés da ecologia política e da sociologia, outras disciplinas das ciências sociais, como a filosofia e a antropologia, têm contribuído para esse debate. Segundo Descola (1996:12), "as relações sociedade-natureza estão na prioridade das agendas públicas uma vez que o lugar da natureza nas relações humanas tem se tornado um das maiores preocupações políticas e éticas de indivíduos e governos".

Muitos ecologistas políticos têm argumentado que conflitos ambientais configuram menos processos neutros passíveis de resolução através de procedimentos tecnocráticos do que complexos processos políticos e econômicos que atuam sobre desigualdades sociais já existentes. Como Bryant e Bailey (1997:28) afirmam, "central na ideia de um ambiente politizado é o reconhecimento de que problemas ambientais não podem ser entendidos isolados de um específico contexto político e econômico dentro do qual eles foram gerados". Essa argumentação tem criado a noção de um *ambiente politizado*, no qual os custos e benefícios relativos a conflitos ambientais são distribuídos de uma maneira desigual entre diversos atores sociais.

Uma vertente sociológica tem proposto um debate semelhante, no qual a problemática socioambiental envolve diversos atores que a definem, negociam e constroem de formas diferentes (Hannigan, 1995). Assim, para o construtivismo social, a raiz dos conflitos ambientais está nos resultados de um processo sociopolítico dinâmico, no qual diferentes atores interagem em esferas públicas e privadas com o objetivo de negociar e legitimar seus interesses e demandas sobre a natureza. Dentro dessa visão, a dimensão de poder de um ambiente politizado refere-se à habilidade que cada ator social possui para influenciar e controlar a sua interação e a de outros atores com a natureza, motivado a alcançar a supremacia sobre os outros atores, que, nesse contexto, representam um obstáculo a seus objetivos.

Nessa perspectiva, o papel que o poder assume de condicionar a interação entre diferentes atores e a natureza em um específico contexto contribui para esclarecer as raízes e as dinâmicas que constituem particulares conflitos socioambientais. Sabendo que o modo de vida de populações artesanais depende diretamente do meio natural, a perda, por parte dessas populações, do controle sobre os recursos naturais, causada por tal racionalidade política de desenvolvimento e de conservação, representa a sua exclusão e o empobrecimento absoluto. Para Redclift (1997), se a natureza em países em desenvolvimento é, acima de tudo, uma "questão de vida", qualquer mudança no acesso aos recursos naturais irá inevitavelmente afetar as habilidades das populações residentes de assegurar a sua principal fonte de sobrevivência.

Sob a bandeira de desenvolvimento e conservação, regiões tradicionalmente ocupadas – e coincidentemente ricas em recursos naturais, seja em termos estéticos ou econômicos – têm sido privatizadas por intervenções corporativas e privadas com apoio do setor público. A distribuição desigual dos benefícios e custos sociais e ambientais entre os diversos atores envolvidos, como, governos, preservacionistas, desenvolvimentistas e populações residentes, tem aumentado a vulnerabilidade das últimas. Mantendo as populações locais à margem das esferas políticas de decisão e do controle sobre os recursos naturais, nos deparamos com a legitimação do poder de uma minoria, como vamos discutir a seguir.

3. Impacto das políticas de desenvolvimento e de conservação sobre populações tradicionais e a natureza no Brasil

3.1. Breve histórico da criação de unidades de conservação no Brasil

A conservação da natureza por meio de áreas naturais protegidas tem sido a maior estratégia adotada pelo governo brasileiro dentro de um cenário de extensiva degradação ambiental, resultante da implementação de projetos problemáticos de desenvolvimento e de rápida urbanização[4].

Como Hall (1997:52-3) observa, o período 1930-64 foi marcado, no Brasil, por um crescente aumento de incentivos governamentais à industrialização, o que significou uma exploração sem precedentes dos recursos naturais através de monopólios públicos. A natureza era vista como uma provedora sem limites, oferecendo "infinitos recursos físicos para o desenvolvimento econômico". Apesar do desinteresse do governo federal pela capacidade de manutenção da diversidade dos meios naturais do país, houve, nessa época, um certo reconhecimento da necessidade de criação de alguma forma de "proteção" ambiental. Assim, a designação de parques nacionais tornou-se a principal estratégia de conservação da natureza no Brasil.

O primeiro parque nacional, Itatiaia, foi criado em 1937. Sua localização – a densa e industrializada região Sudeste-Sul – torna evidente, por si só, a estratégia de conservação da natureza reativa aos impactos de políticas de desenvolvimento[5]. As demais regiões só configuraram unidades de conservação a partir dos anos 1960, com a expansão da urbanização e da fronteira agrícola em direção às regiões centrais e à Amazônia (Diegues, 1994).

É importante observar que grande parte das áreas naturais protegidas foi designada durante o período militar (1964-86), quando uma política agressiva de integração nacional e desenvolvimento econômico foi estabelecida. Dois fatores levaram à criação de uma política nacional ambiental nessa época. Primeiro, as pressões de organizações internacionais como o Banco Mundial e o BID, que passaram a incluir cláusulas ambientais como uma condição aos empréstimos para grandes projetos de desenvolvimento[6]; segundo, os interesses militares de manter a soberania brasileira e a segurança nacional através da ocupação e desenvolvimento das regiões de fronteira. Como Hall (1997:53-4) destaca, a proteção ambiental por meio de unidades de conservação "controladas pelo centro" visava estrategicamente "estabelecer um controle federal sobre o processo de modernização da nação".

Essa racionalidade inspirou uma abordagem restritiva e fiscalizadora sobre as populações locais e suas práticas artesanais de manejo dos recursos naturais, marcando essas políticas de conservação do Brasil. Durante o emergente processo de desenvolvimento e expansão territorial, na época do governo militar, pouca ou nenhuma atenção era dada às populações locais e a seus modos de vida De acordo com Diegues (1994:115-6), unidades de conservação eram definidas de maneira autoritária, sem consulta às populações residentes, cujas regiões seriam diretamente afetadas. Ao contrário, as práticas artesanais de manejo coletivo da natureza eram vistas como obstáculo às políticas centralizadas de desenvolvimento e de conservação (Hall, 1997).

Essa abordagem, apesar de encontrar cada vez maior resistência, continua influenciando políticas de conservação da natureza em países em desenvolvimento, permitindo intervenções em suas regiões biodiversificadas, através do rompimento de práticas artesanais de manejo e da

---

[4] A primeira conferência sobre proteção da natureza ocorreu em 1934, ano de lançamento do Código Florestal, que introduziu o conceito de unidades de conservação no Brasil (Hall, 1997:53). Largamente influenciado pelos princípios norte-americanos, o Código definia que áreas extensivas com grandes atributos cênicos deveriam ser delimitadas e preservadas para fins de recreação da população urbana, pesquisa científica e educação ambiental enquanto a ocupação humana estava totalmente proibida.

[5] O Parque Nacional de Itatiaia foi estabelecido exatamente na divisa entre os estados mais industrializados do país: São Paulo, Minas Gerais e Rio de Janeiro.

[6] Esse período coincide com o crescimento da dívida externa do Brasil, com consequentes solicitações de grandes empréstimos para a viabilização das políticas vigentes de desenvolvimento.

apropriação dos recursos naturais por corporações e indivíduos social, política ou economicamente influentes (Vivian, 1992).

Fundado em 1967, o Instituto Brasileiro de Desenvolvimento Florestal (IBDF) tornou-se o responsável pelas políticas nacionais de conservação, apesar de seu envolvimento no desmatamento de grandes áreas para reflorestamento com propósitos industrias[7]. Além disso, suas posições políticas eram baseadas numa visão "derrotista", segundo a qual o crescimento populacional e o desenvolvimento tecnológico iriam inevitavelmente devastar a natureza, restando apenas a proteção especial de regiões "primitivas" para reverter esse quadro em longo prazo (Diegues, 1994:117).

Essa abordagem foi oficialmente desafiada pelo ambientalista José Lutzenberger, nomeado Secretário de Meio Ambiente em 1990 pelo presidente Fernando Collor. Segundo Hall (1997:59), ao rejeitar modelos tecnocráticos e de desenvolvimento de grande escala, Lutzenberger promoveu uma mudança radical dentro das políticas ambientais, atuando na queima ilegal de florestas, definindo uma nova estrutura institucional em relação à proteção do meio ambiente e envolvendo as populações locais na formulação dessa política. Suas diretrizes, no entanto, entraram em atrito direto com os interesses das indústrias madeireiras e da bancada ruralista do país e resultaram na sua saída da Secretaria, convenientemente, após a Eco 92[8].

A verdade é que, desde os tempos coloniais, o controle sobre os recursos naturais no Brasil tem beneficiado os interesses de uma minoria politicamente influente[9]. Essa lógica política tem não apenas interferido no acesso aos recursos naturais, mas legitimado um processo histórico de desigualdade, exclusão social e de degradação da natureza.

3.2. O Parque Nacional dos Lençóis Maranhenses

O Maranhão apresenta uma diversidade biológica particular, dada sua geografia de transição entre a floresta amazônica, o cerrado e o semiárido, e possui a maior área de mangues do Brasil[10]. Seus 640 quilômetros de litoral, o segundo maior do país, compõem uma paisagem única, desde as *Reentrâncias Maranhenses*, a oeste, até o único delta de mar aberto das Américas, o *Delta do Parnaíba*, a leste.

Entre esses dois extremos, dunas, mangues, igarapés e restingas compõem a região chamada *Lençóis Maranhenses*. Por causa da proximidade com o equador, a área é marcada por duas estações principais: o inverno (janeiro a junho) e o verão (julho a dezembro). No inverno, as águas

[7] Em 1989, o IBDF foi absorvido pela nova agência federal de meio ambiente, Ibama, junto com outras três agências de proteção ambiental: Sudepe, Sema e Sudhevea (Hall, 1997:56).

8 As divergências e conflitos entre Lutzenberger e grupos corporativos e políticos cessaram temporariamente, uma vez que o Brasil sediou a reunião da Unced em 1992 (Hall, 1997:60).

[9] Essa racionalidade política dominante tem suas raízes nas capitanias hereditárias – grandes propriedades nomeadas por Portugal, no século XVI, e que têm sido passadas de geração a geração, desde então. São usadas por seus proprietários, os latifundiários, como forma de manutenção de poder e influência sobre a sociedade, ao invés do bom manejo de seus recursos naturais.

[10] O Maranhão tem uma superfície terrestre de 333,365,6 km^2. Seus limites são: o Oceano Atlântico (N); o estado do Piauí (L); o estado de Tocantins (S) e o estado do Pará (O).

da chuva formam centenas de lagoas nas dunas, enquanto o vento e o mar se acalmam. Durante o seco verão, as lagoas evaporam e os ventos fortes tornam o mar turbulento[11].

Essa singularidade de paisagem tem sido considerada determinante à criação do *Parque Nacional dos Lençóis Maranhenses* pelo IBDF, em 1981. O objetivo oficial era proteger a flora, a fauna e as belezas naturais e cênicas existentes para o uso científico, educacional e recreativo da área (Artigo 2º, Decreto 86.086, de 2/6/81). Com base nos critérios de delimitação do seu perímetro e no depoimento do engenheiro responsável pela proposta de criação do Parque, esse objetivo é bastante questionável, como será analisado.

Com 150 hectares de extensão, o Parque é formado por um ecossistema dinâmico de dunas que estão constantemente se desmanchando e se refazendo, de acordo com os ventos e cursos d'água. O Parque ainda abriga vegetação de cerrado ao longo das dunas, restingas dentro das dunas e mangues nas margens dos rios (Uema, 1996). É também o suporte de milhares de pássaros migratórios e de tartarugas, que botam seus ovos nas praias (Ibama, 1997). Apesar dessa complexidade natural, o Artigo 1º do decreto de criação do Parque define seu perímetro como:

> "Início no ponto de coordenada geográfica: Latitude 02°39'29"S e longitude 43°11'42"O Gr., localizada no alinhamento da rede telegráfica que liga Humberto de Campos e Barreirinhas, ponto 1. Continua norte em linha reta e seca até o ponto de coordenada geográfica: Latitude 2°30'00"S e longitude 43°11'42"O Gr., ponto 2. Segue em direção noroeste através de outra linha reta e seca até o ponto de coordenada geográfica: Latitude 2°22'03"S e longitude 43°25'34"O Gr., localizada na interseção da linha anterior e na parte setentrional da Ilha de Santaninha, ponto 3. Contorna sudoeste até o ponto de coordenada geográfica: Latitude 2°33'11"S e longitude 43°27'56"O Gr., ponto 4. Entra em perpendicular um quilômetro no Oceano Atlântico contornando o litoral na direção do relógio até o ponto de coordenada geográfica: Latitude 2°33'50"S e longitude 42°45'00"O Gr., ponto 5. Segue pela estrada de rodagem que conecta Ponta do Mangue e Barreirinhas até o ponto de coordenada geográfica: Latitude 2°44'39"S e longitude 42°51'11"O Gr., localizada na interseção dessa estrada e da rede telegráfica, ponto 6. Continua noroeste até o ponto 1 descrito, fechando o perímetro"[12].

Para o representante do Ibama[13] em São Luís, muitos desses limites seguem, de fato, rotas e caminhos demarcados anteriormente pela Petrobras, na década de 1970, numa tentativa de encontrar petróleo na região, sem sucesso[14]. E, de acordo com o administrador do Ibama em Barreirinhas (sede administrativa da região), a criação do Parque deveu-se muito mais ao resultado do trabalho de Floralim Coelho, técnico do IBDF, do que ao de um estudo ecológico detalhado (D'Antona, 1997:155). Nas palavras de Coelho:

---

[11] No inverno, o nível pluviométrico da região atinge uma precipitação de mais de 60% do total anual de 1,600 mm (Uema, 1996).

[12] De acordo com a divisão do Maranhão em vinte regiões homogêneas, o Parque é parte da Microrregião 4, composta pelas municipalidades de Barreirinhas, Humberto de Campos, Primeira Cruz, Santo Amaro do Maranhão e Tutoia (IBGE, 1994).

[13] Desde 1989, o Ibama é responsável pelo manejo e fiscalização do Parque (e mais tarde da APA), enquanto à Gerência Adjunta de Meio Ambiente do Estado (Gama) cabe a aprovação de empreendimentos na região. A falta de recursos da Gama, porém, tem propiciado ao Ibama poder de atuação direta na região. A única representação ambiental do governo estadual na região do Parque, por exemplo, é o Posto de Controle e Fiscalização (Pocof) do Ibama, em Barreirinhas.

[14] Criada em 1953, a Petrobras se transformou no maior monopólio governamental de petróleo do país em trinta anos.

"A ideia do Parque surgiu em 1973-4, quando desenvolvemos uma pesquisa sobre os recursos naturais das áreas costeiras do Maranhão para o Programa de Integração Nacional do Ministério da Energia... Seguindo outros parques que têm uma beleza cênica e ecossistemas únicos, o nosso objetivo era publicar, estudar e proteger essa natureza privilegiada... A delimitação de áreas protegidas é baseada em vários critérios: da estratégia de conservação de afluentes naturais, limites demográficos, vegetação até a facilidade de demarcação da área... No caso, nenhuma desapropriação foi planejada ou aconteceu devido ao não interesse nos aspectos naturais dos solos arenosos e da vegetação economicamente não viável."

É interessante observar que, enquanto as dunas, lagoas e restingas eram "protegidas" dentro dos limites do Parque, os ecossistemas de maior potencial econômico permaneceram totalmente fora do seu perímetro. Os mangues, a vegetação ciliar e a foz do rio Preguiças só foram transformados na Área de Proteção Ambiental (APA) Pequenos Lençóis dez anos depois, em 1991. Nessa época, Lutzenberger chefiava a Secretaria do Meio Ambiente, e sua posição progressista é claramente ilustrada pela definição de uma categoria de unidade de conservação alternativa como a APA, que reconhece o envolvimento das populações locais nos processos de conservação[15].

Com base no exposto até aqui, cabe analisar os verdadeiros interesses existentes por trás da criação e delimitação do Parque e da APA, e suas implicações sobre o modo de vida das populações artesanais residentes.

3.3 Interesses políticos e econômicos por trás da criação do Parque Nacional dos Lençóis Maranhenses

Estabelecido em um período de largos incentivos à integração nacional, através da implementação de grandes infraestruturas e da ocupação das fronteiras, o Parque Nacional dos Lençóis Maranhenses exemplifica uma política ambiental reativa, limitada a proteger grandes estoques de recursos naturais do próprio modelo de desenvolvimento econômico vigente. Curioso é que, embora a região não se configure como um eixo de desenvolvimento dentro da lógica militar, a criação do Parque é posterior à exploração da Petrobras na região, sugerindo que ele foi "coincidentemente" estabelecido nas áreas "economicamente não viáveis" das dunas, enquanto os recursos naturais atrativos não eram "protegidos", incluindo os mangues e a vegetação ciliar do rio Preguiças.

Além disso, a estratégia do governo de "não intervenção" na estrutura fundiária local tem incentivado as oligarquias locais a adquirirem as terras economicamente mais interessantes, resultando em especulação e na expulsão das populações artesanais de suas propriedades. Atualmente, essa tendência tem sido favorecida pelas políticas estaduais de incentivo ao turismo, como será analisado.

O modelo de criação do Parque não apenas segue a experiência corporativa norte-americana, como também é marcado pela ausência de estudos criteriosos capazes de informar políticas e ações integradas às dinâmicas socioeconômicas, culturais e naturais existentes. Nesse sentido, os perímetros do Parque, definidos a partir de referências rígidas, revelam a falta de compromisso com

[15] A APA tem o objetivo de "disciplinar o processo de ocupação fundiária e promover a proteção dos recursos naturais dentro dos seus limites, visando assegurar o bem-estar das populações locais, conciliando ações humanas e preservação da vida selvagem, proteção dos recursos naturais e melhoria da qualidade de vida dessas populações" (Ibama, 1999).

a mobilidade natural do ecossistema de dunas da região, contradizendo o discurso do governo de "proteção da flora e fauna".

Finalmente, o processo de criação do Parque tem gerado diversos conflitos com as práticas socioambientais regionais. Sob a retórica de "proteção da natureza", o modo de vida das populações residentes e o próprio discurso ambientalista têm sido limitados e pouco informativos, não incluindo as populações locais nos processos decisórios.

Ao promover tensões sociais em relação às interações locais entre sociedade-natureza através de processos de exclusão social e de apropriação de recursos naturais por uma minoria, a criação do Parque dos Lençóis Maranhenses tem configurado um complexo ambiente politizado.

Esse quadro esvazia o testemunho de Floralim Coelho sobre os objetivos de "publicar, estudar e proteger... essa natureza privilegiada" e de não promover "nenhuma desapropriação... devido ao não interesse nos aspectos naturais dos solos arenosos e da vegetação economicamente não viável".

O resultado, apesar do discurso, é uma lógica autoritária e punitiva dominando as práticas do governo na região, direcionada às populações artesanais residentes sem qualquer voz política. Embora a posterior criação da APA tenha significado a possibilidade de incluir as populações locais nos processos decisórios sobre o acesso e manejo dos recursos naturais da região, esse esforço tem sido obscurecido por discursos e ações paradoxais, como discutiremos na próxima seção.

4. O modelo de unidades de conservação no discurso e na prática

4.1. Modos de vidas das populações artesanais residentes nos Lençóis Maranhenses

A relação entre as populações artesanais dos Lençóis Maranhenses e a natureza pode ser entendida como uma interação "sustentável", que tem assegurado a manutenção do seu modo de vida e dos ecossistemas locais. O modo de vida das populações que vivem dentro do Parque e da APA ou próximas deles tem sido marcado por estratégias socioeconômicas complexas, diretamente relativas ao meio natural.

Acompanhando a dinâmica climática da região, os modos de vida são sujeitos a mudanças de acordo com as estações. As chuvas definem o inverno e o verão, enfatizando as atividades de pesca no litoral e da agricultura no interior. Outras atividades complementares são a cata do caranguejo, a agricultura, o artesanato e o extrativismo, no mangue, de madeira e da palmeira de buriti (um dos principais "suportes" do modo de vida local; dessa árvore aproveita-se tudo: o tronco para a estrutura das casas, as folhas como telhas, o olho para tecer cestas e redes, e os frutos para doces).

Tendo como base o núcleo familiar e a produção diversificada em pequena escala, o somatório dessas atividades tem resultado em uma complexa rede de troca e venda entre pessoas de diferentes localidades, assegurando sua subsistência. Em meio a tantos movimentos, o processo sazonal evidencia, acima de tudo, uma vibrante circulação de pescadores tradicionais, agricultores, vaqueiros e artesãos entre o litoral e o interior.

O rio Preguiças é parte fundamental dessa dinâmica. Ao longo de suas águas calmas, o litoral e o interior se encontram, trazendo pessoas e produtos. O porto mais importante fica em Barreirinhas, a sede administrativa da região, que ainda concentra o banco, a escola de 2º grau, o hospital regional, o mercado livre, o correio e o posto do IBAMA.

Os diversos interesses e as relações de poder estabelecidos por trás da criação do Parque e da APA, somados à introdução de novas formas comerciais de exploração dos recursos naturais regionais, têm afetado diretamente a base dessa relação, e marcam o início de um processo de mudança estrutural na interação sociedade-natureza, afetando diretamente todos aqueles excluídos dos processos de decisão.

Para um melhor entendimento das implicações dessa racionalidade sobre o modo de vida das populações locais e a diversidade ecológica da região, vamos analisar a experiência de Atins, uma vila de pescadores artesanais situada à margem direita da foz do rio Preguiças.

ATINS – PESCADORES ARTESANAIS, 1999.

4.2. Atins – A porta de entrada do Parque?

Para a maioria dos seus seiscentos habitantes, Atins é considerada a "porta de entrada" do Parque Nacional dos Lençóis Maranhenses. A vila, entretanto, não se encontra dentro dos limites oficiais do parque. Dividida em grupos de parentesco, como parte da estratégia socioeconômica local, Atins tem como principais atividades econômicas a pesca e a agricultura de subsistência. Nela há uma escola de primeiro grau, um posto de saúde e um telefone. Seus habitantes não possuem títulos de terra, uma vez que a área é de propriedade federal. Não há nenhuma organização política local representativa.

A eletricidade chegou em 1997 à vila, ao mesmo tempo que uma estrada de chão foi aberta pelos moradores interligando a vila a Barreirinhas. Essas melhorias, somadas à introdução de práticas de pesca comercial no litoral e ao surgimento do turismo na região (por causa do Parque), têm representado o início de mudanças estruturais no modo de vida local.

Uma das maiores consequências da criação do Parque para Atins refere-se às restrições de acesso aos recursos naturais e a práticas punitivas do Ibama às atividades diárias dos moradores, restrições e punições que, em suas palavras, "têm interferido profundamente nas nossas vidas".

O Ibama foi estabelecido na região para gerir o Parque, mas, na prática, tem aplicado a legislação restritiva de parque nacional na zona da APA, onde – em teoria – a conservação dos recursos naturais deveria ser *conciliada* com a melhoria de vida das populações locais. O quadro de tensões sociais é mais um reflexo do desinteresse do governo pelas dinâmicas sociais e econômicas locais, da inconsistência de sua política ambiental e do uso indevido da estratégia de áreas protegidas.

O depoimento do administrador do Ibama em Barreirinhas mostra que o Parque encontra-se fora da agenda dessa agência. Primeiro, porque é definido como um lugar exótico e distante, cujos ecossistemas de dunas e lagoas estão sujeitos a menos impactos que os mangues e a vegetação ciliar próximos a Barreirinhas. Além disso, seus limites são considerados "imaginários". Para o administrador do Ibama, "não dá para lidar com as populações locais porque não sabemos quem está dentro e quem está fora". E continua: "mas, essas pessoas não criam problemas. Suas atividades não prejudicam o meio ambiente...são apenas de subsistência. O problema é o arrasto". Seja como for, a ausência de recursos e equipamentos, considerada por ele "uma negligência do governo federal", é o principal fator para "limitar as nossas intervenções no Parque. Na verdade... não temos como fiscalizar (sic) toda essa região com apenas quatro pessoas, um barco e um carro".

Se, por um lado, não há interesse em gerenciar o Parque, por outro as atividades do Ibama estão voltadas para o rio Preguiças, exatamente a área de onde a maioria das populações locais retira parte das suas economias. Nas palavras de uma catadora de caranguejos, "ao invés de cuidar do Parque e punir os que estão destruindo nossas praias, mar e rios, o Ibama está sempre em cima de nós, moradores aqui no rio".

O depoimento de um pescador que vive em Atins há mais de trinta anos, sobre a discrepância entre o discurso e as ações do Ibama, sumariza a posição de muitos outros entrevistados:

> "O Ibama não vem aqui em Atins porque eles não ganham nada com isso. Eles sabem que os barcos de arrasto estão todo dia aqui. Mas, eles vêm com várias desculpas, como não temos verba para gasolina... Para mim, eles não querem resolver nada. Pense bem, se eles realmente quisessem acabar com o arrasto e todos esses problemas, eles podiam pedir para o motorista da rede [entre Atins e Barreirinhas] trazer eles bem cedinho e trabalhar aqui o dia todo. Se tiver que ficar mais, então era só esticar a rede aqui no jardim. Mas, porque vir aqui e deixar todo aquele conforto de Barreirinhas?"

A posição favorável do administrador do Ibama local em relação a um rali de carros no Parque também é ilustrativa da paradoxal política de conservação na região. Sabemos que o rali é uma das atividades mais devastadoras de dunas. Assim, seria correto que essa atividade fosse proibida em uma unidade de conservação tão restritiva como um parque nacional. Ao ser indagado sobre a legislação do Parque, o administrador respondeu:

> "Nós organizamos um debate público em Barreirinhas com cem por cento de aprovação para dar continuidade ao rali... Você sabe, as pessoas aqui não têm nenhuma diversão. Então, o que eu podia fazer?"

Esse debate público, no entanto, não envolveu nenhuma das vilas do Parque ou próximas a ele nem promoveu nenhum tipo de esclarecimento sobre o impacto de um rali nos frágeis ecossistemas daquela área. Também observamos a divulgação do evento que descrevia o rali como uma aventura de conquista de uma região cenográfica. Não havia nenhuma referência aos potenciais impactos dessa atividade sobre as populações locais e o meio ambiente, como o desmonte de dunas.

Diante de fatos como esse, não é surpreendente que a conservação ambiental do Parque e da APA bem como a melhoria da qualidade de vida das populações locais quase desapareçam da agenda do Ibama local. A designação do Parque e da APA, nessa perspectiva, não tem cumprido seus objetivos ambientais e sociais. Ao contrário, tem condicionado o acesso aos recursos naturais da região de acordo com interesses diversos. Por trás das ações do Ibama local e de seu discurso sensibilizado em relação às populações artesanais, existem atores como os donos dos barcos de arrasto e políticos. O caso de um engenheiro de pesca temporariamente afastado das operações de arrasto de camarão do Ibama após apreender o barco de uma pessoa influente é mais um fato coletado. Esse episódio foi comentado por vários pescadores artesanais em Atins, que se referiam a que a "única pessoa que estava começando a fazer algo aqui foi pego pelos grandes."

Essa racionalidade política e utilitária tem comprometido a relação das populações artesanais locais com a natureza e está levando a seu empobrecimento e à degradação ambiental. A incorporação de técnicas modernas de exploração de recursos naturais em Atins tem reforçado esse quadro. Durante as entrevistas, observamos que o modo de vida dessas pessoas era claramente associado a diferentes níveis de "consumo e uso da natureza", embora *devastação ambiental* não fizesse parte de seu vocabulário. Práticas de manejo ambiental eram divididas em três grupos principais: ações não prejudiciais à natureza, como a pesca artesanal; ações necessárias mas não intencionalmente prejudiciais, como a coleta de madeira nos mangues; e ações que deveriam ser proibidas, como o arrasto do camarão. Essa diferenciação também era discutida em relação à pesca artesanal local e à pesca predatória "de fora", relacionada a grupos de Barreirinhas e do Ceará. Para um pescador artesanal:

> "Até vinte anos atrás, não era preciso pescar longe. O peixe estava aqui na praia. Desde a entrada desses barcos motorizados de arrasto do camarão, o peixe desapareceu... Agora, nós somos obrigados a passar duas, três semanas longe de casa para ver se pescamos alguma coisa."

A introdução da pesca de arrasto em Atins tem significado a escassez do recurso pesqueiro na região, acarretando mudanças estruturais nas dinâmicas sociais e ambientais do local. Hoje, é preciso ir longe e usar barco a motor para pescar a mesma quantidade de peixe que antigamente se pescava na praia. Isso significa uma nova organização social, tanto na forma de trabalho – ao redor de novas figuras, como a do "dono do barco" –, quanto em relação à família – principalmente as mulheres e crianças, que são levadas a desenvolver outras estratégias econômicas para assegurar seu dia-a-dia.

O caso de Caburé aprofunda o debate sobre as implicações do modelo de unidades de conservação na capacidade de populações artesanais de controlar o acesso e uso dos recursos naturais, e, assim, seu modo de vida em regiões biodiversificadas.

4.3. Pescadores nômades e turistas em Caburé

Localizado na margem direita da foz do rio Preguiças, Caburé é um banco de areia, considerado um dos melhores locais da região para pesca, lugar com o qual os chamados pescadores artesanais nômades estabeleceram uma relação especial durante os invernos.

Com a criação do Parque, sua paisagem e localização privilegiada entre o mar e o rio passaram a atrair vários pequenos empreendedores e turistas. Conscientes do potencial turístico de Caburé, muitas pessoas, principalmente donos de pousadas em Barreirinhas e em localidades próximas, têm investido ali, o que tem sido decisivo para a configuração do local como de suporte à pesca artesanal de subsistência para o turismo[16].

Porém os empreendimentos turísticos têm se caracterizado pela apropriação fundiária ilegal, uma vez que Caburé é de propriedade da União e área de proteção da Marinha. Orientadas pelo lucro imediato, essas apropriações ocorrem sem nenhuma preocupação com as dinâmicas

[16] A primeira pousada foi construída no local em 1992. Desde então, o crescimento de empreendimentos turísticos em Caburé tem sido vertiginoso. Quando visitamos Barreirinhas e Atins, em 1997, e perguntamos sobre Caburé, as reações foram: "aquele lugar mudou muito", "ih.... você não vai reconhecer" e mesmo "Caburé...ih! agora é uma cidade!"

naturais e estratégias sociais existentes. Alguns donos de pousadas se uniram e construíram um muro de arrimo ao longo da margem do rio, para impedir que suas águas "lavem" a areia e que sua foz mude de lugar, explicitando total desinformação sobre a mobilidade natural da foz do rio e do banco de areia.

Essa apropriação tem interferido diretamente na pesca artesanal em Caburé, resultando na expulsão dos pescadores nômades da área. Além disso, para atrair turistas, donos de pousada "anunciam" a área como se fosse o Parque, enquanto vilas como Atins perdem a oportunidade de se beneficiar do potencial turístico do Parque, como foi observado por uma moradora de Atins:

> "Os turistas chegam aqui de manhã cedinho, vão até as dunas e voltam na hora do almoço para Caburé. A maioria não fica aqui porque em Barreirinhas eles [dono(a)s de pousadas] dizem que o Parque é lá [Caburé]. Como eles não sabem a verdade, eles [os turistas] vão para Caburé. Daqui, nos resta observar."[17]

A ausência de uma política de incentivos ao desenvolvimento turístico regional – que inclua e beneficie as populações artesanais residentes – é evidente quando tomamos conhecimento de que Atins possui apenas uma pequena pousada com dois quartos e que apenas duas famílias alugam quartos para turistas. O depoimento do seu proprietário sumariza o pensamento local:

> "Os turistas não contribuem para a melhoria das nossas vidas. Você tem que entender que turismo é bom apenas para aqueles que tem algo para investir... nós não temos nem o básico para educar nossos filhos... como então pensar em investir algo que não temos e que nem sabemos se vai dar certo?"

Seja como for, a consolidação do turismo como uma "alternativa econômica às populações pobres" locais é a principal plataforma do governo do estado na região dos Lençóis Maranhenses, através do Programa de Ação para o Desenvolvimento do Turismo (Prodetur II), financiado por agências internacionais e nacionais, como BID, Embratur e Banco do Nordeste do Brasil[18].

4.4 Prodetur: o discurso de turismo como alternativa econômica local

Para a administradora da Gerência de Turismo do Estado (Getur), a "grande beleza da paisagem e os inestimáveis recursos naturais e culturais dos Lençóis são o maior patrimônio para o desenvolvimento de produtos turísticos regionais como o ecoturismo."

Seguindo as diretrizes do Programa Nacional (Prodetur–NE), que abrange toda a região Nordeste, o objetivo do Prodetur II é "implementar um programa de investimentos para o desenvolvimento de um importante setor econômico, garantindo a melhoria da qualidade de vida das populações locais e promovendo a preservação e manutenção dos ecossistemas existentes" (Maranhão, 1999).

---

[17] A autora se hospedou em uma das casas que alugam quartos. A localização dessa casa, na rua principal, permitiu o flagrante de todo esse movimento, uma vez que os turistas atravessam essa rua para chegar ao Parque. Ao passarem de manhã, a dona da casa costumava dizer: "você vê, eles [os donos das pousadas em Caburé] trazem os turistas e, antes do almoço, vêm buscar... É assim que só eles ganham dinheiro".

[18] O Prodetur II faz parte de um programa nacional (Prodetur–NE) de estímulo ao desenvolvimento do nordeste brasileiro através do turismo. No Maranhão, o primeiro passo para a sua implementação foi dividir o estado em "polos regionais de interesse de acordo com a homogeneidade (sic) local e a proximidade atrativa". A primeira fase do programa, Prodetur I, centralizou investimentos em São Luís, considerada "o receptor central e distributivo do turismo do estado" (Maranhão, 1999). O Prodetur II centralizou investimentos nos Lençóis, mostrando a prioridade do governo em relação à região.

Com base em experiências anteriores de implementação dessa política na região Nordeste do país, o Programa Nacional tem sido largamente criticado. Enfatizando seus impactos sociais e ambientais, Rodrigues (1999: 156-8) assinala que o "modelo de turismo proposto pelo Prodetur–NE reproduz...o modelo neoliberal centrado no capitalismo hegemônico corporativista, e, portanto, excludente, que desconsidera as questões sociais, não só conjeturais, mas sobretudo, estruturais". O programa tem incentivado atividades que alteram o equilíbrio natural de ecossistemas e provocam problemas ambientais sem precedentes, como o desmonte de dunas para a construção de hotéis e casas de veraneio. Além disso, ao invés de incentivar e somar alternativas econômicas às populações locais, a maioria da infra-estrutura turística tem sido implementada de maneira artificial, negligenciando particularidades culturais existentes e segregando essas populações dos turistas (Rodrigues, 1999:18).

Na prática, o Prodetur–NE tem priorizado o investimento em empreendimentos corporativos, desde o princípio. O resultado mais visível desse "desenvolvimento econômico" é um processo assimétrico associado à prática dominante de concentração de benefícios nas mãos de uma minoria politicamente influente nesses Estados.

Apesar de tantas ressalvas, o Programa tem progredido no Maranhão, sob a orientação de um governo de estado caracterizado por políticas populistas e sem grandes compromissos sociais. A arena política estadual tem sido marcada pela centralização do poder nas mãos da família da atual governadora, e, recentemente, de seu marido, que, como administrador da Gerência de Planejamento e Desenvolvimento Econômico (Geplan), é o responsável pela proposta de desenvolvimento turístico dos Lençóis Maranhenses[19].

Apesar do discurso "pró-social" e até "ambientalista" do governo do Maranhão, os reais interesses por trás da implementação do Prodetur–NE na região dos Lençóis são largamente questionáveis. Primeiro, nos deparamos com a ausência de estudos adequados sobre os impactos socioeconômicos e ambientais que o projeto possa provocar. Segundo, não há nenhum sinal de vontade política no envolvimento ativo das populações artesanais nos processos decisórios e na garantia da sua autonomia quanto ao controle dos recursos naturais. Terceiro, não há nenhuma iniciativa para a solução de problemas como o arrasto de camarão e a apropriação ilegal de áreas públicas e de uso comum, como Caburé.

Tudo nos leva a questionar a posição do governo do estado de investir convicta e exclusivamente no turismo como alternativa econômica para a região, ignorando demandas, problemas e oportunidades latentes, como o conhecimento ecológico da região pelas populações artesanais locais.

O Prodetur II, em vez de uma alternativa consistente, está sendo implementado de modo a consolidar a supremacia de atores política e economicamente influentes sobre uma maioria excluída da arena decisória. Para avançarmos mais nessas questões, vamos analisar a construção de uma nova estrada, a MA–402, que representa o primeiro passo para a implementação do Prodetur–NE na região.

[19] Desde 1965, a família da governadora tem se mantido no poder do estado, diretamente ou através de correligionários e amigos. O clã também exerce domínio absoluto sobre todo o sistema de comunicação do Maranhão: é dono do principal jornal e do sistema de rádio e televisão do estado. De todos os estados brasileiros, o Maranhão é o que apresenta a situação social mais calamitosa, mantendo, desde 1985, o pior PIB *per capita* do país. Segundo dados recentes da Fundação Getulio Vargas, a maior parcela da população desse estado (62,37%) vive abaixo da linha de miséria, ganhando menos de R$80 pessoa/mês. Desde a primeira gestão da atual governadora a pobreza, a mortalidade infantil e a evasão escolar cresceram – por exemplo, o número de famílias que vivem com até meio salário mínimo aumentou para 37%, enquanto no resto do país diminuiu para 22%.

4.5. A "estrada do turismo"

A região do Parque é caracterizada por seu isolamento e pelas escassas alternativas de acesso a maiores centros urbanos, como São Luis. Barreirinhas está ligada à capital pelas estradas BR–135 e BR–222, que totalizam 337 quilômetros, dos quais 145 não são pavimentados

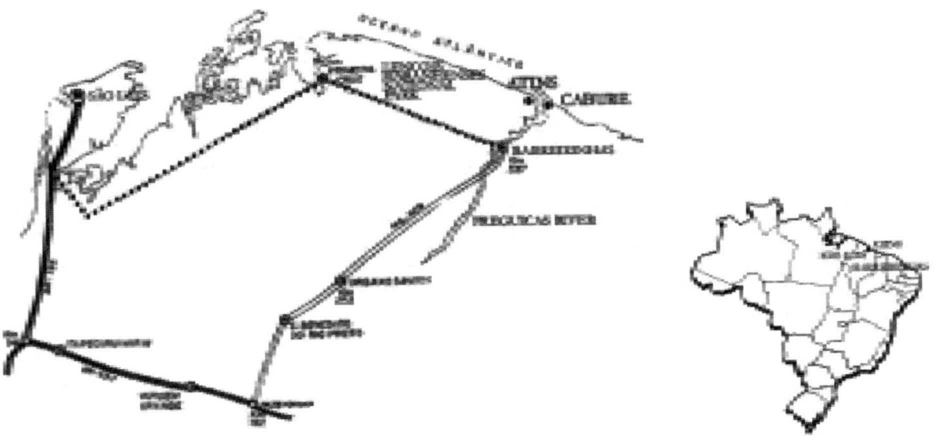

LOCALIZAÇÃO ESQUEMÁTICA DA MA–402, DO PARQUE, ATINS E CABURÉ, INDICADA PELA AUTORA.

Segundo o Programa Nacional, a construção da nova estrada, a MA–402, representará a etapa final da expansão do eixo de desenvolvimento turístico da costa do Nordeste brasileiro. Assim, passando pela região dos Lençóis Maranhenses, a MA–402 interligará o Maranhão com o Nordeste. A respeito disso, o depoimento da gerente do Getur revela a completa falta de coerência política do governo:

> "Um dos maiores problemas da região dos Lençóis são os turistas do Ceará. Eles não respeitam a nossa natureza e o nosso litoral... A ideia do governo é, então, antecipar esse processo de ocupação espontânea, implementando a infraestrutura necessária para um desenvolvimento ordenado do turismo".

A "infraestrutura necessária" mencionada no depoimento acima limita-se à construção de uma estrada, que vai justamente facilitar o acesso à região para o uso recreativo e turístico. Os problemas estruturais, como o arrasto do camarão por barcos do Ceará, não fazem parte da agenda de governo.

A razão para priorizar a construção da MA–402, em vez de investir nas estradas já existentes, que atravessam diversas localidades, é questionável. Para um dos representantes do Ibama em São Luís, "a construção dessa nova estrada irá certamente isolar as outras duas estradas da economia do estado... e, consequentemente, as vilas e os moradores ao longo".

Além disso, não há um consenso entre as populações locais, acadêmicos e ambientalistas quanto à necessidade de se construir uma nova estrada. Muitos acreditam que ela irá diminuir a distância entre Barreirinhas e São Luís em quase cem quilômetros, proporcionando oportunidades econômicas e o conforto das populações locais. Outros, porém, afirmam que a região não está "preparada para receber o turismo massivo que a estrada irá trazer". Depoimentos colhidos em Barreirinhas e Atins atestam:

> "Nós não temos infraestrutura básica, como esgoto e água encanada para nós mesmos...se durante as festas aqui, quando a cidade fica cheia de gente de fora...a quantidade de lixo nas ruas, no rio triplica...imagina quando essa estrada chegar."

Diante dessas questões, o silêncio das Gerências de Turismo, de Meio Ambiente e de Planejamento em São Luís é completo, tanto sobre a pavimentação das estradas existentes quanto sobre os impactos do Prodetur II na região. Grande parte da população local não sabe o que é o Programa e quais as implicações sociais e ambientais sobre o seu modo de vida. Sobre uma nova estrada, existem apenas especulações.

A única autoridade que mostrou uma posição consistente a respeito dessa questão foi o engenheiro de pesca afastado das operações de arrasto do Ibama . Para ele, os primeiros impactos ambientais causados pela nova estrada podem ser observados próximos a São Luís:

> "Desde o início da construção da MA–402, uma média de trinta ônibus tem acessado os rios afluentes na região do Munin. O problema é que não há infraestrutura adequada para receber essa quantidade de gente...e isso tem resultado na poluição daqueles ecossistemas... Como um profissional do Ibama, eu sei que o mesmo processo irá acontecer na região do Parque...talvez até pior, uma vez que Barreirinhas é a sede administrativa da região".

A MA–402 irá conectar Barreirinhas a São Luís, cruzando diversos ecossistemas frágeis e a zona de influência do Parque (Uema, 1999). Os Estudos de Impacto Ambiental existentes para a estrada tratam apenas dos impactos físicos, negligenciando possíveis e maiores implicações socioambientais. Existe uma tentativa nessa direção, através da proposta do governo estadual de fazer um estudo ecológico-econômico, mas a construção da estrada já foi iniciada, marcando um processo de especulação fundiária e de controle sobre os recursos naturais da região. A esse respeito, as autoridades da Gerência de Meio Ambiente em São Luís, responsável pelo licenciamento da estrada, assinalaram não oficialmente que a nova estrada "é um instrumento predador" e que eles estão "conscientes de que *essas populações* serão, no final, expulsas".

Apesar do discurso do governo, os fatos existentes revelam a incorporação de regiões com grande valor ecológico tradicionalmente ocupadas, por esquemas de desenvolvimento paradoxais, através de investimentos em infraestruturas de grande escala (provenientes de governos nacionais e financiados por agências internacionais), sem maior relação com as reais demandas, problemas e oportunidades locais. Isso, seguido da apropriação por uma minoria de terras economicamente promissoras e do controle sobre os recursos naturais e processos decisórios. Como resultado, essa racionalidade tem consolidado a continuidade de um processo histórico de exclusão social e de degardação ambiental, sob a retórica de "proteção" da natureza como uma estratégia de conservação e de desenvolvimento turístico como uma alternativa econômica para as populações 'pobres' locais.

Nessa perspectiva, a política de desenvolvimento e conservação nos Lençóis Maranhenses configura um modelo controverso de unidade de conservação, impedindo o fortalecimento do modo de vida das populações artesanais residentes e ameaçando a diversidade ecológica de uma das mais ricas regiões social e ecologicamente diversas do Brasil.

5. Conclusões

Mais do que uma estratégia de conservação da natureza, o modelo de unidades de conservação tem representado uma concepção específica sobre a relação entre sociedade-natureza (Diegues,

1998). Concebido nos Estados Unidos no final do século XIX, esse modelo tem representado uma racionalidade politicamente viável na qual o uso utilitário dos recursos naturais iria assegurar a integridade de regiões 'intocadas', consideradas atualmente com alto valor ecológico.

Essa racionalidade, apesar de trazida de um contexto largamente diverso, tem sido determinante na definição de políticas ambientais em grande parte dos países em desenvolvimento. Sob sua influência, medidas reativas de 'proteção' da natureza têm sido justificadas em regiões biodiversificadas diante dos impactos sociais e ambientais resultantes da implementação de projetos problemáticos de desenvolvimento e de rápida urbanização.

Áreas protegidas restritivas têm sido implementadas de maneira autoritária em regiões habitadas tradicionalmente por populações artesanais, sem reconhecer os direitos, conhecimento e papel dessas populações na definição e implementação de estratégias inclusivas de conservação da natureza. Entendendo que o modo de vida da maioria das populações artesanais residentes depende diretamente do seu acesso aos recursos naturais, o rompimento desse controle tem resultado no seu empobrecimento e à perda de biodiversidade.

Em vez de informar o desenho de políticas sustentáveis de desenvolvimento baseadas no fortalecimento das dinâmicas socioeconômicas existentes e das práticas locais de manejo, a designação de áreas protegidas têm trazido à tona diversos interesses e constituindo complexos 'ambientes politizados'. Apesar das crescentes críticas, essa lógica continua influenciando políticas ambientais em países em desenvolvimento, permitindo intervenções orientadas pelo lucro imediato e em benefício de uma minoria.

A conservação da natureza por meio de unidades de conservação tem marcado as políticas ambientais brasileiras dentro de um contexto de esquemas desenvolvimentistas de grande escala e da apropriação de regiões ricas em recursos naturais por grupos uma minoria influente. Isso tem comprometido regimes de propriedade comum e práticas coletivas de acesso aos recursos naturais, ocasionando uma distribuição desigual dos benefícios gerados e mantendo as populações artesanais fora das esferas de decisão.

Essas questões foram analisadas na região do Parque Nacional dos Lençois Maranhenses, Brasil, cujo contexto revela um processo emergente de exclusão social e de degradação ambiental sob a prevalente retórica de 'desenvolvimento econômico' e de 'conservação da natureza'. As relações de poder existentes por trás da criação do Parque estão beneficiando a introdução de formas de exploração comercial dos recursos naturais, a privatização fundiária e a prioridade política de desenvolvimento regional baseado no turismo, e, assim, promovendo tensões e um processo de mudanças estruturais na interação sociedade-natureza.

Este artigo sugere como um ponto de partida para a resolução desse paradoxo a incorporação do conhecimento ecológico e das dinâmicas socioculturais e econômicas de populações artesanais locais na definição e implementação das políticas de desenvolvimento em regiões biodiversificadas. O fato de esses processos de mudanças sociais e ambientais estarem emergindo na região do Parque Nacional dos Lençois Maranhenses representa um potencial desafio de reverter o quadro recém-instaurado através de uma estratégia multidisciplinar de desenvolvimento que promova a sustentabilidade do modo de vida das populações artesanais residentes.

Abreviações

APA. Área de Proteção Ambiental

EIA/RIMA. Estudo de Impacto Ambiental

Embratur. Empresa Brasileira de Turismo

Gama. Gerência Adjunta de Meio Ambiente do Estado do Maranhão

Geplan. Gerência de Planejamento e Desenvolvimento Econômico do Estado do Maranhão

Getur. Subgerência de Turismo do Estado do Maranhão

Ibama. Instituto Brasileiro do Meio Ambiente e dos Recursos Renováveis

IBDF. Instituto Brasileiro de Desenvolvimento Florestal

IBGE. Instituto Brasileiro de Geografia e Estatística

BID. Banco InterAmericano de Desenvolvimento

UICN. União Mundial de Conservação da Natureza

Pocof.. Posto de Controle e Fiscalização

Prodetur. Programa de Ação para o Desenvolvimento do Turismo no Nordeste

Sema. Secretaria Especial de Meio Ambiente

Sudepe. Superintendência do Desenvolvimento da Pesca

Sudene. Superintendência do Desenvolvimento Do Nordeste

Sudheva. Superintendência da Borracha

Uema. Universidade Estadual do Maranhão

Referências bibliográficas

BERKES, Fikret. *Sacred ecology: Traditional knowledge and resource management.* Londres: Taylor and Francis, 1999.

BIDOL, Patricia e CROWFOOT, James E. Towards an interactive process for siting national parks in developing nations. In: WEST, Patrick C. e BRECHIN, Steven R. (Eds.). *Resident peoples and national parks*. US: Arizona Press, 1991.

BRYANT, Raymond L. e BAILEY, Sinéad. *Third world political ecology*. Londres: Routledge, 1997.

CHAMBERS, Robert. *Rural development: Putting the last first*. Londres: Longman, 1985.

D'ANTONA, Álvaro de Oliveira. O verão, o inverno e o inverso: Sobre o modo de vida de comunidades residentes na região dos Lençóis Maranhenses. (Dissertação de Mestrado). Campinas: Universidade de Campinas, 1997.

DESCOLA, Philippe and Gísli Pálsson, 1996, *Nature and Society – Anthropological Perspectives*. Routledge, London.

DIEGUES, Antonio Carlos S. *O mito moderno da natureza intocada.* São Paulo: Research Centre on Human Population and Wetlands of the University of São Paulo (NUPAUB), 1994 (Re-editado em 1998).

GÓMEZ-POMPA, A. e KAUS, A. Taming the wilderness myth. *Bioscience*, v.42, n.4, 1992.

HALL, Anthony. *Sustaining Amazonia: Grassroots action for productive conservation.* Manchester: Manchester University Press, 1997.

HANNIGAN, John A. *Environmental sociology – A social constructionist perspective*. Londres: Routledge, 1995.

IBAMA. *Parque Nacional dos Lençóis Maranhenses*. (Panfleto). 1997

IBAMA. *Unidades de conservação do Brasil: Linhas de atuação*. htpp://www.ibama.gov.br, acesso em 19 de fevereiro de 1999.

IBGE. *Barreirinhas, Maranhão-NE.* (Coleção Monografias Municipais). Rio de Janeiro: IBGE, 1994.

MARANHÃO. *Estratégia para o Prodetur II*. São Luís: Governo do Estado, Gerência de Planejamento e Desenvolvimento Econômico e Subgerência de Turismo, 1999.

MCNEELY, Jeffrey A. Biodiversity conservation and traditional agroecosystems. In: SAUNIER, Richard E. e MEGANCK, Richard A. (Eds.). *Conservation of biodiversity and the biodiversity and the new regional planning*. Suiça: IUCN, 1995.

NASH, Roderick. *The rights of nature: A history of environmental ethics*. Wisconsin: University of Wisconsin Press, 1989.

OSTROM, Elinor. *Governing the commons: The evolution of institutions for collective action*. Cambridge: Cambridge University Press, 1990.

REDCLIFT, Michael. Frontiers of consumption: Sustainable rural economies and societies in the next century? In: DE HAAN, Henk; KASIMIS, Babis e REDCLIFT, Michael. (Eds.). *Sustainable rural development*. Grã-Bretanha: Ashgate Publishing company, 1997.

RODRIGUES, Adyr A. B. Desafios para os estudiosos de turismo. In: RODRIGUES, Adyr A. B. *Turismo e geografia: Reflexões teóricas e enfoques regionais*. São Paulo: Hucitec, 1999.

SACHS, Wolfgang. Sustainable development and the crisis of the nature: On the political anatomy of an oxymoron. In: FISCHER, Frank e HAJER, Maarten A. (Eds.). *Living with nature: Environmental politics as cultural discourse*. Oxford: Oxford University Press, 1999.

SCOONES, Ian, 1998, Sustainable Rural Livelihoods: A Framework for Analysis. Working Paper no. 72, Institute of Development Studies, Brighton, United Kingdom.

SELLARS, Richard W. *Preserving nature in the national park: A history*. Londres: Yale University, 1997.

WELLS, Michael e BRANDON, Katrina. *People and parks: Linking protected areas management with local communities*. Washington, DC: World Bank, 1995.

WEST, Patrick C. e BRECHIN, Steven R. *Resident peoples and national parks*. Tucson: The University of Arizona Press, 1991.

Bibliografia Consultada

Barkin, David, 1997, *Will Higher Productivity Improve Living Standards?* Em The Challenge of Sustainable Cities – Neoliberalism and Urban Strategies in Developing Countries, editado por Rod Burgess, Marisa Carmona e Theo Kolstee. Zed Books, London.

Burgess, Rod, Marisa Carmona and Theo Kolstee, 1997, *Contemporary Macroeconomic Strategies and Urban Policies in Developing Countries: A Critical Review.* Em The Challenge of Sustainable Cities – Neoliberalism and Urban Strategies in Developing Countries, editado por Rod Burgess, Marisa Carmona and Theo Kolstee. Zed Books, London.

Carvalho, José J. C., 1986, *O Artesanato de Barreirinhas*. Departamento de Artes da UFMA, São Luis.

Cohen, Michael, 1997, *Convergence, Marginalisation and Inequality*. Em The Architecture of Empowerment: People, Shelter and Livable Cities, editado por Ismail Serageldin. Academy Editions, Singapore.

DFID, 1998, *Sustainable Rural Livelihoods. What Contribution Can We Make?* editado por Diana Carney. Russel Press, Nottingham.

Douglas, Mike, 1998, *A Regional Network Strategy for Reciprocal Rural-Urban Linkages.* Third World Planning Review v20 n1.

Dube, S. C., 1988, *Dilemmas of Modernisation and Development.* Em Modernisation and Development – The Search for Alternative Paradigms. Zed Books, London.

Friedmann, John, 1998, *The New Political Economy of Planning.* Em Cities for Citizens – Planning and the Rise of Civil Society in a Global Age, editado por Mike Douglas and John Friedmann. John Wiley and Sons, Chichester.

Ghai, Dharam e Jessica M. Vivian, 1992, *Grassroots Environmental Action: People's Participation in Sustainable Development*. Routledge, New York.

Harvey, David, 1999, *The Environment of Justice.* Em Living with Nature: Environmental Politics as Cultural Discourse, editado por Frank Fischer and Maarten A. Hajer. Oxford University Press, Oxford.

Kirkby, J., P. O'Keefe e L. Timberlake, 1995, *Sustainable Development.* Earthscan, London.

Leach, Melissa, Robin Mearns e Ian Scooners, 1997, *Community-based Sustainable Development: Consensus or Conflict?* IDS Bulletin, v28, n4.

Leitman, Josef, 1998, *Options for Managing Protected Areas: Lessons from International Experience.* Journal of Environmental Planning and Management 41(1).

Nelson, Nici and Susan Wright, 1995, *Power and Participatory Development: Theory and Practice.* Intermediate Technologies Publications, London.

Norton, Bryan G., 1991, *Toward Unity Among Environmentalists*. Oxford University Press, New York.

Opschoor, Hans, 1990, *Market Forces as Causes of Environmental Degradation*. Em Ecology, Technology and Culture, editado por Win Zweers and Jan Boersema. The White Horse Press, Cambridge.

Pearce, David, 1995, Sustainable Development: The Political and Institutional Change. Earthscan, London.

Redclift, Michael, 1987*, Sustainable Development: Exploring the Contradictions.* Methuen, London.

The Ecologist, 1993, *Whose Common Future? Reclaiming the Commons.* Earthscan, London.

UEMA. *Estudo de impacto ambiental da rodovia MA-402*. São Luís: Universidade Federal do Maranhão, 1999.

Welford, Richard, 1997, *Hijacking Environmentalism: Corporate Responses to Sustainable Development*. Earthscan, London.

Para saber mais sobre nossos títulos e autores,
visite nosso site:
www.mauad.com.br

Este livro, da MAUAD Editora,
foi impresso em papel ofsete 90g,
na gráfica Sermograf.